Rechtsvergleichende Studien zur Gesetzgebung Ḫammurapis

Königs von Babylon

von

Dr. iur. Paul Koschaker

Professor der Rechte in Leipzig.

Leipzig ◦ Verlag von Veit & Comp. ◦ 1917

Rechtsvergleichende Studien zur Gesetzgebung Ḫammurapis

Königs von Babylon

von

Dr. iur. Paul Koschaker
Professor der Rechte in Leipzig.

Leipzig ◦ Verlag von Veit & Comp. ◦ 1917

Dem Andenken
Emil Strohals.

Vorwort.

Es sind zehn Jahre her, daß ich begann, mich mit den babylonisch-assyrischen Rechtsdenkmälern näher zu beschäftigen und den Plan faßte zu einer zusammenfassenden Darstellung des altbabylonischen Privat- und Prozeßrechts. In diese Zeit reichen auch einige Grundideen der vorliegenden Arbeit zurück. Sie blieb indessen aus verschiedenen Gründen zunächst liegen, und als ich im Jahre 1911 die Untersuchung wieder aufnahm, ist manches anders geworden. Vor allem lehrte das seither in reichem Maße zugewachsene Quellenmaterial Bescheidenheit in den Zielen. An Stelle einer zusammenfassenden Darstellung biete ich nur einen kleinen Ausschnitt aus dem altbabylonischen Privatrechte. Freilich konnte dafür angesichts des ungleich reicheren Materials, das mir nunmehr zur Verfügung stand, manches vertieft und auf eine breitere Basis gestellt werden. Im Frühjahre 1913 war die Arbeit im Wesentlichen abgeschlossen und ich konnte bereits in einem am Londoner internationalen Historikerkongreß gehaltenen Vortrage auf einige Hauptergebnisse meiner Untersuchung hinweisen [1]). Der Druck des Buches, dessen Erscheinen für den Herbst 1914 in Aussicht genommen war, begann im Mai desselben Jahres. Der inzwischen ausgebrochene Krieg hat allerdings den Druck der Arbeit zunächst nur verzögert. Im Früh-

[1]) Der Vortrag ist (in Übersetzung) veröffentlicht unter dem Titel 'The scope and methods of a history of Assyrio-Babylonian law' in den Proceedings of the Society of Biblical Archaelogy (1913) p. 230 f.

jahr 1915 war das Buch im Wesentlichen ausgedruckt. Wohl aber war es bei einem Buche, das sich an ein internationales Publikum wendet, der begreifliche Wunsch des Verlegers, es erst nach Kriegsende zum Abschlusse zu bringen. Wenn gleichwohl dieser Termin nicht eingehalten werden kann, so liegt der Grund vor allem in dem Charakter des Arbeitsgebietes mit seinem infolge der fortschreitenden Quellenpublikation sich stetig erweiternden Quellenstande. Diese während und nach Abschluß des Druckes veröffentlichten neuen Quellen, sowie die zuwachsende Literatur haben zwar in keinem irgendwie wesentlichen Punkte mich zu einer Änderung meiner Ansichten veranlaßt, mußten aber doch in Nachträgen berücksichtigt werden. Schon jetzt haben diese Nachträge einen unerfreulichen Umfang. Bei längerem Zuwarten bestand daher die Gefahr, daß die Nachträge zu einem Nebenbuche anwachsen und und so den einheitlichen Charakter der Arbeit zerstören wie deren Lektüre in noch höherem Grade erschweren als dies schon derzeit der Fall ist.

In den Nachträgen, die mit März 1916 abgeschlossen wurden, konnte die Literatur des feindlichen Auslandes — in Betracht kommt vor allem die französische und englische — nicht berücksichtigt werden, da sie mir, soweit ich von ihr überhaupt Kenntnis erlangte, nicht zugänglich war. Auch die amerikanische Literatur konnte nur mit Schwierigkeiten beschafft werden. Immerhin hoffe ich wenigstens unter den Quellenpublikationen nichts Wesentliches übersehen zu haben. Seit Abschluß und Drucklegung der Nachträge sind mir an neuen Quellen noch zugänglich geworden: Ungnad, Babylonian letters of the Ḫammurapi period 1915, Chiera, Legal and administrative documents from Nippur, chiefly from the dynasties of Isin and Larsa 1914 (Veröffentlichungen des Museums der Pennsylvania Universität Bd. VII, VIII_1), sowie Clay, Miscellaneous inscriptions in the Yale Babylonian collection 1915. Die beiden ersten Werke bieten nur eine beschränkte Auswahl transskribierter Texte. Zur Bearbeitung der nur in keilschriftlichen Kopien vorliegenden Texte fühlte ich mich nicht berufen. Indessen ergab die Durchsicht der umschriebenen Texte, sowie eine allerdings nicht erschöpfende Lektüre der nicht umschriebenen, größtenteils in sumerischer Sprache verfaßten Rechtsurkunden der zweiten Publikation, daß sie nichts enthielten, was ich unbedingt hätte berücksichtigen müssen. Clays Quellenwerk bringt allerdings unter Nr. 28 auch die sumerischen Gesetze, auf die als Vorlage zum Kodex Ḫammurapi der Herausgeber schon vor drei Jahren in einer Vornotiz in der Orientalistischen Literaturzeitung 17 p. 1 f. hingewiesen hatte. Da nun meine Arbeit sich gerade mit der Entstehungsgeschichte des Kodex Ḫammurapi beschäftigt und unter anderem auch die Existenz sumerischer Vorlagen zum Gesetze nachzuweisen sucht, so wird man vielleicht eine Stellungnahme zu dieser neuen Quelle erwarten. Indessen läßt sich ein direkter Einfluß auf den Kodex Ḫammurapi nur bei den beiden ersten Bestimmungen des neuen Gesetzes nachweisen, die Clay in seinem vorläufigen Bericht schon veröffentlicht hatte. Bei den übrigen, inhaltlich zudem noch recht unsicheren und schwierigen Bestimmungen liegt ein solcher Einfluß keineswegs offen zutage, und da sie außerdem mit den in meiner Arbeit behandelten Fragen unmittelbar nichts zu tun haben, so glaubte ich von ihrer Erörterung absehen zu können. Das interessante Gesetz bedarf einer besonderen Bearbeitung, die ich, wenn sie derzeit überhaupt mit Aussicht auf Ertrag möglich sein sollte, an anderer Stelle zu geben hoffe. Hingegen konnte ich die für eine behandelte Frage wichtige Inschrift Nabonids (Nr. 45) noch berücksichtigen, weil die Raumverhältnisse es gestatteten, sie einzufügen, ohne das Buch noch mit Nachträgen zu den Nachträgen zu belasten.

Über die Ziele und Methode der Erforschung der babylonisch-assyrischen Rechtsquellen habe ich mich in dem Vorworte zu meinem 'Babylonisch-assyrischen Bürgschaftsrecht' (1911) und seither noch an anderer Stelle[2]) ausgesprochen. Ich glaube daher mich hier mit

[2]) Vgl. den oben n. 1 genannten Vortrag, ferner einen einführenden Artikel 'Altbabylonische Rechtsurkunden' in der Kritischen Vierteljahrsschrift für Gesetzgebung und Rechtswissenschaft (1914) p. 402 f.

dem Hinweise begnügen zu können, daß die dort entwickelten Gesichtspunkte auch für die vorliegende Arbeit maßgebend waren. Insbesondere ist es, wie schon der Titel andeutet, die rechtsvergleichende Methode, welche das Buch beherrscht, ebenso sind die babylonisch-assyrischen wie die sumerischen Quellen in der Ursprache benützt. Es war dies umso eher möglich, als die altbabylonischen Rechtsquellen, die für die Arbeit fast ausschließlich in Betracht kamen, zum großen Teil transskribiert vorliegen. Doch mußten auch nicht umschriebene Texte herangezogen werden.

Es versteht sich von selbst, daß eine Arbeit, die wie die vorliegende so mannigfach in Nachbargebiete eingreift, auf die Unterstützung von Forschern aus diesen Nachbargebieten in besonderem Maße angewiesen ist. Ich habe diese Unterstützung wie bei früheren Arbeiten in reichem Maße erhalten. Wo dies im einzelnen Falle geschehen ist, habe ich in der Darstellung angemerkt. Besonderen Dank schulde ich den Assyriologen Schorr (Lemberg), Ungnad (Jena), Thureau-Dangin (Paris), dessen Hülfe es mir ermöglichte, in dieser Arbeit zum ersten Male einen Vorstoß ins sumerische Recht zu wagen, sowie endlich — seit meiner Übersiedlung nach Leipzig — Zimmern. Sein Rat kam dem Buche allerdings erst in den Nachträgen zustatten, da das übrige bereits ausgedruckt war. Er hat mir hierbei in steter Hilfsbereitschaft eine große Zahl von Anfragen beantwortet und mich auf Quellen aufmerksam gemacht, die mir als Nichtassyriologen entgangen waren, sowie mich bei deren Interpretation unterstützt. Durch sein und des Verfassers Entgegenkommen war es mir auch möglich, Walthers Buch über das altbabylonische Gerichtswesen in den Korrekturen wenigstens zum Teile noch zu berücksichtigen. Ebenso durfte ich Dank der freundlichen Erlaubnis des Verfassers die 3. Auflage von A. Jeremias' Das alte Testament im Lichte des alten Orients in der Korrektur einsehen. Daß ich die im Kaiserlich Ottomanischen Museum zu Konstantinopel befindliche Kopie des Kodex Ḫammurapi (Const. Ni. 2358, nunmehr veröffentlicht in der 'Babylonian Expedition of the University of Pennsylvania' XXXI 19) vor ihrer Veröffentlichung noch in der Korrektur benutzen konnte, danke ich der Liebenswürdigkeit der Herausgeber Hilprecht (München) und Langdon (Oxford). Bei der Rechtsvergleichung stellte sich wie bei früheren Arbeiten die Notwendigkeit heraus, vor allem die germanischen Rechte heranzuziehen. Ich bin hier den Germanisten H. Meyer (Breslau), Rauch (Jena) und M. Rintelen (Graz) für die Beantwortung von Anfragen sowie für Quellen- und Literaturnachweise zu herzlichem Dank verpflichtet. Bei der Herstellung des Quellenregisters half mir Herr Dr. Otto Stich in Prag.

Das Buch war bestimmt, Emil Strohal zu seinem 70. Geburtstage dargebracht zu werden, und ich hatte noch die große Freude, daß der Jubilar die ihm angetragene Widmung annahm. Ein plötzlicher Tod hat ihn seither der deutschen Rechtswissenschaft entrissen. So widme ich das Buch seinem Andenken. Ich erfülle damit nicht nur eine Pflicht persönlicher Dankbarkeit gegen den Mann, der mir nicht bloß Lehrer, sondern ein väterlicher Freund und Berater in verschiedenen Lagen meines Lebens war, ich glaube vielmehr auch als Rechtshistoriker ihm diesen Dank schuldig zu sein. Denn der Mann, der alle seine Kräfte in den Dienst des geltenden Rechts gestellt hatte, war zugleich von hoher Wertschätzung für die rechtshistorische Forschung durchdrungen und ich gedenke in tiefer Dankbarkeit des warmem Interesses, das er meinen Studien auf dem Gebiete des altorientalischen Rechts zu einer Zeit entgegenbrachte, da es noch gar nicht sicher schien, ob sie jemals Aussicht auf Ertrag haben würden.

Leipzig, im August 1916.

P. Koschaker.

Inhaltsverzeichnis.

Abgekürzt zitierte Werke.

(Die Bestimmungen des Kodex Ḫammurapi sind nach der Ausgabe von Kohler-Ungnad, Hammurabis Gesetz Bd. II angeführt, die übrigen keilschriftlichen Quellen grundsätzlich nach den keilschriftlichen Editionen. Vorhandene Transskriptionen oder Übersetzungen sind bei den Zitaten angegeben, und zwar bei den altbabylonischen Rechtsurkunden in erster Linie die Bearbeitung Schorrs (Urkunden des altbabylonischen Zivil- und Prozeßrechts), da sie Umschrift und Übersetzung gibt, und nur dort, wo die Sammlung Schorrs den Text nicht enthält, die Übersetzung Ungnads (Hammurabis Gesetz Bd. III—V). Ausnahmsweise ist nach Transskriptionen bei solchen Werken zitiert, die wie z. B. Knudtzons 'El-Amarna Tafeln' in ihrem Bereiche das Material vollständig bieten, ferner auch bei einigen sumerischen Texten juristischen Inhalts, da angesichts ihrer geringen Zahl die Anführung nach der Transskription eine Verwirrung in der Zitierweise nicht besorgen ließ. Die altbabylonischen Briefe konnten noch nicht nach der Sammlung Ungnads, Babylonische Briefe aus der Zeit der Ḫammurapi-Dynastie angeführt werden, da das Werk erst während des Druckes erschien.)

AJSL = American journal of Semitic languages and literatures.

AO = Der alte Orient. Gemeinverständliche Darstellungen, herausgegeben von der Vorderasiatischen Gesellschaft.

APR = B. Meissner, Beiträge zum altbabylonischen Privatrecht (Assyriologische Bibliothek XI), Leipzig 1893.

AR = M. Schorr, Altbabylonische Rechtsurkunden aus der Zeit der ersten babylonischen Dynastie, Heft I—III (Sitzungsberichte der Wiener Akademie, phil. hist. Kl. Bd. 155, 2; 160, 5; 165, 2), Wien 1907—1910.

ARU = Ungnad-Kohler, Assyrische Rechtsurkunden, Leipzig 1913.

BA = Beiträge zur Assyriologie und semitischen Sprachwissenschaft.

BE = The Babylonian Expedition of the University of Pennsylvania, Series A: Cuneiform Texts, herausgegeben von H.V. Hilprecht, Philadelphia.

BE VI_1 = H. Ranke, Babylonian legal and business documents from the time of the first dynasty of Babylon, chiefly from Sippar, 1906.

BE VI_2 = A. Poebel, Babylonian legal and business documents from the time of the first dynasty of Babylon, chiefly from Nippur, 1909.

BE XIV = A. T. Clay, Documents from the temple archives of Nippur, dated in the reign of Cassite rulers, 1906.

BE XXXI = St. Langdon, Historical and religious texts from the temple library of Nippur, 1914.

Besta = E. Besta, Le leggi di Hammurabi e l'antico diritto Babilonese (Rivista Italiana di sociologia VIII (1904) p. 179–236).

Bonfante = P. Bonfante, Le leggi di Hammurabi, re di Babilonia, Mailand 1903.

Bonilla y San Martin = A. Bonilla y San Martin, El código de Hammurabi y otros estudios de historia y filosofia juridicas, Madrid 1909.

Boscawen = W. St. Chad Boscawen, The first of empires 'Babylon of the Bible' in the light of latest research, London 1906.

Br. M. = British Museum (Museumsnummern).

BV = F. Peiser, Babylonische Verträge des Berliner Museums, Berlin 1890.

Cohn = G. Cohn, Die Gesetze Hammurabis, Zürich 1903.

Const Ni. = Tontafeln aus Nippur im Kaiserlich Ottomanischen Museum zu Konstantinopel (Museumsnummern).

Cook = Stanley A. Cook, The laws of Moses and the code of Hammurabi, London 1903.

CT = Cuneiform texts from Babylonian tablets in the British Museum, edited by the trustees, London.

Dar. = J. N. Strassmaier, Inschriften von Darius, König von Babylon (Babylonische Texte, Heft X—XII), Leipzig 1892.

Davies = W. W. Davies, The codes of Hammurabi and Moses, Cincinnati u. New-York.

Deimel = A. Deimel, Codex Hammurabi, textus primigenius, transscriptio, translatio Latina etc. ad usum privatum auditorum. Pontificium institutum biblicum de Urbe, Romae 1910.

Delitzsch (H. W.) = F. Delitzsch, Assyrisches Handwörterbuch, Leipzig 1896.

Edin. = Tontafeln des Royal Scottish Museum zu Edinburgh (Museumsnummern, veröffentlicht von Langdon, PSBA XXXIII p. 185 f., 232 f.).

Edwards = Ch. Edwards, The oldest laws in the world, being an account of the Hammurabi code and the Sinaitic legislation, London 1906.

Fehr = H. Fehr, Ḫammurapi und das salische Recht, eine Rechtsvergleichung, Bonn 1910.

G(autier) = J. É. Gautier, Archives d'une famille de Dilbat au temps de la première dynastie de Babylone (Mémoires publiés par les membres de l'institut Français d'archéologie Orientale du Caire XXVI), Kairo 1908.

Genouillac = H. de Genouillac, Textes juridiques de l'époque d'Ur (RA VIII p. 1—32).

Grimme = H. Grimme, Das Gesetz Chammurabis und Moses, Köln 1903.

Harper = R. F. Harper, The code of Ḫammurabi, king of Babylon, Chicago 1904.

H. G. = Hammurabis Gesetz, Bd. I von Kohler-Peiser, die folgenden (II—V) von Kohler-Ungnad, Leipzig 1904—1911.

Inv. Tabl. Tello = Inventaire des tablettes de Tello, conservées au Musée Impérial Ottoman. Mission Française de Chaldée, Paris.

Jeremias = J. Jeremias, Moses und Hammurabi, 2. Aufl., Leipzig 1903.

Johns = C. H. W. Johns, Babylonian and Assyrian laws, contracts and letters, Edinburgh 1904.

K. = Kujundschik-Sammlung im British Museum (Museumsnummern).

KB IV = F. Peiser, Texte juristischen und geschäftlichen Inhalts (Keilinschriftliche Bibliothek, herausgegeben von E. Schrader Bd. IV), Berlin 1896

KB VI_1 = P. Jensen, Assyrisch-babylonische Mythen und Epen (Keilinschriftliche Bibliothek Bd. VI_1), Berlin 1900.

K. Ḫ. = Kodex Ḫammurapi.

King = L. W. King, The letters and inscriptions of Ḫammurabi, Bd. I—III, London 1898—1900.

Knudtzon = J. A. Knudtzon, Die El-Amarna-Tafeln (Vorderasiatische Bibliothek II), Leipzig 1907—1914.

LC = F. Thureau-Dangin, Lettres et contrats de la première dynastie Babylonienne, Paris 1910.

M. = B. Meissner, Beiträge zum altbabylonischen Privatrecht (Siehe unter APR).

Mari = F. Mari, Il codice di Hammurabi e la bibbia, Rom 1903.

Müller = D. H. Müller, Die Gesetze Ḫammurabis und ihr Verhältnis zur mosaischen Gesetzgebung sowie zu den 12 Tafeln, Wien 1903.

Museum V = The University Museum University of Pennsylvania, Babylonian section, Bd. V enthaltend Poebel, Historical and grammatical Texts, Philadelphia 1914.

Muss-Arnolt = W. Muss-Arnolt, Assyrisch-englisch-deutsches Handwörterbuch, Berlin 1905.

MVAG = Mitteilungen der vorderasiatischen Gesellschaft.

Nbk. = J. N. Strassmaier, Inschriften von Nabuchodonosor, König von Babylon (Babylonische Texte, Heft V, VI), Leipzig 1889.

Nbn. = J. N. Strassmaier, Inschriften von Nabonidus, König von Babylon (Babylonische Texte, Heft I—IV), Leipzig 1889.

Oettli = S. Oettli, Das Gesetz Hammurabis und die Thora Israels, Leipzig 1903.

OLZ = Orientalistische Literaturzeitung.

Pélagaud = F. Pélagaud, Sá-Tilla, textes juridiques de la seconde dynastie d'Our (Babyloniaca III p. 81 - 132).

PSBA = Proceedings of the society of biblical archaeology.

R = Rawlinson, The cuneiform inscriptions of Western Asia, London.

RA = Revue d'assyriologie et d'archéologie Orientale.

Scheil = V. Scheil, La loi de Hammourabi, 3. Aufl., Paris 1906.

Sippar = V. Scheil, Une saison de fouilles à Sippar (Mémoires publiés par les membres de l'institut Français d'archéologie Orientale du Caire II), Kairo 1902.

UAR = M. Schorr, Urkunden des altbabylonischen Zivil- und Prozeßrechts (Vorderasiatische Bibliothek V), Leipzig 1913.

Ungnad = A. Ungnad, Die Gesetze Ḫammurapis bei Gressmann, Texte und Bilder zum alten Testament I p. 140—171, Tübingen 1909.

VAT = Vorderasiatische Tontafeln der Königlichen Museen zu Berlin (Museumsnummern).

VS = Vorderasiatische Schriftdenkmäler der Königlichen Museen zu Berlin, herausgegeben von der vorderasiatischen Abteilung, Leipzig 1907 f.

Warka = J. N. Strassmaier, Die altbabylonischen Verträge aus Warka (Verhandlungen des 5. internationalen Orientalisten-Kongresses zu Berlin, Sem. Sektion), Berlin 1882.

Waterman 29 u. 30 = L. Waterman, Business documents of the Hammurabi period (AJSL XXIX p. 145—204, p. 288—303; XXX p. 48—73).

Winckler = H. Winckler, Die Gesetze Hammurabis in Umschrift und Übersetzung, Leipzig 1904.

WZKM = Wiener Zeitschrift für die Kunde des Morgenlandes.

YOS I = Yale Oriental Series, Babylonian Texts I (enthaltend A. T. Clay, Miscellaneous inscriptions in the Yale Babylonian collection), New Haven 1915.

ZA = Zeitschrift für Assyriologie und verwandte Gebiete.

Einleitung.

Das Interesse, welches die Auffindung des Kodex Ḫammurapi weit über die beteiligten Fachkreise hinaus erregte, hat sich nicht als ein sehr nachhaltiges erwiesen. Demgemäß ist auch die Hochflut an Literatur, die der glücklichen Entdeckung de Morgans und Scheils folgte, rasch zurückgegangen. Wer die Literatur der letzten Jahre, sowohl die assyriologische wie die juristische, durchblättert, wird Arbeiten über den K. Ḫ. nur selten begegnen. Allein gerade die Stille, die gegenwärtig auf diesem Arbeitsfelde herrscht, scheint mir das richtige Milieu für anspruchslose Detailuntersuchungen abzugeben. Denn selbstverständlich kann es sich nur mehr um Nachlesen handeln, denen man aber die Aussicht auf Ertrag nicht absprechen darf. Die Verdienste derjenigen Forscher, welche den K. Ḫ. zuerst transskribierten, übersetzten und kommentierten, wird Niemand in Frage stellen. Allein naturgemäß mußte ihre Arbeit das Gesetz Ḫammurapis zunächst als Ganzes zu erfassen suchen. Was uns bisher einigermaßen noch fehlt, sind Detailuntersuchungen, die sich unter Berücksichtigung der gleichzeitigen Rechtsurkunden und unter Heranziehung der rechtsvergleichenden Methode in Einzelheiten des Gesetzes vertiefen. Hierbei dürften sich aber neben Anhaltspunkten, die bereits Gesagtes auf eine breitere Basis zu stellen erlauben, auch neue Fragestellungen und Perspektiven ergeben. So führen denn auch die vorliegenden Detailuntersuchungen auf eine Frage von allgemeiner Bedeutung, auf die Frage nach dem Charakter des Gesetzgebungswerkes des großen Königs. Daß es keine völlig originale Schöpfung darstellt, sondern in irgendwelcher Weise an das ältere Recht anknüpft, über diese, übrigens naheliegende Auffassung herrscht volle Einigkeit in der Literatur. Allein schon bezüglich der Frage, welcher Natur denn diese Abhängigkeit des Gesetzes vom älteren Recht sei, gehen die Meinungen auseinander. Man hat den K. Ḫ. als Präjudiziensammlung[1]), als Kodifizierung des bestehenden Gewohnheitsrechts[2]), als Sammlung älterer Gesetze[3]) charakterisiert, wobei man natürlich annimmt, daß der Gesetzgeber im Einzelnen auch Neuerungen gegenüber dem früheren Recht in sein Werk aufgenommen hat. Die letztere Auffassung kann derzeit wohl als die vorherrschende bezeichnet werden und sie ist m. E. auch die richtige. Ein ernstlicher Beweis für sie ist indessen, von D. H. Müllers „Die Gesetze Hammurabis" abgesehen[4]), bisher kaum angetreten worden. Man hält es zwar für ausgemacht, daß der K. Ḫ. ältere Gesetze verwertet, ist aber, namentlich in neuerer Zeit, wenig geneigt, ein Unternehmen, dieses ältere Recht von den Zutaten Ḫammurapis zu sondern, als aussichtsreich zu beurteilen[5]). Ich teile diesen Skeptizismus nicht, glaube vielmehr, daß das Gesetz selbst genügend Anhaltspunkte ergibt, das vom Gesetzgeber übernommene Recht herauszuschälen.

Mit dieser Aufgabe beschäftigt sich die folgende Untersuchung. Allerdings versucht sie die Sonderung älteren und jüngeren Rechts nur für einzelne Stellen des Gesetzes durchzuführen, und ich möchte zweifeln, ob bei dem gegenwärtigen Stande der Forschung über-

---

1) Jeremias p. 11 n. 1; zustimmend Stooß, Schweizer. Ztschr. f. Strafrecht 16 p. 20. Ferner Meissner, MVAG 10 p. 257. Vgl. auch Grimme p. 9 f., 12, Mari p. 13, Oettli p. 10, Cook p. 48. Besta p. 186 charakterisiert den K. Ḫ. als „un aggregato di giudicati e di sentenze amalgamate con disposizioni di leggi precedenti".

2) Cook p. 42, 263 f., Meissner, Aus dem altbabylonischen Recht (AO VII, 1) p. 4, Edwards p. 10, Fehr p. 6 f., Landersdorfer, Die Kultur der Babylonier und Assyrier p. 38, 95 f.

3) Vor allem Müller p. 188 f., ferner Kohler, H. G. I p. 138, III p. 261, Lehmann-Haupt, Babyloniens Kulturmission p. 52, Klio III p. 551, Ed. Meyer, Geschichte des Altertums² I 2 p. 511 f., 514, Johns p. 40, Harper p. XII, Berger, Le Code d'Hammourabi (La Grande Revue 1905) p. 28, Boscawen p. 199, Weber, Literatur der Babylonier und Assyrer p. 253, Lyon, Journal of the American Oriental Society 25 p. 270, Ungnad, Deutsche Rundschau 147 p. 414 f., Ulmer, Hammurabi, sein Land und seine Zeit (AO IX, 1) p. 20, Schorr, Revue Sémitique 20 p. 378 f.; vgl. ferner Wenger, Verfassung und Verwaltung des orientalischen Altertums (Kultur der Gegenwart II 2) p. 36, Cuq, Nouv. Rev. hist. 33 p. 405 f., Zocco-Rossa, Il codice delle leggi di Hammurabi (Riv. Ital. per le scienze giuridiche 36) p. 378.

4) Vgl. auch die allerdings sehr kurz gefaßten Bemerkungen Lehmann-Haupts, a. a. O. p. 43 f. Nichts zu unserer Frage enthält das Buch Mirandes, Le Code de Hammourabi et ses Origines, 1913.

5) Vgl. schon Cohn p. 10, ferner Fehr p. 7 n. 1.

haupt mehr zu erreichen ist. Die wichtigste Handhabe bei der Untersuchung bilden nämlich Widersprüche im Gesetz, die in anderer Weise als durch Annahme einer unvollkommenen Verarbeitung älteren und jüngeren Rechts nicht zu erklären sind. Die Methode ist daher eine wesentlich juristische. Unter allen Umständen erfordert sie eine eingehende Untersuchung der in den betreffenden Bestimmungen geregelten Rechtsinstitute. Eine solche Untersuchung nun durch das ganze Gesetz zu führen, wäre so ziemlich gleichbedeutend mit einer erschöpfenden Darstellung des gesamten altbabylonischen Rechts, einer Aufgabe, der heutzutage, ganz abgesehen von der Frage, ob die Quellen überall zulangen, kaum jemand sich als gewachsen bekennen dürfte. Sprachliche Indizien, Stilverschiedenheiten, die den Interpolationenforscher in der Kompilation Justinians auf die Neuerungen der Redaktoren des Corpus iuris hinweisen, mögen auch im K. Ḫ. vorhanden sein und würden, wenn einmal nachgewiesen, die Arbeit wesentlich erleichtern. Doch glaubte ich, wenngleich ich derartige Kriterien gelegentlich benützt habe, diese Frage grundsätzlich dem Philologen überlassen zu sollen. Fürs erste handelt es sich mehr darum, überhaupt einmal den exakten Nachweis zu erbringen, daß Ḫammurapi älteres Recht verwertet hat und hierzu erweist sich die juristische Methode als die geeignetere. Das Resultat der folgenden Untersuchung ist nun kurz folgendes: Ḫammurapi hat ältere Gesetze in ihrer ursprünglichen Fassung[6]) in sein Werk aufgenommen, sie durch neue Bestimmungen ergänzt und teilweise abgeändert; diese Neuerungen treten — und dies ist meines Wissens bisher noch nicht beobachtet worden — mitunter auch in Gestalt von Interpolationen der Vorlage auf. Es läßt sich allerdings nicht ausschließen, daß schon die von den Redaktoren des K. Ḫ.[7]) benutzte Vorlage Überarbeitungen enthielt, allein bei dem gegenwärtigen Stand unserer Kenntnisse ist es methodisch kein Fehler, wenn wir diese Neuerungen bis auf weiteres Ḫammurapi zuschreiben. Sollte nun der im Folgenden versuchte Nachweis auch nur für die eine oder die andere Stelle als erbracht angesehen werden können, so würde dies hinreichen, den

[6]) A. M. Ulmer, a. a. O. p. 20.

[7]) Damit bezeichne ich kurz die Personen, die mit der Ausarbeitung des Gesetzes betraut waren. Ob dies ein Einzelner oder eine Kommission war und wer diese Personen waren, darüber soll durch die Wahl des Wortes nichts ausgesagt werden.

K. Ḫ. als Kompilation zu charakterisieren, deren Bedeutung und Ansehen ähnlich wie beim Gesetzgebungswerk Justinians weniger in ihren eigenen Leistungen als in der Zusammenfassung der älteren Gesetzgebung begründet ist. Weiteren Forschungen muß es überlassen bleiben, diese Sonderung des übernommenen Rechts von den Neuerungen Ḫammurapis durch das ganze Gesetz hindurch zu verfolgen. Dann wird sich auch ein schärferes Bild der gesetzgeberischen Ziele Ḫammurapis ergeben, als es heute auf Grund seiner allgemein gehaltenen Äußerungen im Prolog und Epilog des Gesetzes[8]) zu gewinnen ist. Einzelheiten können indessen schon heute festgestellt werden.

Im engen Zusammenhang mit unserem Problem steht die Frage nach der Herkunft der von Ḫammurapi übernommenen Gesetze. Das Reich Ḫammurapis war national kein einheitliches. Es waren namentlich zwei Völker, die seiner Bevölkerung das Gepräge gaben: die Semiten im Norden und die Sumerer im Süden des Landes. Hat nun Ḫammurapi, als er sein Gesetz schuf, nur das Recht des herrschenden semitischen Volkes aufgenommen oder hat er, wie manche annehmen[9]), auch das Recht der zweiten Nation, der Sumerer berücksichtigt? Das Problem kompliziert sich noch durch

[8]) Vgl. die viel besprochenen Stellen col. I Z. 32 f., col. XXIV r Z. 1 f., 70 f., col. XXV r Z. 3 f. Die so sympathisch berührenden Worte, mit denen Ḫammurapi den Zweck seiner Gesetzgebung charakterisiert (col. I 35 f.): *ra-ga-am u ṣi-nam* (36) *a-na ḫu-ul-lu-ki-im* (37) *dan-nu-um* (38) *en-ša-am* (39) *a-na la ḫa-ba-li-im* — „um den Bösen und Übeltäter (36) zu verderben, (37) damit der Mächtige (38) dem Schwachen (39) nicht Gewalt antue", bilden übrigens ein tralatizisches Motiv, das uns schon in den Gesetzgebungen der sumerischen Stadtherrscher entgegentritt, so bei Urukagina und Gudea von Lagaš. Vgl. Urukagina, Kegel B, C (Thureau-Dangin, Sumerische und akkadische Königsinschriften [Vorderasiat. Bibl. I] p. 46 f.) col. XII 21 f.: *ama-gi-bi* (22) *e-gar* (23) *nu-sig nu-ma-su* (24) *galu-á-tug* (25) *nu-na-gà-gà-a* „die Freiheit (22) setzte er (Urukagina) ein; (23) der Waise (und) der Witwe (24) tat der Mächtige (25) kein (Unrecht) an". Ähnlich Gudea, Statue B VII 42 f. (Thureau-Dangin, a. a. O. p. 72.)

[9]) Vgl. Ed. Meyer, a. a. O. p. 511 f., Fehr p. 7 n. 1, Johns p. 40 f., Weber, Lit. der Babyl. und Assyr. p. 253, Ungnad, Deutsche Rundschau 147 p. 414 f.; dagegen neuestens Schorr, Rev. Sém. 20 p. 378 f. Es sei indessen bemerkt, daß die sogenannten „sumerischen Familiengesetze", auf die man sich wohl auch beruft, ein nur mit Vorsicht zu verwertendes Argument darstellen, da sie richtiger Ansicht nach kein Gesetz, sondern der Teil eines zweisprachigen Formelbuches sind, dessen sich die Urkundenschreiber bei Abfassung der Geschäftsurkunden bedienten. Vgl. Schorr, a. a. O. p. 380.

die weitere Frage, ob dem sumerischen Recht entstammende Bestimmungen, wenn solche im K. Ḫ. überhaupt enthalten sind, nur für den sumerischen Bevölkerungsteil Geltung gehabt hatten. Die Tontafel der Sammlung der Yale-Universität, von der Clay[10]) kürzlich einige Notizen brachte, gestattet diese Frage der Hauptsache nach zu entscheiden. Es hat in der Tat sumerische Gesetze gegeben, die Ḫammurapi für einzelne seiner Rechtssatzungen zum Vorbilde dienten. Allerdings ist damit noch nicht viel gewonnen. Denn es wäre vor allem wichtig festzustellen, in welchem Umfange Ḫammurapi in seinem Gesetze das sumerische Recht verwertete. Diese Frage wird sich aber voraussichtlich nur dann entscheiden lassen, wenn glückliche Funde uns noch weitere Originale sumerischer Gesetze bescheren, die wir dann zur Vergleichung heranziehen können. Besser stünde es, wenn sich aus der Betrachtung des Gesetzes selbst, aus der Analyse einzelner seiner Bestimmungen Anhaltspunkte gewinnen ließen, das sumerische vom semitischen Recht zu scheiden. Allein ein solches Unternehmen ist heute noch wenig aussichtsreich, da wir vom sumerischen Recht bisher nur wenig wissen. Ich habe daher die Frage nach der Herkunft der Vorlagen des K. Ḫ. im allgemeinen unerörtert gelassen. Nur an einem Punkte, bei der Untersuchung einiger eherechtlicher Bestimmungen glaubte ich eine Ausnahme machen zu können, weil hier die sumerischen Quellen einige Anhaltspunkte boten, die Scheidung beider Rechte, wenngleich nur hypothetisch, vorzunehmen.

Hingegen glaubte ich zwei weitere mit dem Problem dieser Untersuchung konnexe Frage völlig aus der Diskussion ausschalten zu sollen. Der Plan der Arbeit, die Sonderung des älteren und jüngeren Rechts nur für einzelne Partien des Gesetzes zu versuchen, bedingt es, daß zur Frage, ob Ḫammurapi einzelne ältere Gesetze gesammelt und sie mosaikartig zusammengestellt oder ob er ein oder mehrere größere einheitliche Gesetze als Vorlagen benützt hat, nicht Stellung genommen werden kann. Ich betone dies umsomehr, als dasjenige Werk, mit dessen Ergebnissen sich meine Untersuchung in vielen Punkten berührt und dem sie manche Anregung verdankt, D. H. Müllers, Die Gesetze Ḫammurabis[11]) bekanntlich von der Annahme eines dem K. Ḫ. zugrunde liegenden „Urgesetzes“ aus-

---

10) Orientalistische Literaturzeitung 17 p. 1 f.

11) p. 210 f.

geht. Außer Betracht bleibt auch die Systematik des Gesetzes.[12]) Es sind dies Probleme, die meines Erachtens erst dann ihre endgültige Erledigung werden finden können, wenn man einmal das gesamte vom Gesetzgeber übernommene Recht festgestellt und auch das altbabylonische Recht besser erforscht haben wird, als dies heute der Fall ist. Unter den gegenwärtigen Verhältnissen schien es mir richtiger, das Ziel der Untersuchung weniger weit zu stecken.

---

[12]) Über sie hat zuletzt D. G. Lyon, a. a. O. p. 248 f. gehandelt. Gegen seine Aufstellungen vgl. Kohler, H. G. III p. 221.

I. Kapitel.

Depositum und Eigentumsverfolgung (Anefang).

§ 1.

Das Gesetz verfügt eingangs der Bestimmungen über den Verwahrungsvertrag *(maṣṣarûtum)* Folgendes:

§ 122.

šum-ma a-wi-lum	Wenn jemand
a-na a-wi-lim	einem anderen
kaspam ḫurâṣam	Silber, Gold
u mi-im-ma šum-šu	oder irgend etwas Beliebiges
a-na ma-ṣa-ru-tim	zur Aufbewahrung
i-na-ad-di-in	gibt,
mi-im-ma ma-la	so soll er alles, was
i-na-ad-di-nu	er geben will,
ši-bi u-kal-lam	Zeugen sehen lassen,
ri-ik-sa-tim	(und) nachdem er *riksâti*
i-ša-ak-ka-an-ma	errichtet hat,
a-na ma-ṣa-ru-tim	zur Aufbewahrung
i-na-ad-di-in.	geben.

§ 123.

šum-ma ba-lum ši-bi	Wenn er (es) ohne Zeugen
u ri-ik-sa-tim	und *riksâti*
a-na ma-ṣa-ru-tim	zur Aufbewahrung
id-di-in-ma	gegeben hat und dann
a-šar id-di-nu	dort, wohin er (es) gegeben hat,
it-ta-ak-ru-šu	man (es) ihm ableugnet,
di-nu-um šu-u	so soll diese Rechtssache
ru-gu-um-ma-am	einen Anspruch
u-ul i-šu.	nicht erzeugen.

Das Verständnis dieser Paragraphen, die in der Tat eine Bestimmung darstellen, welche nur durch die von Scheil vorgenommene Paragraphierung in zwei Teile zerlegt wurde, hängt von der richtigen Deutung des Wortes *riksâti* ab. *Riksâti*, der Plural von *rikistum*, bedeutet im allgemeinen „Vertrag", *riksâti šakânu* demnach „einen Vertrag errichten, schließen"[1]), und so wird die Redensart in den angeführten Bestimmungen in der Regel übersetzt.[2]) Es bedarf kaum der Begründung, daß diese Übersetzung juristisch nicht befriedigt. Denn versteht man *riksâti* „Vertrag" im Sinne einer Willenseinigung — und dazu muß ja die Übersetzung führen —, so enthält die Bestimmung eine Trivialität, die man dem Gesetzgeber nicht zumuten kann. Ein Vertrag im Sinne einer Willenseinigung ist ja das Depositum immer. Dies scheint Scheil empfunden zu haben, wenn er die Phrase übersetzt: statuer les obligations.[3]) Das kann wohl nur dahin verstanden werden, daß das Gesetz zur Klagbarkeit des Depositums die genaue Vereinbarung der Bestimmungen, unter denen die Rückgabe des Depots erfolgen soll, fordert.[4]) Nun kann zwar nach dem Sprachgebrauche des Gesetzes *riksâti* auch die einzelnen Vertragsbestimmungen bedeuten.[5]) Gleichwohl halte ich diese Lösung für unwahrscheinlich, wenn nicht für unannehmbar. Man müßte doch erwarten, daß das Gesetz auch sagt, auf welche Punkte sich die Vereinbarung erstrecken soll. Wollte man aber hier eine Vermutung wagen, so läge es noch am nächsten anzunehmen, daß nach dem Sinne des Gesetzes die Hauptverpflichtung des Verwahrers, das Depositum zurückzustellen, ausdrücklich vereinbart werden müßte. Damit käme man aber auf eine Formvorschrift,

---

[1]) Vgl. Jeremias p. 58 und die Nachweisungen bei Koschaker, Babylonisch-assyrisches Bürgschaftsrecht p. 124 f.

[2]) Winckler, Ungnad, Peiser, H. G. I, Edwards: to draw up a contract, Davies: to make a contract, Harper: to arrange the contracts, Bonfante: conchiudere un contratto, Deimel: contractum facere. Vgl. auch Cook p. 225, Boscheron, Le Code de Hammourabi et le Livre de l'Alliance p. 67.

[3]) Ihm folgen Müller: die Vereinbarungen feststellen, Mari: fissare gli obblighi, Bonilla y San Martin: establecerá las obligaciones.

[4]) Vgl. auch Müller p. 112.

[5]) So in den Wendungen *ki-ma ri-ik-sa-ti-šu* (§ 47 $_{69}$), *a-na pî ri-ik-sa-ti-šu* (§ 264$_{57}$) „gemäß seinem Vertrage". Vgl. auch § 52$_{5}$: *ri-ik-sa-ti-šu u-ul in-ni* „sein Vertrag wird nicht aufgehoben".

die in der Rechtsvergleichung ohne Analogie dastünde und schon aus diesem Grunde kaum zu vermuten wäre. Das Depositum ist ja seiner Natur nach ein Realvertrag, wird daher erst durch Übergabe der Sache perfekt. Natürlich muß diese traditio erst durch das begleitende Wort, welches sie als eine zu Verwahrungszwecken erfolgende bezeichnet, individualisiert werden. Damit ist aber auch schon die Verpflichtung des Depositars zur seinerzeitigen Rückgabe der Sache ausgesprochen, und von dieser Voraussetzung geht auch das Gesetz, wie die Phrase *ana maṣṣarûtim nadânu* „zur Verwahrung übergeben“ in seinem Tatbestande beweist, aus. Daß es darüber hinaus zur Klagbarkeit des Vertrages noch ein ausdrückliches Rückgabeversprechen des Verwahrers fordern sollte, wäre zwar nicht schlechterdings unmöglich, aber aus den angeführten Gründen höchst unwahrscheinlich.[6])

Die meines Dafürhaltens richtige Erklärung des § 122/3 hat von der Beobachtung auszugehen, daß es sich in ihm um eine der Beweissicherung dienende Formvorschrift handelt. Darauf führt ja schon das Gebot des Gesetzes, der Deponent solle, bevor er die Sache dem Verwahrer übergebe, sie „Zeugen sehen lassen“ *(šîbî ukallam)*. Es liegt daher nahe, die diesem Gebote koordinierte Vorschrift, *riksâti* zu errichten, ebenfalls auf die Normierung einer denselben Zweck verfolgenden rechtsgeschäftlichen Form zu beziehen. Will man diese Erwägung für richtig anerkennen, so kann aber *riksâti šakânu* kaum

---

[6]) Nur der Vollständigkeit halber sei die Annahme zurückgewiesen, daß *riksâti* in § 122/3 sich auf ein besonderes Haftungsversprechen des Depositars beziehe, wozu vielleicht die Etymologie des Wortes, das ja „Bindung“ bedeutet, führen könnte, zumal die Auffassung der persönlichen Haftung als „Bindung“ auch dem babylonischen Rechte bekannt ist. Vgl. mein babyl.-assyr. Bürgschaftsrecht p. 128. Dagegen spricht entschieden die Natur des Depositums als Realvertrag. (Vgl. Bürgschaftsrecht p. 110, 154 f.) Daran ändert sich auch nichts, wenn man in der von mir (a. a. O. p. 149 f.) herangezogenen Urkunde KB IV p. 316 Z. 12 f. statt *pu-ut ḫar-ru u ḫalâqi* .... *na-ši* „für Verminderung und Verlust (des Depots) . . . bürgt (der Depositar)“ richtiger mit Kohler-Ungnad, 100 ausgewählte Rechtsurkunden No. 92 *pu-ut tur-ru u ḫalâqi* . . . *na-ši* „für Rückstattung und Verlust (des Depots) bürgt (der Depositar)“ liest. Aus der Klausel ist gewiß nicht zu schließen, daß ohne sie der Verwahrer für die Rückgabe des Depositums überhaupt nicht gehaftet hätte. Sie besagt vielmehr, daß der Depositar die Gefahr, d. h. die Zufallshaftung auf sich nehme. Endlich glaube ich (a. a. O. p. 124 f.) nachgewiesen zu haben, daß *riksâti*, *rikistum* überhaupt nicht der haftungsrechtlichen Terminologie angehört.

etwas anderes bedeuten, als „eine Urkunde errichten." *Riksâti* wäre demnach der „schriftliche Vertrag."[7])

Diese Terminologie läßt sich in der Tat auch aus anderen Gründen begreifen. Als sicher darf gelten, daß *riksâti* im K. Ḫ. die vertragliche Bindung bezeichnet und zwar ohne Beziehung auf eine bestimmte Vertragsspezies.[8]) Zieht man nun in Erwägung, daß die Beurkundung der Verträge allgemeiner Brauch war, so konnte sehr wohl, ebenso wie im neubabylonischen Sprachgebrauch, der Name für Vertrag auf die äußere Erscheinung, in der er sich verkörperte, auf die Vertragsurkunde übergehen.[9]) Damit soll nicht behauptet werden, daß *riksâti* immer den schriftlichen Vertrag bedeutet,[10]) wohl aber, daß der Gesetzgeber, wenn er an der ange-

---

[7]) In diesem Sinne auch Müller p. 112, Kohler, H. G. I in der freien Übertragung von § 122/3 und p. 116, Dareste, Nouvelles Études d'Histoire du Droit 3 p. 16, Brugi, Atti del R. istituto Veneto 62 II p. 1112, Besta p. 221 und mit Nachdruck Schorr, WZKM 20 p. 314 f., UAR p. XIV; derselben Meinung wohl auch Boscawen p. 235, der *riksâti išakkan* übersetzt „bonds he shall execute", ferner Johns p. 53: „he shall take a bond". Oettli p. 64 führt aus, daß die Übergabe des Depositums „im Beisein von Zeugen stattfinden und durch Vertrag beglaubigt sein" mußte. Hingegen merkt Cuq, Nouv. Rev. hist. 34 p. 450 bezüglich des Depositums nur an: il est suivant l'usage constaté par écrit.

[8]) Vgl. die Nachweisungen in meinem Bürgschaftsrecht p. 125 n. 37. Das im Text Bemerkte gilt auch für das neubabylonische Recht. Vgl. mein Bürgschaftsr. p. 124 n. 36.

[9]) Vgl. auch Brugi, l. c., Besta p. 213.

[10]) Dies würde ja schon durch die oben n. 5 angeführten Stellen widerlegt werden. Sehr spärlich sind die Belege für *riksâti* und verwandte Wortbildungen in den altbabylonischen Urkunden. Ich finde *riksâti* nur in B E VI_1 116, einer Schenkung an die Ehefrau aus der Zeit Samsu-ditanas Z. 21 f. (nach Schorr, U A R 204): *a-na*] (22) *ri-ik-s[a]-ti-šu an-ni-a-at [u]-la e-ne(?)-e-[im]* (23) *niš ilu Šamaš*.... (24) .... *In-Pá(d)* „diesen, seinen Vertrag (Vertragsurkunde?) nicht zu ändern, (23) hat er (der Schenker) bei Šamaš .... (24) .... geschworen". Von *riksâti* scheint *riksu* unterschieden werden zu müssen. Das Wort begegnet bisher in zwei Urkunden, die dem Verständnisse erhebliche Schwierigkeiten bieten. Die eine, B E VI_2 53/54 (H. G. IV 1069, Samsu-iluna), ist ein Protokoll über Zeugenaussagen in einem Prozeß. Z. 9 f. ist die Rede von einem Hauskauf, den Luštamar, vielleicht als Vertreter des Ilum-idinnam, abgeschlossen hat. Z. 10 f. ist nun (nach Schorr, A R III p. 66 f.) zu lesen: *i-nu-ma bi-tum iš-ša-a-mu (11) 1 šiqil kaspim m Ilum-idinnam i-di-nam-ma (12) a-na šîm bîtim ad-di-in (13) riḫti ri-ik-si-im u-ul u-ga-am-me-ir-ra* „als das Haus gekauft wurde, (11) hat 1 Sekel Silber Ilum-idinnam mir gegeben. (12) Für den Preis des Hauses gab ich

gebenen Stelle *riksâti* in diesem Sinne gebrauchte, damit nicht künstlich eine neue Bedeutung des Wortes schuf, sondern sich an einen bereits bestehenden Sprachgebrauch anlehnte. Ja noch mehr. Auch sachlich stellt die Vorschrift des Gesetzes, indem sie die Errichtung einer Urkunde über das Depositum zur gesetzlichen Form erhebt, keine grundstürzende Neuerung dar, insofern nämlich die Beurkundung des Depositums auch schon vorher üblich war. Das beweisen die erhaltenen Depotscheine. Sie sind bei Kohler-Ungnad, H. G. III p. 41 f., IV p. 20 f., V p. 11 f. unter der Rubrik „Verwahrungs- und Hütungsvertrag", sowie bei Schorr, UAR p. 101 f. zusammengestellt. Es sind zwar keineswegs alle dort angeführten Urkunden als Deposita im eigentlichen Sinne anzusprechen.[11]) Doch

(ihn) dann. (13) Den Rest der Verpflichtung (?, *riksu*) habe ich nicht vollendet". In der zweiten Stelle (L C 221 = H. G. V 1148, Ammisaduga) handelt es sich anscheinend um einen Kaufvertrag, bezüglich dessen A und B mit C in Verhandlung stehen. Z. 17 f.: *ûmum dub-bi ši-ma-tim (18) iš-ša-aṭ-ṭa-ru (19) rîḫti ri-ik-si-šu-nu (20) u-ga-at-tu-u* „am Tage, da die Kaufurkunde (18) geschrieben wird, (19) werden sie (A und B) den Rest ihrer Verpflichtung (?) (20) vollenden". Die beiden Belege erwecken den Anschein, als ob *riksu* die Verpflichtung aus dem Vertrage (hier vielleicht die Kaufpreisschuld) bedeute. Etwas sicheres läßt sich indessen nicht sagen. Dunkel bleibt auch der Sinn von *rikištu* in der aus der Kassitenzeit stammenden Urkunde B E XIV 42_1 (Vgl. Luckenbill, A J S L 23 p. 293).

[11]) Zu B E XIV 2 und L C 192 (H. G. III 139, V 1110) vgl. mein Bürgschaftsrecht p. 62 f., 251 f. und jetzt auch Schorr, U A R 39, dessen abweichende Interpretation der zweiten Urkunde mich nicht überzeugt. In C T VI 24 c, V S VII 108, G. 42, L C 129 (H. G. III 136, 138, IV 843, V 1111) wird erklärt, daß Viehstücke einer Person (Hirten) anvertraut (*paqdu:* V S VII 108_5, *Si-Lal:* C T VI $24c_{12}$, G. 42), beziehungsweise *ša ga-ti* (L C 129_{10}) „in ihrer Hand (Besitze)" seien. Diese Urkunden sind mit Kohler als „Hütungsverträge" zu bezeichnen und eher zu §§ 253 f. K. Ḫ. zu stellen (vgl. auch C T VIII 30 a, L C 166 = H. G. V 1112, 1113), wenn überhaupt es sich hier um privatrechtliche Vereinbarungen und nicht vielmehr um Beurkundungen handelt, die dem Ressort der Hof- und Tempelverwaltung angehören. Dafür spricht, ein Umstand, auf den auch Schorr, U A R p. 102 a Gewicht legt, das Fehlen der Zeugen (sie fehlen auch in der von Kohler-Ungnad unter die Verwahrungsverträge gestellten Urkunde L C 206 = H. G. V 1114), sowie die Tatsache, daß gelegentlich (C T VI 24 c, G. 42, L C 166) der *Gir*-Beamte erwähnt wird. Vgl. zu diesem Titel außer meinem Bürgschaftsrecht p. 30 n. 22 Thureau-Dangin, R A 7 p. 127 n. 2 und Hrozný, Memnon 5 p. 84. Das in einigen dieser Texte gebrauchte Wort *paqâdu* berechtigt für sich allein noch nicht zur Annahme eines Depositums. *Paqâdu* heißt „anvertrauen", ohne über die causa dieses Anvertrauens etwas auszusagen. Vgl. z. B. § 177 Z. 44 K. Ḫ.,

ist dieser Punkt für uns nicht von Belang. Denn jedenfalls beweisen Urkunden wie VS IX 108[12]), CT VIII 37b[13]), Warka

wo *paqâdu* sich auf die gerichtliche Ausfolgung des Vermögens des ersten Mannes an die sich wieder verheiratende Witwe und ihren zweiten Mann zur Nutznießung und Verwaltung während der Minderjährigkeit der Kinder erster Ehe bezieht, ferner V S VII 113 (H. G. V 1309), eine Liste von Arbeitern und Werkzeugen (Z. 24), *ša a-na a-kil Dil-bat pa-aq-du* „welche dem Sekretär von Dilbat anvertraut sind". Daher wird das zur Aufbewahrung erfolgende *paqâdu* mitunter durch Hinzufügung von *ana maṣṣarûtim* näher bestimmt. Vgl. C T IV 32 b_7, L C 170_{12}, King III p. 124 Rev. Z. 3. Es muß also stets der Gesamtcharakter der das Wort *paqâdu* gebrauchenden Urkunde in Betracht gezogen werden, ehe man sie dem Depositum zuweist. So wird man C T IV 30a (H. G. III 137), eine Liste von Haushaltungsgegenständen (Z. 16f.) *a-na A (17) pa-aq-du* „dem A (17) anvertraut", weil dieses Anvertrauen vor Zeugen erfolgt, wohl als Depositum qualifizieren dürfen. Das Gleiche gilt für V S VIII 123/4 (U A R 70): *maḫar A . . . . (5) ša ma-aḫ-ri-šu-nu . . . (7) B . . . (9) am-tam a-na C (10) ip-qi-du* „vor A usw., (5) diese (Zeugen) sind es, vor denen . . . (7) B . . . (9) eine Sklavin dem C (10) anvertraut hat". Vgl. auch L C $132_{11\,f.}$ (U A R 312).

Es bleibt noch eine Gruppe von Urkunden (V S VII 41, 165, L C 138, 143 = H. G. III 664, 666, V 1187, 1189; V S VII 35, L C 226 = U A R 71, 73), die Schorr, U A R p. 173a ebenfalls dem Depositum zuweist. Sie beziehen sich alle auf die Pacht von Dattelgärten und lassen folgenden Typus erkennen: eine Quantität Datteln, Ertrag (*biltum, nikasum, šukunnûm*) des Gartens des A, welche im Besitze (*ina qâti*) des B ist [bei B hinterlegt (*šakânu*), dem B anvertraut (*paqdu*) wurde]; Versprechen des B, diese Quantität Datteln zu leisten. Das Schema läßt ein Schuldversprechen des Pächters über die von ihm zu leistende Pachtrate vermuten. Vgl. auch Schorr, U A R p. 104 n. 1. In der Tat sehen wir zu diesem Zwecke, wie L C 139 = H. G. V 1188 lehrt, auch den Verpflichtungsschein verwendet. Vgl. Koschaker, Bürgschaftsrecht p. 112, 134f. Die Frage ist nur, welche Haftungsform diesen Urkunden zugrunde liegt. Da von dem Schuldbetrage ausgesagt wird, daß er im Besitze des Schuldners, ihm anvertraut worden sei, so könnte man an ein fiktives Depositum denken, eine Haftungsform, die, wie gleich darzulegen sein wird, auch sonst den altbabylonischen Quellen nicht fremd ist. Doch bleibt die Sache ganz unsicher.

C T VI 35b (U A R 74), von Schorr unter die Deposita eingereiht, gehört zum Lagerhausgeschäft (*našpakûtum*). Vgl. unten § 4 p. 67f.

[12]) U A R 76: *4 šiqil Igi-4-Gál kaspim (2) ma-za-ar-tum (3) itti A (4) B (6) Šú-Ba-An-Ti (7) ûm i-ri-šu-šu (8) kaspam Ni-Lal-E* „4¼ Sekel Silber, (2) Depositum, (3) hat von A (4) B (6) erhalten. (7) Wenn er (A) es verlangt, (8) wird (B) das Silber darwägen". Zeugen.

[13]) U A R 69: Depositum (*maṣṣartum*) von 8½ Minen Blei mit dem Auftrage, es an einem anderen Orte dem Boten des Deponenten auszufolgen. Zeugen.

108[14]) einwandfrei, daß die Errichtung einer Urkunde bei Hingabe eines Depositums gebräuchlich war. Auf den Umstand, daß die erwähnten Texte sämtlich aus der Zeit Ḫammurapis stammen, möchte ich kein Gewicht legen, in dem Sinne, daß sie nur für die Geltung der Vorschrift des § 122/3 K. Ḫ. Beweis machen. Es liegt wohl nur ein Zufall der Überlieferung vor, und zudem gehört CT VIII 37b dem ersten Jahre Ḫammurapis an, zu welcher Zeit das Gesetz sicher noch nicht publiziert war. Indes, auch wenn wir die eben angeführten Belege nicht zur Verfügung hätten, müßten wir doch angesichts der Rolle, welche die Beurkundung der Verträge im babylonischen Rechtsverkehr spielte, annehmen, daß die Errichtung einer Urkunde auch beim Depositum nichts Unerhörtes war. Die Bedeutung der Norm des § 122/3 kann also nur darin gefunden werden, daß sie die Urkunde, die an sich nur zu Beweiszwecken diente oder höchstens eine gewillkürte rechtsgeschäftliche Form darstellte,[15]) zur gesetzlichen Form des Verwahrungsvertrages erhob.

[14]) U A R 235: Quittung über die Ausfolgung eines Gelddepositums *(maṣṣartum)*. Die Klausel Z. 10f. *Íb-Ra i-li-am-ma (11) i-ḫi-ip-pi* „taucht eine Siegelurkunde auf, (11) so wird sie vernichtet“, beweist, daß bei Hingabe des Depositums eine Urkunde aufgesetzt wurde.

[15]) Neuestens lehrt Schorr, UAR p. XIII, XXIX, daß nach altbabylonischem Recht „die Rechtsgültigkeit jedweder Geschäftshandlung durch deren schriftliche Festsetzung und Beglaubigung durch Zeugen bedingt“ und daß demnach die altbabylonische Urkunde Dispositivurkunde sei, insofern jedes Rechtsgeschäft erst durch Errichtung einer Urkunde zustandekomme. In dieser allgemeinen Fassung ist der Satz sicher unrichtig, weil es keine Rechtsordnung gibt, noch vernünftigerweise geben kann, welche für jedes Rechtsgeschäft die Schriftform verlangt. Aber auch mit Beschränkung auf die überlieferten Geschäftsurkunden ist es zu weit gegangen, wenn man behauptet, sie seien dispositiv kraft Anordnung des objektiven Rechts. An sich kann man ihnen nur den Charakter von Beweis- oder Dispositivurkunden kraft Verabredung der Parteien zusprechen und in ihrem häufigen Vorkommen den Brauch bezeugt finden, gewisse Geschäfte zu beurkunden. Ob dahinter eine gesetz- oder gewohnheitsrechtliche Schriftform steckt, ist für jeden Urkundentypus erst besonders zu untersuchen. Daß dem so sei, dafür will gerade die vorliegende Untersuchung den Beweis liefern, indem sie wahrscheinlich zu machen sucht, daß bei einer Reihe von Geschäften die Schriftform erst eine Neuerung Ḫammurapis darstelle. Aus dem Umstande, daß die babylonische Urkunde eine objektive Zeugenurkunde ist, die den Hergang beim Geschäftsschlusse erzählt, hatte ich (Bürgschaftsrecht p. 233) geschlossen, daß sie von Haus aus Beweisurkunde gewesen sei. Schorr, a. a. O. p. XXIX n. 3 hält mir unter Berufung auf Mitteis, Grundzüge der Papyruskunde II_1 p. 49f.

Einer besonderen Erörterung bedarf die Urkunde LC 170 (UAR 72, Ammisaduga). Sie lautet:

8 *šiqil kaspim aban* ^{ilu}*Samaš*	8 Sekel Silber, Gewicht des Šamaštempels,
ši-ta-at 13 šiqil kaspim	Rest von 13 Sekel Silber,
šîm 1 ^{Sag}*amtim Amat-*^{ilu}*Kab-ta*	dem Kaufpreis einer Sklavin Amat-Kabta,
ša itti ^{f}*Ša-mu-uḫ-tum mârat Ib-ni-*^{ilu}*[Ša]maš*	die von Šamuḫtum, der Tochter des Ibni-Šamaš
u Ku-ut-tu-ni ma-ri-ša	und (von) Quttunu, ihrem Sohn,
mâr I-li-itti-ia	dem Sohne des Ili-ittija
^{m}*Zi-me-ir-*^{ilu}*Šamaš mâr Ib-ni-*^{ilu}*Marduk*	Zimer-Šamaš, Sohn des Ibni-Marduk
i-ša-mu-ma	gekauft hatte,
i-na mi-it-gu-ur-t[i-šu]-nu	worauf sie (die Verkäufer) in gegenseitiger Vereinbarung
a-na ma-az-za-ar-tim	(das Geld) zum Depositum
ma-ḫar awîlê ši-i-bi	vor Zeugen
ip-qi-du-šum	ihm (Zimer-Šamaš) anvertraut hatten.
ûm^{um} *i-ir-ri-šu-šu*	Am Tage, da sie es verlangen,
8 *šiqil kaspim aban* ^{ilu}*Šamaš*	wird er (Zimer-Šamaš) 8 Sekel Silber im Gewichte des Šamaštempels
a-na ^{f}*Sa-mu-uḫ-tum mârat Ib-ni-*^{ilu}*[Ša]maš*	der Šamuḫtum, der Tochter des Ibni-Šamaš
u Ku-ut-tu-ni ma-ri-ša	und Quttunu, ihrem Sohn
i-na-ad-di-in.	geben.
Zeugen, Datum.	

Die Urkunde wurde bereits von ihrem ersten Bearbeiter Thureau-Dangin[15a]) richtig gedeutet. Es handelt sich um eine Kauf-

die Papyri entgegen, die sowohl objektiv wie subjektiv stilisiert Beweis- oder Dispositivurkunden sein können. Diese Tatsache war mir nicht unbekannt. Allein ich sehe nicht ein, was sie gegen mich beweist. Daß die referierende Urkunde dispositiv sein kann, habe ich (Bürgschaftsrecht l. c.) ausdrücklich bemerkt. Alles, was ich behaupte, ist, daß sie in dubio als Beweisurkunde zu gelten habe. Zudem scheint Schorr zu übersehen, daß die subjektive Urkunde jünger ist als das referierende Protokoll.

15a) R A 7 p. 125 n. 1.

preisrestschuld, deren Betrag als fiktives Depositum der Verkäufer beim Käufer belassen wird[16]. Allein damit ist die Urkunde noch nicht restlos erklärt. Es fällt vor allem auf, daß ausdrücklich Z. 11 hervorgehoben wird, die Deponierung sei „vor Zeugen" erfolgt. Wer sind diese Zeugen? Nach der Stilisierung der Urkunde[17])

---

16) Aus welchen Gründen die Parteien die Form des fiktiven Depositums wählten, darüber Vermutungen bei Cuq, RA 7 p. 137 und Schorr, UAR p. 105 n. 1. Dieser Vorgang der Kreditierung des Kaufpreises, der bisher im altbabylonischen Recht meines Wissens vereinzelt dasteht, regt die neuerdings von Partsch, Gött. gel. Anz. (1913) p. 32 f. unter Hinweis auf analoge Erscheinungen im griechischen und gräko-ägyptischen Recht gestellte Frage an, ob das altbabylonische Recht die Kreditierung des Kaufpreises auch in Gestalt eines fiktiven Darlehens gekannt habe. Wir wissen, daß zu diesem Zwecke der Verpflichtungsschein verwendet wurde. Vgl. BE VI_2 27, VS VII 42 (UAR 100, 102) und mein Bürgschaftsrecht p. 112, 134 f. Eine andere Form, die beim Kauf vertretbarer Sachen benutzt werden konnte und uns namentlich bei Käufen aus den Wollevorräten der Palastverwaltung bezeugt ist (vgl. H. G. III 217—219, 221—223, 229, Waterman 29 p. 169 und Schorr, UAR p. 71 f.), ist die, daß der Käufer die Ware als Darlehen erhält, das er in Geld zurückzuzahlen hat. Was endlich das fiktive Darlehen des Kaufpreises anlangt, so hat dessen Vorkommen schon Kohler, H. G. III p. 239 f, IV p. 92, 94, V p. 121 behauptet, jedoch mit unzureichenden Beweisen. G. 6 (UAR 156) ist anders zu erklären. Vgl. jetzt Schorr l c. VS VII 42 und BE VI_2 27 sind, was auch Schorr, UAR p. 118 nicht beachtet, keine Rückstandsdarlehen, sondern Verpflichtungsscheine. Ein solcher ist wohl auch unter dem *ḫišûm* in LC 157_{34} (UAR 280) zu verstehen. Vgl. mein Bürgschaftsrecht p. 134 f. Nichtsdestoweniger ist im Endergebnis Kohler beizustimmen. Das Rückstandsdarlehen ist gerade für den Kauf sicher bezeugt durch BE VI_2 65 (UAR 101) (sumerisch), wo die Darlehensvaluta als *šam ê* „Kaufpreis für ein Haus" bezeichnet wird, vielleicht auch durch LC 152 (UAR 59), Gelddarlehen, wenn man, was mir nach der Kopie Thureau-Dangins möglich erscheint, in Z. 2 lesen darf *šîm 5 šênê sun* statt *[a-na] šîm 5 šênê sun* (Schorr). In diesem Falle wäre nämlich die Darlehensvaluta der „Kaufpreis von 5 Schafen" und nicht „zum Ankauf von 5 Schafen" gegeben, wie man nach Schorr übersetzen müßte.

Wie in der praktischen Anwendung das Verhältnis dieser Kreditformen zu einander sich gestaltete, können nur neue Urkunden lehren. Im übrigen möchte ich gegenüber den Bedenken Partsch's l. c. an der scharfen Unterscheidung zwischen Verpflichtungsschein und Darlehen festhalten. Nicht nur ist die Form des Verpflichtungsscheines eine völlig andere, er gehört auch haftungsrechtlich einer anderen Entwicklungsreihe an als das Darlehen.

17) Es kommt auf das *ma* in *i-ša-mu-ma* (Z. 10) an, das den zeitlichen Zusammenhang zwischen Kauf und Depositum zum Ausdruck bringt. Ich folge im Texte der Übersetzung Ungnads (H. G. V 1131).

scheinen die Parteien die Deponierung als in der Vergangenheit unmittelbar nach Abschluß des Kaufvertrages geschehen zu fingieren[18]). Dann aber bezeugen die Zeugen der vorliegenden Urkunde nicht die Deponierung, sondern nur das Restitutionsversprechen des Verwahrers. Dafür spricht ja auch die unbestimmte Ausdrucksweise: „vor Zeugen". Hätten die Parteien zum Ausdruck bringen wollen, daß die Urkundszeugen auch bei der Deponierung zugegen waren, so würde man, wenn überhaupt die Anwesenheit der Zeugen im Kontext der Urkunde erwähnt werden sollte, eher die auch anderweitig begegnende Formulierung erwarten: *maḫar A . . . . ina maḫar sîbî annûtum B ana C ipqid* „vor A usw., vor diesen Zeugen hat B dem C (eine Sache) anvertraut"[19]). Der Grund, warum die Parteien diese Formulierung nicht wählten, liegt wohl in dem fiktiven Charakter des Depositums. Die Übergabe des Geldes hätten ja die Urkundszeugen nicht bestätigen können, weil sie niemals erfolgt war. Es erschien daher einfacher, diesen fingierten Vorgang in die Vergangenheit zu legen und die Urkundszeugen nur demjenigen Akt assistieren zu lassen, den sie wirklich bezeugen konnten, nämlich das Versprechen des Verwahrers, das Depositum zurückzustellen. Aus dem Umstande, daß das Depositum nur ein fingiertes ist, erklärt sich denn auch, warum die bei der Deponierung anwesenden Zeugen nicht genannt werden. Aus allem dem folgt aber — und dieser Punkt kommt für uns in Betracht —, daß nach der Auffassung der Parteien das Erforderliche geschehen war, wenn die Deponierung lediglich vor Zeugen erfolgte. Von einer Urkunde ist nicht die Rede[20]). Zu diesem Ergebnis gelangt man übrigens auch dann,

---

[18]) Vgl. auch Cuq, RA 7 p. 138, Nouv. Rev. hist. 34 p. 178, ferner Kohler, H. G. V p. 121.

[19]) So gerade beim Depositum. Vgl. LC $132_{11\,f.}$, VS VIII 123/4 (oben n. 11).

[20]) Übrigens wäre, auch wenn das Depositum ein effektives gewesen wäre, durch die nachträgliche Errichtung einer Urkunde der Formvorschrift des § 122 K. Ḫ. nicht Genüge geleistet worden. Denn das Gesetz verlangt ausdrücklich unitas actus, d. h. die Urkunde muß bei der Übergabe der Sache ausgefertigt werden.

Keinesfalls scheint mir *ina mitgurtišunu* in Z. 9 auf eine schriftliche Vereinbarung bezogen werden zu können. Die Phrase bedeutet vielmehr „in freier Entschließung" (vgl. Meissner, APR p. 131, BE VI_2 49_{30}), dann „im gegenseitigen Einverständnis" und findet sich in dieser Bedeutung in Tauschverträgen (M. 46_{13}, CT VIII $6a_{15}$, 31_{10}), Auseinandersetzungen

wenn man den obigen Erwägungen nicht beipflichtet. Denn es bleibt unter allen Umständen auffallend, daß die Urkunde betont, die Deponierung sei vor Zeugen geschehen. Es kann dies wohl nur als Hinweis auf die Beobachtung einer Formvorschrift erklärt werden. Wenn nun schon dies hervorgehoben wurde, so wäre doch auch die Bemerkung am Platze gewesen, daß auch das zweite Requisit des § 122/3 K. Ḫ., die Errichtung einer Urkunde, erfüllt sei, falls überhaupt die Parteien diese Bestimmung als verbindlich angesehen hätten. In gleicher Weise werden in L C 132 (U A R 312, Samsu-iluna) Z. 10f. bei Erwähnung eines Depositums zwar die Zeugen aufgezählt, vor denen die Hinterlegung erfolgte, mit keinem Worte aber einer Urkunde Erwähnung getan, ohne daß hierbei die Gültigkeit dieses Depositums in Frage gestellt würde.

Scheinen demnach diese Urkunden darauf hinzudeuten, daß schon unter dem Nachfolger Ḫammurapis die Bestimmung des § 122/3 K. Ḫ. in der Praxis nicht mehr gehandhabt wurde, so bin ich doch weit entfernt, die aus ihnen gezogenen Schlüsse als sicher zu betrachten. Was mir vielmehr die eben ausgesprochene Vermutung als wahrscheinlich gelten läßt, ist der Umstand, daß das Gesetz selbst Anhaltspunkte ergibt, welche die Norm des § 122/3 als eine rechtspolitisch wenig durchdachte Neuerung Ḫammurapis erscheinen lassen, die wenig Aussicht hatte, sich in der Praxis zu behaupten. Dies erhellt aus der Vergleichung mit der unmittelbar sich anschließenden Bestimmung des § 124.

---

unter Miterben (Warka 25/26 Z. 46, 47_{18}, 52_{35}, M. 109_{24}, C T IV $11a_{14}$, B E VI_2 26 IV_{14}, 32_{30}, 44_{14}), in Prozeßvergleichen (C T II 43_{21}, B E VI_1 103_{34}, VI_2 10_{22}, 49_{35}). In den Urkunden aus Nippur begegnet in verschiedenen Verträgen die Eidesklausel in der Fassung: *Še-Ga-Ne-Ne-Ta In-Pá(d)-De-Eš* „nach gegenseitiger Vereinbarung haben sie geschworen“. Ob der Klausel eine besondere Bedeutung zukommt, oder ob sie nur den Konsens der Parteien zum Ausdruck bringen will, kann dahingestellt bleiben. Mit Vorliebe scheint sie in Urkunden über zweiseitige Verträge verwendet zu werden, bei denen die Leistung beider Kontrahenten beurkundet wird. Daher fehlt sie in Kauf-, Pacht- und Mietverträgen, wo nur der Käufer, beziehungsweise der Pächter, Mieter als handelnd auftritt. Auf jeden Fall hat sie aber nichts mit der schriftlichen Vertragserrichtung zu tun. Vgl. auch M. 109_{24}f.: *i-na mi-it-gu-ur-ti-šu-nu (25) iš-du-ru* „im gegenseitigen Einverständnis (25) haben sie (die Urkunde) geschrieben“. Möglich wäre es, daß die Klausel in unserer Urkunde gerade auf den fiktiven Charakter des Depositums hinweisen will.

šum-ma a-wi-lum	Wenn jemand
a-na a-wi-lim	einem anderen
kaspam ḫurâṣam	Silber, Gold
u mi-im-ma šum-šu	oder irgend etwas Beliebiges
ma-ḫar ši-bi	vor Zeugen
a-na ma-ṣa-ru-tim	zur Aufbewahrung
id-di-in-ma	gegeben hat,
it-ta-ki-ir-šu	und dann er (der Verwahrer) es ihm ableugnet,
a-wi-lam šu-a-ti	so wird er, nachdem man diesen Mann
u-ka-an-nu-šu-ma	überführt hat,
mi-im-ma ša ik-ki-ru	alles, was er abgeleugnet hat,
uš-ta-ša-na-ma	zweifach
i-na-ad-di-in.	geben.

Der Paragraph bietet bei näherer Betrachtung mancherlei Schwierigkeiten, ja er müßte sogar als unverständlich bezeichnet werden, wenn man — und darauf scheint der Wortlaut zu führen — den Satz *maḫar šîbî ana maṣṣarûtim iddin* auf ein bereits feststehendes Tatbestandsmoment bezieht. Denn, da *ittakir* in Z. 60 nur bedeuten kann, daß der Verwahrer den Empfang des Depositums leugne, so muß man sich doch fragen, wieso der Depositar eine solche Ableugnung überhaupt noch versuchen konnte, wenn die Übergabe der Sache durch die Zeugen bereits außer Zweifel gestellt war. Die Unklarheit wird durch die folgende Verfügung, man solle den Verwahrer überführen, noch größer. In welch anderer Weise soll denn die Überführung erfolgen als eben durch die Vertragszeugen? Wozu aber dann die ganze Bestimmung, wenn die Deponierung schon durch die Zeugen als bewiesen gilt? Die logische Reihenfolge ist doch: Klage des Deponenten — Leugnen und Überführung des Verwahrers. Der Deponent braucht mit seinen Beweisen erst dann herauszurücken, wenn der Depositar leugnet.

Es ist sehr lehrreich, diese Reihenfolge im Gesetze in einem verwandten Falle, bei der Kommenda, beobachtet zu sehen. Die Kommenda ist ebenso wie das Depositum Realvertrag[21]). §§ 106, 107 behandeln nun den Fall, daß der Kommendatar dem Kommendator das empfangene Kapital, beziehungsweise umgekehrt, daß der

[21]) Vgl. einstweilen mein Bürgschaftsrecht p. 160 n. 46.

Kommendator dem Kommendatar die Rückstellung des Kapitals ableugnet. Die Anlage der Bestimmung ist hier eine durchaus klare. § 106: a) „wenn der Händler Silber vom Geschäftsmanne genommen hat, b) und (es) dann seinem Geschäftsmanne ableugnet, c) so soll dieser Geschäftsmann vor einem Gotte und vor Zeugen des Nehmens des Silbers den Händler überführen" rell. (*tamqarum šu-u i-na ma-ḫar i-lim u ši-bi i-na kaspim li-ki-im šamallâm u-ka-an*)[22]. Hier werden also die Zeugen erst genannt, als von der Überführung des Beklagten die Rede ist.

Indessen scheint mir der Versuch, diese in der Fassung des § 124 begründeten Schwierigkeiten zu lösen, nicht aussichtslos, wenn man die Bestimmung im Zusammenhang mit den vorhergehenden §§ 122, 123 interpretiert. Das Gesetz schreibt dort für das Depositum die Errichtung einer Zeugenurkunde vor. Nun ist nach § 123 der Sinn dieser Formvorschrift nicht der, daß ihre Außerachtlassung die Nichtigkeit des Geschäftes zur Folge hätte, positiv formuliert, daß der Kläger schon bei der Klageerhebung die Beobachtung der Form nachzuweisen hätte, sondern § 123 bestimmt nur, daß im Falle der Verletzung der Form der Verwahrer gefahrlos das Depositum ableugnen könne, setzt also die Möglichkeit einer Klage auch beim formlosen Depositum voraus. Die Wirkung ist hier vielmehr die, daß dem Kläger bei Leugnen des Depositars der Beweis abgeschnitten ist. Es handelt sich daher in erster Linie um eine Beweis- und nur mittelbar um eine Geschäftsform. § 124 schließt sich nun auch gedanklich unmittelbar an § 123 an. Wie dieser Paragraph den Fall regelt, daß der Depositar gegenüber einer Klage aus einem formlosen Depositum leugnet, so § 124 die entgegengesetzte Kombination: das Leugnen des Depositars gegenüber der Klage aus einem formgerecht abgeschlossenen Verwahrungsvertrag. In diesem Sinne ist im Zusammenhange des Gesetzes § 124 zu verstehen, und nicht etwa dahin, daß der Hinterleger gleich bei der Klage die Vertragszeugen vorführen müsse[23].

[22]) Es folgt dann die Sanktion: dreifacher Ersatz des erhaltenen Geschäftskapitals. Ganz analog ist die Regelung für den umgekehrten Fall im § 107.

[23]) Dem juristischen Sinne nach wäre also § 124 zu übertragen: Wenn jemand unter Beobachtung der gesetzlichen Förmlichkeiten eine Sache deponiert hat und ihm vom Verwahrer das Depot abgeleugnet wird, so soll er ihn überführen etc. Anderenfalls kann und darf er einen solchen Überführungsbeweis gar nicht antreten.

Darf auf diese Weise der Sinn des § 124 als festgestellt gelten, so ergibt sich eine weitere Schwierigkeit in einem, soviel ich sehe, bisher noch nicht beachteten Widerspruch zwischen § 124 einerseits und den §§ 122, 123 andrerseits. Diese fordern für das Depositum Zeugen und Urkunde[24]), jener spricht nur von Zeugen. Daß nur eine Breviloquenz vorliegt, halte ich für ausgeschlossen. Denn in diesem Falle wäre es angezeigter gewesen, in § 124 auch das Requisit der Zeugen unerwähnt zu lassen, anstatt durch die vorliegende Fassung Zweifeln Tür und Tor zu öffnen. Ebensowenig wird man sich mit der Annahme eines Redaktionsversehens befreunden können. Denn wenn die Verfasser des Gesetzes die §§ 122—124 in einem Zuge redigierten — als Einheit müssen sie ja in der Fassung des Gesetzes betrachtet werden —, so konnten sie doch kaum übersehen, daß sie im § 123 dem Verwahrer straflos das Leugnen gestatteten, wenn der Kläger nicht Zeugen und Urkunde vorwies, im § 124 ihn aber auf das Duplum haften ließen, auch wenn der Deponent lediglich Zeugen hatte.

Will man daher diesen Widerspruch nicht als gegebene Tatsache hinnehmen und auf jede weitere Erklärung verzichten, so bleibt m. E. nur ein Ausweg offen: es sind von den Redaktoren in den §§ 122—124 einander widersprechende ältere und jüngere Satzungen vereinigt worden. Abgesehen davon, daß bei dieser Annahme ein Übersehen des Widerspruches viel leichter begreiflich wäre, sprechen für sie auch innere wie äußere Gründe.

Zunächst der Inhalt der Bestimmungen. § 124 begnügt sich mit Zeugen, § 123 verlangt Zeugen und Urkunde. Nun darf man

---

[24]) *U* in § 123 Z. 45 ist auf keinen Fall alternativ zu fassen (Zeugen oder Urkunde), sondern, wie § 122 klar beweist, mit „und auch“ zu übersetzen. Vgl. auch Müller p. 246f. Zudem wäre eine Geschäftsurkunde ohne Zeugen etwas Unerhörtes, da die altbabylonische Rechtspraxis wohl die Zeugenurkunde, nicht aber den Handschein oder die öffentliche Urkunde kennt. Ansätze zur Entwickelung der letzteren könnten vielleicht in denjenigen Urkunden gefunden werden, welche den Geschäftsabschluß vor bestimmten Göttern als Zeugen mit und ohne Privatzeugen beurkunden. Vgl. Schorr, UAR p. XXXVI, Mercer, The Oath in Babylonian and Assyrian Literature p. 13, AJSL 29 p. 92, der jedoch unrichtig darin ein Surrogat für den fehlenden Eid erblickt. Doch läßt sich diese Urkundsform bisher nur bei bestimmten Geschäftstypen nachweisen, unter denen sich das Depositum nicht befindet; es ist daher so gut wie ausgeschlossen, daß das Gesetz an sie gedacht haben könnte.

wohl annehmen, daß in der Entwicklung der rechtsgeschäftlichen Formen die Urkunde einem späteren Stadium angehört. Der mündliche Geschäftsabschluß ist älter. Für seinen Beweis werden natürlich vor allem Zeugen verwendet. Nun ist es zwar schon ein Mehr, wenn ein Gesetz — und in diesem Sinne muß ja § 124 im Zusammenhange verstanden werden — aus den Beweiszeugen Solennitätszeugen insoferne macht, als der Abschluß des Geschäftes nur durch die Vertragszeugen bewiesen werden kann. Immerhin wird man zugeben können, daß eine derartige Beweisform sich von den realen Verhältnissen nicht entfernte, indem dem Deponenten, solange es keinen selbständigen Urkundenbeweis gab, im Bestreitungsfalle der Beweis des Depositums in der Regel faktisch unmöglich gewesen sein wird, wenn er es verabsäumt hatte, Geschäftszeugen zuzuziehen. Hingegen ist es irrationell, zum Beweise Zeugen und Urkunde zu verlangen und so den mündlichen Geschäftsabschluß vor Zeugen auszuschließen,[25]) und dazu noch bei einem Realvertrag, wo eine gewisse Form ohnehin durch die res gegeben ist, weitere Formen nur den Zweck der Beweissicherung verfolgen können. Mit dieser Kritik soll natürlich nicht behauptet werden, daß die Urkunde gar keine Rolle beim Depositum spielen dürfe. Das Gegenteil lehren ja die erhaltenen Depotscheine. Allein neben dem Zeugenbeweis — diese Gestaltung kommt ja für das altbabylonische Recht allein in Betracht — kann vernünftigerweise die Urkunde nur den Beweis erleichtern, nicht aber zu seiner Herstellung erforderlich sein.

Die Norm der §§ 122,123 macht daher kaum den Eindruck eines Produktes naturgemäßer Entwicklung, weit eher den bewußter und dazu noch wenig durchdachter gesetzgeberischer Mache. Man braucht daher nicht zu erstaunen, daß sie, wie die oben p. 14 f. angeführten Urkunden wahrscheinlich machen, in der Praxis nicht festen Fuß zu fassen vermochte. Für § 124 hingegen trifft diese Kritik nicht zu. Er kann sehr wohl eine ältere, in das Gesetz übernommene Satzung darstellen, und dieser Eindruck wird noch verstärkt durch die Rechtsvergleichung. § 124 belegt den treulosen Depositar im Falle seiner Überführung mit der Strafe des doppelten Ersatzes. Dieselbe Regelung findet sich auch in anderen Rechten.

[25]) Denn nach § 123 kann der Verwahrer straflos leugnen, wenn zwar die Hingabe des Depositums durch Zeugen bewiesen ist, die Urkunde aber fehlt. Der umgekehrte Fall, daß nur ein Urkundenbeweis angeboten wird, kommt nach dem in n. 24 Bemerkten nicht in Betracht.

Aus einer Notiz des Juristen Paulus[26]) wissen wir, daß das römische Zwölftafelgesetz eine Klage auf das Duplum gegen den Depositar kannte. Im griechischen Rechtskreis ist einem gleichfalls sehr alten Gesetz, dem zweiten Gesetz von Gortyn,[27]) im Falle der Ableugnung des Depositums eine Haftung des Verwahrers auf das Duplum bezeugt.[28]) Die gräko-ägyptischen Papyrusurkunden haben uns einen νόμος τῶν παραθηκῶν, 'ein Gesetz über die Deposita' nachgewiesen, dessen Herkunft zwar heute noch nicht mit Sicherheit festgestellt werden, als dessen Inhalt man aber mit aller Wahrscheinlichkeit eine Haftung des Depositars auf das Duplum annehmen kann.[29])

---

[26]) Collatio legum Mos. et Rom. 10, 7, 11: *ex causa depositi lege duodecim tabularum in duplum actio datur.* Die Bedenken, die Arangio-Ruiz, Le formule con demonstratio (1912) p. 25 neuestens gegen die Authentizität dieser Bestimmung vorbringt, halte ich nicht für durchschlagend.

[27]) Col. III Z. 7f. (Recueil des Inscriptions juridiques Grècques I p. 394, Kohler-Ziebarth, Das Stadtrecht von Gortyn p. 285).

[28]) Vgl. auch Thalheim, Griech. Rechtsaltertümer⁴ p. 118 n. 5, Kohler, a. a. O. p. 74. Über das altgriechische Depositum im allgemeinen siehe Partsch, Griech. Bürgschaftsrecht I p. 83f.

[29]) Vgl. Mitteis, Grundzüge der Papyruskunde II_1 p. 258 und Partsch, Archiv für Papyrusforschung 5 p. 453 f., der sich für den hellenistischen Ursprung des *νόμος* erklärt. Auf das *da-a-tu ša šarri ša ana muḫ-ḫi paq-du šaṭ-ri* „Gesetz des Königs, das über das Depositum geschrieben ist" in KB IV p. 316 f. (218 a. Chr., jetzt übersetzt auch bei Kohler Ungnad, 100 ausgewählte Rechtsurkunden n⁰. 92) habe ich schon in meinem Bürgschaftsrecht p. 149 f. aufmerksam gemacht. Leider ist über Herkunft und Inhalt des Gesetzes kaum eine Vermutung zulässig. Es ist ist zwar nach der Stilisierung der Urkunde: „wenn der Depositar das Depositum nicht zurückgibt, so soll er es nach dem Gesetze des Königs über das Depositum zurückstellen" wahrscheinlich, daß das Gesetz eine verschärfte Haftung des Verwahrers angeordnet hat und die Analogie mit den Papyrusurkunden ließe es verlockend erscheinen, eine Haftung auf das Duplum zu vermuten. Allein angesichts der Isoliertheit des Belegs halte ich es für rätlich, Zurückhaltung zu üben. Was die Herkunft des Gesetzes betrifft, so ist es wohl kaum mit § 124 K. Ḫ. identisch. Daß der K. Ḫ. in so später Zeit noch geltendes Recht gewesen sei, ist ganz unwahrscheinlich. Auch ist kaum anzunehmen, daß man das Gesetz Ḫammurapis als *dâtu ša šarri* bezeichnet hätte. *Dâtu* scheint ein persisches Lehnwort zu sein. Vgl. Meissner, Supplemente zu den assyr. Wörterbüchern p. 32, Peiser, Aus dem babyl. Rechtsleben III p. 51 n. 7. Das Wort begegnet noch in einer leider ziemlich unklaren Urkunde aus dem 2. Jahre des Darius, die von der Vindikation eines Sklaven handelt: Dar. 537 Z. 15: *a-ki-i da-a-tu ša šarri u-šal-lam* „nach dem Gesetze des Königs wird er (der Beklagte den Sklaven) zurück-

Nach der isaurischen Ecloga[30]) und ebenso nach dem rhodischen Seegesetz,[31]) um auch des byzantinischen Rechts zu gedenken, hat der Verwahrer, der der Ableugnung des Depositums überführt wird, dieses zweifach zu ersetzen. Was das indische Recht anbelangt, so sei auf folgende Stellen aus den Gesetzen Manus[32]) aufmerksam gemacht: VIII 191: he who does not return a deposit .... shall ... be compelled to pay a fine equal (to the value of the object retained); VIII 192: the king should compel him who does not restore an open deposit, and in like manner him who retains a sealed deposit, to pay a fine equal (to its value). Das mosaische Recht enthält zwar keine dem § 124 K. Ḫ. entsprechende ausdrückliche Norm, doch läßt der Zusammenhang der Bestimmungen in Exod. 22, 6—8 mit großer Wahrscheinlichkeit eine Haftung des ungetreuen Verwahrers auf das Duplum vermuten.[33]) Zu diesen inneren Gründen gesellt sich noch ein formelles Argument. Liest man die §§ 122 bis 124 aufmerksam durch, so fällt es auf, daß in § 124 der Vorgang der Deponierung mit derselben Ausführlichkeit und mit denselben Worten beschrieben wird, wie in dem die Materie einleitenden § 122, nur daß die *riksâti* nicht erwähnt werden. Hätten nun die Redaktoren die §§ 122—124 wirklich in einem Zuge redigiert, so hätten sie sich in § 124 zumindest schleppend und ungeschickt ausgedrückt. Wenn § 124 in der Fassung des Gesetzes das Gegenstück zu § 123 bildet, so wäre es doch einfacher gewesen, ihn mit den Worten 'wenn er (der Deponent) aber auf Grund einer Zeugenurkunde deponiert hat' usw. an § 123 anzuschließen, anstatt den Vorgang der Deponierung nochmals zu erzählen. In dieser kurzen Weise haben die Redaktoren in der Tat § 123 an § 122 angeknüpft, wo sie (§ 123 Z. 44 f.) nur sagen: *šum-ma ba-lum ši-bi u ri-ik-sa-tim a-na ma-ṣa-ru-tim id-di-in* 'wenn er (der Deponent) ohne Zeugen und Urkunde deponiert hat.' Alle diese Bedenken verschwinden, sobald man annimmt, daß § 124 bereits in einem älteren Gesetze vorlag,

stellen.“ Die Terminologie spricht also eher dafür, daß wir es mit dem Gesetze eines persischen Königs oder eines der Seleuzidenherrscher zu tun haben. Daß es sich möglicherweise inhaltlich mit § 124 K. Ḫ. deckte, braucht angesichts der im Texte angeführten rechtsvergleichenden Belege nicht Wunder zu nehmen.

30) Tit. 11 (Zachariae, Collectio librorum iuris Graeco-Romani).

31) Pars III cap. 14 (W. Ashburner, The Rhodian Sea-Law, Oxford 1909).

32) Nach Bühler, Sacred Books of the East Vol. XXV.

33) Vgl. auch Müller p. 113 f. und unten § 4 n. 3.

dort die Bestimmungen über das Depositum einleitete und nun von den Redaktoren in die Kodifikation herübergenommen wurde.

Darf es also, soweit überhaupt die vorhandenen Interpretationsmittel die Erzielung sicherer Ergebnisse gestatten, als festgestellt gelten, daß in den §§ 122—124 älteres und jüngeres Recht vereinigt wurden, so bleibt noch die Frage, wie im Einzelnen diese Verarbeitung erfolgte. Eine sichere Entscheidung ist hierbei nicht möglich. Es kann sich nur darum handeln, verschiedene an sich denkbare Kombinationen zu prüfen und die wahrscheinlichste unter ihnen auszuwählen.

a) Die §§ 122—124 gehörten bereits der Vorlage an, stellten aber dort für das Depositum nur die Zuziehung von Zeugen als Formerfordernis auf. Das zweite Requisit, die *riksâti* wurde erst von den Redaktoren durch Interpolierung der Vorlage hinzugefügt. Diese Kombination kann kurzerhand abgetan werden. Sie läßt es unerklärt, warum die Redaktoren, wenn sie überall die *riksâti* interpolierten, plötzlich in § 124 auf sie vergessen haben sollten. Endlich spricht gegen sie die Stilisierung des § 124, die, wie eben ausgeführt wurde, deutlich darauf hinweist, daß § 124 in der Vorlage an der Spitze der Bestimmungen über das Depositum stand.

b) Es bleibt daher nur die Annahme, daß §§ 122, 123 eine Schöpfung der Redaktoren sind, während § 124 aus der Vorlage in das Gesetz übernommen wurde. Allerdings ergibt sich hierbei eine Schwierigkeit in der Deutung dieser Bestimmung zufolge des *maḫar šîbî* in Z. 57. Wir haben diese Schwierigkeit oben p. 19 dadurch zu beseitigen versucht, daß wir § 124 im Zusammenhang mit den vorhergehenden Bestimmungen interpretierten. Dieser Interpretationsbehelf entfällt aber für die Vorlage. Man könnte nun diesem Bedenken durch die Annahme aus dem Wege gehen, daß die Redaktoren *maḫar šîbî* in § 124 interpolierten, um die Verbindung mit dem von ihnen verfaßten § 123 herzustellen. Allein abgesehen davon, daß diese Annahme von der ganz unwahrscheinlichen Voraussetzung ausgeht, die Redaktoren hätten bei der Interpolierung von *maḫar šîbî* auf die *riksâti* vergessen, bliebe noch zu erklären, wieso die Redaktoren dazu kamen, für das Depositum eine so strenge Formvorschrift aufzustellen. Sich mit ihr als einer gegebenen Tatsache abzufinden, kann ich mich nicht entschließen, sie als eine freie Erfindung der Redaktoren zu betrachten, vermag ich noch weniger.

Indessen bleibt § 124, auch wenn er in der vorliegenden Gestalt bereits der Vorlage angehörte und demgemäß isoliert zu interpretieren ist, darum doch kein Rätsel. Ich glaube, sein Sinn kann kein anderer sein als im Zusammenhang mit den §§ 122/123; mit anderen Worten, *maḫar šîbî* darf nicht dahin verstanden werden, als ob der Kläger schon bei der Klageerhebung seine Zeugen vorführen müßte, sondern bezieht sich auf eine Formvorschrift, deren Beobachtung erst dann nachzuweisen ist, wenn der Verwahrer das Depositum ableugnet. Daß die Zuziehung der Zeugen auch von der Praxis als Erfüllung einer Formvorschrift aufgefaßt wurde, machen die oben p. 14f. angeführten Urkunden wahrscheinlich. Es wird sich im Laufe der Darstellung die Gelegenheit ergeben[34]), für diese Formvorschrift eine, wenngleich hypothetische, Erklärung zu versuchen. Hier genügt es zu konstatieren, daß die Redaktoren des K. Ḫ., als sie die §§ 122, 123 verfaßten, nicht eine neue Form für das Depositum erfanden, sondern nur eine bestehende Formvorschrift, allerdings in wenig glücklicher Weise erweiterten.

Zum Schlusse noch eine Bemerkung. Wir haben bisher immer vorausgesetzt, daß die als jünger erkannten Bestimmungen von Ḫammurapi herrühren. An sich könnte nun die Verarbeitung älteren und jüngeren Rechts, wie sie in den §§ 122—124 vorliegt, schon in der von den Redaktoren benutzten Vorlage erfolgt sein. Die Frage ist von geringerer Bedeutung. Allein gerade im vorliegenden Falle fehlt es nicht an einem Indiz, daß wir es mit Neuerungen Ḫammurapis zu tun haben: die Stellung der jüngeren Bestimmungen an der Spitze der Materie. Wir werden im Laufe der Darstellung noch öfter beobachten können, daß die eine Materie des Gesetzes einleitenden Paragraphen jüngeren Ursprungs sind. Darin liegt aber ein Argument dafür, daß sie vom Kodifikator herrühren. Denn es liegt für einen Gesetzgeber, der nicht streng systematisch denkt, psychologisch ungemein nahe, das, was er selbst geschaffen hat, für das Wichtigste zu halten und der Bedeutung seiner Neuerungen auch dadurch Ausdruck zu verleihen, daß er sie im Gesetze den übernommenen Satzungen voranstellt.

[34]) Vgl. unten § 4 p. 62 f.

§ 2.

Mit dem Depositum beschäftigen sich noch die §§ 125 und 126. Auch sie sind von den Redaktoren des Gesetzes mannigfach überarbeitet worden. § 125 bestimmt Folgendes:

šum-ma a-wi-lum	Wenn jemand
mi-im-ma-šu	etwas ihm Gehöriges
a-na ma-ṣa-ru-tim id-di-in-ma	zur Aufbewahrung gegeben hat und dann
a-šar id-di-nu	dort, wo er es gegeben hat,
u lu i-na pi-il-ši-im	sei es durch Einbruch,
u lu i-na na-ba--al-ka-at-tim	sei es durch Einsteigen
mi-im-mu-šu	das ihm Gehörige
it-ti mi-im-me-e	mit irgend etwas
be-el bîtim iḫ-ta-li-iq be-el bîtim ša i-gu-ma	dem Herrn des Hauses Gehörigem verloren geht, so wird der Herr des Hauses, der durch Nachlässigkeit
mi-im-ma ša a-na	das, was zur
ma-ṣa-ru-tim id-di-nu-šum-ma	Aufbewahrung er (der Deponent) ihm gegeben hat,
u-ḫal-li-ku	verloren gehen ließ,
u-ša-lam-ma	(es) im vollen Betrage'
Col. v^{r} *a-na be-el namkurim*	dem Herrn der Habe Col. v^{r}
i-ri-a-ab.	ersetzen.
be-el bîtim	Der Herr des Hauses wird
mi-im-ma-šu ḫal-ga-am	das, was ihm abhanden gekommen ist,
iš-te-ne-i-ma	indem er nachforscht,
[it]-ti šar-ra-g[a]-ni-šu	von seinem Dieb
i-li-ki.	nehmen.

Die Bestimmung wurde, soweit man sich überhaupt mit ihr näher befaßt hat, verschieden gedeutet. Die einen glauben in ihr den Gedanken ausgesprochen zu finden, daß der Verwahrer schlechthin für den Diebstahl an der anvertrauten Sache einstehe[1]), andere wollen hier die Verschuldenshaftung normiert sehen[2]). Das Letztere ist angesichts des ausdrücklich auf die culpa des Depositars hinweisenden *îgûma* in Z. 75 zweifellos das Richtige. Wenn indessen auch diese Interpretation dem Inhalt des Paragraphen nicht völlig gerecht wird, so liegt der Grund darin, daß sie den ersten Teil der Bestimmung zu wenig berücksichtigt. Gerade in ihm, beziehungsweise in seinem Verhältnis zum zweiten Teil liegen die Schwierigkeiten, die sich der Erklärung entgegenstellen.

§ 125 setzt als Tatbestand voraus, daß infolge eines durch Einbruch oder Einsteigen[3]) ausgeführten Diebstahls das Depositum

---

[1]) Cook p. 270, Grimme p. 41, Jeremias p. 38, der aber p. 21 wieder mit dem Gedanken der Verschuldenshaftung operiert.

[2]) Kohler, H. G. I p. 116, Besta p. 222 und zuletzt mit Entschiedenheit Schulz, Zeitschr. f. vergl. Rechtswissenschaft 27 p. 146. Für die Verschuldenshaftung wohl auch Müller p. 113 und Oettli p. 65.

[3]) Was *nabalkattum* bedeutet, ist nicht ganz sicher. Die im Texte gewählte Übersetzung wird neuestens von Ungnad (nach Schulz, a.a.O. p. 146 n. 1a) vorgeschlagen, nachdem sie schon früher von Scheil (escalade), Edwards (climbing over) und Mari (scalata) gegeben worden war. Ungnad selbst hatte früher (bei Greßmann, Altorient. Texte I, vgl. auch H. G. II p. 150) den farbloseren Ausdruck „Entwendung" gewählt. Andere, wie Müller, Winckler, Davies, Bonfante, Harper, Deimel übersetzen *nabalkattum* mit „Raub", farbloser Boscawen: violence. Mit „rebellion, sedition" geben das Wort wieder Johns und Cook p. 226, sich wohl darauf stützend, daß *nabalkattu* in den assyrischen Königsinschriften in dieser Bedeutung vorkommt. Vgl. Delitzsch p. 176. Diese Übersetzung ist indessen sicher unrichtig. *Nabalkattum* muß vielmehr hier eine Art des Diebstahls bezeichnen. Das folgt schon daraus, daß am Schlusse des § 125 vom Dieb die Rede ist. In der Tat bedeutet das unmittelbar vorhergehende *pilšum* „Einbruchsdiebstahl" (vgl. Ungnad, H. G. II. p. 158). Von dieser Bedeutung wird sich daher wohl auch *nabalkattum* nicht allzuweit entfernen. Die Wurzel בלכת begegnet nach Ausweis der Lexika (Delitzsch p. 175 f., Muss-Arnolt p. 165 f.) in III und IV in der Bedeutung „losreißen", beziehungsweise „sich losreißen", dann aber auch in der Bedeutung „eindringen, durchbrechen, einbrechen" (in IV_1 und IV_3), und führt von dem zweiten Wert aus für *nabalkattum* zu einer ähnlichen Bedeutung wie *pilšum*.

Im Gesetze findet sich *nabalkattum* auch im § 56 Z. 51 (H. G. II p. 35), an einer leider sehr lückenhaft überlieferten Stelle, deren Sinn nicht fest-

zugleich mit Sachen des Verwahrers abhanden kam. Demgegenüber fällt es schon auf, daß der Gesetzgeber ein weiteres Tatbestandsmoment, nämlich das Eintreten des Sachverlustes durch Verschulden des Depositars (Z. 75: *igûma*) erst in der Sanktion hinzufügt, während er sonst immer säuberlich zwischen Tatbestand und Rechtswirkung unterscheidet und jenen in dem mit *šumma* eingeleiteten Satz erledigt. Noch größer wird die Verwirrung, wenn wir das Verhältnis beider Tatbestandsmomente zueinander betrachten. Von Z. 75 an ist klar und deutlich das Prinzip ausgesprochen, daß der Depositar Verschulden zu vertreten hat. Was soll nun daneben der Tatbestand, daß mit dem Depositum auch Sachen des Verwahrers verloren gingen? Daß der Gesetzgeber die Verschuldenshaftung auf diesen Fall einschränken wollte, dieser Gedanke braucht nur aufzutauchen, um sofort zurückgewiesen zu werden. Aber auch der Ausweg, daß der Gesetzgeber mit diesem speziellen Fall nur ein Beispiel für das in Z. 75f. aufgestellte Prinzip geben wollte, erweist sich als ungangbar. Abgesehen von dem Einwande, daß man bei dieser Annahme an erster Stelle das Prinzip und dann erst das Beispiel erwartete, während das Gesetz die umgekehrte Reihenfolge einhält, wäre doch zu fragen, ob denn der vom Gesetzgeber beliebte Beispielsfall in der Tat ein so klarer war, daß er das Prinzip der Verschuldenshaftung zu illustrieren geeignet gewesen wäre. Zugleich mit dem Depositum werden auch Sachen des Verwahrers gestohlen. Es ist also wahrscheinlich, daß der Depositar das anvertraute Gut nicht schlechter betreut hat als sein eigenes. Ist hier Verschulden des Verwahrers so besonders offenliegend? Ich glaube, die Antwort fällt nicht schwer.

Eine Interpretation, die den Paragraph als eine Einheit betrachtet, scheint mir unter solchen Umständen zu keinem Ziele zu führen. Die Fassung des Gesetzes erweckt vielmehr den Anschein, als ob der Gesetzgeber den an die Spitze des Paragraphen gestellten Fall bereits vorgefunden habe und nun in dem Sinne er-

---

gestellt werden kann. In den altbabylonischen Urkunden begegnet נבלכת einmal in VS VIII 33/34 Z. 23 in IV_1 in der Bedeutung „vertragsbrüchig werden", ebenso in neubabylonischer Zeit. Vgl. z. B. Nbk. 90_{17}, Kohler-Peiser, Babyl. Rechtsleben IV p. 74 (in IV_2). Davon der neubabylonische Terminus *nabalkattânu* „der Vertragsbrüchige". Vgl. z. B. B V 23_{20}, 52_{14}, 134_{15}. Weiteres Material bei Tallquist, Sprache der Kontrakte Nabû-nâ'ids p. 57.

läutere, daß der Depositar bei Verschulden hafte. Trifft dies zu, so entsteht aber die Frage: wie kam der Gesetzgeber zu diesem Tatbestand?

Die Antwort gibt uns hier die Rechtsvergleichung. Der Tatbestand, daß mit dem verwahrten Gut auch Sachen des Verwahrers abhanden kommen, begegnet auch in anderen Rechten. Nur ist dort die Rechtsfolge eine ganz andere als im K. Ḫ. Der Verwahrer wird nämlich in diesem Falle seiner Verbindlichkeit ledig.

Ich führe aus dem altindischen Recht folgende Stellen[4]) an:

Nârada 2, 9 (Sacred Books of the East 33_1): if a deposit is lost, together with the property of the depositary, the loss shall be the depositor's.

Brihaspati 12, 10 (Sacred Books 33): when a deposit is destroyed, together with the goods of the depositary, by the act of fate or of the king, (the depositary) is not to blame[5]).

Dasselbe Prinzip findet sich in der isaurischen Ecloga, Tit. 11[5a]): εἰ δὲ καὶ δεήσει (der Depositar) συμφοράν τινα εἴτε ἀπὸ πυρκαϊᾶς ἢ καὶ ἀπὸ κλοπῆς ἐπελθεῖν αὐτῷ καὶ σὺν τοῖς ἰδίοις αὐτοῦ ἀπολέσθαι κἀκεῖνα (d. h. das Depositum), τηρείτωσαν οἱ ἀκροαταὶ (die Richter)[5b]) καὶ ἀνέγκλητον τὸν τὴν τοιαύτην παρακαταθήκην ἐσχηκότα φυλαττέσθωσαν ὡς ἀκουσίως αὐτὰ ἀπολέσοντα; ferner im grusinischen Recht. Vgl. das Gesetz König Wachtangs VI. vom 15. Februar 1723, § 149[6]): „Wenn irgend eine Sache, die einem anderen zur Aufbewahrung oder zur Beförderung an irgend einen anderen Ort übergeben wurde, mit anderen dem letzteren gehörigen Sachen vom Feinde geraubt, durch Feuer vernichtet oder von einem Diebe gestohlen wird, so ist dieser jeglicher Verantwortung ledig.“ Ebenso kennt es das armenische Recht. Ich führe die betreffende Bestimmung[7]) hier vollinhaltlich

[4]) Das Material ist neuerdings gesammelt von Schulz, Zeitschr. f. vergl. Rechtswissenschaft 25 p. 466 f., nach dem ich auch zitiere.

[5]) Vgl. auch Katy (Colebrooke 1, 421 Nr. 24) bei Schulz, a. a. O. p. 466.

[5a]) Zachariae, Collectio p. 34.

[5b]) Vgl. zu ihnen Zachariae, Geschichte des griech. röm. Rechts[3] p. 354.

[6]) Ich zitiere nach Schulz, Zeitschr. f. vergl. Rechtsw. 27 p. 178, der selbst eine von Felix Holldack ihm angefertigte Übertragung aus der russischen Übersetzung von Frenkel und Bakradze benützt.

[7]) Sempadscher Kodex (13. Jhd.) § 121 (nach Karst, Armenisches Rechtsbuch I p. 174). Vgl auch Karst, a. a. O. II p. 252 f., Zeitschr. f. vergl. Rechtsw. 20 p. 73 f.

an, weil ich in der Folge noch öfter auf sie zurückkommen werde: „Wenn jemand einem Manne eine Sache zur Verwahrung übergibt, und sie wird gestohlen, so muß untersucht werden, ob auch zugleich von seinem, des Depositars, Eigentum mitgestohlen worden ist oder nicht, und muß dies mittels Eidschwur erforscht werden. Wenn nun auch zugleich sein, des Depositars, Eigentum mit entwendet worden ist, so mögen beide dem Diebe nachspüren, bis sie ihn ausfindig machen. Wenn aber das Seinige (das Depositum) allein entwendet worden ist, so ist dieser Fall verdächtig; demzufolge stelle er jenem eine Frist behufs Ermittlung des Diebes, und wenn dieser nicht gefunden wird, alsdann stellt sich die Sache auf den Eid und auf halbe Ersatzleistung (des Depositars), oder wie auch sonst immer der Richter, auf Grund des aus dem Verhöre der beiden Parteien und der Zeugen und der Nachbarn entnommenen Tatbestandes, das Recht gerecht und unparteiisch entscheiden mag."

Denselben Gedanken finden wir endlich auch in den germanischen Rechtsquellen ausgesprochen[8]), in der Regel zwar nur für den Sachverlust durch Brand, Schiffbruch usw. und nicht für den Fall des Diebstahls[9]). Daß er aber auch für den dieblichen Sachverlust anerkannt wurde, beweist die bei Stobbe, a. a. O. p. 221 angeführte Stelle aus den 24 friesischen Landrechten: der Depositar haftet nicht für Raub, Brand und nächtlichen Diebstahl unter der Voraussetzung, '*dat dit kuntlich sy ende openbaer den luden, dat em syn goed ghenomen, vorbrant ofte ghestolen sy*'; ferner die Bestimmung des altschwedischen Rechts bei v. Amira, Nordgermanisches Obligationenrecht I p. 454: 'Wird gestohlen oder verbrannt oder wird gewaltsam genommen [das Gut] ihrer beider zusammen[10]), mögen auch beide den Schaden haben. Ist nicht dieses, dann schaffe er das nämliche

[8]) Vgl. zum Folgenden Stobbe, Zur Geschichte des deutschen Vertragsrechts p. 215—226, ferner auch Stobbe-Lehmann, Handbuch des deutschen Privatrechts [3] III p. 291 f.

[9]) Für diesen steht der Verwahrer unbedingt ein. Vgl. auch Müller-Erzbach, Gefährdungshaftung und Gefahrtragung (Archiv f. ziv. Praxis 109) p. 117 f. Man erklärt dies aus dem Satze „Hand wahre Hand", nach dem die Legitimation zur Verfolgung des Diebstahls nur dem Depositar und nicht dem Eigentümer zusteht. So Müller-Erzbach, a. a. O. p. 132 f. Vgl. auch A. Schultze, 'Gerüfte und Marktkauf' in der Festgabe für Felix Dahn I p. 14 n. 41, Iherings Jahrbücher 49 p. 167, Rauch, Spurfolge und Anefang p. 40.

[10]) Nämlich des Deponenten und des Depositars.

wieder heraus, was er zur Verwahrung angenommen hatte.' Schließlich sei noch auf eine Bestimmung des isländischen Grágás hingewiesen, die in ihrer Fassung mit § 125 K. Ḫ. eine gewisse Verwandtschaft zeigt und dadurch besonderes Interesse gewinnt. Sie lautet nach der Übersetzung v. Amiras, a. a. O. II p. 803: 'Wenn Jemand Gut eines Anderen verwahrt und es kommt das Gut abhanden aus seinem Gewahrsam, es hatten aber dieses Gut dort beide zusammen in diesem Gewahrsam, dann trägt jeder von seinem Gut allein die Gefahr, wenn aus einem und demselben Gewahrsam das Gut eines jeden von beiden abhanden kommt. Kommt aber dessen Gut allein abhanden, der es zum Verwahren übergab, er hat die Wahl, das Gut zu fordern bei demjenigen, wenn er will, der verwahrte, und dieser hat es ihm zu ersetzen, und dann hat der die Klage um das Gut, der verwahrte'[11]).

Ich glaube, daß man diese Parallelen bei der Interpretation des § 125 K. Ḫ. nicht unberücksichtigt lassen darf. Der vom Gesetzgeber angenommene Tatbestand: Verlust des Depositums mit Sachen des Verwahrers, der in der Fassung des Gesetzes angesichts der Normierung der generellen Kulpahaftung überflüssig erscheint, würde sofort guten Sinn gewinnen, wenn wir annehmen dürften, daß in einer älteren Fassung des Gesetzes sich an ihn dieselbe Rechtsfolge knüpfte, wie in den eben angeführten Rechten, nämlich Befreiung des Depositars von seiner Haftung[12]). In der von uns vermuteten ursprünglichen Fassung hätte also das Gesetz, ganz entsprechend der eben erwähnten Norm des Grágás, bestimmt: wenn das Depositum zugleich mit Sachen des Verwahrers gestohlen wird, ist er frei; wenn nur das Depositum gestohlen wird, hat er es zu ersetzen. Gegenüber dieser altertümlichen und formalistischen Regelung der Verschuldensfrage[13]) hatten die Redaktoren des Gesetzes

11) Im Folgenden wird dem Hinterleger auch das Recht eingeräumt, den Dieb zu verklagen. Diese Bestimmung ist jedoch ein jüngerer Zusatz. Vgl. v. Amira, a. a. O. II p. 803 n. 3.

12) Dies behauptete schon D. H. Müller, Semitica II p. 13 (Sitzungsber. d. Wiener Akad. ph. h. Kl. 154), jedoch mit der offensichtlich unrichtigen Begründung, daß diese Regelung im Gesetze selbst enthalten sei.

13) Man erblickt darin (vgl. Stobbe, a. a. O. p. 217, 219f.) die Normierung einer Haftung für culpa in concreto, d. h. für diejenige Sorgfalt, welche der Verpflichtete in eigenen Angelegenheiten anzuwenden pflegt, nur daß der Verschuldensbegriff hierbei nicht abstrakt erfaßt, sondern entsprechend der unentwickelten juristischen Denkkraft eines älteren

schon den abstrakten Verschuldensbegriff erfaßt und suchten ihn nun auch für die Haftung des Depositars durchzuführen. Von dieser Anschauung aus war aber die bisherige Regelung unbrauchbar. Denn natürlich konnte den Verwahrer ein Verschulden treffen, wenn auch seine eigenen Sachen gestohlen worden waren, wie ihm umgekehrt eine culpa nicht zur Last fallen brauchte, auch wenn nur das Depositum abhanden gekommen war[14]). Diese neue Auffassung mußte der Gesetzgeber namentlich gegenüber dem ersten Tatbestand, der nach dem bisherigen Recht eine Haftpflicht des Verwahrers ausschloß, zur Geltung bringen: auch wenn Sachen des Verwahrers mit dem Depositum abhanden kommen, soll der Verwahrer haften, falls ihn ein Verschulden trifft. Nur bei dieser Paraphrase der Bestimmung und von der Annahme aus, daß der Gesetzgeber Widerspruch erhebt gegen eine abweichende Regelung des älteren Rechts[15]), läßt sich dem Gesetze ein vernünftiger Sinn abgewinnen. Es ist nun wenig wahrscheinlich, daß der Gesetzgeber, der, wie bemerkt, bereits auf dem Standpunkt der abstrakten Verschuldenshaftung stand, den § 125 vollständig neu redigierte. Er hätte in diesem Falle viel einfacher normieren können: für Diebstahl haftet der Depositar bei Verschulden. Die gegenwärtige Fassung des § 125 erklärt sich viel besser bei der Annahme, daß den Redaktoren ein älteres Gesetz in der von uns vermuteten

Rechts typisch genommen wird. D. h. es wird immer Verschulden des Verwahrers angenommen, wenn das Depositum allein abhanden kam. Denn hätte er es mit derselben Sorgfalt wie sein eigen Gut betreut, so wäre nicht bloß das Depositum gestohlen worden. Für das deutsche Recht ist diese Auffassung in den Quellen deutlich ausgesprochen. Vgl. die bei Stobbe, a. a. O. p. 219 f. angeführten Quellenstellen und die oben zitierte Stelle aus den 24 friesischen Landrechten, die folgendermaßen fortfährt: '*dan so endarf he* (der Verwahrer) *nicht verantworden dat vorscrevene goet, wente nemant enes anderen goet vorder mach bewaren, dan synes selves*'. Ebenso liegt auch schon der Vorlage zum § 125 K. Ḫ. der Begriff des Verschuldens zugrunde. Siehe unten n. 16. Freilich bleibt noch die Frage offen, wie man gerade zur Statuierung dieser culpa in concreto kam. Was den orientalischen Rechtskreis betrifft, so werden sich im Laufe der Darstellung Anhaltspunkte zu einer wenigstens vermutungsweisen Beantwortung dieser Frage ergeben. Vgl. unten § 4 p. 59 f.

[14]) Vgl. auch Stobbe, a. a. O. p. 223.

[15]) Dies hat auch Schulz, Ztschr. f. vgl. Rechtswissensch. 27 p. 147 erkannt, ohne jedoch daraus die im Text angegebenen Konsequenzen zu ziehen.

Gestalt vorlag und daß dieses Gesetz von ihnen nun in der Weise interpoliert wurde, daß sie die Rechtsfolge des ersten Tatbestandes sowie den zweiten Tatbestand strichen[15a]) und so die Rechtsfolge des letzteren: Haftung auf das Simplum, unmittelbar an den ersten Tatbestand knüpften unter Einschaltung des die Verschuldenshaftung zum Ausdruck bringenden Wortes *îgûma* in Z. 75[16]).

Diese Auffassung von der Entstehung des § 125 erhält eine erwünschte Bestätigung durch die folgende Bestimmung des § 126, die allerdings bisher m. E. völlig mißverstanden wurde. Sie lautet

šum-ma [a]-wi-lum	Wenn jemand,
mi-im-[m]u-šu	dessen Habe
la ḫa-li-i[q-m]a	nicht abhanden gekommen ist,
mi-im-[mu-u-a][17])	'meine Habe
ḫa-li-[iq] iq-ta-bi[18])	ist abhanden gekommen' sagt,
ba-ab-ta-šu	seinen Verlust
u-te-ib-bi-ir	übertreibt,
ki-ma mi-im-mu-šu	dementsprechend daß seine Habe
la ḫal-ku	nicht abhanden gekommen ist,

15a) Jene (Befreiung des Depositars von seiner Haftung) konnten sie nicht brauchen, dieser (nur das Depositum wird gestohlen) war für sie überflüssig, da schon das bisherige Recht hier ein Verschulden des Depositars annahm.

16) Ich glaube, daß Z. 75 f. bis zum Ende schon der Vorlage angehörten. Abgesehen von den erwähnten Parallelen aus anderen Rechten, spricht hierfür folgender Umstand. In dem ersten Tatbestand heißt es: 'wenn das Depositum mit Sachen des Verwahrers abhanden kam (*iḫtaliq* Z. 75)'; hingegen würde für den von uns vermuteten zweiten Tatbestand in der Rechtsfolge vom Depositar ausgesagt, daß er das Depositum a b h a n d e n k o m m e n l i e ß (*uḫalliq* Z. 78). In dem Gebrauch des Faktitivums (II_1) liegt der Gedanke ausgedrückt, daß ein dem Depositar zurechenbarer Vorgang vorliegt, und das traf ja vom Standpunkte des älteren Rechts aus hier zu.

17) Diese von U n g n a d vorgeschlagene Ergänzung ist die einzig mögliche, da *iqtabi* Z. 12 die direkte Rede erfordert. So auch W i n c k l e r p. 36 und D e i m e l, die *mi-im-[me-ia]* ergänzen. H a r p e r liest *mi-im-[me]-šu*, M ü l l e r: *mi-im-[me-š]u*, was dem Texte nicht entspricht, der nur *mi-im-[. . . . .]* bietet.

18) Von Z. 12 an ist der Text mit einigen unwesentlichen Varianten (verzeichnet bei U n g n a d, H. G. II p. 46) auch in col. II des dritten der von S c h e i l in Susa gefundenen altbabylonischen Fragmente des Kodex überliefert. Vgl. S c h e i l, Délégation en Perse X pl. 9; Republikation bei U n g n a d, Keilschrifttexte der Gesetze Ḫammurapis p. 37.

ba-ab-ta-šu	nachdem er seinen Verlust
i-na ma-ḫar ilim	vor einem Gotte
u-ba-ar-šu-ma	genau ihm angegeben hat,
mi-im-ma	so soll er alles,
ša ir-gu-mu	was er begehrt hat,
uš-ta-ša-na-ma	indem er es verdoppelt,
a-na ba-ab-ti-u	zu seinem Verlust
i-na-ad-di-in.	geben[19]).

Der Paragraph hat seit jeher sowohl durch seine Textierung wie durch seinen Inhalt der Interpretation große Schwierigkeiten geboten und daher auch die verschiedenartigsten Übersetzungen und Deutungen gefunden. Ich vermag keine von ihnen als zutreffend anzuerkennen. Indessen würde eine Polemik im Einzelnen bei der großen Zahl der Erklärungsversuche zu weit führen, und ich beschränke mich daher, die einzelnen Interpretationen gruppenweise vorzunehmen.

a) Eine Anzahl von Interpreten[20]) bezieht § 126 auf das Depositum, wofür gewiß sein Anschluß an die vorhergehenden Bestimmungen über das Depositum, sowie der Umstand spricht, daß mit § 127 eine neue Materie, das Eherecht beginnt. Man denkt an den Fall, daß jemand ein Depositum ganz oder zum Teile als indebitum einfordert. Allein nach §§ 122—124 muß der Kläger im Bestreitungsfalle die Hingabe des Depositums durch Zeugen beweisen. Von einem solchen Zeugenbeweis, beziehungsweise seinem Mißlingen steht aber in § 126 kein Wort, es ist vielmehr nur die Rede von jemandem, der behauptet, seine Habe sei ihm abhanden gekommen, während dies in der Tat nicht zutrifft. Müller sucht dieser Schwierigkeit durch die Annahme zu entgehen, daß der Streit sich nicht darum drehe, ob ein Depositum gegeben worden sei, sondern, 'ob alles, was deponiert, auch vorhanden ist oder ob das Deponierte zurückgestellt worden ist oder nicht'. Allein abgesehen davon, daß der Paragraph, sollte er den von Müller postulierten Inhalt gehabt haben, besser sich an § 124 angeschlossen hätte, scheitert auch diese Erklärung an der Formulierung der Klagebe-

19) Die Übersetzung soll zur vorläufigen Orientierung des Sprachunkundigen dienen und ist daher nur provisorisch.

20) Vgl. Müller p. 115, Jeremias p. 37f., Oettli p. 65, Cook p. 226, dessen Deutung jedoch Besonderheiten aufweist, auf die ich noch zurückkomme. Vgl. auch Mari p. 21 und Fehr p. 119.

hauptung in § 126. Der Deponent, mag sein Anspruch begründet sein oder nicht, wird doch in der Klage die Rückgabe des Depositums verlangen, er wird erklären, daß ihm der Gegner das Depositum zu Unrecht vorenthalte. Keinesfalls ist es aber Sache des Hinterlegers zu behaupten, daß ihm das Depositum verloren gegangen sei[20a]). Eine solche Behauptung würde weit eher im Munde des Verwahrers Sinn haben, der sich mit dieser Einrede seiner Restitutionspflicht entziehen will.

b) Eine andere Gruppe von Schriftstellern scheint eine Beziehung des § 126 auf das Depositum abzulehnen. So spricht Dareste[21]) von 'réclamations mal fondées' und Kohler[22]) formuliert den Inhalt der Bestimmung folgendermaßen: 'Wer Vermögenssachen widerrechtlich mit seinem Eide herausfordert, ist schuldig, den Wert des Geforderten doppelt zu erstatten'. In der Tat läßt sich hierfür anführen, daß die Bestimmung ein Depositum mit keinem Wort erwähnt[23]). Allein sehen wir näher zu. Nach der Klagebehauptung hätte die Bestimmung die Verfolgung abhanden gekommener Sachen zum Gegenstande. Nun kennt das Gesetz eine solche Klage und regelt sie auch, allein an ganz anderer Stelle: ich meine den in den §§ 9 ff. normierten Anefang. Unter den auf diese Klage bezüglichen Bestimmungen handelt nun § 11 von demselben Fall, den man für § 126 voraussetzen müßte. Dort wird der Kläger, der nicht beweisen kann, daß ihm die in Anspruch genommene Sache abhanden kam, als Verleumder mit dem Tode bestraft, während er nach § 126 das Duplum des eingeklagten Betrages dem Beklagten ersetzen müßte. Nun könnte man über diesen Widerspruch hinwegkommen mit der Erwägung, daß den Redaktoren zwei Normengruppen über die Klage betreffs abhanden

---

20a) Das richtet sich auch gegen die Annahme Fehrs l. c., daß der Deponent den Verlust des Depositums, welches beim Depositar gestohlen worden sei, behaupte.

21) Nouvelles Études d'Histoire du Droit III p. 16.

22) H. G. I p. 37, 84.

23) Vgl. ferner die Übersetzungen von Boscawen, Harper, Johns, Bonfante, Bonilla y San Martin, Davies, Edwards, Scheil, Ungnad, Winckler, Peiser, H. G. I. Ich will nicht behaupten, daß alle diese Gelehrten eine Beziehung des § 126 auf das Depositum ablehnen, ich führe sie vielmehr lediglich deshalb hier an, weil die Übersetzungen, die sie dem Paragraphen gegeben haben, eine solche Beziehung nicht erkennen lassen.

gekommener Sachen vorlagen, eine ältere, die sie in die §§ 9ff. aufnahmen, und eine jüngere, zu der eben § 126 gehört. Ein solches Verfahren wäre bei der Art und Weise, wie das Gesetz abgefaßt wurde, nicht unmöglich. Allein es bliebe noch immer die Frage zu beantworten, warum von dieser zweiten Normengruppe nur der Fall des sachfälligen Klägers und nicht auch der mindestens ebenso wichtige Fall, daß dem Kläger der Nachweis gelang, aufgenommen, warum ferner das Fragment der zweiten Gruppe gerade zwischen den Materien Depositum und Ehe eingeschachtelt wurde. Ich bekenne, darauf eine Antwort nicht zu wissen und ich glaube, es gibt wohl auch keine.

Gegen beide Erklärungen richtet sich endlich noch folgende Einwendung. Allgemein wird angenommen, daß das Gesetz dem Kläger zum Nachweise seines Rechts den Eid gestatte. Man beachte nun die sonderbare Logik. Das Gesetz, vom Mangel des klägerischen Rechts ausgehend, gestattet dem Kläger gleichwohl den Eid, um ihn dann sofort als sachfällig zu erklären und zum Ersatz des Duplums zu verpflichten, während sonst immer die Sache zugunsten desjenigen als erledigt gilt, der den Eid leistet[24]). Der Gedankengang wäre nur dann ein geschlossener, wenn vor Anordnung der Sanktion bemerkt wäre, daß der Kläger des falschen Eides überführt worden sei. Davon steht jedoch kein Wort in dem Paragraphen. Der eben erwähnte Widerspruch hat nun einige veranlaßt, die Bestimmung dahin zu verstehen, daß der Beklagte auf Grund des Eides des Klägers diesem (zweifachen) Ersatz leisten müsse[25]). Nun ist gewiß immer mit der Möglichkeit eines falschen Eides zu rechnen, wenn ein Gesetz die Entscheidung eines Rechtsstreites auf den Eid der einen oder anderen Partei abstellt. Etwas anderes ist es aber, wenn ein Gesetz, diese Möglichkeit offen anerkennend, durch die Normierung, daß der falsche Eid für den Ausgang des Rechtsstreites maßgebend sein soll, diesen gewissermaßen prämiiert. Etwas Derartiges ist keinem Gesetzgeber der Welt zuzumuten, und man darf sich hierbei nicht mit Cook mit der Er-

---

[24]) Vgl. die Zusammenstellung bei Mercer, The Oath in Babylonian and Assyrian Literature p. 24 f.

[25]) So übersetzt Bonfante: se egli (der Kläger) intenta azione pei suoi beni, nonostante non siano andati perduti, e pel danno subito dinanzi a Dio, gli si dovrà risarcire tuttociò che pretende per il suo danno. Ähnlich Davies, Edwards und Mari. Vgl. ferner Cook l. c.

wägung beruhigen: but since the latter (der Kläger) is put upon his oath the possibility of false swearing is remote.

Man könnte schließlich, um dieser Einwendung zu entgehen, die Phrase *ina maḫar ilim ubâr* (Z. 18 f.) auf die Leistung eines Schätzungseides beziehen[25a]). In der Tat kann eine solche Bedeutung der Redensart zukommen[26]). Legt man sie § 126 K. Ḫ. zugrunde, so führt sie zu folgendem Ergebnisse. Entweder der Kläger hat wissentlich durch Eid seinen Schaden unrichtig eingeschätzt und ist dessen überführt worden. Dem steht das bereits geltend gemachte Bedenken entgegen, daß das Gesetz mit keinem Wort von einer Widerlegung des Eides spricht. Oder der Kläger mußte, nachdem die Grundlosigkeit seines Anspruches festgestellt

---

25a) In diesem Sinne Besta p. 230 n. 1.

26) Die Phrase *(ina) maḫar ilim bu'uru* kommt im K. Ḫ. noch an drei Stellen vor. § 240 Z. 44 f.: der Eigentümer eines Schiffes, das stromabwärts fahrend von einem stromaufwärts gehenden Fahrzeug zum Sinken gebracht wurde, soll seinen Schaden 'vor einem Gotte genau angeben'; § 23 Z. 32 f.: der Beraubte soll, wenn der Räuber nicht gefaßt wurde, 'alles was er verloren hat, vor einem Gotte genau angeben', um es dann von der Gemeinde ersetzt zu erhalten. Hier handelt es sich gewiß um einen Schätzungseid in dem Sinne, daß der Anspruch feststeht und nur seine Höhe durch den Eid bestimmt werden soll. Dasselbe dürfte auch für § 120 Z. 17 anzunehmen sein. Vgl. darüber unten § 4 p. 67 f. In den Rechtsurkunden begegnet *ba'âru* (II_1 und II_2, über die Wurzel vgl. Schorr, WZKM 18 p. 226, Nagel, BA 4 p. 478) in der Bedeutung 'gerichtlich zusprechen' (von den Richtern ausgesagt, (vgl. M. $43_{15,29}$, CT II 22_{13}, VIII $6b_{20}$, LC 232_{16} = UAR 259, 282, 268, 265; VS VII 56_{17} = H. G. III 726; vgl. auch Schorr, UAR p. 357 ad Z. 13—15), ferner aber auch auf die Parteien bezogen in der Bedeutung 'nachweisen'. Es kann hierbei an eine eidliche Aussage gedacht sein. Vgl. Warka 48 (KB IV p. 30 III): der zum Eid zugelassene Beklagte hat den Streitgegenstand (Z. 19) *u-bi-ir* '(als ihm gehörig) nachgewiesen'; BE VI_1 26 (UAR 284): der Beklagte auf Herausgabe von dem verstorbenem Manne der Klägerin gehörigen Vermögen belangt 'weist' im Marduktempel 'nach' *(u-bi-ir* Z. 7), daß ein solches Vermögen nicht in seinem Besitze sei. Ein im Tempel erfolgendes *bu'uru* der Parteien erwähnt ferner VS IX 130_7 (UAR 187). Hingegen ist eine Beziehung auf einen Eid nicht ersichtlich in LC 70_7 (H. G. V 1192) und King III 51 (Nagel, BA 4, no.43) Z. 16 f. In BE VI_2 58, 62 = H. G. V 1200, IV 1077) wird *bu'uru* auf Zeugen bezogen.

Die Form *u-bi-(ir)-ru* (VS VIII 65_{16}, BE VI_1 60_{12} = UAR 314, 286), die an sich auch von *ba'âru* kommen könnte, wird nunmehr von Schorr, UAR p. 453 ad Z. 10 auf eine Wurzel א$_4$בר in der Bedeutung 'überweisen' zurückgeführt.

worden war, seinen angeblichen Verlust *(bâbtum)*[27]) durch Eid taxieren, um dann zur Zahlung des Duplums an den Beklagten verhalten zu werden. Allein diese Interpretation braucht nur aufgestellt zu werden, um sofortige Ablehnung zu erfahren. Es wäre doch zu töricht, wenn ein Gesetz, das den kalumniösen Kläger mit einer Strafe belegt, die Fixierung der Strafsumme ihm selbst in die Hand geben wollte.

---

[27]) Die Bedeutung von *bâbtum* ist nicht ganz leicht festzustellen. Im K. Ḫ. begegnet es noch in §§ 251 und 142. An der ersten Stelle ist die Rede von einem stößigen Rind, das (Z. 54f.) *ki-ma na-ak-k[a]-pu-u ba-ab-ta-šu u-še-di-šum* 'als stößiges seine *bâbtu* ihn (den Eigentümer) hat wissen lassen', d. h. welches der Eigentümer als stößiges kannte. Hier kann *bâbtum* wohl nur 'Fehler, vitium' bedeuten. § 142 handelt von der Ehefrau, „die ihren Mann haßt und 'nicht wirst du mich besitzen' sagt." Das Gesetz befiehlt ihre Angelegenheit 'betreffs ihrer *bâbtum*' zu untersuchen und ihr die Rückkehr ins Vaterhaus zu gestatten, 'wenn sie einen Fehler *(ḫiṭîtum)* nicht hat'. Wie die Bestimmung im Einzelnen zu verstehen ist, mag dahingestellt bleiben. Allein, wie das *bâbtum* offenbar entsprechende *ḫiṭîtum* zeigt, wird man sich vom Richtigen kaum allzuweit entfernen, wenn man *bâbtum* mit 'Fehler, Mangel' übersetzt. Vgl. auch Harper, A J S L 22 p. 8.

Von den Urkunden gestattet eine sichere Entscheidung VS IX 164 (U A R 80). A kauft seinem Bruder und Miterben den diesem gehörigen halben Anteil an einer gemeinsam ererbten Sklavin ab. Die Urkunde formuliert dies in der Weise, daß A die ganze Sklavin kauft und nominell über den ganzen Kaufpreis von $5^1/_3$ Sekel quittiert wird. In der Tat zahlt A nur die Hälfte. Darauf bezieht sich die Klausel Z. 12f.: *ba-ba-at (13) [5] $^1/_3$ šiqil kaspim (14) $2^2/_3$ šiqil kaspim (15) A (16) a-na B išqul (17) ana šîmišu gamrim (18) $2^2/_3$ šiqil kaspim išqul* 'die *bâbtum* (13) von [5] $^1/_3$ Sekel Silber, (14) (nämlich) $2^2/_3$ Sekel Silber (15) hat A (16) dem B dargewogen. (17) Als vollen Preis (18) hat er $2^2/_3$ Sekel Silber dargewogen'. Die Bedeutung 'Rest, fehlender Betrag' ergibt sich für *bâbtum* von selbst. Vgl. auch Schorr, A R III p. 50. Eine Bedeutung wie 'Fehlbetrag, Verlust, Passiva' (Schorr: offene Schulden) kommt *bâbtum* wohl auch zu in C T II 28 (U A R 172), Auflösung einer Gesellschaft. Die Sozietäre erklären, geteilt zu haben (Z. 6 f.): *kaspam*am *ba-ab-tam* Sag *amtam u* Sag *wardam* (7) *ša ḫa-ra-nim u li-bi a-li-im* 'Silber (Aktiva) und Verlust, Sklavinnen und Sklaven (7) von Handelsunternehmungen außer und in der Stadt'. Vgl. noch Z. 10 f., wo die Reihenfolge ist: *kaspum, wardum, amtum, bâbtum.* Vgl. auch LC 104_2 (UAR 293), CT XXXIII 39_3. Vielleicht darf man auch VS VII 16 (UAR 279) hierherstellen. A klagt gegen B, dessen Mutter bei einem Hausbau widerrechtlich eine Fläche von 1 × 18 Ellen im Geviert = $7^1/_2$ Gin von dem Grundstücke des A verbaut und außerdem von einem Hausgrundstück, das sie von A gekauft, $5^1/_2$ Gin mehr in Besitz genommen hatte, als die Kaufurkunde auswies. Z. 16 f. heißt es nun: *B (17) awîlê* meš *mârê* meš *ba-ab-tim (18) mu-di-e-šu-nu u-pa-ḫi-ir-ma (19) awîlû* meš

Ist das Ergebnis der bisherigen Untersuchung vorzugsweise ein negatives, so hat sie doch nach zweifacher Richtung einen positiven Ertrag zu verzeichnen. Einmal ist es nach der systematischen Stellung des § 126 doch am wahrscheinlichsten, daß er vom Depositum handelte, und ferner scheint die Erwägung, daß die Erklärung 'meine Habe ist verloren gegangen' im Munde des Depositars besseren Sinn hat, geeignet, als Grundlage für weitere

---

mârû [meš] *ba-ab-ti-šu-nu (20) a-wa-ti-šu-nu i-mu-ru* rell. 'B (17) hat freigeborene *mârû bâbtim*, (18) die sie kannten, versammelt und (19) ihre freigeborenen *mârû bâbtim* haben dann (20) ihre Sache geprüft'. Ungnad, H.G. III 722 und Schorr l. c übersetzen *mârû bâbtim* mit 'Torleute (?)'. Das würde aber eher *mârû bâbim* heißen. Sollte *bâbtum* hier nicht 'Fehlbetrag' bedeuten? Es handelt sich in der Tat um die Feststellung von 'Fehlbeträgen' bei der Vermessung von Grundstücken. *Mârû bâbtim* wären demnach 'Söhne des Fehlbetrags', d. h. Leute, welche sich bei der Feststellung von Fehlbeträgen auskennen. In der Tat berichtet die Urkunde, daß sie Nachmessungen vornahmen, deren Ergebnis für den Kläger günstig war, und daß sie daher den B veranlaßten, die überschüssigen Grundflächen dem A abzulösen. Es handelt sich wohl um eine Art sachverständiger Schiedsrichter. *Bâbtum* findet sich ferner in BE VI_2 58, einer leider im Detail unklaren Prozeßurkunde. Eine Person tritt (Z. 2) *i-na ba-ab-tim* auf *(i-zi-iz)*. Ungnad, H. G. V 1200 übersetzt 'er trat am Tore hin'. Dieselbe Redensart begegnet, leider ebenfalls in unklarem Zusammenhang, in CT II 1_{30} = CT II 6_{40}: *i-na ba-ab-tim az-za-az.* Hier übersezt Ungnad, H. G. III 735 'ich trat wegen der fehlenden Summe hin (d. h. vor Gericht)'.

Nicht verwerten möchte ich BE VI_1 51 (UAR 144) und BE VI_1 97 (UAR 173). Die erste Urkunde enthält eine Hausmiete. Z. 11 f.: *i-na e-ri--bi-šu* (12) *ba-ab(?)-at kaspi-šu* (13) *išaqal* 'wenn er (der Mieter) einzieht, (12) wird er die *bâbtu* (??) seines Silbers (13) darwägen'. Gegen die Übersetzung 'Rest, Fehlbetrag' (so Schorr l. c.) spricht, daß von einer Anzahlung auf das Mietgeld nicht die Rede ist. Zudem lautet der entsprechende Passus der Innentafel Z. 11 f. *ba-am-ta(?)-am (12) ina e-ri-bi-šu (13) i-ša-ga-al.* Es ist daher fraglich, ob überhaupt das Wort *bâbtu* vorliegt. Noch unsicherer ist es, ob *ba-ab* in BE VI_1 97_{17}, von Schorr l. c. mit Verlust' übersetzt, mit *bâbtum* zusammenhängt.

Bâbtum findet sich auch in der neubabylonischen Rechtssprache in den Schreibungen *ba-ab-tum, bâb(Kà)-tum, bâb-du.* Vgl. Tallquist, Sprache der Kontrakte Nabû-nâ'ids p. 56, Delitzsch p. 166, Muss-Arnolt p. 146. Die Bedeutung ist wohl 'Rest, fehlender Betrag'. Vgl. auch Peiser, ZA 3 p. 242 und als sichere Belege Nbn. 243$_{15f.}$, 742 (Quittung über eine Teilzahlung, die als *bâbtum* 'Rest' der Schuldsumme bezeichnet wird). Vgl. auch Zehnpfund, BA 1 p. 511.

Aus dem vorgelegten Material darf demnach für *bâbtum* wohl die Bedeutung 'Fehler, Fehlbetrag, Rest, Verlust' abgeleitet werden.

Schlußfolgerungen zu dienen. Erinnern wir uns, daß § 125 in seiner von uns vermuteten älteren Fassung den Depositar von der Haftung befreit, wenn auch seine eigenen Sachen gestohlen wurden, ihn aber auf das Simplum haften läßt, wenn nur das Depositum abhanden kam. Wie nun, wenn der Verwahrer im letzteren Falle, um sich seiner Haftung zu entziehen, fälschlich behauptet, daß ihm mit dem Depositum auch eigene Sachen abhanden gekommen seien? Der Fall ist gewiß möglich und wird im grusinischen Recht ausdrücklich geregelt[28]). Versuchen wir ihn zunächst lediglich auf Grund juristischer Erwägungen zu entscheiden, wobei wir uns vor Augen halten müssen, daß der Gesetzgeber bei der Entscheidung ähnlicher Fälle sich vom Prinzip der Talion der Absicht[29]) leiten läßt. Durch die Behauptung, daß auch seine eigene Habe gestohlen worden sei, hat der Verwahrer den Deponenten in die Gefahr gebracht, mit seiner Klage abgewiesen zu werden. Wenn sich nun diese Behauptung als unwahr erweist, so erscheint es angemessen, daß der Verwahrer nicht bloß auf einfachen Ersatz haftet — das wäre ja der Fall gewesen, wenn er die Einwendung nicht vorgebracht hätte —, sondern verschärft, sagen wir auf das Duplum[30]).

Es ist nun höchst bemerkenswert, wie gut sich dieser lediglich konstruierte Tatbestand mit seiner ebenso konstruierten Entscheidung dem § 126 anpaßt, sobald man unter *awîlum* in Z. 8 den Depositar versteht. Man gelangt auf diese Weise ohne Mühe zu folgender, ganz klarer Übersetzung:

„Wenn jemand (der Verwahrer), (9) dessen Habe (10) nicht abhanden gekommen ist, (11) ‘meine Habe (12) ist abhanden ge-

---

[28]) Das Gesetz Wachtangs (vgl. oben n. 6) anerkennt im § 207 die von uns für § 125 K. Ḫ. vermutete Haftung des Depositars für den Fall, daß sie von den Parteien vereinbart wurde. Derselbe Paragraph fährt nun fort: Allein, wenn der Vollmachtgeber nicht glaubt, daß jener (der Depositar) sein Eigentum eingebüßt habe und den Verlust des anvertrauten Gegenstandes dessen Fahrlässigkeit zuschreibt, so muß jener die Wahrheit seiner Aussage, je nach dem Werte des anvertrauten Gegenstandes, vor glaubwürdigen, von den Richtern gebilligten Zeugen bekräftigen’.

[29]) Vgl. Müller p. 224f.

[30]) Das Gesetz Wachtangs kennt diese Regelung allerdings nicht. Allein daraus darf umsoweniger ein Gegenargument abgeleitet werden, als das Gesetz den Fall, daß sich die Behauptung des Verwahrers als unwahr herausstellt, nicht erwähnt.

kommen' sagt, (13) seinen Verlust[31]) (14) übertreibt, (15) so wird er dementsprechend, daß seine Habe (16) nicht abhanden gekommen ist......... (20) alles, (21) was er (der Deponent) begehrt hat[32]), (22) verdoppeln und (23) zu seinem Verluste (24) geben."

Ich habe bei dieser Übersetzung Z. 17—19 absichtlich unübersetzt gelassen. Ohne diese drei Zeilen würde ich die eben vorgeschlagene Interpretation des § 126 und damit auch die oben vertretene Auffassung des § 125 ohne weiteres für erwiesen halten. Der Satz: *ba-ab-ta-šu i-na ma-ḫar i-lim u-ba-ar-šu-ma* gibt jedoch zu verschiedenen Bedenken Anlaß. Zweifellos handelt er von einem Eid. Von wem aber wird dieser Eid geleistet und was ist sein Inhalt? Will man unsere Interpretation des Paragraphen für richtig anerkennen, so ist für einen Eid des Depositars kein Raum. Führt der Depositar zu seiner Entlastung an, daß auch seine eigene Habe gestohlen wurde, so muß ihm der Beweis dieser Behauptung natürlich offen gestanden sein, wie denn dies auch im Gesetze Wachtangs anerkannt ist, wo der Verwahrer auf den Zeugenbeweis verwiesen wird. Allein hätte das Gesetz dem Depositar zu diesem Zwecke den Eid gestattet[33]), so hätte es daraus auch die Konsequenz ziehen und den Depositar von aller Verantwortung freisprechen müssen. Das Letztere muß aber nach der Stilisierung des Paragraphen als ausgeschlossen bezeichnet werden[34]). Die Möglich-

---

[31]) *Bâbtum.* Gemeint ist natürlich das Depositum. Bei dieser Auffassung gewinnt auch Z. 23f. befriedigenden Sinn. Der Depositar hat das Depot durch Diebstahl verloren. Zu diesem Verlust hat er nun den Klagebetrag zweifach zu ersetzen. Der Sinn bleibt übrigens derselbe, wenn man *ana bâbtišu* in Z. 23 mit 'für seinen Verlust' übersetzt.

[32]) Der Subjektswechsel ist etwas hart, doch nicht unerhört. Vgl. § 125 Z. 76f.: Der Depositar, der *mi-im-ma ša a-na ma-ṣa-ru-tim id-di-nu-šum-ma u-ḫal-li-ku* 'alles, was er (der Deponent) zur Aufbewahrung gegeben hatte, verloren gehen ließ', ferner § 124 Z. 59f.: wenn der Deponent eine Sache zur Verwahrung *id-di-in-ma it-ta-ki-ir-šu* 'gegeben hat und er (der Depositar) (es) ihm dann ableugnet'.

[33]) Den Eid als Beweismittel kennt hier der Sempadsche Kodex § 121 (vgl. oben p. 30). Leider ist die Formulierung so allgemein ['es muß dies (d. h. ob auch Sachen des Verwahrers gestohlen wurden) mittels Eidschwur erforscht werden'], daß sich nicht einmal ermitteln läßt, wer von den Parteien den Eid zu leisten hatte. Hingegen darf man wohl annehmen, daß die Frage durch den Eid definitiv entschieden wurde. Für das deutsche Recht vgl. Laband, Vermögensrechtliche Klagen p. 66f.

[34]) Vgl. das oben (p. 36) Ausgeführte.

keit einer Eidesschelte seitens des Klägers wäre zwar an sich zuzugeben[34a]), doch deutet nichts im Gesetze auf sie hin. Es scheint vielmehr vorauszusetzen, daß der dem Depositar obliegende Beweis, den er durch Zeugen oder in anderer Weise, aber nicht durch Eid, zu führen hatte, mißlungen sei[35]). Kann demnach der Depositar als Subjekt des im Gesetze erwähnten Eides nicht in Betracht kommen, so denkt man bezüglich des Deponenten natürlich zunächst an einen Schätzungseid, durch den er, nachdem dem Gegner der Beweis seiner Einrede nicht geglückt ist, den Wert des abhanden gekommenen Depositums bestimmt. Allein bei der vorliegenden Fassung des Paragraphen erscheint diese Deutung als ausgeschlossen. Weniger wegen des grammatisch harten Subjektswechsels — vorher ist ja vom Depositar die Rede —, auch würde ich es nicht für entscheidend halten, daß im § 125 von einem solchen Schätzungseide nicht die Rede ist, wohl aber ist es, worauf mich Ungnad brieflich aufmerksam macht, unerträglich, daß bei dieser Auffassung *bâbtum* in Z. 17 den Verlust des Deponenten bedeuten müßte, während es sonst und sogar unmittelbar vorher (Z. 13) den Verlust des Depositars bezeichnet. Ferner wäre der Ausdruck *bâbtum* im Munde des Deponenten, der doch den Schadensersatzanspruch hat, schief. Endlich würde *irgumu* in Z. 21 schlecht zur Annahme eines Schätzungseides stimmen. Der Depositar soll doch nicht das,

---

34a) Vgl. auch Fehr p. 118f.

35) B E VI_2 62 (H. G. IV 1077) liegt folgender Sachverhalt zugrunde: Der 'Feldwebel' *(Pa-Pa=dîkûm*, vgl. Ungnad, B A VI 5 p. 47) Ilîma-ili hat Bêl-idinnam ergriffen, vielleicht um ihn zum Militärdienst zu pressen. Er gibt in der vorliegenden Urkunde eine Verzichtserklärung ab, 'nachdem' (Z. 4f.) *ki-in-ta-šu i-na bâb . . . . (5) ma-ḫar ilu Nin-ib iz-zi-iz-ma (6) ki-ma mâr Nippur ki šu-u (7) ub-ti-ir-ru-u-šu* 'seine (des Bêl-idinnam) Familie am Tore . . . . . (5) vor dem Gotte Ninib hingetreten war und, (6) daß er (Bêl-idinnam) ein Bürger von Nippur sei, (7) ihn nachgewiesen hatte'. Diese Konstruktion könnte den Anlaß geben, auch in § 126 den mit *kîma* Z. 15 eingeleiteten Satz zu *ubâr* (Z. 19) zu ziehen und demnach zu übersetzen: 'nachdem er (der Deponent), daß seine (des Depositars) Habe nicht verloren gegangen ist . . . . . nachgewiesen hat'. Allein diese Übersetzung müßte schon aus den im Texte angegebenen Gründen verworfen werden, so daß wir uns auf die Frage ihrer grammatischen Zulässigkeit gar nicht einzulassen brauchen. Es ist nicht denkbar, daß das Gesetz dem Depositar den Beweis, daß seine Habe ebenfalls gestohlen worden sei, abgeschnitten und ohne weiteres den Deponenten zum Beweise des Gegenteils zugelassen haben sollte, und dazu noch durch Eid.

was der Deponent 'begehrt hat', sondern das, was der Kläger durch seinen Eid taxiert hat, zweifach ersetzen.

Dennoch halte ich diese Bedenken nicht für ausreichend, die hier vorgeschlagene Interpretation des Paragraphen zu erschüttern, und zwar darum, weil es sehr wahrscheinlich ist, daß die Bestimmung eine ziemlich weitgehende Überarbeitung durch die Redaktoren erfahren hat. Die Redaktoren des Gesetzes haben im § 125, wie wir feststellen konnten, die abstrakte Verschuldenshaftung interpoliert. Von diesem Standpunkte aus war die Unterscheidung, ob das Depositum allein oder zugleich mit der Habe des Verwahrers gestohlen wurde, wertlos. Konsequenterweise hätte daher § 126, der mit dieser Unterscheidung im engsten Zusammenhang stand, gestrichen werden müssen. Nun ist juristische Konsequenz, wie sich noch öfter ergeben wird, keine Eigenschaft der Redaktoren gewesen. Sie haben § 126 nicht gestrichen, ebenso wie sie im § 125 den Tatbestand, daß mit dem Depositum auch Sachen des Verwahrers gestohlen wurden, stehen gelassen haben. Andrerseits mußten sie den § 126 doch überarbeiten, da sonst der Widerspruch mit dem Vorhergehenden offen zutage getreten wäre. Nach welcher Richtung diese Überarbeitung erfolgte, läßt sich aber vermuten. Die Redaktoren mußten vor allem trachten, den Zusammenhang, der in der Vorlage zwischen § 125 und § 126 bestand, zu verdunkeln. So darf man vielleicht annehmen, daß § 126 in seiner ursprünglichen Fassung den Depositar ausdrücklich nannte und die Redaktoren *awîlum* etwa für *bêl bîtim,* das die Anknüpfung an § 125 vermittelte, interpolierten, um so den Zusammenhang zu zerstören. Wie weit die Überarbeitung im Einzelnen ging, läßt sich allerdings nicht sagen, ebensowenig wie sich der Sinn ermitteln läßt, der nach der Absicht der Redaktoren dem § 126 in seiner neuen Fassung zukommen sollte. Der Umstand, daß der Paragraph in seiner vorliegenden Gestalt jeder Interpretation trotzt, läßt vermuten, daß sich die Redaktoren über die positiven Ziele ihrer Umarbeitung selbst nicht ganz im Klaren waren, und es ist zwar zulässig und möglich, einen logisch klaren Gedanken aus einer entstellenden Überarbeitung herauszuschälen, nicht aber, eine verworrene und unklare Gedankenfolge zu erraten.

Was nun den Satz in Z. 17—19 anbelangt, so halte ich es für sehr wohl möglich, daß er, wenngleich vielleicht in modifizierter Fassung, schon in der Vorlage stand, und zwar wegen des Wortes *u-ba-ar-šu-ma* in Z. 19. In der überlieferten Fassung des § 126 ist das Pronominalsuffix *šu*, das auf eine andere Person hinweist als diejenige, auf welche sich *ubâr* bezieht, völlig rätselhaft, da von einer solchen Person bisher nicht die Rede war. Eben dies scheint mir aber ein Argument dafür, daß *u-ba-ar-šu-ma* bereits der älteren Fassung der Norm angehörte, bei ihrer Umarbeitung von den Redaktoren übersehen wurde und so stehen blieb[36]). Diese Annahme würde sich der hier vertretenen Interpretation des § 126 sehr gut einfügen. Wie schon *irgumu* in Z. 21, zu dem nach unserer Auffassung der Deponent Subjekt ist, ergibt, muß in der Vorlage vorher der Deponent erwähnt gewesen sein. Denn sonst wäre der in Z. 20/21 eintretende Subjektswechsel kaum verständlich. Die Redaktoren aber, wenn sie den zwischen § 125 und § 126 bestehenden Zusammenhang verdunkeln wollten, hatten alle Ursache, diese Erwähnung zu streichen. Bei diesen Streichungen konnten sie das *šu* in Z. 19, das auf eine zweite vorhin erwähnte Person hinwies, leicht übersehen. Trifft diese Vermutung zu, so müssen gerade zwischen Z. 17—19 bedeutendere Streichungen und Änderungen stattgefunden haben, und dieser Umstand läßt es so gut wie aussichtslos erscheinen, aus der vorliegenden Fassung des Gesetzes Inhalt und Bedeutung des hier erwähnten Eides in der Vorlage zu rekonstruieren[37]). Allein die Erkenntnis, daß gerade der-

---

[36]) Das Wort in *u-ba-ar šûma* zu trennen, wie man vorgeschlagen hat (Delitzsch, Schorr, WZKM 18 p. 226 n. 3), und *šûma* als Subjekt zu dem folgenden Satz zu ziehen: ʻwenn er nachweist, so soll er selbst . . . . geben', ist kaum zulässig (vgl. Ungnad, H. G. II p. 46 n. 1, p. 125), da eine solche Ausdrucksweise ungewöhnlich wäre, und ferner der Schreiber wohl mit *šûma* eine neue Zeile begonnen hätte. Aber auch Ungnads l. c. Vorschlag, das *šu* in *ubâršuma* als Schreiberversehen zu betrachten und demnach *ubâršuma* in *ubârma* zu verbessern, befriedigt wenig. Denn die Lesung *u-ba-ar-šu-ma* findet sich auch in dem oben n. 18 erwähnten altbabylonischen Gesetzesfragment. Da es nun unwahrscheinlich ist, daß zwei Kopisten unabhängig von einander denselben Fehler machten, so bliebe nur die Annahme, daß die Inschrift der Stele und das Fragment auf dieselbe Vorlage zurückgehen, die schon den Fehler enthielt, eine Annahme, zu der man wohl nur greifen dürfte, wenn sich keine andere Erklärungsmöglichkeit darbietet.

[37]) Wenn *šu* in *ubâršuma* nicht als Dativ (ʻer hat ihm nachgewiesen'), sondern mit Sarauw, ZA 19 p. 389 f. als Akkusativ zu fassen ist, so ist dies der Annahme eines Schätzungseides des Deponenten nicht günstig. Denn *ubâršu* heißt dann: ʻjemand hat ihn (d. h. bezüglich einer anderen

jenige Teil des Paragraphen, welcher der Interpretation unlösbare Schwierigkeiten bereitet, am meisten überarbeitet worden ist, läßt uns diese Schwierigkeiten doch als nur äußerliche werten, die nicht im Zusammenhange der Bestimmung liegen. Sie zwingen uns daher nicht, unsere Interpretation, die sich dem übrigen Texte glatt anpaßt, aufzugeben.

Person) irgend etwas nachgewiesen'. Vgl. eine analoge Konstruktion in BE VI_2 58 Z. 4 f: *ma-gi-ir-tam ša A (5) a-na B ga-ba-am (6) u-ul u-bi-ir-ra-ši* 'sie (die Zeugen) haben die Erklärung der Einwilligung der A (5) gegenüber dem B (6) sie (d. h. bezüglich der A) nicht nachgewiesen'. Wäre von einem Schätzungseide die Rede, so würde man eher die Form *ubârma* erwarten, wobei dann allerdings *bâbtašu* in Z. 17 aus den oben p. 42 erwähnten Gründen nicht in der Vorlage gestanden haben könnte. Insofern würde allerdings die in der vorigen Note erwähnte Vermutung Ungnads eine Schwierigkeit beseitigen. Oder sollte man, an dem überlieferten *ubaršuma* festhaltend, übersetzen dürfen: 'indem er (der Deponent) seinen (des Depositars) Schaden vor einem Gotte ihn (d. h. bezüglich des Depositars) nachweist', in dem Sinne, daß der Deponent den Wert des durch Diebstahl dem Verwahrer abhanden gekommenen Depositums durch Eid bestimmt? Klar wäre die Ausdrucksweise der Gesetze allerdings nicht. Man könnte schließlich versucht sein, an einen sogenannten Überführungseid (vgl. Planck, Das deutsche Gerichtsverfahren II p. 129 f.) zu denken, den der Kläger nach Mißlingen der vom Beklagten angebotenen Beweise zu leisten und in dem er 'bezüglich des Depositars' zu beschwören gehabt hätte *(ubâršu)*, daß diesem nur das Depositum gestohlen worden sei *(bâbtašu)*. Doch sind mir für einen solchen Eid Parallelen nicht bekannt und ich sehe daher ab, auch nur eine Vermutung aufzustellen. Sachlich befriedigender wäre jedenfalls ein Schätzungseid, zu dem der Deponent zugelassen würde, nachdem der Verwahrer durch seine dolose Verteidigung das Beweisrecht verwirkt hatte.

§ 3.

Wir haben bisher die Schlußbestimmung des § 125 unerörtert gelassen. Sie verfügt (Col. V r Z. 3 f.): *be-el bîtim mi-im-ma-šu ḫal-ga-am iš-te-ne-i-ma [it]-ti šar-ra-g[a]-ni-šu i-li-ki* 'der Herr des Hauses wird das, was ihm abhanden gekommen ist, indem er nachforscht, von seinem Dieb nehmen'. Die Bestimmung scheint an sich ganz klar. Der Verwahrer, der für Diebstahl des Depositums haftet — davon ist unmittelbar vorher die Rede —, hat die Diebstahlsklage als Regreßklage; er kann sich für die dem Deponenten gemachte Schadensersatzleistung an dem Dieb schadlos halten.

Allein so einfach liegt die Sache nicht. Schon Fehr[1]) hat in dieser Bestimmung eine Anspielung auf den aus dem deutschen Recht bekannten Satz 'Hand wahre Hand' erblicken wollen. Damit verhält es sich folgendermaßen. Im älteren deutschen Recht vollzieht sich die Eigentumsverfolgung in der Gestalt des aus der Diebstahlsverfolgung hervorgegangenen Anefangs. Fundament dieser Klage ist nicht das Eigentum des Klägers, sondern der Verlust der Sache wider und ohne Willen des Besitzers, vor allem der Verlust durch Raub oder Diebstahl. Nicht also der Eigentümer als solcher, sondern nur derjenige, dem die Sache ohne seinen Willen abhanden kam, ist aktiv zur Klage legitimiert. Die Klage enthält daher implicite die Diebstahlsbeschuldigung gegen denjenigen, bei welchem der Kläger die Sache findet. Von diesem Diebstahlsverdacht kann sich der Beklagte reinigen, indem er auf den Gewähren zieht, d. h. nachweist, er habe die Sache von einem anderen erworben, der nun für den Beklagten den Prozeß übernimmt und auf den der Beklagte durch den Gewährenzug den Diebstahlsverdacht abwälzt[2]). Von diesem Standpunkte aus ist aber der Eigen-

---

[1]) Ḫammurapi und das salische Recht p. 46.

[2]) Vgl. zu dem im Text Ausgeführten Brunner, Deutsche Rechtsgeschichte II p. 495f., 498f., 508f., O. v. Gierke, Deutsches Privatrecht II

tümer, der seine Sache freiwillig mit Rückfallsgeding aus der Hand gegeben hat, z. B. durch Leihe, Depositum, nicht zur Klage gegen den Dieb oder den Dritten legitimiert, wenn die Sache dem Treuhänder gestohlen oder von diesem unterschlagen wurde. Denn in keinem Falle kann der Eigentümer behaupten, daß ihm die Sache wider seinen Willen abhanden gekommen sei. Diese Behauptung und damit die Klage steht daher im Falle, als die zu treuen Händen übergebene Sache gestohlen wurde, nur dem Treuhänder zu[3]). Das besagt der Satz 'Hand wahre Hand'[4]).

---

p. 552f., Schröder, Deutsche Rechtsgeschichte[5] p. 387f., v. Amira, Grundriß des germanischen Rechts[3] p. 210f., Hübner, Grundzüge des deutschen Privatrechts[2] p. 361f.; vgl. ferner H. Meyer, Art. Eigentum, Fahrnisverfolgung in Hoops' Reallexikon der germ. Altertumskunde I p. 531f., II. p. 2f., Derselbe, Entwerung und Eigentum p. 12f., Das Publizitätsprinzip im deutschen bürgerlichen Recht, Rauch, Spurfolge und Anefang p. 45f., Meister, Fahrnisverfolgung und Unterschlagung im deutschen Recht (Festschrift für Wach III) p. 429f. und die daselbst n. 2 angeführte Literatur.

3) Vgl. auch Brunner, a. a. O. II p. 509, v. Gierke, a. a. O. II p. 553, 555, 558, Schröder p. 728f., Rauch p. 40f., ferner Meister, a. a. O. p. 467f.

4) Nach der von Huber begründeten, von Gierke, H. Meyer, A. Schultze (vgl. die Literaturnachweise bei Meister p. 414) weiter ausgebauten 'Publizitätstheorie' äußert sich hierin die Publizitäts (Legitimations)-kraft der Gewere. Die Gewere, d. h. die in der Innehabung sich kundgebende Herrschaft über eine Sache, bringt das dingliche Recht an beweglichen Sachen zum äußeren, sinnfälligen Ausdruck. Sie muß daher vorhanden sein, soll das dingliche Recht seine volle Wirksamkeit entfalten. 'Wer die Sache aus seiner Gewere gibt, ohne doch sein Recht daran ganz aufzugeben, also unter Rückfallsgeding, der nimmt seinem Recht die Publizitätsform und damit die Verfolgbarkeit gegen Dritte'. Schultze, Gerüfte und Marktkauf (in der Festgabe für F. Dahn I) p. 3. Diese Theorie ist neuestens von Meister p. 416f. (vgl. dazu die kritische Besprechung von Stutz, Zeitschr. d. Sav.-Stiftung, germ. Abt. 34 p. 726f.) angegriffen worden. Der Satz 'Hand wahre Hand' sei lediglich eine Konsequenz der Gestaltung der Eigentumsverfolgung. Weil eben diese unfreiwilligen Gewereverlust voraussetzte, so habe der Eigentümer, der seine Sache mit Rückfallsgeding aus der Hand gab, keine Klage gegen den Dritten gehabt, wenn die Sache dem Treuhänder abhanden kam oder von ihm unterschlagen wurde. Vgl. Meister p. 467f. Zustimmend in diesem Punkte Planitz, Zeitschr. d. Sav.-Stiftung, germ. Abt. 34 p. 425. Wie die Ausführungen des Textes zeigen, halte auch ich die Publizitätstheorie zur Begründung des Satzes 'Hand wahre Hand' zumindest für entbehrlich. Wenn Meister p. 429f., 436f., 453 ferner ausführt, daß das ältere deutsche Recht keinen

Dürfen wir nun in der erwähnten Bestimmung des § 125 einen Hinweis auf dieses Prinzip erblicken? Ich glaube, für sich betrachtet, gibt die Norm zu einer solchen Annahme keinen Anlaß. Die am nächsten liegende Erklärung scheint mir vielmehr die schon oben erwähnte: der Depositar hat die Diebstahlsklage als Regreßklage, weil und insoferne er für den Diebstahl haftet. Konsequenterweise müßte daher, was allerdings das Gesetz nicht sagt, die Diebstahlsverfolgung im Falle, als der Depositar nicht haftet, dem Deponenten (Eigentümer) zustehen[5]).

Ich bin indessen weit entfernt, diese Auffassung als die einzig mögliche anzusehen. Es ist vielmehr höchst wahrscheinlich, daß auch im babylonischen Recht der Satz 'Hand wahre Hand' einmal gegolten hat. Zwar möchte ich mich hierfür nicht mit Fehr[6]) auf § 118 K. Ḫ. berufen[7]), wohl aber auf die in den §§ 9ff. ge-

dinglichen Anspruch gekannt habe, so darf vielleicht daran erinnert werden, daß dieselbe Auffassung für das römische Recht schon seit längerer Zeit von Wlassak (Art. actio bei Pauly-Wissowa, Realenzyklopädie der klass. Altertumswissenschaft I p. 306f., 314f., Zeitschr. d. Savigny-Stift., rom. Abt. 25 p. 160; 31 p. 202 n. 1, vgl. auch Mitteis, röm. Privatrecht I p. 91 n. 59, p. 92 n. 63) vertreten wird. Die römische actio in rem macht keinen Eigentumsanspruch gegen eine bestimmte Person geltend, sondern ist, wie ihr Name sagt, von Haus aus auf die Sache selbst gerichtet, Sachverfolgung. Daher besteht auch für den Besitzer der Sache keine Pflicht sich auf die Klage einzulassen. Er kann sich vielmehr ihr durch Preisgabe der Sache entziehen, eine Eigenschaft, die die actio in rem übrigens mit dem Anefang gemeinsam hat. Vgl. unten § 5 p. 81f. Man wird daher m. E. den Anefang am besten begreifen, wenn man ihn als aus der Diebstahlsverfolgung hervorgegangene Sachverfolgung betrachtet, die, wenn sie an einer bestimmten Person Widerstand findet, in die subjektive Diebstahlsbeschuldigung ausmündet, weil das alte Recht andere Ansprüche als deliktische nicht kennt. Vgl. neuestens auch Planitz, a. a. O. p. 426f.

5) Die Regelung wäre demnach dieselbe wie im klassisch-römischen Recht. Vgl. Gaius, inst. 3, 207: *sed is, apud quem res deposita est, custodiam non praestat, tantumque in eo obnoxius est, si quid ipse dolo malo fecerit; qua de causa si res ei subrepta fuerit, quia restituendae eius nomine depositi non tenetur . . . . furti agere non potest, sed ea actio domino competit.* Vgl. ferner Dig. 47, 2, 14, 3; 47, 8, 2, 23 und Schulz, Ztschr. d. Savigny-Stift., rom. Abt. 32 p. 35 f.

6) A. a. O. p. 44.

7) Der Paragraph bestimmt, daß für eine *i'iltum* (vgl. dazu mein babyl. assyr. Bürgschaftsrecht p. 129 f.) zur Schuldknechtschaft *(kiššâtum)* hingegebene Sklaven vom Schuldner nicht reklamiert werden dürfen, wenn sie der Gläubiger veräußert. Dazu bemerkt Fehr l. c.: 'Eine Klage auf

regelte Klage. Sie zeigt, wie schon beobachtet wurde[8]), die größte Ähnlichkeit mit dem deutschen Anefang, ja sie ist direkt der Anefang. Eine Reihe von Argumenten für diese Behauptung werden sich noch im Laufe der Darstellung ergeben. Hier sei nur Folgendes hervorgehoben[9]). Die Grundlage der Klage ist eine deliktische. Sie belastet den Beklagten mit dem Verdachte des Diebstahls, von dem er sich durch das Ziehen auf den Gewähren zu reinigen hat. Das sagt das Gesetz direkt. Der Beklagte, der sich nicht über den Erwerb der Sache ausweisen kann, gilt alt Dieb *(šarrâqum)* und wird getötet (§ 10 Z. 58), ebenso der Gewähre, auf den der Beklagte zieht (§ 9 Z. 39). Der deliktische Charakter der Klage ergibt sich auch aus ihrer systematischen Stellung im Gesetze. Sie steht zwischen Bestimmungen über qualifizierte Diebstahlsfälle einerseits (§§ 6, 8), über Menschenraub (§ 14), Sklavenhehlerei (§§ 15 bis 20), Einbruchsdiebstahl (§ 21), Raub (§§ 22, 23) andrerseits[10]). Klagefundament ist nicht das Eigentum des Klägers, sondern der unfreiwillige Besitzverlust. Die Zeugen, welche der Kläger führt, haben nicht sein Eigentum, sondern lediglich den Besitzverlust

---

Herausgabe war dem Schuldner nicht gegeben. Die Veräußerung der wahrenden Hand wurde als eine rechtmäßige anerkannt'. Allein der Sinn ist wohl der, daß der Gläubiger durch Veräußerung sich Befriedigung verschaffen dürfe. Das Gesetz will nicht das Verhältnis des Schuldners zum dritten Erwerber im Falle der Veräußerung regeln, sondern die Beziehungen zwischen Gläubiger und Schuldner. Das ergibt der Gegensatz, in dem § 118 zu § 117 einerseits, zu § 119 andrerseits steht. Der Gläubiger soll nicht veräußern, wenn ihm die Ehegattin oder die Kinder des Schuldners verpfändet oder verkauft wurden, er darf es ebensowenig bei schuldenhalber erfolgtem Verkauf der unfreien Konkubine des Schuldners. Denn jene erlangen nach 3 Jahren kraft Gesetzes die Freiheit (§ 117), für diese besteht ein Einlösungsrecht des Schuldners (§ 119). Ein Schluß auf die Klagen im Falle verbotswidriger Veräußerung ist daraus nicht zulässig. Möglich, daß der Schuldner nur den Gläubiger verantwortlich machen konnte, die angegebenen Bestimmungen schließen an sich aber keineswegs aus, daß auch eine Klage des Schuldners gegen den dritten Erwerber zulässig war.

8) H. Meyer, Publizitätsprinzip p. 77 n. 11, Fehr, a. a. O. p. 44f., 55f., Besta p. 210f., vgl. auch Zocco-Rossa, Riv. Ital. per le scienze giuridiche 36 p. 374.

9) Über die Einleitung des Verfahrens durch feierliches Handanlegen an die in Anspruch genommene Sache, von dem der deutsche Anefang seinen Namen hat, vgl. mein Bürgschaftsrecht p. 18 n. 16.

10) Vgl. auch Fehr p. 55f.

wider Willen zu beweisen[11]). Das einzige Bedenken, auf das schon Fehr l. c. hingewiesen hat, besteht darin, daß das Gesetz den Kläger *be-el ḫu-ul-ki-im*, 'Herrn des abhanden Gekommenen' nennt (vgl. § 9 Z. 13, 24, 40, § 10 Z. 54, 59, § 11 Z. 62). Diese Bezeichnung scheint auf den Eigentümer als Kläger hinzuweisen, wenn man, wie einige[12]), *bêlu* mit 'Eigentümer' übersetzt. Doch ist dieses Bedenken m. E. nicht durchschlagend. Selbst wenn diese Übersetzung geboten wäre, könnte man immerhin annehmen, das Gesetz gehe von dem Regelfalle, daß dem Eigentümer die Sache abhanden kam, aus. Allein *bêlu* muß nicht mit 'Eigentümer' übersetzt werden[13]). Es kann zwar diese Bedeutung haben, an und für sich aber heißt *bêlu* 'Herr' und kann sich auf irgend ein Herrschaftsverhältnis zu irgend einem Objekt beziehen. So wird in den Tarifbestimmungen für ärztliche Behandlung (§ 221 Z. 6) der Verletzte *be-el ṣi-im-mi-im* 'Herr der Wunde' genannt, der Ehemann wird in § 129 Z. 50, § 161 Z. 8 als *bêl aššatim* 'Herr der Ehefrau' bezeichnet[14]), die Prozeßpartei heißt *bêl awâtim* 'Herr der (Rechts)sache'[15]). Diese terminologischen Beobachtungen beweisen wenigstens das eine, daß das Gesetz mit dem Ausdrucke *bêlu* nicht notwendig das Eigentums-

---

11) § 9 beginnt mit den Worten: *šum-ma a-wi-lum (1) ša mi-im-mu-šu ḫal-ku (2) mi-im-ma-šu(3)ḫal-ga-am (4) i-na ga-ti a-wi-lim (5) iṣ-ṣa-ba-at* 'wenn jemand, (1) dem etwas abhanden kam, (2) das ihm (3) abhanden Gekommene (4) im Besitze eines anderen (5) ergreift'. Die Zeugen des Klägers sind *ši-bi mu-di ḫu-ul-ki-šu* 'Zeugen, welche von dem ihm (dem Kläger) abhanden Gekommenen wissen'. Vgl. § 9 Z. 14 f., 25, 33, § 10 Z. 55 f., § 11 Z. 63 f. Siehe ferner Fehr p. 45. Der Kläger erhält, wenn er obsiegt, 'das ihm abhanden Gekommene' (*ḫu-lu-uq-šu* § 9 Z. 41) zurück. Erwägt man, daß der unterliegende Beklagte als Dieb behandelt wird, daß *ḫalâqu* an anderen Stellen des Gesetzes (§§ 23, 125, 126) sich auf das durch Diebstahl abhanden Gekommene bezieht, so wird es nicht unwahrscheinlich, daß die Klage wenigstens ursprünglich den dieblichen Verlust der Sache voraussetzte. Vgl. in diesem Sinne für das deutsche Recht H. Meyer, Entwerung p. 42 f., A. Schultze, Iherings Jahrbücher 49 p. 173 n. 22 a, dagegen O. v. Gierke, Deutsches Privatrecht II p. 554 n. 10, Rehme, Gött. gel. Anz. (1905) p. 978 f., (1909) p. 252, J. v. Gierke, Zeitschr. für das gesamte Handelsrecht 70 p. 391 f.

12) Z. B. Winckler, Müller, Ungnad.

13) Anderer Ansicht d'Arbois de Jubainville, Comptes rendus de l'Acad. des Inscr. (1904) p. 323.

14) Vgl. auch Cuq, Rev. Bibl. (1905) p. 364 n. 4.

15) King III 16_{10}, 18_{8}, p. 168 Z. 5.

verhältnis in den Vordergrund zu stellen brauchte. Wir haben daher keinen Grund, der klaren Sprache der oben erwähnten, die Klagevoraussetzung angebenden Stellen zu mißtrauen.

Ist demnach die Grundlage der in den §§ 9f. geregelten Klage der Besitzverlust wider Willen, vor allem der diebliche Verlust der Sache, so ist bei dieser Gestaltung der Eigentumsverfolgung die Legitimation des Deponenten zur Klage im Falle, als das Depositum dem Verwahrer gestohlen wurde, ausgeschlossen. Klageberechtigt kann vielmehr nur der Depositar sein. Nur er konnte von *mimmušu ḫalqu*, von 'einer ihm abhanden gekommenen Sache' sprechen.

Gleichwohl wäre es voreilig, den Satz 'Hand wahre Hand', der nach dem eben Ausgeführten in Babylonien einmal gegolten haben muß, ohne weiteres für § 125 K. Ḫ. vorauszusetzen. Dieser Schluß wäre dann zulässig, wenn der Kodex ein einheitlich gearbeitetes Gesetz wäre. Nun hat schon die bisherige Untersuchung ergeben, daß die Arbeitsmethode der Redaktoren des K. Ḫ. vielfach eine kompilatorische war. Sie haben ältere und jüngere Rechtssatzungen, und zwar häufig ziemlich kritiklos, zusammen verarbeitet. Dies tritt, wie noch darzulegen sein wird, gerade in den Bestimmungen über den Anefang hervor. Hier sei nur auf Folgendes aufmerksam gemacht. Die in den §§ 9ff. geregelte Klage ist, soweit die Rechtsvergleichung ein Urteil gestattet, ziemlich primitiv — man denke nur an die die unterliegende Partei treffende Todesstrafe — und gehört zweifellos zu den älteren ins Gesetz aufgenommenen Rechtsschichten. Dazu stimmt, daß das Gesetz in derselben Materie anscheinend jüngere Bestimmungen enthält. So verfügt § 279 für den Sklavenkauf: wenn der Käufer *ba-aq-ri ir-ta-ši (70) na-di-na-an-šu (71) ba-aq-ri i-ip-pa-al* 'sich eine Klage zuzieht, (70) ist sein Verkäufer (71) für die Klage verantwortlich'. Der Fall ist derselbe wie in § 9, doch statuiert das Gesetz hier anscheinend nur eine zivilrechtliche Haftung des Verkäufers für Eviktion. Es ist keine Rede mehr, daß der Verkäufer als Dieb behandelt und getötet wird wie nach § 9. Mag nun auch § 279 eine Sondernorm für Sklavenkäufe enthalten, soviel scheint sicher zu sein, daß diese Norm nicht mehr in demselben juristischen Gedankenkreise liegt wie der in den §§ 9f. geregelte Anefang. Es läßt sich also über die Vorstellungen, welche die Redaktoren über die Eigentumsverfolgung hatten, kein klares Bild gewinnen, und es muß mit der Möglichkeit gerechnet werden, daß die §§ 9f.

zur Zeit Ḫammurapis nicht mehr allseitig praktisches Recht darstellten. Ja, es kann das Gegenteil nicht einmal für jene Zeit behauptet werden, der die Bestimmungen, welche für die §§ 124—126 die Vorlage bildeten, angehören. Denn wenn dort die Haftung des Depositars nach dem Umstande bestimmt wird, ob das Depositum allein oder zugleich mit Sachen des Verwahrers gestohlen wurde, so setzt diese Regelung, wie bemerkt, den Satz 'Hand wahre Hand' nicht notwendig voraus. Anders lag die Sache im deutschen Recht, wo nach den meisten Rechten der Verwahrer schlechthin für Diebstahl einsteht. Es ist diese unbedingte Haftung wohl nur das Korrelat zum Satze 'Hand wahre Hand', der Verwahrer haftet schlechthin für Diebstahl, weil er allein rechtlich in der Lage ist, den Dieb zu verfolgen[16]). Diesem Rechtszustande gegenüber ist nun die oben erwähnte Abstufung der Haftung, die sich auch in einzelnen deutschen Quellen findet[17]), wohl jüngeren Datums[18]). Einen hübschen Beweis liefert hierfür das grusinische Recht[19]). Das Gesetz Wachtangs bestimmt im § 207: 'Wer einen fremden Gegenstand ohne irgendwelche Abmachung für einige Zeit in Verwahrung oder in Gebrauch nimmt, muß dem Besitzer desselben Entschädigung leisten, auch wenn er durch Feuer, Wasser, feindliche Überfälle oder **Diebe** von Unglück betroffen wird'. Der Depositar haftet also unbedingt[20]). Dazu stimmt, daß das im Kodex Wachtang aufgenommene Gesetz Agbughas (1444—1451) das Prinzip

---

[16]) Vgl. die oben § 2 n. 9 Zitierten. Anders faßt das Verhältnis Zycha, Ztschr. f. schweiz. Recht, Neue Folge 22 (1903) p. 111 f., 114. Er sieht in der unbedingten Haftung des Depositars für Diebstahl den historischen Grund seiner Aktivlegitimation zur Anefangsklage. Vgl. auch die Literaturnachweise bei Müller-Erzbach, Arch. f. ziv. Prax. 109 p. 133 n. 295. Dagegen namentlich A. Schultze, Gerüfte und Marktkauf p. 13 f., Iherings Jahrbücher 49 p. 167 n. 11.

[17]) Vgl. oben p. 30 f.

[18]) Dieser Meinung ist für das deutsche Recht auch H. Meyer, wie er mir brieflich (d. dto. 18./2. 1912) mitteilt.

[19]) Vgl. zum Folgenden Schulz, Ztschr. f. vergl. Rechtswissenschaft 27 p. 181 f., dem auch die Quellenzitate entnommen sind.

[20]) Freilich mißbilligt der Gesetzgeber dieses wohl aus dem älteren Recht übernommene Prinzip, indem er sofort hinzufügt: 'Obschon der Besitzer in solchen Fällen gar keine Entschädigung fordern sollte, so muß er, wenn er die obwaltenden Umstände nicht in Betracht zieht und seine Forderung stellt, für die Hälfte des von ihm anvertrauten Gegenstandes entschädigt werden, da es sich um unvorsätzlichen Verlust handelt.'

'Hand wahre Hand' formuliert[21]). Nun anerkennt der Kodex Wachtang allerdings auch, und zwar in demselben Paragraphen, die Regulierung der Haftung des Verwahrers nach dem Umstande, ob nur das Depositum oder auch Sachen des Depositars abhanden kamen, aber nur für den Fall, daß sie von den Parteien vereinbart wurde. Als gesetzliches Prinzip stellt sie auf § 149 des Gesetzes[22]), der aber, wie Schulz wahrscheinlich gemacht hat, auf einer späteren Interpolation beruht. Es ist also anzunehmen, daß sich diese Gestaltung der Haftung des Verwahrers zunächst als Vertragsrecht entwickelt hat und von hier aus ins Gesetzesrecht übernommen wurde. Ist dies richtig, so spricht die Wahrscheinlichkeit dafür, daß die analogen Bestimmungen des babylonischen Rechts, die wir für die Vorlage des K. Ḫ. erschlossen haben, ebenfalls nicht die älteste Regelung der Haftung des Verwahrers darstellen. Erwägt man andrerseits, daß die Normen über den Anefang sicherlich einer der ältesten ins Gesetz aufgenommenen Rechtsschichten angehören, so wird man umsomehr die Möglichkeit in Betracht ziehen müssen, daß sie im Laufe der Zeiten in der praktischen Anwendung Modifikationen erfahren haben. Natürlich fällt es mir nicht ein, die erwähnte Regelung der Verwahrerhaftung mit dem Prinzipe 'Hand wahre Hand' für unvereinbarlich zu halten. Eine solche Annahme würde widerlegt werden durch die schon oben p. 31 zitierte Bestimmung des isländischen Rechts. Sie deckt sich in ihrem Aufbau völlig mit der Bestimmung, die wir als Vorlage für § 125 K. Ḫ. rekonstruiert haben. Hier aber sind wir in der glücklichen Lage, die Verfügung des Gesetzes, daß dem Depositar die Verfolgung des Diebes obliege, als Ausfluß des Prinzipes 'Hand wahre Hand, bestimmen zu können. Denn die Schlußbestimmung, daß auch der Hinterleger die Diebstahlsklage habe, stellt sich als jüngerer Zusatz dar. Ein solches Indiz fehlt für § 125 K. Ḫ.[23]), und so glaube

---

21) § 88: 'Wenn jemand einem anderen einen Gegenstand zur Aufbewahrung gibt, und dieser wird vom Geschäftsführer des letzteren entwendet, so soll ihn der Besitzer nicht vom Diebe, sondern von demjenigen zurückfordern, dem er ihn anvertraut hat. Dieser ist dann verpflichtet, den entwendeten Gegenstand ausfindig zu machen oder dem Besitzer desselben Ersatz zu leisten'.

22) Den Text siehe oben p. 19.

23) Eine schwache Spur, die auf den Anefang hinweist, könnte man vielleicht in dem Worte *ištene'ima* (§ 125 Z. 5) finden: der Depositar soll dem Diebe 'nachforschen'. Darin könnte eine Anspielung auf den Ane-

ich, diese der eingangs dieses Abschnittes gestellten Frage gewidmete Untersuchung mit einem non liquet abschließen zu sollen.

Unter solchen Umständen kann auch nur bedingungsweise zur Frage Stellung genommen werden, wie es sich mit der Klage um die Sache in dem Falle verhält, daß der Depositar, weil seine eigenen Sachen mitgestohlen wurden, nicht haftet. Die Antwort ist leicht, wenn die Diebstahlsverfolgung dem Verwahrer nur zu Regreßzwecken eingeräumt ist. Denn von diesem Gesichtspunkte aus muß natürlich der Hinterleger die Diebstahlsklage haben, wenn er den Verwahrer nicht verantwortlich machen kann. Nicht so einfach liegt die Sache, wenn man die Geltung des Satzes 'Hand wahre Hand' voraussetzt. Man könnte hier folgendermaßen argumentieren: dem Deponenten fehlt die Legitimation zum Anefang, der Verwahrer aber hat an ihm kein Interesse, da er dem Deponenten nicht haftet. Diese Lösung, bei welcher der Deponent schutzlos bliebe, ist unannehmbar. In der Tat ist auch die Schwierigkeit nur eine scheinbare, indem der Depositar wohl verpflichtet blieb, den Dieb zu suchen und, wenn er das gestohlene Depositum hierbei herausbekam, es dem Deponenten ausfogen mußte[24]). Ausdrücklich normiert diese Verpflichtung das armenische Recht in der Redaktion des Sempadschen Kodex § 121 (vgl. oben p. 30)[25]). Die folgende Untersuchung wird auch Anhaltspunkte ergeben, diese Verpflichtung juristisch zu begründen[26]).

---

fang erblickt werden, der von Gewähren zu Gewähren fortschreitet, bis er schließlich auf den Dieb kommt. Allein es handelt sich nicht um mehr als eine höchst unsichere Spur.

[24]) Dieser Meinung ist für das deutsche Recht auch H. Meyer, dem ich den Fall vorlegte. Er schreibt mir: 'Diese Verpflichtung (des Depositars, den Dieb zu suchen) folgt schon aus der allgemeinen Polizeipflicht', und verweist als Analogon auf lex Visigothorum VII 2, 8, lex Baiuwariorum 9, 7 und Edictus Rothari 232 (vgl. H. Meyer, Publizitätsprinzip p. 68f.), die dem im Anefang Beklagten, falls er von einem unbekannten Auktor gekauft hat, die Pflicht auferlegen, den Auktor zu suchen.

[25]) Man beachte jedoch, daß auch dem Hinterleger die Diebstahlsklage zusteht. Arg. 'so mögen beide (d. h. Deponent und Depositar) dem Diebe nachspüren'. Das Prinzip 'Hand wahre Hand' ist also bereits durchbrochen.

[26]) Siehe § 4 n. 15.

§ 4.

Schon die Ausführungen des vorhergehenden Abschnittes haben es wahrscheinlich gemacht[1]), daß die Regelung der Diebstahlshaftung des Verwahrers auch in dem Gesetze, das die Vorlage zu § 125 K. Ḫ. bildete, keineswegs mehr eine primitive war. Die Frage entsteht daher, ob sich für das babylonische Recht eine noch ältere Gestaltung dieses Rechtsverhältnisses ermitteln lasse. Die babylonischen Quellen für sich allein reichen nicht hin, zu dieser Frage Stellung zu nehmen. Wohl aber dürfte es möglich sein, mit Hilfe der Rechtsvergleichung noch weiter in das Dunkel der Vergangenheit zu dringen. Ich gehe zu diesem Zwecke aus von dem biblischen Recht, das uns in den Bestimmungen des Bundesbuches eine, wie ich glaube, ungemein altertümliche Regelung der Diebstahlshaftung des Verwahres überliefert hat.

Exod. 22, 6 u. 7 (nach Kautzsch) bestimmt Folgendes: 'Wenn einer dem anderen Geld oder Kostbarkeiten zum Aufbewahren übergeben hat und dies aus dem Hause des Betreffenden gestohlen wird, so muß der Dieb, wenn er ausfindig gemacht wird, den doppelten Betrag entrichten. Wenn jedoch der Dieb nicht ausfindig gemacht wird, so soll der Hauseigentümer vor Gott hintreten und beschwören, daß er sich am Eigentume des andern nicht vergriffen habe.'

Das Gesetz sagt nicht, wer den Dieb suchen soll. Doch folgt aus dem dem Verwahrer gestatteten Reinigungseid[2]), daß ihm diese Aufgabe oblag. Der Eid, 'daß er (der Verwahrer) sich am Eigentume des anderen nicht vergriffen habe,' ergibt zugleich die deliktische Grundlage der Klage. Er kann doch nur den Zweck ver-

---

1) Vgl. oben p. 52.

2) In diesem Sinne wird v. 7 von der herrschenden Lehre verstanden, während andere an ein Losordal denken wollen. Vgl. die Nachweise bei Schulz, Ztschr. f. vergl. Rechtswissensch. 27 p. 152. Für unsere Untersuchung ist diese Kontroverse ohne Bedeutung.

folgen, den Beklagten von dem Verdachte der Unterschlagung zu reinigen. Dieser Anwurf muß daher in der Klage enthalten sein; mit anderen Worten: der Kläger tritt von vornherein mit der Anschuldigung gegen den Beklagten auf: du hast das Depositum unterschlagen. Von dieser Anschuldigung hat sich der Verwahrer zu reinigen, sei es, indem er die Sache sofort herausgibt, sei es, indem er, wenn sie ihm gestohlen wurde, sie mit dem Diebe herbeischafft, und nur, wenn die Diebstahlsverfolgung zu keinem Resultat geführt hat, gestattet ihm das Gesetz den Reinigungseid. Vielleicht, daß in einem noch früheren Stadium der Verwahrer, wenn es ihm nicht gelang, den Dieb ausfindig zu machen, sofort als der Unterschlagung überführt galt[3]), und es schon eine Milderung der ursprünglichen Haftung darstellt, wenn man ihm in diesem Falle den Reinigungseid gestattete. Doch sei dem wie immer, die Bestimmungen des Bundesbuchs lassen keinen Zweifel aufkommen, daß die actio depositi eine Deliktsklage ist, und daß der Verwahrer zur Diebstahlsverfolgung legitimiert und auch verpflichtet ist[4]), wenn anders

---

[3]) Er haftete hier wohl ebenso wie der Dieb auf das Duplum. Nach talmudischem Recht tritt Haftung auf das Duplum nur mehr dann ein, wenn der unbezahlte Verwahrer fälschlich behauptet, das Deposit sei gestohlen worden oder verloren gegangen. Vgl. Baba kama 63b, Schebuoth 49a. (Nach freundlicher Mitteilung V. Aptowitzers.)

[4]) Es gilt also 'Hand wahre Hand'. Ja dieses Prinzip steht mit der actio depositi sogar im engsten Zusammenhange, insofern der Verwahrer die Diebstahlsverfolgung zu seiner Verteidigung braucht. Eine andere Frage ist es natürlich, ob daraus auf das Bestehen einer dem Anefang ähnlich gestaltcten Eigentumsverfolgung im mosaischen Recht zu schließen ist. Eine Klage wegen abhanden gekommener Sachen war ihm jedenfalls bekannt. (Vgl. Exod. 22, 7: 'Bei irgend einem Eigentumsverbrechen, mag es sich um ein Rind handeln oder um einen Esel, ein Schaf, ein Obergewand oder überhaupt etwas abhanden Gekommenes, von dem einer behauptet: das ist es!, so soll die Angelegenheit beider vor Gott gebracht werden, und der, welchen Gott für schuldig erklärt, soll dem andern als Ersatz das Doppelte entrichten'. Daß damit lediglich die Diebstahlsklage normiert sein soll, dies anzunehmen, zwingt die Formulierung keineswegs.

Es sei bemerkt, daß der Satz 'Hand wahre Hand' auch im syrisch-römischen Rechtsbuch, allerdings nur in der Handschrift R I § 55d (vgl. Sachau, Syrische Rechtsbücher I p. 31), sich findet, wie Schulz, Ztschr. f. vergl. Rechtswissensch. 27 p. 175f. richtig erkannt hat. Schulz hält hier griechisch-hellenistischen Einfluß für möglich mit Berufung auf das zweite Gesetz von Gortyn col. III Z. 7f., das den Depositar für unbedingt

er die in der Klage des Hinterlegers steckende Beschuldigung der Unterschlagung abwehren will. Der Depositar haftet also nicht aus dem Vertrage auf Rückstellung des Depositums, er haftet nur ex delicto wegen Unterschlagung. Das Depositum als Vertrag ist nicht klagbar, es entsteht aus ihm vielmehr nur die Möglichkeit deliktischer Verfolgung[5]).

haftbar erklärt. Vgl. auch oben p. 52. Das soll umsoweniger bestritten werden, als die Geltung des Satzes 'Hand wahre Hand' im griechischen Rechtskreis nicht ausgeschlossen ist. Vgl. Rabel, Verfügungsbeschränkungen des Verpfänders p. 87. Wenn aber das Prinzip 'Hand wahre Hand' für das altbabylonische Recht als sicher gelten, für das mosaische Recht kaum bezweifelt werden darf — auf das grusinische Recht (vgl. oben § 3 n. 21) will ich mich, obwohl der Einfluß semitischer Rechte nicht ausgeschlossen ist, nicht berufen (vgl. über die auf das grusinische Recht wirkenden fremden Rechte Holldack, Zwei Grundsteine zu einer grusinischen Staats- und Rechtsgeschichte p. 95f., sowie in der Festgabe für Güterbock p. 518f.) —, so ist bei dem derzeitigen Quellenstande die Frage, ob orientalischer Einfluß vorliegt, mindestens ebenso berechtigt.

5) Deliktische Herkunft der Klage aus dem Depositum wird angenommen für das römische (vgl. zuletzt Taubenschlag, Grünhuts Zeitschr. 34 p. 684f.), das griechische (Partsch, Griech. Bürgschaftsrecht I p. 83f.) und auch für das deutsche Recht. Vgl. Brunner, Rechtsgeschichte II p. 519f., Heusler, Institutionen des deutschen Privatrechts II p. 246, Stobbe-Lehmann, Handbuch d. deutschen Privatr.[3] III p. 112. Was den Begriff der Unterschlagung betrifft, so wird er neuestens für das ältere deutsche Recht von Meister (Festschrift für Wach III) p. 454f. geleugnet. Es fällt nicht in meine Kompetenz, zu prüfen, ob diese Lehre den deutschen Rechtsquellen entspricht. Allein insofern Meister sie auch auf Argumente allgemeiner Natur stützt, ist doch zu ihr Stellung zu nehmen. Im Gegensatz zum Diebstahl, der ein Angriff gegen die Besitzordnung ist, soll die Unterschlagung ein spezifisches Eigentumsdelikt sein. Da nun das deutsche Recht keinen Eigentumsanspruch gekannt habe, so müsse ihm auch die Unterschlagung als besonderes Delikt fremd gewesen sein. Sie sei vielmehr nur durch die Vertragsklage geltend gemacht worden (p. 457). Die Prämisse dieser Schlußfolgerung kann allgemeine Geltung meines Erachtens nicht beanspruchen. Nach den biblischen Quellen scheint mir das Wesen der Unterschlagung vielmehr der dem Deponenten gegenüber begangene Treubruch zu sein. Nicht das Eigentum des Hinterlegers, sondern der Treubruch wird geltend gemacht. Die Grundlage dieses Treubruchs ist allerdings der Verwahrungsvertrag, allein die Haftung hierfür ist keine kontraktliche, sondern eine deliktische, eben die Haftung für Unterschlagung. Daß die Klagen der älteren Zeit sämtlich Deliktsklagen sind, gibt Meister (p. 470) selbst zu. Soll der Hinterleger damals schutzlos gewesen sein, weil es das Prinzip will, daß die Unterschlagung nur mit der Vertragsklage geltend

Diesem Rechtszustande gegenüber zeigt das altbabylonische Recht, und zwar auch schon in der Vorlage zum K. Ḫ. ein ganz anderes Bild. Der Depositar haftet grundsätzlich für Verschulden und zwar auf das Simplum (§ 125), eine Verpflichtung zur Leistung des Duplums tritt nur bei grundloser Ableugnung des Depositums ein (§ 124). Diese Rechtssätze sind mit einer rein deliktischen Haftung des Verwahrers nicht in Einklang zu bringen. Die Differenzierung der Haftung nach dem Simplum und Duplum, welch letzteres nur in einem qualifizierten Falle zu leisten ist, zeigt deutlich, daß der Unterschied zwischen kontraktlichem Schadensersatz und Strafe bereits erfaßt ist. Der Kläger tritt nicht von vornherein mit dem Anwurf der Unterschlagung gegen den Depositar auf sondern er verlangt Rückstellung des Depositums auf Grund des Vertrages. Der Beklagte hat sich nicht von dem Verdachte der Unterschlagung zu reinigen, sondern die Frage ist, ob er seine Vertragspflichten erfüllt habe, ob er in Verschulden sei oder nicht[6]).

Muß demnach in der Materie des Depositums ein Zusammenhang oder gar eine sachliche Übereinstimmung zwischen dem Bundesbuch und dem Kodex Ḫammurapi, wie man sie wohl gelegentlich behauptet hat[7]), unbedingt in Abrede gestellt werden, weil die Bestimmungen des K. Ḫ. einem wesentlich jüngeren Entwicklungsstadium angehören, so kann man doch die Frage stellen, wie die im K. Ḫ. überlieferte Regelung der Haftung des Verwahrers entstanden sei, ob nicht auch das babylonische Recht von einer ähnlichen Auffassung der actio depositi, wie sie uns das Bundesbuch bezeugt, ausgegangen sei.

gemacht werden kann? Wenn Meister (p. 470) ferner im alten Recht das Prinzip findet, daß eine Sache, die dem Eigentümer oder Besitzer durch eine von der Rechtsordnung als Delikt angesehene Handlung entzogen worden sei, in der Hand jedes Besitzers widerrechtlichen Besitz darstelle und daher dem Eigentümer herausgegeben werden müsse, und daraus schließt, daß die durch Unterschlagung entzogene Sache, wäre die Unterschlagung Delikt gewesen, daher von jedem Besitzer hätte zurückgefordert werden können, was aber dem Satz 'Hand wahre Hand' widersprochen hätte, so ist dieses Prinzip ebenfalls nur ein konstruiertes. Die unbeschränkte Verfolgbarkeit gestohlener Sachen erklärt sich daraus, daß die Diebstahlsverfolgung Sachverfolgung ist. Der Deponent aber, der gegen den Verwahrer klagt, macht in erster Linie den Treubruch geltend. Nur mittelbar bezweckt die Klage auch Wiedererlangung der Sache.

[6]) Vgl. auch oben § 2 n. 13 und 16.

[7]) So z. B. Müller p. 113f.

Ein wichtiges Verbindungsglied liefert hier das armenische Recht. In seiner älteren Redaktion, im Datastanagirkh, dem Rechtsbuch des Mechithar Gosch (1184)[8]) ist die Bestimmung des Bundesbuches fast wörtlich rezipiert. Dat. II 43[9]): 'Wenn jemand dem andern Geld oder sonstiges ihm eigenes Geräte zur Verwahrung gibt, und es wird gestohlen aus dem Hause des Mannes; wenn der Dieb gefunden wird, so soll er das Doppelte erstatten. Wenn aber der Dieb nicht gefunden wird, so soll der Herr des Hauses vor Gott treten und soll schwören, daß durch ihn keinerlei Veruntreuung begangen worden ist am Deposit seines Nächsten'[10]). Demgegenüber kennt der ungefähr um ein Jahrhundert jüngere Sempadsche Kodex im § 121[11]) bereits die Unterscheidung, ob nur das Depositum oder auch Sachen des Depositars gestohlen worden sind. Doch kombiniert er sie in eigentümlicher Weise mit der alten Deliktsklage. Wenn auch Sachen des Depositars abhanden kamen, so soll er gemeinsam mit dem Hinterleger nach dem Diebe forschen und ist aller Verantwortung ledig, wenn diese Suche erfolglos bleibt. Ist hingegen nur das Depositum gestohlen worden, 'so ist dieser

8) Vgl. dazu Karst, Ztschr. f. vergl. Rechtswissenschaft 19 p. 333f., 374f.

9) Nach Karst, Armenisches Rechtsbuch II p. 252.

10) Auch die anschließende Interpretation des M. Gosch, in der er vielfach sonst armenisches Gewohnheitsrecht heranzieht (vgl. Karst, Rechtsbuch I p. XVIII, Ztschr. f. vergl. Rechtsw. 19 p. 405), entfernt sich nicht von der Auffassung des Bundesbuchs. Sie bemerkt, daß der Depositar frei ausgehe, wenn er den Eid leiste, aber auf das Duplum hafte, wenn er des Meineides überführt oder, ohne daß eine Eidesleistung stattgefunden habe, der Unwahrheit überwiesen worden sei. Ebenso der Kläger, wenn ihm der Nachweis der Klagebehauptung nicht gelinge, d. h. wenn er, wie das Lemberger Rechtsbuch sagt, nicht nachweisen kann, ein Depositum gegeben zu haben. Denn er ist 'als Verleumder unwahr gewesen'.

Im Wesentlichen fußt auf dem Datastanagirkh auch das Lemberger Rechtsbuch c. 37 (Text bei Bischoff, Sitz.-Ber. d. Wiener Akad. ph. h. Kl. 40 p. 273 und bei Karst, Rechtsbuch II p. 252 n.), eine lateinische Übersetzung des Rechts der Armenier in Lemberg, die 1519 verfaßt und von König Sigismund I. bestätigt wurde. Vgl. Bischoff, a. a. O. p. 255f., Kohler, Zeitschr. f. vergl. Rechtsw. 7 p. 390, Karst, ebenda 19 p. 348f. Im Einzelnen finden sich freilich nicht unbedeutende Abweichungen. So soll der Depositar durch Reinigungseid beschwören, *quod tali damno rerum depositarum nec negligenter occasionem dedit.* Es handelt sich also nur mehr um culpa in custodiendo, und nicht um Unterschlagung. Doch interessiert uns diese Quelle hier nicht weiter.

11) Die Bestimmung ist oben p. 30 abgedruckt.

Fall verdächtig.' Dem Depositar wird eine Frist gesetzt zur Ausforschung des Diebes, nach deren fruchtlosen Ablauf er einen Reinigungseid zu leisten und dem Hinterleger den halben Wert des Depositums zu vergüten hat[12]). Warum ist nun 'dieser Fall verdächtig'? Offenbar darum, weil der Verwahrer dem Verdachte der Unterschlagung ausgesetzt ist. Dazu stimmt auch, daß ihm die Reinigung von diesem Verdachte, sei es durch Ausforschung des Diebes, sei es durch Eid obliegt[12a]). Ist dies richtig, so erscheint uns jetzt die Differenzierung der Haftung nach dem Umstande, ob nur das Depositum oder auch eigene Sachen des Verwahrers entwendet wurden, in einem anderen Lichte. Während wir früher in ihr nach dem Vorbilde des deutschen Rechts die Formulierung für culpa in concreto erblicken mußten[13]), ist sie hier maßgebend für die Frage, ob der Depositar dem Verdachte der Unterschlagung ausgesetzt ist oder nicht. Diese Funktion ist auch sehr gut zu begreifen. Wer eine ihm anvertraute Sache unterschlägt, wird sie verbergen, er wird sie aber nicht mit seinen eigenen Sachen verbergen. Wenn daher der Verwahrer nachweisen kann, daß ihm außer dem

---

[12]) Die Schlußbestimmung, die den Richter anweist, nach Recht und Billigkeit den Fall zu entscheiden, ist vielleicht ein Zusatz des Redaktors oder einer späteren Zeit. Hingegen gehört die Halbteilung des Schadens, in der sich wohl der Gedanke der Gefahrgemeinschaft zwischen Deponenten und Depositar hinsichtlich der Diebstahlsgefahr ausprägt (vgl. auch Müller-Erzbach, Arch. f. ziv. Praxis 109 p. 117 n. 257), sicherlich dem armenischen Gewohnheitsrechte an. Dieselbe Schadensverteilung findet sich auch in der lex Visigothorum 5, 5, 3 und von hier übernommen in der lex Baiuwariorum 15, 4, 5: der Verwahrer soll zunächst den Dieb suchen, und wenn dies erfolglos bleibt, halben Ersatz leisten; ferner im grusinischen Recht, Kodex Wachtang § 207 (vgl. oben § 3 n. 20).

[12a]) Dieser Reinigungseid findet sich auch in Pars III cap. 12 des rhodischen Seerechts, einer Bestimmung, die vom Verwahrungsvertrag im allgemeinen und nicht nur vom Depositum auf Schiffen handelt. Vgl. Ashburner, The Rhodian Sea-Law p. LXXVI, Kommentar p. 93. Es heißt dort: *ἐὰν δὲ εἴπῃ ὁ δεξάμενος φυλάττειν αὐτὴν* (scil. *τὴν παραθήκην*) *ὅτι ἀπώλετο, δεῖ δειχθῆναι τὴν διωρυγὴν ἢ τὰ σύλα πόθεν ὑπέστη καὶ ὀμνύειν ὅτι αὐτὸς οὐκ ἐδολιεύσατο. ἐὰν δὲ μὴ δείξῃ, καθὼς παρέλαβεν ἀποδιδότω σῶα.* Römisches Recht, wie Ashburner p. LXXXVIIIf. glaubt, ist das gewiß nicht. Der Eid weist deutlich auf die deliktische Natur der Klage hin. Der Verwahrer, der das Depositum nicht vorweisen kann, steht im Verdacht der Unterschlagung. Es herrschen hier dieselben Vorstellungen, wie wir sie im biblischen und armenischen Recht finden.

[13]) Vgl. oben § 2 n. 13.

Depositum auch eigene Sachen fehlen, so liegt darin ein Indiz, daß ihm das Depositum tatsächlich gestohlen wurde, und dieses Indiz reicht hin, ihn von dem Verdachte der Unterschlagung zu entlasten. Das alles ist natürlich typisch-formalistisch gedacht, aber eben darum sicher primitiv, primitiver jedenfalls als der Begriff der culpa in concreto, die zudem nur zu der sicher jüngeren kontraktlichen Haftung paßt, während die Unterscheidung in dem eben entwickelten Sinn sich zwanglos der Deliktsklage wegen Unterschlagung einfügt. In der Tat ist die Klage des § 121 des Sempadschen Kodex nichts anderes als diese alte Deliktsklage, nur bereichert um ein weiteres den Depositar entlastendes Moment. In welcher Weise es in die Klage hineinkam, ist eine Frage von untergeordneter Bedeutung. Das grusinische Recht läßt erkennen[14]), daß die Differenzierung der Haftung nach dem Umstande, ob neben dem Depositum auch Sachen des Verwahrers gestohlen wurden, zunächst Gegenstand der Vereinbarung der Parteien war und von dort in das Gesetz rezipiert wurde. Damit ist natürlich nicht gesagt, daß es im armenischen Recht ebenso war.

Dürfen wir nun die eben geschilderte Entwicklungsphase auch für das babylonische Recht voraussetzen? Dem scheint entgegenzustehen, daß die actio depositi im K. Ḫ. und auch schon in seiner Vorlage eine Kontraktsklage ist und daher die erwähnte Haftungsdifferenzierung, die, wie wir oben darzulegen versuchten, in der Vorlage stand, nur mehr im Sinne einer Haftung für culpa in concreto verstanden werden kann. Allein dieses Hindernis ist nur ein scheinbares. Es liegt sehr nahe anzunehmen, daß die Unterscheidung, ob nur das Depositum oder auch Sachen des Verwahrers entwendet wurden, bei Umwandlung der ursprünglichen Deliktsklage in eine Kontraktsklage im Sinne einer Haftung für Verschulden umgedeutet wurde, nachdem sie in ihrer ursprünglichen Bedeutung unverwendbar geworden war[15]). Allein damit wäre bestenfalls nur

14) Vgl. oben p. 53.

15) Der Reinigungseid, der die Anschuldigung der Unterschlagung voraussetzte, mußte natürlich fallen. Hingegen konnte die Verpflichtung des Depositars, den Dieb zu suchen, die ihm ursprünglich auferlegt war, um sich von dem Verdachte der Unterschlagung zu reinigen, noch praktische Bedeutung bewahren, in dem Falle, als der Depositar, weil ihm auch eigene Sachen gestohlen worden waren, für den Diebstahl dem Deponenten nicht haftete. Damit wäre auch eine Antwort auf die am Schlusse des § 3 aufgeworfene Frage gewonnen.

eine Entwicklungsmöglichkeit dargetan, keineswegs bewiesen, daß es so gewesen sein muß. Nun liegt es in der Natur der Sache und der Quellen, daß sich in dieser Frage ein strikter Beweis überhaupt nicht führen läßt. Was aber der eben erwähnten Entwicklungsmöglichkeit einen gewissen Grad von Wahrscheinlichkeit verleiht, ist die im K. Ḫ. und auch schon in der Vorlage für das Depositum aufgestellte Beweisform, die unsere Untersuchung im ersten Abschnitte dieser Darstellung herausgestellt hat. Für die Entstehung dieser Beweisform böte sich nämlich eine Erklärung dar, wenn man annehmen dürfte, daß die actio depositi ursprünglich eine Klage wegen Unterschlagung war. Damit der Deponent diese Beschuldigung erheben konnte, mußte natürlich zuerst feststehen, daß ein Depositum gegeben worden sei. Also, so könnte man weiter argumentieren, mußte der Deponent, wenn überhaupt er klagen wollte, zuerst die Hingabe des Depositums beweisen. Diesen Beweis führte er naturgemäß durch die Vertragszeugen. Ohne diese keine Klage. Aus diesen Verhältnissen heraus konnte sich leicht die Vorstellung entwickeln, daß die Zuziehung von Zeugen die Erfüllung einer für das Depositum bestehenden Formvorschrift darstelle.

Nun setzen die Bestimmungen des Bundesbuchs, das uns das Urbild der actio depositi bewahrt hat, allerdings voraus, daß die Hingabe des Depositums außer Streit sei. Nichtsdestoweniger unterliegt die Annahme, daß der Kläger schon bei der Klageerhebung diese Tatsache zu beweisen gehabt habe, gewissen Bedenken. Der K. Ḫ. berichtet noch von einer anderen Klage, bei der der Kläger ebenfalls mit der Anschuldigung eines Delikts auftritt. Ich meine den in den §§ 9f. geregelten Anefang, der ja die Beschuldigung des Diebstahls gegen den Beklagten enthält. Wäre unsere Annahme richtig, so würde man doch auch hier erwarten, daß der Kläger gleich bei der Klageerhebung den Nachweis führen mußte, daß ihm die angeschlagene Sache abhanden gekommen sei. Wie sollte er ohne diesen Nachweis den Gegner des Diebstahls haben bezichtigen können. In der Tat verteidigt diese Ansicht für das deutsche Recht mit Nachdruck H. Meyer[16]). Von der Voraussetzung, daß der Anefang ursprünglich 'Kundbarkeit' des dieblichen Verlustes

---

[16]) In seiner Schrift 'Das Publizitätsprinzip im deutschen bürgerlichen Recht' (vgl. namentlich p. 46 f.), nachdem er sie schon in seinem Buche 'Entwerung und Eigentum' (1902) vertreten hatte.

erfordert habe, ausgehend, gelangt er zur Annahme eines Beweisrechts des Klägers bezüglich dieses Faktums. Diesen durch den Beweis des Klägers objektiv festgestellten Diebstahlsverdacht habe der Beklagte subjektiv von sich durch den Zug auf den Gewähren abwälzen können. Darin ausschließlich habe seine Verteidigung bestanden. So willkommen diese Theorie, die übrigens unter den Germanisten lebhafte Anfechtung erfahren hat[17]), für unsere Hypothese scheint, so kann sie doch für das babylonische Recht nicht akzeptiert werden. Die Bestimmungen der §§ 9 und 10 lassen vielmehr keinen Zweifel aufkommen, daß der Beklagte näher zum Beweise ist. Sie erwähnen den Beweis des Beklagten immer vor dem des Klägers: zuerst hat der Beklagte auf den Gewähren zu ziehen, dann erst kommt der Kläger mit dem Beweise des unfreiwilligen Verlustes der angeschlagenen Sache an die Reihe[18]).

In der Tat ist aber die Analogie zwischen der Klage aus dem Depositum und dem Anefang nur eine scheinbare. Planitz[18a]) hat unlängst, von derselben Voraussetzung wie H. Meyer ausgehend, dargelegt, daß der Anefang aus der Diebstahlsverfolgung bei handhafter Tat entstanden sei, die allein dem Bestohlenen das Recht gegeben habe, dem Diebe die Sache unmittelbar abzunehmen.

---

17) Namentlich von A. Schultze in seinem Artikel 'Die Bedeutung des Zuges auf den Gewähren im Anefangsverfahren' in der Festschrift für O. v. Gierke p. 759 f. Daselbst (p. 759) ist auch die Literatur zu dieser Frage zusammengestellt. Vgl. außerdem A. Schultze, Zeitschr. d. Savigny-Stiftung, germ. Abt. 31 p. 646 f., v. Fumetti, Spurfolgeverfahren (Diss. Leipzig 1913) p. 30 f. Zustimmung gefunden hat H. Meyer bei Fehr, a. a. O. p. 50 f. und zwar auch mit Beziehung auf das babylonische Recht (vgl. p. 54).

18) In dem außergerichtlichen Teil des Verfahrens (vgl. Fehr p. 53 f.) erklärt nach der Ergreifung der Sache durch den Kläger zunächst der Beklagte Z. 9 f.: *na-di-na-nu-um-mi id-di-nam (10) ma-ḫar ši-bi-mi (11) a-ša-am* 'ein Verkäufer hat es mir verkauft, (10) vor Zeugen (11) habe ich gekauft', dann erst folgt das Versprechen des Klägers Z. 14 f. *ši-bi mu-di (15) ḫu-ul-ki-ia-mi (16) lu-ub-lam* 'Zeugen, die wissen (15) von dem mir abhanden Gekommenen, (16) werde ich bringen'. Ebenso sagen im gerichtlichen Termin (§ 9 Z. 30 f.) zuerst die Zeugen des Beklagten, dann erst die des Klägers aus. Von der gleichen Auffassung gehen auch die §§ 10, 11 aus, die an erster Stelle das Mißlingen des Schubs auf den Gewähren und dann erst das Versagen der vom Kläger angebotenen Beweise erwähnen. Überall herrscht die Vorstellung, daß es der Beklagte ist, der zuerst zum Beweise gelangt.

18a) Zeitschr. d. Sav.-Stiftung, germ. Abt. 34 p. 426 f.

Diebstahls- und Sachverfolgung fallen hier zusammen. Ist aber zwischen Diebstahl und Wiederauffindung der Sache bei einem anderen eine längere Zeit verstrichen, so daß vom Diebstahl zum Besitzer der Sache keine direkte Spur mehr führt, so kann dieser natürlich nicht mehr als Dieb auf handhafter Tat behandelt werden. Denn es besteht die Möglichkeit, daß er die Sache redlich von einem Dritten erworben habe. Darum richtet sich der Angriff des Klägers nicht wie beim Verfahren auf handhafter Tat gegen den Besitzer und die Sache zugleich, sondern auf Grundlage der Behauptung, daß ihm die Sache abhanden gekommen sei, gegen die Sache, die er ergreift. Das ist auch die Situation, die § 9 K. Ḫ. zugrunde liegt. Ob die objektive Diebstahlsbehauptung des Klägers sich zu einer subjektiven, gegen den Besitzer gerichteten Diebstahlsbeschuldigung zuspitzt, hängt davon ab, daß der Besitzer die Herausgabe der Sache verweigert. Er kann dies aber angesichts der objektiven Diebstahlsbehauptung des Klägers nicht anders tun als durch Berufung auf redlichen Erwerb der Sache, d. h. durch Zug auf den Gewähren. Es wäre also unrichtig zu behaupten, daß der Kläger von vornherein gegen den Besitzer die Diebstahlsbeschuldigung erhebt. Sein Angriff richtet sich vielmehr zunächst gegen die Sache. Ob es auf Grund dieses Angriffes zu einem weiteren Verfahren kommt, steht in der Macht des Besitzers, der sich durch Preisgabe der Sache an den Kläger aller Verantwortung entziehen kann. Man wende nicht ein, daß das Gesetz dieser Möglichkeit nicht gedenkt. Das im § 9 geregelte Verfahren — darüber läßt die Stilisierung der Bestimmung kaum einen Zweifel zu — gilt vielmehr nur für den Fall, daß der Besitzer einen Gewähren nennt, und nur dann, wenn er für den behaupteten Erwerb vom Gewähren keinen Beweis zu erbringen vermag, wird er als Dieb behandelt. Es wäre unzulässig, diese Rechtsfolge auch für den Fall anzunehmen, daß der Besitzer sich auf einen Gewähren nicht beruft, sondern die Sache kampflos preisgibt.

Anders liegt die Sache bei der von uns vermuteten Urform der Klage aus dem Depositum. Hier tritt allerdings der Deponent sofort mit der subjektiven, gegen den Verwahrer gerichteten Beschuldigung der Unterschlagung auf, und es geht daher nicht an, aus der Verteilung der Beweisrollen beim Anefang Schlüsse zu ziehen auf den Beweis bei der Klage aus dem Depositum. Man kann vielleicht hinzufügen, daß man allerdings dem Besitzer beim

Anefang es zumuten könne, auf die bloße Diebstahlsbehauptung hin Zeugen und Gewähren, die ihm in der Regel doch bekannt und erreichbar waren, herbeizuschaffen; etwas anderes sei es aber, vom Depositar auf die nackte Beschuldiguug der Unterschlagung hin zu verlangen, er solle den ihm unbekannten Dieb suchen. Die Nachforschung nach dem Dieb konnte vernünftigerweise dem Depositar erst dann auferlegt werden, wenn feststand, daß ein Depositum gegeben worden war. Nun könnte man sich allerdings eine in der Anschuldigung der Unterschlagung bestehende actio depositi auch in der Weise vorstellen, daß der Verwahrer die Wahl hatte, entweder die Hingabe des Depositums zu bestreiten, in welchem Falle dann der Kläger zum Beweise kam[19]), oder sie zuzugeben, falls er sich auf den Diebstahl des Depositums berufen wollte[20]). Ich will dahingestellt sein lassen, ob diese Gestaltung der Klage innere Wahrscheinlichkeit besitzt. Die Entstehung der Formvorschrift des § 124 K. Ḫ. wäre unter solchen Umständen kaum zu begreifen. Zwar hätte auch hier der Beweis der Hingabe des Depositums durch die Vertragszeugen geführt werden müssen. Allein wie hätte sich die Vorstellung entwickeln können, daß das Depositum ein formbedürftiges Geschäft sei, wenn die Erfüllung dieser Form nur in dem Falle von Bedeutung war, als das Depositum bestritten wurde. Dieses Bedenken verschwindet, sobald man annimmt, daß der Deponent näher zum Beweise war, die Zuziehung von Zeugen also zu den Voraussetzungen der Klagbarkeit des Depositums gehörte. Später, als an Stelle der Deliktsklage die Vertragsklage trat, als demnach der Beweis der Hingabe des Depositums nur mehr dann notwendig war, wenn sie bestritten wurde, hat sich die Zeugenform, die ursprünglich die Klagbarkeit bedingte, umgewandelt in eine Beweisform. In dieser Gestalt hat sie sich im Gesetze erhalten.

Es versteht sich von selbst, daß es sich bei der eben gezeichneten Entwicklung um eine Hypothese handelt, um einen Versuch, die einzelnen positiv überlieferten Tatsachen mit einander in Beziehung zu setzen und zu erklären. Ich brauche wohl nicht hervorzuheben, daß diese Hypothese nur für den orientalischen Rechts-

---

19) Natürlich hätte, wie schon § 124 K. Ḫ. ergibt, bei Gelingen des klägerischen Beweises der Depositar verschärft gehaftet.

20) Eine Eventualverteidigung in der Weise: ein Depositum wurde nicht gegeben, falls es gegeben wurde, ist es gestohlen worden, kommt kaum in Betracht, da sie einem primitiven Beweissystem nicht entspricht.

kreis aufgestellt sein will, wo uns ihr Ausgangspunkt und Fundament, die auf die Beschuldigung der Unterschlagung sich stützende actio depositi bezeugt ist. Sie gestattet endlich — und auf diesen Punkt, an dem wir gewissermaßen eine Gegenprobe für ihre Tragfähigkeit machen können, möchte ich noch eingehen — auch eine Antwort auf die Frage, warum gerade beim Depositum die Zeugenform gefordert wurde. Zwar kennt das Gesetz in dem Hütungsvertrag (§§ 261—267) einen sicher in sehr frühe Zeit zurückreichenden Realvertrag, ohne hier der Zeugenform Erwähnung zu tun. Allein der Beweis der Anvertrauung des Viehs konnte hier durch die Viehmarken in viel einfacherer Weise geführt werden, wozu noch die Erwägung kommt, daß der Hirt in der Regel nur fremdes Vieh in seiner Obhut hat. In der Tat wird in § 265, der vom treulosen Hirten handelt, als Tatbestand der Unterschlagungshandlung angeführt die Abänderung der Viehmarke[21]). Für den Zeugenbeweis lag also hier kein Anlaß vor. Wohl aber kommt in Betracht die Kommenda[22]). Hier gestattet das Gesetz (§ 106) die Überführung des leugnenden Kommendatars (Z. 61) *i-na ma-ḫar i-lim u ši-bi* ʻvor einem Gotte und vor Zeugen,ʼ ohne mit einem Worte anzudeuten, daß die Zuziehung der Zeugen zur Vertragsform gehöre. Die Kommenda ist offenbar ein jüngerer Realvertrag und die Haftung ist hier von vornherein als kontraktliche entstanden. Zur Ausbildung der Zeugenform ist es daher nicht gekommen, da die Zeugen nur dann gebraucht wurden, wenn die Kommenda selbst bestritten wurde[23]).

---

21) Z. 67 *ši-im-tam u-ta-ak-ki-ir.* Vgl. Ungnad, 2. Beiheft zur Orientalistischen Lit.-Ztg. p. 24.

22) Vgl. oben p. 18 f.

23) Hingegen möchte ich nicht heranziehen eine weitere von der Unterschlagung anvertrauten Guts handelnde Bestimmung, die ebenfalls einer Geschäftsform nicht gedenkt. § 112 K. Ḫ. handelt von dem Falle, daß jemand ʻauf der Reiseʼ (*ina ḫarrânim*) einem anderen Sachen zum Transporte übergeben hat. Vgl. Besta p. 223. Im Falle der Unterschlagung haftet der Treuhänder auf fünffachen Ersatz, ʻnachdemʼ (Z. 66 f.) *i-na mi--im-ma (67) ša šu-bu-lu-ma (68) la id-di-nu (69) u-ka-an-nu-šu-ma* ʻman ihn darüber, (67) daß er das zu Überbringende (68) nicht gegeben hat, (69) überführt hatʼ. Daß für den Akt der Übergabe Zeugen nicht gefordert werden, mag sich daraus erklären, daß dem Auftraggeber auf der Reise Zeugen überhaupt nicht, oder wenigstens später nicht am Klageorte zur Verfügung standen. Ferner scheint nicht die Frage, ob das Transportgut übergeben, sondern nur, ob es abgeliefert wurde, streitig und darum des

Größere Schwierigkeiten bietet § 120 K. Ḫ. Er handelt von der Einlagerung von Getreide in Kornspeicher *(našpakum)*, die von den Besitzern solcher Kornspeicher anscheinend gewerbsmäßig übernommen wurde[24]). Denn § 121 stellt einen Tarif für die Lagergebühren auf. Es hat überhaupt den Anschein als ob derartige Kornguthaben in der Art und Weise fungierten wie unsere heutigen Bankdepots; d. h. das Lagerhaus besorgte auf Rechnung des Guthabens des Deponenten Auszahlungen und übernahm in gleicher Weise Einzahlungen[25]), hatte also zum Teil ähnliche Aufgaben wie

---

Beweises bedürftig zu sein. Endlich sind die der Bestimmung zugrunde liegenden wirtschaftlichen Verhältnisse völlig unklar, ebenso ihre systematische Stellung — sie steht zwischen den Normen über die Schankwirtin (§§ 110, 111) und dem in den §§ 113f. normierten Verbot eigenmächtiger Vollstreckung —, so daß derzeit bezüglich ihrer Erklärung ein non liquet die beste Antwort ist. In den Urkunden finde ich zum Transporte anvertrautes Gut erwähnt in C T VI 19 und VIII 37b; doch ergeben sie nichts für § 112 K. Ḫ.

24) Kohler, H. G. I p. 112 spricht treffend von einem Lagerhausgeschäft.

25) Bei dieser Annahme werden eine Reihe von Darlehensurkunden verständlich, die folgendes Schema aufweisen: *x kur še'im našpakûtum itti A B ilteqi, ana ûm ebûrim ana našpak ilku utâr* (*imadad*) 'x kur Getreide, aufgespeichertes, hat von A B erhalten, zur Zeit der Ernte wird er (B) es dem Speicher, dem er es entnommen, zurückgeben (zumessen)'. Vgl. M. 24, CT IV 36b, VIII 33b (H. G. III 199, 185, UAR 48), Waterman 29 p. 168; ferner BE VI_1 75 (H. G. III 183), wo die Charakterisierung des ausgeliehenen Getreides als *našpakûtum* fehlt. Das Getreide wird also einem Speicher entnommen. Hierbei ist jedoch nicht an den Privatspeicher des Gläubigers zu denken (so Schorr zu UAR 48) — warum sollte dies auch hervorgehoben werden —, sondern an ein Lagerhaus, in dem der Gläubiger ein Kornguthaben liegen hat. Aus diesem Guthaben besorgt über Anweisung des Kontoinhabers das Lagerhaus die Auszahlung des Darlehens und übernimmt in gleicher Weise dessen Einkassierung. Diese Deutung wird bestätigt durch drei weitere Urkunden (CT VIII 10c, 21b, VS VII 78 = H. G. III 232, 231, 220), die ebenfalls die Rückzahlungsklausel *ana našpak ilku utâr* enthalten. Die Darlehensvaluta wird jedoch nach CT VIII 10c, 21b entnommen einer Getreidemenge, gehörig der Palastverwaltung, die im Speicher von Sippar-Amnanim liegt und dem *akil tamqarê*, 'dem Kaufmannsschreiber' zur Verfügung angewiesen worden ist. Er verwendet sie zur Gewährung von Darlehen. Um Staatsgetreide handelt es sich auch in VS VII 78. Darlehensgeber ist hier ein *daiânum* 'Richter'. Natürlich darf man sich die Sache nicht so vorstellen, daß der *kail tamqarê* das Getreide zuerst dem Staatsspeicher entnimmt und dann weiter verleiht, sondern er weist den Staatsspeicher an, das Getreide aus dem Guthaben

im griechischen Ägypten die Staatsspeicher[26]). § 120 gibt nun als Tatbestand Folgendes an (Z. 8 f.): *i-na ga-ri-tim (9) i-ib-bu-u-um it-tab-ši (10) u lu be-el bîtim (11) na-aš-pa-kam ip-te-ma (12) še'am il-ki (13) u lu še'am ša i-na bîti-šu (14) iš-ša-ap-ku (15) a-na ga-am-ri-im (16) it-ta-ki-ir* 'wenn auf dem Kornboden (9) ein Abgang vorhanden ist (10), sei es daß der Herr des Hauses (11) den Speicher öffnet (12) und Getreide nimmt, (13) sei es daß er das Getreide, das in seinem Hause (14) aufgespeichert ist, (15) gänzlich (16) ableugnet.' Ich nehme mit Scheil entgegen der überwiegenden Meinung, die *'ibbûm ittabši* als selbständigen Tatbestand faßt, eine Zweiteilung des Tatbestandes an. Denn man mag *'ibbûm* mit 'Unglücksfall, Schade, Kornwurm[27]), Einbruch'[28]) oder, was ich für das Wahrscheinlichste halte, mit 'Abgang, Verlust'[29]) übersetzen,

---

dem Darlehensnehmer auszufolgen. An den Speicher erfolgt dann auch die Rückzahlung.

In derselben Weise sind m. E. die Darlehensurkunden zu beurteilen, die an Stelle von *našpakûtum* zur Charakterisierung der Darlehensvaluta die Formel *ana našpakûtim* 'zur Aufspeicherung' gebrauchen. So namentlich in den Urkunden aus Dilbat. Vgl. VS VII 89, 93, 94, 96 (H. G. III 192—195), ferner M. 25 (H. G. III 226). Diese Formel will entweder sagen, daß das Getreide, dem die Darlehensvaluta entnommen wird, als Depot an ein Lagerhaus gegeben wurde, oder, was ich für wahrscheinlicher halte, daß das Darlehen 'zur Rückzahlung' an das Lagerhaus gewährt wurde. Von diesen Texten sind wiederum die Gelddarlehen, die die Darlehensvaluta als *ana šipkât (ebûrim)* 'zur Aufschüttung (der Ernte)' hingegeben charakterisieren, streng zu trennen. Beispiele: M. 14—17 (H. G. III 206—208, 215). Vgl. über diese Urkunden Kohler, H. G. III p. 238 f., Schorr, UAR p. 75.

26) Vgl. Preisigke, Girowesen im griechischen Ägypten. Staatsspeicher oder wenigstens öffentliche Speicher sind auch für Babylonien bezeugt. So der *našpak Sippar-Amnanim* in CT VIII $10c_6$, $21b_6$ (s. die vorige Note), der auch in BE VI_1 99_{11}, 104_{12} erwähnt wird; ferner der Speicher von Sippar-Jaḫrurum in CT VIII $27b_{20}$, der Speicher von Gagûm, der Klosterstadt in Sippar: CT IV $29b_{13}$, VIII $21d_{23}$, der Speicher der Stadt Unabum in King III 12_6. Ob diese Staatsspeicher auch privaten Zwecken dienten, ist nicht sicher, aber möglich. Über ähnliche Funktionen der Tempelspeicher in der Kassitenzeit siehe Torczyner, Altbabyl. Tempelrechnungen p. 6 (Denkschriften d. Wien. Akad., phil.-hist. Kl. 55, 2).

27) So Ungnad bei Gressmann.

28) In diesem Sinne Ungnad, BA VI 5 p. 73.

29) Das Wort begegnet noch in dem Briefe VS VII 202 (BA VI 5 No. 16). Es wird hier ein ganz ähnlicher Fall erzählt wie im § 120. Ein Speicher wurde geöffnet und daraus Getreide entnommen. Der Schreiber berichtet

auf keinen Fall paßt dazu, wenn es als selbständiger Tatbestand aufgefaßt wird, die angeordnete Rechtsfolge: Ersatz des Duplums seitens des Verwahrers[30]). Sie setzt vielmehr ein deliktisches Verhalten des Verwahrers voraus, das allerdings bei den beiden anderen Tatbeständen gegeben ist. Im weiteren gestattet das Gesetz dem Deponenten den Eid Z. 17 f. *ma-ḫar i-lim še'a-šu u-ba-ar* 'er soll vor einem Gotte sein Getreide genau angeben,' worauf es verfügt, daß der Verwahrer (Z. 20) *še'am ša il-ku-u* 'das Getreide, das er genommen,' zweifach dem Deponenten erstatten solle.

Die Schwierigkeit des Paragraphen liegt in dem zweiten Tatbestand Z. 13 f. 'Er leugnet das in seinem Hause aufgespeicherte Getreide gänzlich ab' kann heißen: entweder, der Verwahrer bestreitet, überhaupt ein Depot erhalten zu haben, oder, wenn wir, was ich für wahrscheinlich halte, ein Kontokorrentverhältnis anzunehmen haben, er behauptet, daß das Kornguthaben erschöpft sei. In beiden Fällen ist aber der Eid des Deponenten völlig unerklärlich. Müller p. 112, dem es schon aufgefallen ist, daß § 120 im Gegensatz zu § 124 nicht die Zeugen erwähnt, meint allerdings: 'Getreide kann man in den Speicher nicht durch das Schlüsselloch bringen. Da wird auf- und abgeladen, einmagaziniert, es sind dabei allerlei Leute tätig, bestimmte Zeugen und schriftliche Bescheinigung sind nicht bedingungslos erforderlich'[30a]). Ich möchte das Letztere auf das bestimmteste bestreiten, und meine vielmehr, daß der Besitzer eines Kornspeichers, der gewerbsmäßig Korndepots übernimmt, schon im Interesse eines geordneten Geschäftsbetriebs seinen Kunden Bestätigungen über erfolgte Einlagen ausgestellt haben wird[31]), ebenso wie dies heute jede Bank tut. Allein wenn — und insoferne hat Müller Recht — der Einlagerung des Getreides eine gewisse Publizität zukommt, warum der Eid des Deponenten[31a]), falls die Hin-

---

unter anderem Z. 22 f.: *a-wi-lam el-ki-ma* (*23*) *i-ib-ba-a u-ša-ap-li-is* 'einen Herrn habe ich geholt (23) und ihn den '*ibbûm* sehen lassen'. '*Ibbûm* erscheint hier ebenso wie in § 120 als Folge des Öffnens des Speichers und der Entnahme von Getreide.

30) Das gilt insbesondere für die Übersetzung 'Einbruch', da hierbei sich ein offener Widerspruch mit § 125, wonach der Depositar für Diebstahl auf das Simplum haftet, ergeben würde.

30a) Ebenso Besta p. 221.

31) Ein Beispiel einer solchen Bestätigung ist vielleicht CT VI 35b (UAR 74).

31a) *Maḫar ilim ubâr* mit Schorr, UAR p. XIV n. 3 auf die Beweisführung des Deponenten durch Urkunden und Zeugen zu beziehen ist m. E.

gabe des Depots streitig ist, wieso konnte ferner der Depositar es überhaupt versuchen, diesen Punkt in Frage zu stellen? Außerdem ist die Formulierung des Gesetzes dem hier beim Eide zu postulierenden Beweisthema wenig günstig. *Še'ašu ubâr* 'er soll sein Getreide genau angeben' paßt eher zu einem Eide über die Quantität des eingelagerten Getreides, als über die Frage, ob ein Depositum gegeben wurde. Will man nun aber der zweiten oben angegebenen Alternative: der Depositar behauptet, das Guthaben sei erschöpft, den Vorzug geben, so erhebt sich eine neue Schwierigkeit. Es ist doch anzunehmen, daß der Lagerhausbesitzer über die Depots seiner Kunden Aufzeichnungen machen wird, ebenso wie jede Bank heute ihre Bücher führt, und so in der Lage sein wird, auf Grund dieser Aufzeichnungen den Saldo eines jeden Guthabens zu berechnen. Wieso kommt es nun, daß das Gesetz auf diesen Umstand keine Rücksicht nimmt und sofort den Deponenten zum Beweise der Höhe seines Guthabens zuläßt, und dazu noch durch Eid?

Diese, wie ich glaube, unlösbaren Schwierigkeiten berechtigen uns nun doch, unsere Kritik auch auf die textliche Grundlage der Bestimmung auszudehnen. Da stellen sich in der Tat sofort schwere Bedenken gegen die Unversehrtheit des Textes heraus. Man beachte zunächst, daß der Tatbestand sowohl vom Wegnehmen aus dem Depositum wie vom Ableugnen desselben spricht, während in der Rechtsfolge nur vom Verwahrer, der das Getreide weggenommen hat, die Rede ist. Nach der Stilisierung des Tatbestandes müßte ferner unter *'ibbûm* auch das Ableugnen des Depositums fallen. Das wäre aber jedenfalls eine sehr ungenaue Ausdrucksweise. Denn durch das Leugnen entsteht ja kein 'Abgang', kein 'Verlust'. Dieses Bedenken wiegt um so schwerer, als in VS VII 202 (siehe oben n. 29) *'ibbûm* als Wirkung des Wegnehmens *(liqû)* erscheint. Endlich — und damit komme ich auf das entscheidende Argument — wird § 120 sofort klar und verständlich, sobald man den zweiten Tatbestand wegläßt. Der Lagerhausbesitzer hat eigenmächtig dem Kornguthaben des Deponenten Getreide entnommen[32]). Dessen ist er überführt. Die Frage ist

unzulässig, weil unverträglich mit dem Wortlaut. Vgl. die oben § 2 n. 26 angeführten Stellen.

[32]) Es handelt sich also um ein reguläres Depositum in abgeschlossenem Raume. Torczyner, a. a. O. p. 100 hat für die Tempelspeicher der

nur, wieviel er genommen hat. Es ist nun klar, daß man bei der Feststellung des Mankos sich nicht auf die Aufzeichnungen des der Treulosigkeit überwiesenen Depositars stützen wird. Durch sein treuloses Verhalten hat er sein Beweisrecht verwirkt. Es ist vielmehr der Depositar, der zum Beweise kommt, und zwar durch Eid, da man ihm nicht zumuten kann, über sein Konto in derselben Weise Aufzeichnungen zu führen wie der Lagerhausbesitzer. Den auf diese Weise festgestellten Fehlbetrag hat der Depositar zweifach zu vergüten[33]).

Ich halte also den ganzen zweiten Tatbestand, d. i. § 120 Z. 13—16, für eine Interpolation der Redaktoren. Anlaß zu ihr bot wohl § 124. Die Redaktoren fanden in der Vorlage zu § 120 einen ähnlichen Tatbestand (Anvertrauung von Sachen) sowie die Strafe des Duplums, die nach § 124 auf Ableugnung des Depositums stand. Sie fühlten sich vielleicht bemüßigt, den § 120 in engeren Zusammenhang mit § 124 zu bringen, und haben so die Interpolation vorgenommen. Jedenfalls ergibt § 120 nach unserer Interpretation nichts für die Frage, ob das hier geregelte Geschäft der Formvorschrift des § 124 unterlag. Denn es handelt sich in ihm nicht um den Beweis der Hingabe des Depots. Ich halte es übrigens für sehr wenig wahrscheinlich, daß für dieses Geschäft die Zeugenform in der gemäß § 124 geregelten Weise galt. Während das Depositum der §§ 122f. als unentgeltliche Aufbewahrung von Kostbarkeiten und anderen wertvollen Gegenständen gedacht ist, handelt es sich hier um die entgeltliche Verwahrung vertretbarer Sachen,

---

Kassitenzeit festgestellt, daß für die Kornguthaben von Privatleuten (*maššarrâtum)* in dem Speicher eigene Räume *(tibku)* bestanden. Ähnlich werden wir uns die Verhältnisse für § 120 K. Ḫ. vorzustellen haben.

33) In King III 12 wendet sich Awîl-ṭummumu an Ḫammurapi mit der Klage, daß Awîl-ili den Speicher der Stadt Unabum, in welchem er (der Kläger) ein Korndepot liegen habe, geöffnet und daraus Korn entnommen habe. Z. 9 f. *na[špakam] ip-t[e]-e-ma (10) še-am* [*il-ki?*]. Der König befiehlt, den Gegner vorzuladen und nach Untersuchung der Sache ihn zur Rückgabe des Getreides an Awîl-ṭummumu zu verhalten. Dies scheint im Widerspruch zu § 120, der doch Ersatz des Duplums vorschreibt. Allein Awîl-ili ist wahrscheinlich nicht der Depositar, sondern ein Gläubiger des Deponenten, der auf dessen Kornguthaben eigenmächtig Exekution führt. Es läge demnach der Fall des § 113 K. Ḫ. vor, wozu auch die Entscheidung stimmt. Denn ich möchte für § 113 vermuten, daß der dort erwähnte *našpakum* ein öffentlicher Speicher, in dem der Schuldner ein Depot hat, und nicht der Privatspeicher des Schuldners ist.

die eben nicht Depositum, sondern Lagerhausgeschäft ist, nicht *maṣṣarûtum*, sondern *našpakûtum*, und die der Natur der Sache nach als besondere Geschäftsform erst in einer Periode höher entwickelten Verkehrs entstehen konnte. Die Haftung hat sich daher hier wohl von vornherein nur als kontraktliche (Empfangshaftung)[34]) entwickelt. Somit fehlten die oben p. 62f. geschilderten Vorbedingungen für die Entwicklung der Zeugenform, wozu noch die Erwägung kommt, daß der Fall der Bestreitung der Anvertrauung selbst hier zu den seltenen Ausnahmen zählen mußte[35]).

Damit ist zugleich ein weiteres Bedenken erledigt. Wir haben oben p. 25 ein Argument dafür, daß die §§ 122, 123 Redaktorenwerk seien, in dem Umstande gefunden, daß sie an der Spitze der Materie über die Deposita stehen. Dem könnte man widersprechen mit dem Hinweise, daß diese Materie schon mit § 120 beginne. Nun läßt sich ein gewisser sachlicher Zusammenhang zwischen den §§ 122—126 einerseits und den §§ 120, 121 andrerseits nicht leugnen, insofern beide Normengruppen von anvertrautem Gut handeln, und dieser Zusammenhang war wohl auch für die systematische Stellung der §§ 120, 121 bestimmend. Allein die §§ 120, 121 handeln vom Lagerhausgeschäft und nicht vom Depositum. Diesen Unterschied haben, wie schon die Terminologie — *našpakûtum* einerseits, *maṣṣarûtum* andrerseits — zeigt, auch die Redaktoren empfunden. Die Bestimmungen über die Deposita beginnen auch nach ihrer Auffassung erst mit § 122.

34) Im Sinne v. Gierkes, Schuld und Haftung im älteren deutschen Recht p. 81.

35) Vgl. oben p. 69 f.

§ 5.

Das durch die bisherige Untersuchung gewonnene Ergebnis, daß die Schriftform beim Depositum erst eine Neuerung Ḫammurapis darstelle, scheint erschüttert zu werden durch den Umstand, daß das Gesetz noch an einer anderen Stelle die Schriftform für das Depositum fordert. § 7 K. Ḫ. lautet:

šum-ma a-wi-lum	Wenn jemand
lu kaspam	Silber
lu ḫurâṣam	oder Gold
lu wardam lu amtam	oder einen Sklaven oder eine Sklavin
lu alpam lu immeram	oder ein Rind oder ein Schaf
lu imêram	oder einen Esel
u lu mi-im-ma šum-šu	oder was immer
i-na ga-at mâr a-wi-lum (l. *lim*)	von einem Freigeborenen[1])
u lu warad a-wi-lim	oder dem Sklaven jemandes
ba-lum ši-bi	ohne Zeugen
u ri-ik-sa-tim	und Vertragsurkunde
iš-ta-am	gekauft
u lu a-na ma-ṣa-ru-tim	oder zur Verwahrung
im-ḫu-ur	genommen hat,
a-wi-lum šu-u	so ist der Betreffende
šar-ra-aq id-da-ak.	ein Dieb; er wird getötet.

Daß *riksâti* hier die Vertragsurkunde bedeuten muß, ergeben die oben p. 8f. zu den §§ 122, 123 angestellten Erwägungen. Ich brauche sie hier nicht zu wiederholen. Der Paragraph bestätigt also die Formvorschrift des § 122 und lehrt außerdem, daß auch für den Kaufvertrag die Zeugenurkunde erforderlich war. Allein mit dieser Konstatierung wäre eine nur sehr unvollkommene Interpretation des § 7 gewonnen.

---

[1]) Vgl. Schorr, WZKM 20 p. 314 f.

Um den Inhalt der Bestimmung zu ermitteln, ist vor allem über ihre systematische Stellung Klarheit zu gewinnen. Das Gesetz beginnt mit § 6 die Regelung der Diebstahlsfälle, und zwar bestraft § 6 den Tempel- und Palastdiebstahl mit dem Tode, § 8 den Diebstahl eines dem Tempel oder Palaste, beziehungsweise einem *muškênum* (Ministerialen) gehörigen Viehstückes oder Schiffes mit 30-, beziehungsweise 10-fachem Ersatz. Die Todesstrafe soll im letzteren Falle nur subsidiär, bei Unvermögen des Diebes die Komposition zu zahlen, eintreten[2]). Mit § 9 beginnt dann die Normierung des Anefangs, die bis § 13 reicht. Für die Einschachtelung des § 7 zwischen die beiden vom Tempel- und Palastdiebstahl handelnden Paragraphen hat schon Müller p. 79f. die richtige Erklärung gefunden. § 6 bestraft auch denjenigen (Z. 37f.), *ša šu-ur-ga-am i-na ga-ti-šu im-ḫu-ru* ʻwelcher das Gestohlene aus seiner (des Diebes) Hand erhalten hat,ʼ also den Hehler, mit dem Tode. Nun handelt auch § 7 von der Hehlerei. Derjenige, welcher ohne Zeugen und Urkunde kauft, also die Öffentlichkeit scheut, erwirbt unrecht Gut, ist ein Hehler. Ich komme auf diese Formulierung des Hehlereibegriffes noch zurück. Hier sei nur mit Müller l. c. konstatiert, daß offenbar der vom Hehler handelnde Schlußpassus des § 6 die Bestimmung des § 7 attrahiert hat.

Damit sind aber noch keineswegs alle Schwierigkeiten gelöst. Vor allem ist die Beobachtung zu machen, daß die Strafsätze des Gesetzes für den Diebstahl sehr ungleichmäßige sind. Die Normen über den Anefang, der ja unter anderem auch zur Ausforschung des Diebes führen soll, ergeben für den gemeinen Diebstahl die Todesstrafe[3]). Demgegenüber wird nach §§ 259, 260 der Dieb-

---

[2]) Das Objekt des Diebstahls wird in § 6 als *namkurum* ʻGut, Habeʼ bezeichnet. Die schwere Strafe — Tod, während nach § 8 die Todesstrafe nur subsidiär ist —, dürfte sich, wie schon Müller p. 79 bemerkt hat, daraus erklären, daß es sich bei *namkurum* wahrscheinlich um Gegenstände von höherem Wert, die unter besonderem Verschluß gehalten wurden, handelt.

[3]) Der Beklagte, der keinen Gewähren zu stellen vermag, der als Gewähre herbeigezogene Verkäufer *šarrâq iddâk* (§ 10 Z. 58, § 9 Z. 39) ʻgilt als Dieb, er wird getötetʼ. Die Ausdrucksweise des Gesetzes läßt keinen Raum für die Vermutung Bestas p. 229, daß die Todesstrafe sich erkläre als Verschärfung der Diebstahlsstrafe, verursacht durch den Widerspruch des Beklagten.

stahl landwirtschaftlicher Geräte nur mit Geldbußen belegt[4]). Ja noch mehr: nach § 8 tritt bei Tempel- und Palastdiebstahl, also in einem qualifizierten Diebstahlsfalle, die Todesstrafe nur subsidiär ein. Das ist ein aufgelegter Widerspruch. Denn man darf wohl auch für die Verfasser des K. Ḫ. die Logik voraussetzen, daß sie das schwerere Delikt strenger bestraften als das leichtere. Der Vereinigungsversuch Grimmes p. 19, 40, daß beim qualifizierten Diebstahl die Geldbuße zur Todesstrafe hinzutrete, setzt sich mit dem Wortlaute des § 8 und außerdem mit § 6 in Widerspruch, der in einem noch schwereren Falle nur die Todesstrafe kennt[5]). Die richtige Erklärung hat auch hier Müller p. 84 gefunden. Er nimmt an, daß in den angeführten Bestimmungen Rechtssätze verschiedener Zeiten vereinigt wurden. In der Tat wird man an dem hohen Alter der Bestimmungen über den Anefang, die, wie die vergleichende Rechtsgeschichte lehrt, ein altertümliches Gepräge aufweisen, nicht zweifeln dürfen. Die Normen über den Tempel- und Palastdiebstahl stellen schon eine jüngere Rechtsschicht dar, in welcher auf dem gemeinen Diebstahl nicht mehr der Tod stand, und das Gleiche ist auch für die §§ 259, 260 zu behaupten[6]). Vielleicht dürfen wir die §§ 6 und 8 sogar den Redaktoren des

---

[4]) Auf die §§ 253, 255, 265, die ebenfalls Bußen anordnen, möchte ich mich nicht berufen, da sie Unterschlagungshandlungen zum Gegenstande haben; der zur Instandsetzung eines Feldes aufgenommene Arbeiter unterschlägt die Früchte (§§ 253, 255), der Hirt das ihm anvertraute Vieh (§ 265). Daran darf nicht irre machen, daß das Gesetz die deliktische Handlung als *šarâqu* 'stehlen' bezeichnet.

[5]) Ebenso wenig befriedigt Kohlers, H. G. I p. 127 Bemerkung zu §§ 259, 260, daß man es im Leben mit den hier geregelten Diebstahlsfällen nicht so strenge genommen habe, weshalb sie milder bestraft worden seien.

[6]) Daraus folgt, daß spätestens zur Zeit Ḫammurapis die Strafsätze des Anefangs nicht mehr praktisches Recht darstellen. Dies wird bestätigt durch LC 164 (UAR 309, aus der Zeit Ammisadugas). Es handelt sich nach dieser Urkunde um 5 abhanden gekommene Rinder, die im Besitze einiger Leute angetroffen wurden. Es wird Anzeige an den *abu ṣâbim* 'Leutevater' erstattet, der sich die Leute nach Babylon kommen läßt, wo ihnen der Prozeß gemacht wird. Sie werden zur Rückgabe der Rinder verhalten. Von einer Todesstrafe ist keine Rede. Die Urkunde weist leider bedeutende Lücken im Texte auf. Anscheinend handelt es sich nicht um Prozeß, sondern um ein polizeiliches Verfahren. Vgl. in diesem Sinne auch Kohler, H. G. V p. 124, Schorr, UAR p. 445 n. 1. Doch beweist die Urkunde jedenfalls, daß die Todesstrafe nicht mehr praktisch war.

Gesetzes zuschreiben. Diese Vermutung gewinnt wenigstens eine gewisse Wahrscheinlichkeit durch den Umstand, daß sie die Bestimmungen über den Diebstahl einleiten, ebenso wie die §§ 122, 123, die wir als Neuerungen der Redaktoren erkannt haben, an der Spitze der Normen über das Depositum stehen.

Kehren wir nun zu § 7 zurück. Er bestraft den Hehler mit dem Tode, setzt also mindestens dieselbe Strafe für den Dieb voraus. Nun liegt es natürlich nahe, § 7 auf den Tempel- und Palastdiebstahl zu beziehen, der im vorhergehenden Paragraphen geregelt ist, und diesen Ausweg hat Müller p. 80 versucht. Allein dies wäre eine Interpretation nach Art der früheren Pandektenharmonistik, die dem Wortlaute Gewalt antut. Es ist im § 7 mit keinem Worte vom Tempel- oder Palastgut die Rede. Der Wortlaut gestattet vielmehr nur die Beziehung auf den gemeinen Diebstahl. Zudem ist die Hehlerei beim Tempel- und Palastdiebstahl schon durch den Schlußpassus des § 6 erledigt. Der Zusammenhang beider Paragraphen ist daher nur ein äußerlicher, lediglich durch die oben erwähnte Attraktion vermittelter. Eben diese Beobachtung weist darauf hin, daß § 7 in seiner Stellung im Gesetze versprengt ist und aus einer anderen Materie stammt. Diese Materie kann aber nur der in den §§ 9 f. geregelte Anefang sein, da diese Klage für den gemeinen Diebstahl ebenfalls die Todesstrafe voraussetzt[6a]).

In der Tat läßt sich von der Basis des Anefangs aus für § 7 eine befriedigende Deutung gewinnen. Das Gesetz (§ 10) schreibt vor, daß der Beklagte, um sich von der in der Klage enthaltenen

[6a]) Unzulässig ist es unter allen Umständen, § 7 isoliert zu betrachten, weil eine solche Interpretation zu unmöglichen Ergebnissen führen würde. Man könnte bei dieser Betrachtungsweise § 7 nur als Formvorschrift verstehen, und in der Tat will Schorr, UAR p. XIIIf. (vgl. auch Landersdorfer, Kultur d. Babyl. und Assyrier p. 77, 93) in ihm das Prinzip ausgesprochen finden, daß 'jedweder Erwerb, der ohne Zeugen und Vertrag geschieht, ungiltig sei und dem Erwerber als Dieb die Todesstrafe zuziehe'. Eine solche Formvorschrift ist sinnlos. Wer hätte denn den Strafantrag stellen sollen? Man wird doch nicht glauben, daß man formlose Verträge von amtswegen als Kapitaldelikt verfolgt hat. Außerdem setzt diese Interpretation § 7 in einen unlösbaren Widerspruch zu § 123. Dort wird dem Depositar, der ohne Zeugen und Urkunde das Depositum übernommen hat, straflos Leugnen gestattet, hier aber würde ihm unter denselben Voraussetzungen der Tod angedroht werden.

Diebstahlsbeschuldigung zu reinigen (Z. 49 f.) *na-di-in (50) id-di-nu-šum (51) u ši-bi ša i-na maḫ-ri-šu-nu (52) i-ša-mu* 'den Verkäufer, (50) der ihm verkauft hat, (51) und die Zeugen, vor denen (52) er gekauft hat' herbeibringen müsse, widrigenfalls er selbst als Dieb gilt und getötet wird. Nun wäre es m. E. philologisch nicht unmöglich, *û* in Z. 51 mit 'oder' zu übersetzen. Demnach würde es genügen, daß der Beklagte entweder den Gewähren stellt oder durch Zeugen seinen Erwerb vom Gewähren nachweist. Doch spricht gegen diese Annahme entschieden der Umstand, daß nach § 9 Z. 30 f. die eidliche Aussage der Zeugen des Kaufvertrages als notwendig vorausgesetzt wird. Man wird daher mindestens das eine behaupten dürfen, daß die Vertragszeugen für den Beklagten zu seiner Reinigung notwendig waren, insoferne er ohne sie den Verkäufer zur Gewährleistung nicht zwingen konnte. Ob sie zur Abwehr des Diebstahlsverdachtes auch genügten oder ob darüber hinaus noch die Stellung des Auktors erforderlich war, mag einstweilen dahingestellt bleiben[7]). Man kann aber noch einen Schritt weiter gehen und behaupten, daß die Vertragszeugen für den Beklagten auch in dem Sinne unentbehrlich waren, als er ohne sie auf den Gewähren überhaupt nicht ziehen durfte. Das bestimmt § 7. Wir haben hier einen Käufer, der ohne Zeugen gekauft hat. Und was verfügt das Gesetz? *Šarrâq iddâk* 'er gilt als Dieb und wird getötet.' Also dieselbe Strafe und mit denselben Worten angeordnet wie im § 10 für den Käufer, der Gewähren und Zeugen nicht herbeibringt. Der Gewährenzug ist zu Ende, wenngleich der Beklagte hier in der Lage sein mag, einen Auktor anzugeben. Die Stellung des § 7 im Gesetze gibt uns zugleich Aufschluß über den Grund dieser Regelung. Es handelt sich um den Hehler. Der Begriff der Hehlerei ist aber hierbei — und das spricht für das hohe Alter der Bestimmung — in durchaus objektiv-typischer Weise abgegrenzt. Nicht derjenige ist Hehler, welcher eine gestohlene Sache wissentlich vom Dieb erwirbt, sondern derjenige, welcher das helle Licht der Öffentlichkeit scheuend, heimlich ohne Zeugen erwirbt. Daß man in diesem Falle auch bona fide handeln kann, hat das primitive juristische Denken, das durchaus vom typischen Tatbestand ausgeht, noch nicht erfaßt, wie es denn umgekehrt auch gleichgültig ist, ob der Käufer, der vor Zeugen gekauft hat, von der Furtivität der

---

[7]) Vgl. über diese Frage unten § 6 p. 87 f.

Sache wußte oder nicht[8]). Dem Hehler ist es aber versagt, sich auf den Dieb auszureden[9]). Der formlose Kauf als typisch unredlicher Erwerb erzeugt keinen Anspruch auf Gewährleistung. Es handelt sich im § 7 nicht so sehr um die abstrakte Normierung des Deliktes der Hehlerei, als vielmehr um dessen Feststellung im Zuge des Anefangs. Nur von dieser Grundlage aus kann die Bestimmung verstanden werden[10]).

Darf so der Sinn und die Zugehörigkeit des § 7 zu den Normen des Gesetzes über den Anefang als sichergestellt gelten, so stehen seiner völligen Einordnung in diese Materie doch noch einige Hemmnisse entgegen. Die §§ 9f. kennen als Kundbarkeitsform des Erwerbes des Beklagten nur Zeugen, § 7 fordert außerdem noch *riksâti,* d. h. die Vertragsurkunde. Bei der Anefangsklage gedenkt das Gesetz bezüglich der Verteidigung des Beklagten nur der Berufung auf kaufweisen Erwerb, während nach § 7 der Beklagte auch behaupten kann, er habe die angeschlagene Sache von einem andern zur Verwahrung erhalten, vorausgesetzt, daß der Verwahrungsvertrag schriftlich und vor Zeugen errichtet

---

8) Der öffentliche Erwerb gilt eben typisch als redlicher, wie der heimliche Erwerb als unredlicher. Vgl. für das deutsche Recht Schultze, Gerüfte und Marktkauf p. 39, Müller-Erzbach, Arch. f. ziv. Praxis 109 p. 139.

9) Für das deutsche Recht vgl. H. Meyer, Entwerung p. 95 f.

10) Bei der großen Verwandtschaft der in den §§ 9 f. geregelten Klage mit dem deutschen Anefang darf es nicht überraschen, daß wir der Kundbarkeit des Erwerbs als Voraussetzung für den Gewährenzug auch in den deutschen Quellen begegnen. H. Meyer (Entwerung p. 103, 111 f., Publizitätsprinzip p. 71 f., ferner bei Hoops, Reallexikon der germ. Altertumskunde sub 'Fahrnisverfolgung' § 11, im selben Sinne Gillis, Gewährschaftszug und laudatio auctoris 1913, p. 27) hat diesem Gedanken gemeingermanische Geltung vindiziert, allerdings nicht ohne Widerspruch erfahren zu haben. Vgl. J. v. Gierke, Zeitschr. f. das gesamte Handelsrecht 70 p. 392 f., A. Schultze, Zeitschr. d. Savigny-Stiftung, germ. Abt. 31 p. 650. Besonders nahe steht hier dem K. Ꝧ. das angelsächsische Recht. Vgl. II Cnut 23 f. (zitiert nach H. Meyer, Publizitätsprinzip p. 70 f.): 'Und niemand sei, [im Anefang verklagt], zu einem Gewährzug berechtigt, wenn er nicht glaubwürdige Zeugenschaft hat, woher ihm das [Wertstück] zugekommen sei, welches bei ihm im Anefang angeschlagen wird . . . . . und wenn es nachher im Anefang eingeklagt wird, und [der verklagte Besitzer] solche Zeugenschaft nicht hat, so sei da kein Gewährzug [ihm erlaubt], sondern er gebe dem Eigentümer dessen Eigen zurück samt nochmaliger Wertzahlung, und das Strafgeld dem, dem es zukommt'.

wurde[11]). Die Lösung dieser Widersprüche[12]) bietet indessen keine wesentlichen Schwierigkeiten mehr. Da die §§ 9f. jedenfalls einer alten Rechtsschicht angehören, so gilt dies natürlich auch von der daselbst für den Kauf erforderten Zeugenform. Dazu kommt noch die Erwägung, daß die Zeugen entwicklungsgeschichtlich überhaupt eine ältere Geschäftsform sind als die Urkunde. Wenn nun § 7, der, sachlich zu den Bestimmungen der §§ 9f. gehörig, von den Redaktoren des Gesetzes aus seinem ursprünglichen Zusammenhang herausgerissen wurde, für den Kauf außer den Zeugen noch die Urkunde verlangt, wenn er außer der in den §§ 9f. normierten Verteidigung des Beklagten durch Berufung auf kaufweisen Erwerb noch die Berufung auf den Erwerb ex deposito gestattet, so sind diese Abweichungen von der älteren Normengruppe von vornherein verdächtig. In der Tat läßt sich ihre Interpolierung hier mit der in solchen Fragen überhaupt erreichbaren Sicherheit begründen.

Man muß bedenken, daß § 7 durch den von der Hehlerei bei Tempel- und Palastdiebstahl handelnden Schlußpassus des § 6 attrahiert wurde. Nun bestimmt dieser Passus den Hehler als denjenigen, *ša šu-ur-ga-am i-na ga-ti-šu im-ḫu-ru* 'der das Gestohlene aus seiner (des Diebes) Hand empfangen hatte,' eine Formulierung, die natürlich auch auf die Hehlerei in Gestalt der Verwahrung des Diebsgutes vortrefflich paßt. Es mochte sich den Redaktoren empfehlen, dieses Tatbestandsmoment in den § 7, der ja von der Hehlerei handelte, aber in seiner ursprünglichen Fassung ebenso wie die §§ 9f. nur vom Kaufe sprach, zur Verdeutlichung

11) Hingegen ist es nicht zu beanstanden, daß § 7 im Gegensatz zu §§ 9f. auch den Erwerb von einem Unfreien erwähnt. Es handelt sich doch um die Bestimmung des unredlichen Erwerbs. Nun ist der Erwerb von einem Unfreien schon an sich wegen dessen vielleicht vollständig oder teilweise mangelnder Veräußerungsbefugnis ein verdächtiger. Die Beobachtung der vorgeschriebenen Formen ist daher hier, um den Verdacht der Hehlerei abzuwehren, besonders geboten. Aus diesem Grunde schreiben manche deutsche Rechte für den Erwerb vom Unfreien besonderen Publizitätszwang vor. Vgl. H. Meyer, Entwerung p. 112, 113.

12) Sie sind auch Schorr, UAR p. XIV n. 2 nicht entgangen. Allein wenn er meint, daß § 7 in restriktiver Interpretation auf den Immobiliarkauf bezogen werden müsse, für den die Schriftlichkeit bezeugt sei, so setzt sich diese Erklärung mit dem klaren Wortlaute der Bestimmung in Widerspruch (vgl. unten p. 83), ganz abgesehen davon, daß sie das in einem Atem mit dem Kauf genannte Depositum doch wieder auf Mobilien beziehen müßte.

aufzunehmen. § 7 enthielt ferner indirekt auch schon in der Vorlage eine Formvorschrift, indem er ebenso wie die §§ 9f. zur Errichtung des Kaufvertrages die Zeugen verlangte. Eine ganz ähnliche Sachlage hatten die Redaktoren, wie wir oben § 1 dargelegt haben, beim Depositum vorgefunden. Dort hatten sie die Form verschärft, indem sie außer den Zeugen noch die Urkunde forderten. Es lag daher sehr nahe mit der Formvorschrift des § 7 dieselbe Veränderung vorzunehmen, zumal es, wie sich noch ergeben wird, eine allgemeine Tendenz der Redaktoren war, die Schriftform zur gesetzlichen Form zu erheben, eine Tendenz, die sie überall da realisierten, wo sie an eine nach älterem Recht bereits bestehende Formvorschrift anknüpfen konnten. Andrerseits mußte gerade dieses Verfahren, das sich mit dem bei den Bestimmungen über die Deposita eingehaltenen Vorgang vollständig deckte, den Redaktoren diesen Vorgang in Erinnerung bringen und konnte so ein weiteres Motiv abgeben, die Vorschrift des § 7 durch Verweisung auf die beim Depositum geltende Formvorschrift, die sich ja hier vortrefflich einzufügen schien, zu ergänzen. Allerdings haben die Redaktoren nicht über den § 7 hinaus gedacht. Denn in den §§ 9—11, die sie anscheinend als Einheit einem älteren Gesetze entnahmen, haben sie den ursprünglichen Rechtszustand stehen gelassen. Hier lag, obwohl die §§ 9, 10 der Sache nach die Publizität des Erwerbes bereits verlangten, der Charakter der Formvorschrift nicht so offen zutage wie im § 7, so daß die Redaktoren keinen Anlaß fanden, ihre Kunst als Gesetzgeber zu zeigen.

Es bleibt uns noch die Aufgabe, die von den Redaktoren am § 7 vorgenommenen Veränderungen kritisch zu würdigen. Daß § 7 in der Fassung, die ihm die Redaktoren gaben, den Anefang auch gegen den Verwahrer zuläßt, darf nicht beanstandet werden. Denn wenngleich die §§ 9f. nur der Verteidigung des Beklagten durch Berufung auf kaufweisen Erwerb gedenken, eine Beobachtung, die sich übrigens auch in den älteren deutschen Quellen machen läßt, so darf doch die Passivlegitimation des Depositars zum Anefang nicht in Frage gestellt werden. Der Anefang richtet sich gegen den Besitzer der Sache, und dies trifft ja beim Depositar zu. Wenn nun der beklagte Käufer nur dann auf den Gewähren ziehen darf, falls er vor Zeugen gekauft hat, so scheint es nur konsequent, daß dem Verwahrer die Berufung auf den Deponenten nur unter derselben Voraussetzung gestattet ist. Damit ist anscheinend ein sehr einfaches Argument für die Formbedürftigkeit des Depositums gewonnen. Der Depositar braucht die Zeugen, damit er sich, im Anefang zur Verantwortung gezogen, auf den Deponenten berufen kann. Die ganze weitläufige Untersuchung, die wir im vorigen Abschnitte der Frage der Formbedürftigkeit des Depositums gewidmet haben, wäre demnach zwecklos gewesen. Allein die eben gezogene Schlußfolgerung ist doch voreilig. Sie wäre vielleicht beim Kaufe zulässig. Denn der Kauf, der doch ursprünglich Barkauf ist, erzeugt regelmäßig keine anderen obligatorischen Wirkungen[13]) als die Gewährleistungspflicht. Beim Depositum aber kommt auch das Verhältnis zum Deponenten in Betracht. Nun lassen die §§ 122—124 keinen Zweifel aufkommen, daß die Formvorschrift beim Depositum dem Deponenten auferlegt ist, ihre Vernachlässigung in erster Linie ihm zum Nachteil gereicht. Sie kann daher höchstens sekundär auch für den Depositar in Frage kommen. Zudem haben die Redaktoren an das letztere Moment gewiß nicht gedacht, als sie das Depositum dem § 7 einfügten. Haben sie doch den Paragraphen, der ja in seiner ursprünglichen Fassung in die Materie des Anefangs gehörte, aus diesem Zusammenhang herausgerissen. Diese Erwägungen lassen nun doch die Frage berechtigt erscheinen, ob das geltende Recht dem Verwahrer in der Tat die Berufung auf den Deponenten nur bei bezeugtem Depositum gestattete. Die Analogie des Kaufvertrages ist keineswegs so zwingend, als man auf den ersten Blick meinen möchte. Im Gegensatz zum Kauf ist das Depositum ein unentgeltliches Geschäft, der Depositar behauptet nicht wie der Käufer ein selbstnütziges Recht an der Sache. Soll nun der Verwahrer, im Anefang gefaßt, für eine dem Freunde, dem Nachbarn erwiesene Gefälligkeit mit dem Tode büßen, wenn er so unvorsichtig war, bei dem Akte der Deponierung keine Zeugen zuzuziehen. Diese Erwägung fällt um so schwerer ins Gewicht, als sich eine Regelung denken ließe, die die Vertragszeugen für den Depositar entbehrlich machte. Nach deutschem Recht kann der Anefangskläger, wenn der Beklagte keine zulässige Ein-

[13]) Es ist wahrscheinlich auch für das babylonische Recht, ebenso wie für das deutsche Recht (vgl. H. Meyer in der Festschrift für O. v. Gierke p. 995 f.) richtiger, die Währschaftsverpflichtung des Verkäufers wenigstens für die ältere Zeit nicht als schuldrechtliche, aus dem Kauf entspringende, sondern als deliktische zu charakterisieren. Für das im Texte abgeleitete Argument ist jedoch diese Frage ohne Belang.

wendung gegen den Anefang erhebt, die angeschlagene Sache an sich nehmen. 'Von der konkreten Sachlage und dem Ermessen des Bestohlenen hing es dann ab, ob er gegen den Besitzer, als den vermutlichen Dieb, noch die Diebstahlsklage erheben wollte'[14]). Es gibt für den im Anefang Beklagten keinen Einlassungszwang. In derselben Situation befindet sich nun der Depositar. Er will ja die Sache nicht für sich behalten. Natürlich hatte er auf den Deponenten Rücksicht zu nehmen. Allein wenn er, im Anefang gefaßt, den Deponenten aufforderte den Rechtsstreit zu übernehmen, und dieser sich passiv verhielt, so konnte er die angeschlagene Sache dem Kläger preisgeben. Gegen die Klage des Deponenten war er durch die an ihn ergangene Streitverkündigung gesichert, wozu ja noch kommt, daß der Deponent, wenn er keine Zeugen hatte, die actio depositi erfolgreich gar nicht anstellen konnte[15]).

Es fällt mir natürlich nicht ein, zu behaupten, daß die laudatio auctoris in der eben geschilderten Weise im babylonischen Recht existiert haben muß, wohl aber, daß sie existiert haben kann, umso mehr als dem altbabylonischen Anefang der Einlassungszwang wahrscheinlich unbekannt war[15a]). Jedenfalls wird man dem im § 7 zum Ausdruck gebrachten Prinzip, daß der Depositar nur bei bezeugtem Depositum sich auf den Deponenten berufen darf, einige Zweifel entgegenbringen dürfen, und diese Zweifel werden nur verstärkt, wenn man bedenkt, daß dieses Prinzip nur in äußerlicher Weise von den Redaktoren in den § 7 eingefügt wurde[16]).

---

14) Vgl. zu dem im Text Bemerkten Rauch, Spurfolge und Anefang p. 22f.

15) Für das deutsche Recht untersucht neuestens die Frage Gillis, Gewährschaftszug und laudatio auctoris; vgl. insbesondere p. 70f.

15a) Vgl. oben § 3 n. 4, § 4 p. 64.

16) In LC 132 (UAR 312, Zeit Samsu-ilunas) werden 7 Personen aufgezählt, (Z. 9f.) *ša a-na mu-du-ti-šu-nu* (*10*) *aš-šum alpim il-li-ku-nim* 'welche, um ihr Wissen (10) bezüglich eines Rindes (kundzutun) gekommen waren'. Des weiteren wird berichtet, daß dieses Rind Igmil-Sin dem Pirḫum vor Zeugen anvertraut habe (Z. 20 *ip-ki-id*). Wie die Siegelbeischriften ergeben, sind sowohl die ersterwähnten Zeugen wie die Zeugen des Verwahrungsvertrages anwesend. Der Schlußpassus Z. 21f.: *na-di-na-nu ša ana Ig-mil-iluSin i-di-nu* (*22*) *u Pir-ḫu-um ub-ta-ar-ru-ma* (*23*) *a-ša-ar i-bu-ur-ru in-na-di-in* 'sobald der Verkäufer, der dem Igmil-Sin verkaufte, (22) und Pirḫum .... (23), wo sie ...., wird es (das Rind) gegeben werden' bleibt wegen der derzeit noch unerklärbaren Verbalformen (Ungnad, H. G. V 1199 läßt sie unübersetzt und auch der Herausgeber Thureau-Dangin wußte mir auf meine An-

Noch ungünstiger kommen sie weg bei der Kritik der von ihnen eingeführten Schriftform. Die Bestimmungen der §§ 9 f. über den Anefang beziehen sich nur auf Mobilien. Sollte man indessen daran zweifeln, so wäre doch jeder Zweifel ausgeschlossen gerade bei § 7, der ausdrücklich nur von beweglichen Sachen (Kostbarkeiten, Vieh, Sklaven) spricht. Nun war die Beurkundung der Kaufverträge, wie die zahlreichen Kaufurkunden beweisen, in Babylonien seit alter Zeit gang und gäbe. Die Redaktoren scheinen demnach nur eine bestehende Rechtspraxis sanktioniert zu haben. Allein, wie schon Fehr p. 21 f. richtig beobachtet hat, bezieht sich die Beurkundung nur auf Kaufverträge über Immobilien[17]) und Sklaven, in Nippur auch über Tempelpfründen, und zwar hat diese Beobachtung sowohl für die Zeit vor wie auch nach Ḫammurapi Gültigkeit. Kaufurkunden über Mobilien, abgesehen von Sklaven, gehören zu den größten Seltenheiten. Unter ca. 320 publizierten Kaufverträgen befinden sich nur 7, die sich auf Mobilien beziehen[18]). Hier blieb es offenbar bei dem seit jeher üblichen mündlichen Abschluß vor Zeugen. Alle diese Käufer wären nun seit dem K. Ḫ. Gefahr gelaufen im Anefang als Diebe behandelt zu werden. Denn

---

frage keine Auskunft zu geben) dunkel. Die Übersetzung Schorrs 'sobald der Verkäufer . . . . und Pirḫum Erklärungen abgegeben haben werden, wird es an den Ort, den man eruieren (?) wird, gegeben werden' ist nur geraten. Der Zusammenhang läßt vermuten, daß Verkäufer und Depositar abwesend sind und demnach der Passus besagen will, daß das Rind übergeben werden soll, sobald sie zur Stelle sind. Kohler, H. G. V p. 124 (ähnlich auch Schorr, UAR p. 450 n. 1) will in der Urkunde die Spurfolge bezeugt finden. Ich habe dagegen das Bedenken, daß sich das Verfahren nicht, wie man erwarten sollte, gegen den besitzenden Depositar, sondern gegen den Deponenten richtet. Auf der anderen Seite scheint es sich allerdings, wie die Berufung auf den Verkäufer lehrt, um einen Gewährenzug zu handeln. Angesichts dieser Schwierigkeiten scheint mir derzeit ein non liquet am ehesten am Platze zu sein. Keinesfalls hat die Urkunde etwas mit dem im Texte behandelten Falle zu schaffen.

17) Es ist daher vielleicht kein Zufall, wenn bezüglich desjenigen, welcher verbotswidrig ein Lehensgrundstück gekauft hat, in § 37 Z. 15f. bestimmt wird: *tup-pa-šu* (*16*) *iḫ-ḫi-ip-pi* 'seine Tafel (Urkunde) (16) wird zerbrochen', während eine ähnliche Verfügung im § 35, der den Verkauf des dem Lehensmanne vom König überlassenen Gutsinventars (Vieh) verbietet, fehlt.

18) CT VIII 1b, M. 2, VS VII 148, LC 233 (H. G. III 436, 437, 439, UAR 97), Waterman 29 p. 188: Viehkäufe; VS VII 46 (UAR 98): Kaufvertrag über eine Tür; Waterman 30 p. 53: Kauf eines Topfes (?).

§ 7 verlangt Zeugen und Urkunde[19]), und zwar gerade für den Mobiliarkauf. Er bedeutete also nicht die Bestätigung einer bestehenden Rechtspraxis, sondern eine grundstürzende Neuerung. Dort wo sie sich an die Rechtspraxis hätten anlehnen können, beim Immobiliarkauf, haben die Redaktoren geschwiegen. Die Tatsache aber, daß in der urkundlichen Überlieferung beim Kaufe seit Ḫammurapi sich nichts geändert hat, beweist, daß die Neuerung der Redaktoren, über deren Tragweite sie sich wohl keine Rechenschaft gaben, praktisch ohne Wirkung blieb. Darin liegt ein neuerliches Argument für die behauptete Interpolation. Denn man kann derartige Willkür wohl am grünen Tisch begehen, nicht aber ist sie einer aus dem Rechtsleben heraus entstandenen Norm zuzutrauen.

---

[19]) Daß *û* in § 7 Z. 51 (*ba-lum ši-bi u ri-ik-sa-a-tim*) mit 'und' und nicht mit 'oder' zu übersetzen ist, ergibt sich aus den Erwägungen oben § 1 n. 24 und p. 76f.

§ 6.

Außer den §§ 9 f. enthält der Kodex Ḫammurapi noch in den §§ 278 f. eine Gruppe von Bestimmungen über den Kauf, die sich allerdings nur auf den Sklavenkauf beziehen und, wie schon oben § 3 p. 51 bemerkt wurde, anscheinend einer jüngeren Rechtsschicht angehören. Unter diesen Bestimmungen verdienen wegen der Interpretationsschwierigkeiten, die sie bieten, besondere Aufmerksamkeit die §§ 280 und 281, die eigentlich eine Einheit bilden und nur durch die von Scheil vorgenommene Einteilung in zwei Paragraphen zerlegt wurden. Sie lauten:

§ 280.

šum-ma a-wi-lum	Wenn jemand
i-na ma-at	im Lande
nu-ku-ur-tim	der Feindschaft (d. h. im Auslande)
wardam amtam ša a-wi-lim	den Sklaven (oder) die Sklavin eines anderen
iš-ta-am	gekauft hat,
i-nu-ma	und dann,
i-na li-ib-bu mâtim	nachdem er im Lande (d. h. im Inlande)
it-ta-al-kam-ma	angekommen ist,
be-el wardim u lu amtim	der Herr des Sklaven oder der Sklavin
lu warad-zu u lu amat-zu	seinen Sklaven oder seine Sklavin
u-te-id-di	erkennt,
šum-ma wardum u amtum šu-nu	wenn dieser Sklave oder diese Sklavin
mâru^{meš} *ma-tim*	Kinder des Landes (d. h. Inländer) sind,
ba-lum kaspim-ma	so soll ohne jedes Silber
an-du-ra-ar-šu-nu	der Zustand ihrer Freiheit
iš-ša-ak-ka-an.	hergestellt werden.

§ 281.

šum-ma mârumeš ma-tim ša-ni-tim	Wenn sie Kinder eines anderen Landes sind,
ša-a-a-ma-nu-ma (l. um)	so wird, nachdem der Käufer
i-na ma-ḫar i-lim	vor einem Gotte
kasap iš-ku-lu	das Silber, welches er dargewogen,
i-ga-ab-bi-ma	angegeben hat,
be-el wardim u lu amtim	der Herr des Sklaven oder der Sklavin,
kasap iš-ku-lu a-na tamqarim	nachdem er das Geld, welches er (der Händler) dargewogen hat, dem Händler
i-na-ad-di-in-ma	gegeben hat,
lu warad-zu lu amat-zu i-pa-ṭar.	seinen Sklaven oder seine Sklavin einlösen.

Es empfiehlt sich, bei der Interpretation dieser Bestimmungen von dem sachlich einfacheren § 281 auszugehen. Ein Händler (*tamqarum*) hat einen Sklaven fremder Herkunft im Auslande gekauft. Nachdem er mit ihm ins Inland zurückgekehrt ist, wird der Sklave von seinem Herrn in Anspruch genommen. Es ist daher anzunehmen, daß der Eigentümer gegen seinen Willen den Besitz am Sklaven verloren hat, sei es, daß dieser ins Ausland entlaufen und dort neuerlich verknechtet worden ist, sei es daß er dem Eigentümer gestohlen, geraubt und von den Räubern dann ins Ausland gebracht worden ist[1]). Das Gesetz verfügt nun, daß der beklagte Händler

---

[1]) Der weitere Fall, daß der Eigentümer selbst früher einmal den Sklaven ins Ausland verkauft hat, ließe sich höchstens aus dem Gesichtspunkte hierher stellen, daß der mit dem Ausländer abgeschlossene Kaufvertrag nichtig sei und kein Eigentum auf den Käufer übertrage. Allein, abgesehen von der inneren Unwahrscheinlichkeit dieser Annahme enthielte sie eine Härte für den Händler, der, indem er den Sklaven gegen Ersatz des von ihm bezahlten Kaufpreises herausgeben muß, um jeden Gewinn gebracht würde. Dies ließe sich, wie noch darzulegen sein wird, rechtfertigen, wenn der Eigentümer den Besitz am Sklaven gegen seinen Willen verloren hat, nicht aber, wenn er ihn freiwillig gegen Entgelt aus der Hand gegeben hat. Endlich müßte man voraussetzen, daß sich der Charakter der Eigentumsverfolgung vollständig geändert habe, indem diese nicht mehr auf den unfreiwilligen Besitzverlust sich gründete, sondern eine lediglich

den Sklaven nur gegen Ersatz des von ihm bezahlten Kaufpreises[2]) dem Eigentümer herauszugeben braucht.

Einen derartigen Lösungsanspruch des Beklagten kennt für den Anefang nach einzelnen Quellen auch das deutsche Recht des Mittelalters, und zwar dann, wenn der Beklagte die angeschlagene Sache am Markte erworben hat[3]). Angesichts der großen Verwandtschaft, die sich gerade in der Materie des Anefangs zwischen deutschem und babylonischem Recht ergeben hat, werden wir auch bei der Interpretation des § 281 die deutschen Quellen zur Vergleichung heranzuziehen haben. Diese Vergleichung aber erfordert es, daß wir die Erklärung des § 281 von der Basis des Anefangs aus versuchen.

Der im Anefang Beklagte hat nach §§ 9 und 10 zur Abwehr der in der Klage enthaltenen Diebstahlsbeschuldigung den Zug auf den Gewähren. Hierzu braucht er, wie § 7 ergibt, unbedingt die Zeugen des Kaufvertrages. Ohne diese ist ihm der Gewährenzug überhaupt versagt. Was nun das Verhalten des Gewähren betrifft, so werden wir zwei Fälle zu unterscheiden haben. Ein-

---

auf das Eigentum sich stützende Klage nach Art der römischen rei vindicatio geworden wäre. Nun ist die letztere Annahme zwar an sich nicht völlig von der Hand zu weisen. Denn wie oben p. 51f., § 5 n. 6 dargelegt wurde, haben die Bestimmungen der §§ 9f., seitdem sie das erstemal aufgezeichnet worden sind, gewiß Modifikationen erfahren und stellen im Gesetze nicht mehr nach jeder Richtung praktisches Recht dar. Was uns aber bestimmt, diese Annahme gerade für den § 281 auszuscheiden, ist der Umstand, daß die Bestimmung, wie noch ausgeführt werden soll, nur von der Basis des Anefangs aus eine Erklärung gestattet. Auf den Anefang weist vielleicht auch die Charakterisierung der Klagehandlung des Eigentümers mit *ûteddi* (§ 280 Z. 82) 'er erkennt' (den Sklaven), insoferne dieser Ausdruck auf den wohl durch Sklavenmarken geführten Identitätsnachweis beim Anschlagen der Sache bezogen werden kann. Aus dem oben genannten Grunde kommt auch der Fall nicht in Betracht, daß der Sklave vom Eigentümer einem andern anvertraut und dem Treuhänder abhanden gekommen, oder von ihm veräußert worden war. Denn hier hätte dem Eigentümer nach dem Satze 'Hand wahre Hand' die Klagelegitimation gefehlt.

2) Daß er die Höhe des Preises eidlich erhärten muß, erklärt sich wohl daraus, daß ihm über den im Auslande abgeschlossenen Kauf keine Beweisstücke zur Verfügung stehen. Für dem Kaufe etwa zugezogene Zeugen bedarf dies keiner Begründung, und was Urkunden anbelangt, so ist zu erwägen, ob eine ausländische Urkunde vor dem inländischen Gericht überhaupt verwendet werden durfte.

3) Vgl. O. v. Gierke, Deutsches Privatrecht II p. 556f.

mal, der Gewähre erscheint zum gerichtlichen Termin, verweigert aber die Übernahme des Schubs. Nach älterem deutschen Recht galt hier der Beklagte, den sein Gewähre im Stiche ließ, für sachfällig. Ein Kapitular Karls des Großen ließ jedoch in diesem Falle zwischen Käufer und Gewähren ein Zwischenverfahren zu, das durch gerichtlichen Zweikampf oder Kreuzprobe zum Austrag gebracht wurde. Unterlag der Gewähre, so wurde er ohne weiteres als Dieb behandelt[4]). Das babylonische Recht hat den Fall anders entschieden. Es ist bezeichnend, daß § 9 von einer Willensäußerung des zum Termine erschienenen Gewähren schweigt. Er bestimmt lediglich, daß nach Verhör der beiderseitigen Zeugen, wobei die Zeugen des Beklagten zuerst an die Reihe kommen, der Gewähre als Dieb getötet werden solle. Daraus ist zu schließen, daß der Gewähre angesichts der vom Beklagten geführten Vertragszeugen den Schub gar nicht ablehnen konnte[5]). Er galt eben durch die Zeugen ohne weiteres als überführt[6]). Der zweite Fall ist der, daß der Gewähre zum gerichtlichen Termin nicht erscheint. Nach deutschem Recht konnte hier der Beklagte den Nachweis erbringen, daß er den säumigen Gewähren gehörig geladen und von ihm erworben habe. Dadurch wälzte er den Diebstahlsverdacht auf den Gewähren ab und hatte seinerseits nur die angeschlagene Sache herauszugeben. Es stand ihm natürlich frei, den Gewährleistungsanspruch gegen den Auktor noch nachher geltend zu machen, um sich für die Herausgabe der Sache schadlos zu halten[7]). Das babylonische Recht scheint auch hier anders entschieden zu haben. Denn die §§ 9 und 10 fordern ausdrücklich die Stellung des Gewähren und *(û)*[8]) der

---

[4]) Vgl. Brunner, Deutsche Rechtsgeschichte II p. 506, Rauch, Spurfolge und Anefang p. 30f.

[5]) Anderer Meinung Fehr, a. a. O. p. 54 n. 3.

[6]) Nur die Frage wäre aufzuwerfen, ob nicht der Gewähre seinerseits sich wieder auf einen Auktor berufen konnte. § 9 spricht allerdings nur von einmaligem Gewährenzug. Ein sicherer Schluß, daß ein wiederholter Gewährenzug unzulässig gewesen sei, ist indessen daraus nicht zu ziehen. Vgl. auch Fehr p. 54 n. 3. Im deutschen Recht ist die Frage, ob beschränkter oder unbeschränkter Gewährenzug das Ursprüngliche gewesen sei, bestritten. Vgl. neuestens darüber A. Schultze in der Festschrift für O. v. Gierke p. 784f., H. Meyer im Reallexikon der germ. Altertumskunde sub 'Fahrnisverfolgung' § 12.

[7]) Vgl. Brunner l. c., Rauch, a. a. O. p. 30.

[8]) Daß die Partikel *û* mit 'und' und nicht mit 'oder' wiederzugeben ist, wurde oben § 5 p. 77 dargelegt.

Zeugen. Damit stellen sie sich allerdings in Widerspruch zu § 7, der den Käufer nur dann als Dieb behandelt, wenn er ohne Zeugen gekauft hat, und von der Stellung des Gewähren schweigt. Daß dieser Widerspruch zugunsten des § 7 zu lösen ist, ergibt indessen die sachliche Erwägung, daß der Käufer, der vor Zeugen gekauft hat, redlichen Erwerb dargetan hat und unmöglich als Dieb behandelt werden konnte, wenn es ihm nicht gelang, auch den Gewähren herbei zu bringen. Die Ausdrucksweise der §§ 9 und 10 ist daher ungenau und wohl daraus zu erklären, daß das Gesetz vor allem die Notwendigkeit der Zeugen betonen wollte. Freilich hatte der Beklagte, wenn er nur die Zeugen des Kaufvertrages herbeibrachte, lediglich redlichen Erwerb nachgewiesen, und das genügte wohl, um ihn vom Diebstahlsverdachte und der Diebstahlsstrafe zu befreien, nicht aber, um ihm das Behaltendürfen der Sache zu verschaffen, wenn der Kläger nachwies, daß sie ihm abhanden gekommen sei. Er hatte sie daher dem Kläger herauszugeben. Dafür stand es ihm frei, sich beim Gewähren schadlos zu halten, der ihm den bezahlten Kaufpreis herausgeben mußte (§ 9). Der Fall ist also in derselben Weise geregelt wie im deutschen Recht.

Auch nach § 281 muß der Beklagte den Sklaven herausgeben, ohne daß ihm eine kriminelle Strafe droht. Darin liegt ein Argument für die in concreto vorhandene Redlichkeit des Käufers. Nun teilt uns zwar das Gesetz nichts näheres über den Erwerb des Händlers mit. Es berichtet nur, daß er einen Sklaven im Auslande gekauft habe. Allein bei genauerem Zusehen läßt sich doch aus dem Tatbestande noch mehr herausholen. Das Gesetz setzt als Käufer voraus einen Händler (*tamqarum*), also jemanden, der gewerbsmäßig Sklaven kauft und verkauft. Wo wird nun ein solcher Händler seinen Einkauf im Auslande besorgt haben? In der Regel wohl nicht in der Weise, daß er im Lande umherziehend die Sklaven einzeln aufkaufte, sondern dergestalt, daß er auf Sklavenmärkten seinen Bedarf deckte. Diesen letzteren Tatbestand als typischen müssen wir offenbar dem Gesetze zugrunde legen. Wir dürfen auch für eine Zeit, die das Ausland noch als 'Land der Feindschaft' (§ 280 Z. 73) bezeichnet, wohl nicht internationale Beziehungen voraussetzen, die dem Ausländer volle Freizügigkeit erlaubten. Viel wahrscheinlicher ist es, daß dem Ausländer das commercium lediglich beschränkt mit Beziehung auf öffentliche Märkte eingeräumt war[9]). Nun ist aber der Kauf auf offenem Markte das Gegenstück des heimlichen Erwerbs, er ist ebenso wie im deutschen Recht eine Erscheinungsform des öffentlichen Kaufs und als solcher ein typisch redlicher Erwerb[10]).

Das Gesetz behandelt aber den Käufer nicht nur nicht als Dieb, sondern es gewährt ihm auch die Befugnis, den Sklaven solange zurückzuhalten bis ihm der Kläger den für den Sklaven ausgelegten Kaufpreis ersetzt hat. Wie ist dieses Retentionsrecht, das, wie bemerkt, beim Marktkauf auch in einzelnen deutschen Rechten anerkannt ist, zu erklären. Die Meinungen der Germanisten gehen auseinander. Während H. Meyer[11]) den Rechtsgrund des Lösungsanspruches in der Publizität des Erwerbes findet: der Lösungsanspruch tauche gerade in denjenigen Gebieten auf, welche für den Gewährenzug die Kundbarkeit des Erwerbes fordern, bei kundbarem Kauf sei der Käufer nicht auf den Regreß gegen den Gewähren angewiesen, sondern könne, falls er diesen nicht finde, sich auch an den Anefangskläger halten, weist A. Schultze[12]) darauf hin, daß der Marktkauf typisch der Kauf vom Unbekannten sei. Wenn der Gewähre bekannt und erreichbar sei, so finde der Beklagte den vermögensrechtlichen Ausgleich für die Auslieferung der Sache an den Kläger darin, daß er nunmehr den Kaufpreis vom Gewähren zurückfordern dürfe. Beim Kauf vom Unbekannten aber sei der Schub auf den Gewähren undurchführbar, und da dieser Kauf als Marktkauf eine typische Form des redlichen Erwerbs sei, so werde die vermögensrechtliche Ausgleichung auf den Kläger abgewälzt, der die Sache nur gegen Ersatz des Kaufpreises heraus-

---

9) Vgl. auch Kohler, Die Anfänge des Rechts und das Recht der primitiven Völker (Kultur der Gegenwart, II Abt. VII_1) p. 31.

10) Vgl. A. Schultze, Gerüfte und Marktkauf p. 55, Müller-Erzbach, Archiv f. ziv. Praxis 109 p. 139f. Auch das Erfordernis, daß der Käufer gewöhnt sein müsse, mit der betreffenden Sache zu handeln, findet sich im Kreise der germanischen Rechte, so im mittelalterlichen französischen Recht; Livre des droiz 324 (zitiert nach H. Meyer, Entwerung p. 133): der Käufer muß erworben haben '*en foire ou en marchié*', und er muß sein '*marchant coustumier d'achater telle chose*'. Ähnlich Livre des droiz 109, Établissements de St. Louis II 18. Vgl. H. Meyer l. c. und A. Schultze, a. a. O. p. 51.

11) Entwerung p. 124, 140, Publizitätsprinzip p. 66, 73f.

12) A. a. O. p. 51f., ferner Jherings Jahrbücher 49 p. 176f., Zeitschr. d. Savigny-Stiftung, germ. Abt. 31 p. 650.

verlangen dürfe. Eine dritte Meinung will den Lösungsanspruch aus der Tendenz den Marktverkehr zu fördern und zu sichern[13]), beziehungsweise aus dieser in Verbindung mit dem Umstande erklären, daß der Marktkauf als typisch redlicher Erwerb gelte[14]).

Es kann nicht unsere Aufgabe sein, zu dieser Kontroverse Stellung zu nehmen. Für uns kann es sich höchstens darum handeln, die Verwendbarkeit dieser Theorien für das babylonische Recht zu prüfen, um sie dann eventuell zur Erklärung der hier bezeugten rechtlichen Erscheinungen heranzuziehen.

Das babylonische Recht fordert nach § 7 K. Ḫ. als Voraussetzung des Gewährenzugs Publizität des Erwerbs. Nur eine Erscheinungsform des kundbaren Erwerbes ist der in § 281 geregelte Marktkauf. Insofern ist es richtig, daß öffentlicher Erwerb auch die Voraussetzung des Lösungsanspruches ist. Allein die Interpretation des § 7 hat ergeben, daß der öffentliche Erwerb zugleich redlicher Erwerb ist. Der Begriff der Redlichkeit ist hierbei objektiv-typisch nach dem Merkmal der Öffentlichkeit bestimmt. Insofern möchte man für das babylonische Recht die Frage, was das Entscheidende sei, die Redlichkeit oder die Öffentlichkeit lieber gar nicht stellen. Denn beide decken sich. Allein die Publizität, beziehungsweise die Redlichkeit des Erwerbs reichen nicht hin, den Lösungsanspruch zu begründen. Aus § 7 in Verbindung mit § 9 folgt vielmehr, wie wir bereits dargelegt haben, daß der Erwerb vor Zeugen, d. h. der redliche Erwerb den Beklagten zwar vom Diebstahlsverdachte entlastet, ihn aber nicht der bedingungslosen Herausgabe der Sache an den Kläger enthebt. Es muß also zur Redlichkeit noch etwas hinzu kommen. Ein etwaiges Bestreben, den Marktverkehr zu schützen, bleibt für § 281 K. Ḫ. außer Betracht. Es handelt sich um ausländische Märkte, für die der babylonische Gesetzgeber sich gewiß nicht interessiert hat. Das zuletzt erwähnte Moment weist uns indessen den richtigen Weg. Es ist die Unmöglichkeit des Gewährenzugs und des dadurch bedingten vermögensrechtlichen Ausgleichs für die Auslieferung der Sache an

---

13) Rietschel, Zeitschr. d. Sav.-Stift., germ. Abt. 27 p. 434.

14) Rehme, Gött. gel. Anzeigen (1905) p. 985f., (1909) p. 255f., Wahle, Münchner krit. Vierteljahrsschrift 49 (1911) p. 333, Hübner, Grundzüge des deutschen Privatrechts, 2. Aufl. p. 367f.

den Kläger[15]), auf die es ankommt. Um die konkrete Unmöglichkeit handelt es sich hierbei allerdings nicht. Denn, wie bereits festgestellt wurde, muß der Beklagte die Sache ohne Entgelt herausgeben, wenn er zwar Zeugen für seinen Erwerb, nicht aber den Gewähren stellt. Ob er den Gewähren nicht stellt, weil dieser zu kommen sich weigert, oder aus einem anderen Grunde, ist rechtlich gleichgültig[16]). Der Begriff der Unmöglichkeit ist vielmehr ebenso wie der der Redlichkeit in typischer Weise formuliert. Unmöglich ist der Gewährenzug nach dem Auslande. Um einen solchen handelt es sich in § 281. Der Kauf ist im Auslande geschlossen, der Verkäufer, was zwar das Gesetz nicht ausdrücklich sagt, was aber als typisch anzunehmen ist, ein Ausländer. Es fehlt also für den Beklagten jede Möglichkeit, den Auktor vor das inländische Gericht zu ziehen. Denn eine internationale Rechtshilfe können wir für diese Zeit doch nicht annehmen. Unterstützend kommt hinzu, daß der Händler, der am ausländischen Markte kauft, in vielen Fällen den Verkäufer gar nicht kennen wird. Doch ist dieses Moment nicht entscheidend. Der Marktkauf kommt nur insoweit in Betracht, als er als öffentlicher Erwerb für die Redlichkeit des Käufers maßgebend ist. Im Übrigen ist nach den vorliegenden Quellen nicht der Kauf vom Unbekannten, sondern der Kauf im Auslande der typische

15) Dieses Moment heben einzelne mittelalterliche Quellen insofern hervor, als sie beim Marktkauf den Ersatzanspruch dem Käufer nur dann geben, wenn der Kaufpreis vom Verkäufer nicht zurückzubekommen ist. So das niederländische und belgische Recht. Vgl. die bei H. Meyer, Entwerung p. 132, 133f. angeführten Stellen.

16) Die auf eine Bestimmung des angelsächsischen Rechts (Hlothar und Eadric 16—16,2) gestützte Behauptung H. Meyers, Publizitätsprinzip p. 78: 'Der Lösungsanspruch wird gewährt, wenn der Beklagte seinen Gewähren nicht kennt und wenn er (ihn zwar kennt, aber) ihn nicht zum Gewährschaftszuge herbeibringen kann' wäre also für das babylonische Recht nicht richtig. Die angeführte Stelle lautet nach der Übersetzung Liebermanns, Gesetze der Angelsachsen I p. 11 (zitiert nach H. Meyer, Entwerung p. 127): 'Wenn einer der Kenter in London Fahrhabe kauft' und 'wenn jemand sie nachher bei jenem Manne in Kent [im Anefang] faßt, dann ziehe dieser [verklagte Käufer die Gewähr] zu [jener] Stadt in Königshalle auf den [Gewährs]mann, der sie ihm verkauft hat, wenn er [nämlich] denselben kennt oder zu dem Gewährzugsprozesse herbeibringen kann. Wenn er [der Verklagte] das nicht kann, dann erkläre er am Altar mit einem seiner Zeugen oder mit des Königs Stadtvogte [als seinem Eideshelfer], daß er jene Fahrhabe unverhohlen durch seinen offenkundigen Kauf in [dieser] Stadt kaufte; und jener [der Kläger] gebe ihm dann deren Preis zurück'.

Fall der Unmöglichkeit des Gewährenzuges für das babylonische Recht gewesen, der den Lösungsanspruch des Käufers begründete.

Damit soll nicht behauptet werden, daß Marktkauf und Kauf im Auslande, beziehungsweise von Ausländern Gegensätze seien. Wird sich doch der Rechtsverkehr mit diesen im Inlande vor allem auf den Märkten abgespielt haben, für die zuerst sie das commercium erlangten, ebenso wie der Babylonier es nur für die ausländischen Märkte hatte. Ich möchte es daher nicht ausschließen, daß der Lösungsanspruch auch dem inländischen Marktverkehr, sei es mit Beschränkung auf ausländische Verkäufer, sei es ohne solche, bekannt war. Nur wissen wir nichts darüber. Sehr lehrreich ist für diese Frage ein Vergleich mit dem altrussischen Recht, wie es in der Russkaja Pravda kodifiziert ist. Das altrussische Recht kennt in dem *svod* (wörtlich der 'Schub' auf den Gewähren)[17]) ein Rechtsinstitut, das im Wesentlichen von denselben Grundsätzen beherrscht ist wie der deutsche Anefang. Die sogenannte dritte Redaktion der Russkaja Pravda (11/12. Jahrhundert)[18]) regelt nun im § 45[19]) auch den Marktkauf. Als Regel wird vorausgesetzt, daß der Verkäufer unbekannt sei. Der Käufer, im Anefang gefaßt, hat entweder den Zolleinnehmer (*mytnik*) oder zwei Zeugen (*vidok*), mit denen er 'auf den Markt zum Eid geht', herbeizubringen und dann die Sache, nicht aber den sonstigen Schaden dem Kläger herauszugeben. Der Zolleinnehmer, d. h. 'derjenige fürstliche Beamte, der auf dem Markt von den dort stattfindenden Käufen und Verkäufen die der fürstlichen Kasse zufließenden Gebühren erhebt'[20]), beziehungsweise die zwei Zeugen dienen dem Nachweise des redlichen Erwerbs. Der erstere, indem der vor ihm abgeschlossene Verkauf als öffentlicher und somit als redlicher gilt[21]), die letzteren als Eideshelfer[22]) bei dem vom Käufer

---

17) Vgl. Philippoff, Zeitschr. f. vergl. Rechtswissenschaft 31 p. 452f.

18) Näheres über ihre Datierung bei Goetz, Das russische Recht (Zeitschr. f. vergl. Rechtswissenschaft 31 p. 87f., 91f.).

19) Ich zitiere nach Goetz, a. a. O. 24 p. 259f., der den gesamten Text im Original und Übersetzung gibt.

20) Goetz, a. a. O. 28 p. 171.

21) Als derjenige, 'vor welchem er (der Käufer) gekauft hat', wird der *mytnik* bezeichnet in dem sachlich zu § 45 gehörigen und gleich zu erörternden § 48.

22) Goetz, a. a. O. 28 p. 170; 31 p. 211 sieht in diesen Zeugen die Vertragszeugen. Dagegen spricht wohl die Wendung 'diese Zeugen gehen

zu leistenden Eid. Im engsten Zusammenhang mit § 45 steht nun § 48, der unter der Überschrift *o svodě že* 'gleichfalls vom Schub' das Prinzip aufstellt: *a iz svoego goroda v čjužju zemlju svoda nětut'* 'aber aus der eigenen Stadt in ein fremdes Land gibt es keinen Schub'. Das Weitere deckt sich mit § 45. Der Beklagte hat Zeugen (*posluch*) oder den Zolleinnehmer herbeizubringen und haftet auf Herausgabe der Sache, nicht aber für sonstigen Schaden. Was unter dem 'fremden Land' zu verstehen sei, darüber sind in der russischen Rechtsliteratur verschiedene Ansichten geäußert worden[23]). Als sicher darf wohl gelten, daß das 'fremde Land' ein Gebiet ist, welches der jurisdiktionellen Gewalt der Gerichte der 'Stadt' nicht untersteht, und daß der Verkäufer ein Angehöriger dieses Gebietes ist. Denn sonst wäre der Ausschluß des Gewährenzugs nicht zu begreifen. Man kann aber — und dieser Punkt ist für uns von Wichtigkeit — den Tatbestand des § 48 noch näher bestimmen. Wenn nach § 48, ebenso wie beim Marktkauf des § 45, der Beklagte den Beweis des redlichen (öffentlichen) Erwerbs durch den Zolleinnehmer führen kann, so ist daraus wohl zu schließen, daß auch § 48 den Marktkauf voraussetzt, zumal der Fall in derselben Weise und fast mit denselben Worten geregelt ist wie im § 45. Das ist auch ganz natürlich. Denn zu diesen Zeiten vollzieht sich der Handel mit dem Fremden, dem Ausländer vorzugsweise, wenn nicht ausschließlich, auf den Märkten. Der Kauf vom Fremden ist so nur eine Erscheinungsform des Marktkaufs. Allerdings gewähren §§ 45, 48 dem Käufer keinen Lösungsanspruch, allein sie begünstigen ihn doch in anderer Weise, indem sie ihm nur die Herausgabe der Sache, nicht auch den Ersatz des sonstigen Schadens auferlegen. Für diesen, für die Diebstahlsbuße sowie für die Rückgabe des Kaufpreises an den Käufer haftet nach § 46 der Auktor, falls es dem Käufer gelingt, ihn ausfindig zu machen. Diese be-

---

mit ihm (dem Käufer) auf den Markt zum Eid.' Zudem ist in der parallelen Bestimmung des § 48 statt *vidok posluch* gebraucht, was häufig den Eideshelfer bedeutet. Vgl. Philippoff, a. a. O. 31 p. 448. Das Gesetz ist in der Verwendung von *vidok* und *posluch* nicht konsequent und daher darf aus dem Umstande, daß *vidok* in der Regel den testis de visu bedeutet (Philippoff l. c.), für den vorliegenden Fall nichts gefolgert werden.

[23]) Sie sind bei Goetz, a. a. O. 28 p. 178f. zusammengestellt; Goetz selbst möchte unter 'Stadt' im Gegensatz zum 'fremden Land' die Residenz eines unter einem Teilfürsten stehenden Teilgebietes von Rußland verstehen.

vorzugte Stellung des Käufers zu rechtfertigen, reicht seine Redlichkeit allein wohl nicht hin. Ergänzend tritt noch hinzu die Unmöglichkeit des Gewährenzugs, welche das altrussische Recht typisch als gegeben ansieht beim Marktkauf in seinen typischen Erscheinungsformen als Kauf vom Unbekannten und Kauf vom Fremden[24]).

Unmöglichkeit des Gewährenzuges greift zufolge der Unvererblichkeit des deliktischen Gewährschaftsanspruches nach älterem deutschen Recht auch Platz bei Tod des Gewähren. Hier darf der im Anefang Gefaßte unter gewissen Voraussetzungen (Nachweis rechtmäßigen Erwerbs, mitunter auch des Vormannes) die Sache sogar behalten[25]). Vom Tode des Gewähren handelt nun auch § 12 K. Ḫ. Doch ist die daran geknüpfte Rechtsfolge eine sehr eigentümliche; Z. 7 f.: *ša-a-a-ma-nu-um (8) i-na bi-it (9) na-di-na-nim (10) ru-gu-um-me-e (11) di-nim šu-a-ti (12) a-du 5-šu (13) i-li-ki* ʻder Käufer (8) soll aus dem Hause (Vermögen) (9) des Verkäufers (10) den Anspruchsbetrag (?) (11) dieses Rechtsstreites (12) 5-fach (13) nehmen.ʼ[26]) Nach § 9 soll der Käufer bei Durchführung des Gewährenzuges (Z. 44 f.) *i-na bi-it (45) na-di-na-nim (46) kasap iš-ku-lu (47) i-li-ki* ʻaus dem Hause (Vermögen) (45) des Verkäufers (46) das Silber, das er dargewogen, (47) nehmen.ʼ Es fällt auf, daß dem gegenüber § 12 von *rugummû dînim šû'ati* spricht. Was dieser Terminus bedeutet, ist mit Sicherheit nicht festzustellen. Vielleicht, daß eine ausführliche Untersuchung des altbabylonischen

---

24) Den Lösungsanspruch gewährt § 151 beim Sklavenkauf — es besteht kein Grund, mit Goetz, a. a. O. 28 p. 439f. Selbstverkauf des Sklaven anzunehmen — unter der Voraussetzung, daß der Käufer bona fide handelte, was er durch Eid zu erhärten hat. Hier zeigt schon die abstrakte, vom Marktkauf absehende Formulierung, daß es sich um eine jüngere Norm handelt. In der Tat gehört die ganze Gruppe der Bestimmungen über das Sklavenrecht (§§ 142—155) einer jüngeren Rechtsschicht an. Vgl. Goetz, a. a. O. 28 p. 419f.; 31 p. 55f.

25) Vgl. zu dieser Frage Rauch, Gewährschaftsverhältnis und Erbgang nach älterem deutschen Recht (in der Festgabe für K. Zeumer), besonders p. 15f. des Separatabdruckes. Vgl. ferner A. Schultze in der Festschrift f. O. v. Gierke p. 768 n. 1, Hübner, Grundzüge d. deutsch. Privatr.² p. 363.

26) Die weitgehenden Konsequenzen die Müller, Ges. Ḫam. p. 83f., Über die Gesetze Ḫam. (Vortrag) p. 31, Semitica II p. 67f. (Sitz.-Ber. d. Wiener Akad. phil. hist. Kl. 154) aus dieser Bestimmung gezogen hat, scheinen mir, wie die folgende Untersuchung ergeben wird, nicht begründet zu sein.

Prozeßrechtes hier mehr Klarheit brächte[27]). Doch liegt ein solches Unternehmen außerhalb des Rahmens dieser Arbeit. Nach den in n. 27 angeführten Belegen glaube ich, allerdings nur mit Vorbehalt, für *rugummûm* die Bedeutung 'Anspruch,' beziehungsweise 'Wert des Anspruches,' was sich gegebenen Falles mit 'Wert der in Anspruch genommenen Sache' decken mag, annehmen zu dürfen[28]). Keinesfalls darf, wie die völlig verschiedene Ausdrucksweise des § 9 ergibt, unter *rugummûm* der Betrag des Kaufpreises verstanden werden.

---

[27]) In demselben Zusammenhange wie in § 12 begegnet *rugummû* in § 5 Z. 18f.; der Richter, der gegen die Rechtskraft einer Entscheidung handelt (vgl. dazu meine Bemerkungen in PSBA (1913) p. 240 n. 32), soll *ru-gu-um-ma-am ša i-na di-nim šu-a-ti ib-ba-aš-šu-u* 'den Anspruch (d. h. seinen Wert), der in diesem (d. h. in dem ersten) Rechtsstreite vorhanden ist', 12-fach geben. An drei Stellen (§ 115 Z. 35f., § 123 Z. 50f., § 250 Z. 49f.) gebraucht das Gesetz, um auszudrücken, daß aus einem Tatbestande keinerlei Ansprüche entstehen, die Phrase: *dînum šû rugummâm 'ul išû* 'diese Rechtssache erzeugt keinen Anspruch.' In den Prozeßurkunden begegnet sowohl vom Beklagten, der z. B. durch einen Eid, durch Erfüllung des Klagebegehrens die Klage zurückschlägt [vgl. CT II 43_{28}, 46_{20} (?), VIII $28a_9$, LC 74_{14} = H. G. III 734, UAR 283, 257, 276], wie von den Richtern, die eine Klage abweisen [CT II 50_{11}, VI $42a_{15}$, VIII 28 b = UAR 290, 274, 288, vgl. auch Waterman 29 p. 185 Z. 10], ausgesagt die Redensart *rugummâm nasâḫu*. Die Vorstellung könnte hierbei die sein, daß der *rugummûm* im Prozesse (*dînum*) enthalten ist (vgl. §§ 5, 12, 115, 123, 250 K. Ḫ.) und aus diesem, wenn die Klage abgewiesen oder gegenstandslos gemacht wird, gewissermaßen 'herausgezogen' wird (*nasâḫu*). *Rugummûm* wird auch sonst von der Klage unterschieden. Vgl. BE VI_1 2 (H. G. III 373) Z. 10f.: *a-na ba-gar eqlim u ru-gu-mu eqlim A i-za-az* 'für Klage bezüglich des Feldes und Anspruch bezüglich des Feldes steht A (der Verkäufer) ein'; LC 74 (UAR 276) Z. 14f.: die Beklagten haben, nachdem sie die Kläger befriedigt, *ba-ag-ri-šu-nu u ru-gu-ma-ni-šu-nu* . . . . *iz-zu-ḫa* 'ihre (der Kläger) Klagen und Ansprüche . . . . zurückgewiesen'. *Rugummûm* kann dann ebenso wie in §§ 5, 12 den Wert oder Betrag des geltend gemachten Anspruches bedeuten. Vgl. VS VIII 101 (UAR 306): nach Prozeßeröffnung hat die Klägerin (Z. 4) *ru-gu-ma-ni-ša ma-aḫ-ra-at* 'den Betrag ihres Anspruches erhalten'; ferner VS IX 40 (UAR 270): die Richter (Z. 17f.) *ru-gu-ma-ni ša A* (Kläger) *i-mu-du* 'haben den Anspruch des A (auf einen bestimmten Betrag) festgesetzt'. Wegen der Lücken des Textes bleibt unklar die Bedeutung von *rugummû* in VS VIII 9/10 Z. 17.

[28]) Ebenso Müller zu § 12. Damit decken sich der Sache nach die Übersetzungen Ungnads: 'Streitsumme', Scheils: 'ce qu'il (der Käufer) a le droit de réclamer dans ce procès' (ebenso Mari), Boscawens: 'the claim of that case', Johns': 'the value sued for', Davies', Harpers: 'damages in said case', Peisers: 'Klageobjekt in diesem Prozeß', was Kohler mit 'Wert der Sache' wiedergibt. Ähnlich Deimel: 'obiectum litis

Vergegenwärtigen wir uns einmal die § 12 zugrunde liegende Situation. Der Käufer ist im Anefang gefaßt. Der Verkäufer ist gestorben. Müller p. 82 f. und Cook p. 217 f. haben darauf hingewiesen, daß durch den Tod des Verkäufers dem beklagten Käufer die Verteidigung unmöglich gemacht oder doch wenigstens erschwert wurde. Das ist nur teilweise richtig. Zur Abwehr der in der Klage enthaltenen Diebstahlsbeschuldigung braucht der Käufer den Auktor nicht. Hierfür genügen ihm, wie oben p. 87 f. dargelegt wurde, die Zeugen, durch die er seinen redlichen Erwerb dartut. Das letztere ist nun auch für § 12 anzunehmen. Denn von einer Bestrafung des Käufers ist nicht die Rede. Den Verkäufer braucht der Käufer nur insoferne als es sich um die Frage dreht, ob er die angeschlagene Sache behalten dürfe[29]), beziehungsweise um gegen den Verkäufer Regreß zu nehmen, falls er die Sache dem Kläger herausgeben muß. Das letztere scheint nun gerade in § 12 der Fall gewesen zu sein. Denn sonst wäre ja der dem Käufer gegen das Vermögen des Verkäufers gewährte Regreß nicht zu verstehen. Allein von dieser, wie ich glaube, notwendigen Annahme aus ergeben sich für die Erklärung des Betrages der Regreßsumme die größten Schwierigkeiten. Wäre der Auktor zur Stelle gewesen, so wäre er nach § 9 als Dieb getötet worden und der Käufer hätte den Kaufpreis zurückerhalten. Warum soll er nun unter sonst gleichen Umständen bei Tod des Auktors das 5-fache, und zwar nicht des Kaufpreises, sondern des

illius'. Ungenau Bonfante: der Käufer 'dovrà ricevere . . . il quintuplo'; Cook p. 217, Edwards: der Käufer darf 5-fach nehmen 'as the penalty of that case'; denn *rugummûm* heißt nicht penalty. Dasselbe ist auch gegen Wincklers Übersetzung 'Anfechtungsstrafe' einzuwenden. Vgl. nun auch Schorr, UAR p. 441, der für *rugummûm* die Bedeutung 'Klageforderung' annimmt.

29) Für die für das deutsche Recht in der letzten Zeit lebhaft erörterte Frage, ob dem Beklagten auch zivilistische auf das Behaltendürfen der Sache gerichtete Einreden, insbesondere die Einrede des originären Erwerbs gestattet gewesen seien (vgl. darüber neuestens A. Schultze in der Festschrift für O. v. Gierke p. 763 f.), ergibt allerdings der K. Ḫ. positiv nichts. Vgl. auch Fehr p. 55. Ich möchte indessen daraus nicht schließen, daß dem Beklagten nur die Abwehr der Diebstahlsbeschuldigung erlaubt gewesen sei, wie dies H. Meyer für das deutsche Recht als ältesten Zustand annehmen will, um so weniger als gerade der Fall des § 12, wie gleich darzulegen sein wird, wenigstens die Möglichkeit offen läßt, daß hier der Beklagte die Sache behalten durfte.

Wertes des Anspruches (der Sache?) erhalten? Freilich, die Todesstrafe kann an dem Auktor nicht mehr vollstreckt werden, und man könnte meinen, das 5-fache sei ein Ersatz für die nicht mehr vollziehbare Todesstrafe. Allein der Verkäufer wird doch als Dieb getötet. Die Strafe verfällt also, wenn ich so sagen darf, dem Kläger oder doch wenigstens dem Kläger und dem Käufer, dem letzteren wegen des Gewährbruches. Man begreift nicht, warum dieser Ersatz nur dem Käufer und nicht auch dem Kläger zugute kommen soll. Hierbei sehe ich von dem Einwande, daß deliktische Haftungen doch nicht vererblich sind[30]), ganz ab.

Ich glaube daher die Behauptung wagen zu dürfen, daß § 12 in das System des in den §§ 9 f. geregelten Anefangs nicht hineinpaßt, und darin scheint mir ein gewichtiges Argument für seine Überarbeitung durch die Redaktoren zu liegen. Man mag zugunsten dieser Annahme, abgesehen von dem ganz unvermittelt an Stelle des Kaufpreises auftretenden *rugummûm,* noch den Umstand anführen, daß Strafsätze, denen als Einheit die 5-Zahl zugrunde liegt, in der Diebstahlsmaterie noch in § 8, der ja wahrscheinlich den Redaktoren zuzuschreiben ist[31]), auftreten. Wie allerdings § 12 in der Fassung der Vorlage ausgesehen hat, entzieht sich jeder Beurteilung. Möglich, daß ebenso wie nach deutschem Recht der Beklagte die Sache behalten durfte. Dafür spricht, daß die diese Regelung nach deutschem Recht bedingende Ursache, der deliktische Charakter des Gewährschaftsanspruches und dessen daraus resultierende Unvererblichkeit auch für das babylonische Recht wahrscheinlich sind. Die Redaktoren, denen ein zivilistischer Gewährschaftsanspruch nicht mehr unbekannt war[32]), hätten diese Lösung[33]) nicht mehr verstanden. Sie hätten den Beklagten zur Herausgabe der Sache verhalten und ihm dafür einen um so ausgiebigeren Ersatz aus dem Vermögen des Auktors gewährt. Doch das sind nur Möglichkeiten, die kaum den Wert einer Vermutung haben. Sicher scheint mir nur das eine, daß § 12 aus dem Zusammenhang der Normen über den Anefang,

---

[30]) Dieser Einwand wird nicht entkräftet durch den Hinweis, daß es sich sowohl nach § 9 wie nach § 12 (der Käufer soll *ina bît* 'aus dem Hause (d. h. Nachlaß)' des Verkäufers sich Ersatz holen) nicht um persönliche Haftung des Erben, sondern um Haftung mit dem Nachlaß handle.

[31]) Vgl. oben § 5 p. 75 f.

[32]) Vgl. § 279 K. Ḫ. und oben § 3 p. 51.

[33]) Zu ihrer Rechtfertigung vgl. Rauch, a. a. O. p. 26.

zu denen er gehört, in seiner überlieferten Fassung nicht erklärt werden kann. Darin liegt m. E. das entscheidende Argument für seine Interpolierung.

Eine Schöpfung der Redaktoren dürfte auch der die Materie des Anefangs abschließende § 13 sein. Er handelt von dem Falle, daß 'dieser Mann' *(awîlum šû* Z. 14) seine Zeugen nicht zur Stelle hat. Die Richter sollen ihm dann eine sechsmonatige Frist zur Herbeischaffung der Zeugen setzen. Nach fruchtlosem Ablauf dieser Frist (Z. 21f.) *a-wi-lum šu-u (22) ṣa-ar (23) a-ra-an di-nim šu-a-ti (24) it-ta-na-aš-ši* 'ist dieser Mann (22) ein Verleumder, (23) die Strafe dieses Prozesses (24) trägt er.' Ein sachlicher Zusammenhang zwischen dieser Bestimmung und § 12 ist nicht herzustellen. Sie gehört vielmehr zu den §§ 10, 11, die ebenfalls den Fall behandeln, daß der Beklagte oder der Kläger im Anefangsprozesse seine Zeugen nicht stellt. Bei dieser Annahme wird auch das sonst rätselhafte *awîlum šû* des § 13 verständlich. Es ist darunter sowohl der Kläger wie der Beklagte zu verstehen[34]). § 13 will also den Fall, der in den vorausgehenden Normen in zwei Bestimmungen zerlegt ist, unter einem regeln. Eine Frist zur Herbeischaffung der Zeugen steht nun den Parteien des Anefangs auch nach den §§ 9f. offen. Nur läuft sie von der außergerichtlichen Einleitung des Verfahrens bis zum gerichtlichen Termin. Nach § 13 handelt es sich aber um eine richterliche Frist. Daher kann diese Frist wohl nur eine Nachfrist sein, die den Parteien eingeräumt wird, wenn sie zum Beginne der gerichtlichen Verhandlung ohne Zeugen erscheinen. Will man diese Auslegung akzeptieren, so ergibt sich aber, wie schon Stooß[35]) gesehen hat, ein Widerspruch zu den §§ 10 und 11. Dort trifft die Partei, welche die Zeugen nicht zur Stelle hat, die Todesstrafe, hier soll sie als 'Verleumder' *(ṣarrum)*[36]) *aran dînim šû'ati* 'die Strafe dieses Prozesses' tragen. Was darunter zu ver-

---

[34]) Vgl. schon Müller p. 83.

[35]) Schweizerische Zeitschrift für Strafrecht 16 p. 4.

[36]) Das Wort paßt allerdings in erster Linie auf den Kläger, der keine Zeugen bringt, und wird daher auch in § 11 für ihn gebraucht; in gewissem Sinne aber auch auf den Beklagten, insofern er durch den Gewährenzug die Diebstahlsbeschuldigung auf den Gewähren schiebt. Im Übrigen wird es sich empfehlen das Wort nicht allzusehr zu pressen angesichts des Umstandes, daß § 13 zwei verschiedene Tatbestände unter einen Hut bringen will.

stehen ist, könnte vielleicht eine Untersuchung des altbabylonischen Prozeßrechtes lehren. Für uns genügt es indessen festzustellen, daß mit *aran dînim šû'ati* allem Anscheine nach die Todesstrafe nicht gemeint ist. Denn § 3 bedroht den falschen Zeugen im Kapitalprozeß mit dem Tode; derselbe Zeuge soll aber im Prozesse um 'Getreide oder Silber' nach § 4 Z. 3f. *a-ra-an (4) di-nim šu-a-ti (5) it-ta-na-aš-ši* 'die Strafe dieses Prozesses tragen.'

§ 13 gehört demnach offenbar einer jüngeren Rechtsschicht an, die den kapitalen Ausgang des Anefangs nicht mehr kennt. Das Wahrscheinlichste dürfte sein, daß die Redaktoren den §§ 9 bis 12, die sie einem älteren Gesetze entnahmen, in § 13 eine die älteren Vorschriften teilweise derogierende Bestimmung anfügten[37].

[37]) Für diese Annahme kann auch die systematische Stellung des § 13 geltend gemacht werden. Sachlich gehört er zu den §§ 10 und 11. Wäre er schon in der Vorlage gestanden, so würde man erwarten, daß er sich an diese Bestimmungen unmittelbar anschließt. Angesichts der im Gesetze überlieferten Reihenfolge ist es aber viel wahrscheinlicher, daß § 12, der von den Redaktoren zwar nicht unberührt gelassen wurde, der Vorlage angehört, während § 13 einen jüngeren Zusatz darstellt.

§ 7.

Wir wenden uns nun wieder der Interpretation der §§ 280 und 281 zu. Der nach § 281 dem Käufer zustehende Lösungsanspruch bezieht sich nur auf den Fall, daß er im Auslande einen Sklaven fremder Herkunft gekauft hat. Handelt es sich um einheimische Sklaven[1]), so soll nach § 281 Z. 86f. *an-du-ra-ar-šu-nu iš-ša-ak-ka-an* 'der Zustand ihrer Freiheit hergestellt werden.' Dieselbe Phrase begegnet im Gesetze noch in § 117 Z. 67f.: die Ehefrau und die Kinder des Schuldners sollen drei Jahre nach der Verknechtung die Freiheit erlangen, und in § 171 Z. 71f.: die unfreie Konkubine und ihre Kinder werden nach dem Tode des Herrn frei. Wie schon die passivische Fassung[2]) der Phrase an-

---

1) Das Gesetz (§ 280 Z. 84, § 281 Z. 88) spricht von *mârû mâtim* 'Kinder des Landes', beziehungsweise von *mâru mâtim šanîtim* 'Kinder eines anderen Landes'. Gedacht ist bei den ersteren, wie sich noch im Folgenden ergeben wird, vor allem an freie Babylonier, die im Inlande aus irgend welchen Gründen verknechtet und dann ins Ausland gebracht wurden. Die *mârû mâtim šanîtim* sind Ausländer, die im Wege der Kriegsgefangenschaft oder des Sklavenhandels als Sklaven ins Inland kamen. Insofern hat Schorr, WZKM 22 p. 388 Recht, wenn er meint, daß 'die Norm sich nicht als Ausdruck des Stammesbewußtseins, sondern vielmehr als der des territorialen staatlichen Solidaritätsgefühls äußere'. Die Betonung der Stammeszugehörigkeit wäre in dem von verschiedenen Nationalitäten bewohnten Staate Ḫammurapis — man denke nur an Semiten und Sumerer — nicht am Platze gewesen. Nur darf die Unterscheidung nicht dahin verstanden werden, daß jeder Sklave, der einem Babylonier einmal gehört hatte, nunmehr als *mâr mâtim* angesehen wurde.

2) Einige Editionen (Müller, Winckler, Deimel) bieten für § 117 Z. 67 die Lesung *iš-ta-ak-ka-an* statt *iš-ša-ak-ka-an*. Demnach wäre zu übersetzen: 'der Gläubiger soll sie freilassen'. Doch hat, wie Ungnad, H. G. II p. 43 n. 2 anmerkt, das Original zweifellos *ša* und nicht *ta*. (Vgl. auch Ungnad, Keilschrifttexte der Gesetze Ḫammurapis p. 3 col. III Z. 67). Auch in § 171 Z. 73 lesen Müller, Winckler, Harper und Deimel *iš-ta-*

deutet, ist unter *andurârum iššakkan* die Herstellung der Freiheit kraft• Gesetzes zu verstehen[3]). Das schließt nicht aus, daß zur Durchführung des Gesetzes eine behördliche Intervention Platz greifen konnte, wohl aber ist damit unverträglich ein privates Freilassungsgeschäft, ebenso eine nur obligatorische Verpflichtung des bisher Berechtigten zur Freilassung. Denn in den angegebenen Fällen erfolgt die Herstellung der Freiheit ohne, ja gegen den Willen des bisher Berechtigten[4]).

Darf so die Übersetzung des § 280 als sichergestellt gelten, so bietet er freilich auf der anderen Seite der juristischen Erklärung um so größere Schwierigkeiten. Schorr[5]), der sich zuletzt eingehend mit § 280 befaßt hat, hat diese Schwierigkeiten durch die Annahme zu lösen versucht, daß der Bestimmung ein Rechtssatz

---

-ak-ka-an. Das zweite Zeichen ist verwischt und kann sowohl *ta* wie *šá* gelesen werden. Das letztere glaubt in der Tat Schorr, WZKM 18 p. 230 zu erkennen. Unter solchen Umständen ist es doppelt Schade, daß Const. Ni. 2358, die von Langdon entdeckte Kopie des Gesetzes, an der betreffenden Stelle (Rücks., col. I Z. 4) eine Lücke hat und nur das Zeichen *iš* bietet. Allein die Lesung *iš-ta-ak-ka-an*, die uns zwingt, die Phrase aktivisch zu übersetzen, bietet philologische und juristische Schwierigkeiten, die für die passivische Konstruktion mit *iš-ša-ak-ka-an* nicht bestehen Vgl. Schorr l. c., Müller, Grünhuts Zeitschr. 31 p. 383. Sollte daher in der Tat *ta* und nicht *šá* dem Originale entsprechen, so wird man sich mit der Annahme eines Schreiberversehens helfen müssen. Die Lesung *iš-ša-ak-ka-an* wird übrigens auch von Ungnad, H. G. II p. 63, obwohl er für das Original eher *ta* vermuten möchte, akzeptiert.

[3]) Vgl. schon meine Anmerkung bei Schorr, WZKM 22 p. 385 n. 5. Die aktivische Konstruktion der Phrase begegnet in den sumerischen Urkunden aus der Zeit der Könige von Ur und bezieht sich hier natürlich auf die Freilassungserklärung des Manumissors. Vgl. Inv. Tabl. Tello II 752 (Genouillac, RA 8 p. 7 f.) Rücks. Z. 6: *A ama-ar-igi-bi in-gar-ar* 'A hat den Zustand seiner (des Sklaven) Freiheit hergestellt,' d. h. ihn freigelassen. Ähnlich Inv. Tabl. Tello III 5279 Z. 42 (Thureau-Dangin, RA 10 p. 95).

[4]) Besonders klar tritt dies in § 171 hervor, wo auf die Verfügung, daß die Konkubine und ihre Kinder die Freiheit erlangen, noch der Satz folgt (Z. 74 f.): *mâru* ^meš^ *ḫi-ir-tim (75) a-na mâri* ^meš^ *amtim (76) a-na wa-ar--du-tim (77) u-ul i-ra-ag-gu-mu* 'die Kinder der (legitimen) Ehefrau (75) sollen gegen die Kinder der Sklavin (76) wegen Sklaverei (77) keinen Anspruch erheben'. Das Gleiche gilt übrigens auch für § 280. Denn der Eigentümer beansprucht, wie der Zusammenhang mit § 281 ergibt, den Sklaven doch für sich.

[5]) WZKM 22 p. 385 f. Vgl. auch die Zusatzbemerkungen Müllers, ebenda p. 393 f.

zugrunde liege, welcher den Verkauf eines einheimischen Sklaven ins Ausland verbiete und den gegen das Verbot veräußerten Sklaven für frei erkläre. Hierbei konnte er sich auch auf eine talmudische Parallele stützen[6]).

Ich halte diese Hypothese nicht nur für fördernd, sondern auch für richtig. Hingegen vermag ich Schorr nicht beizustimmen, wenn er (p. 391) meint, daß auf Grund dieser Annahme § 280 klar und einwandfrei werde.

§ 281 setzt, wie oben § 6 p. 86 f. dargelegt wurde, voraus, daß der Eigentümer den Besitz am Sklaven gegen seinen Willen verloren hat. Da nun § 281 mit § 280 nicht nur sachlich, sondern auch stilistisch eine Einheit bildet[7]), so muß dieser Tatbestand auch dem § 280 zugrunde gelegt werden. Dann ergibt sich aber die sonderbare und m. E. unmögliche Konsequenz, daß der seinem Herrn entlaufene Sklave, wenn er ins Inland zurückgebracht wird, die Freiheit als Prämie für seine Flucht erlangt. Diesen Fall will nun Schorr (p. 386) allerdings ausgeschaltet wissen. Allein auch dann, wenn der Sklave seinem Herrn gestohlen oder geraubt wurde, wird man sich fragen dürfen, warum der Eigentümer bei Rückkehr des Sklaven ins Inland sein Eigentum verlieren soll. Schorr (p. 390) meint, daß das Gesetz, welches den Verkauf inländischer Sklaven ins Ausland verbot, im öffentlichen Interesse lag, dem das private Interesse des Eigentümers habe weichen müssen[8]). Indessen wird sich Schorr bei dieser Argumentation eines Widerspruchs, in den er gerät, nicht bewußt. Er setzt Diebstahl oder Raub als Tatbestand für § 280 voraus und will diesen Tatbestand durch einen Rechtssatz, daß der Eigentümer einen einheimischen Sklaven ins Ausland nicht verkaufen dürfe, erklären. Unfreiwilliger Besitz-

---

6) Mišnâh Gittîn IV 8: 'Wenn jemand seinen Sklaven an einen Heiden oder ins Ausland verkauft, wird dieser Sklave frei'.

7) Vgl. auch Schorr, a. a. O. p. 386 n. 3.

8) Mit ähnlichen Erwägungen sucht Müller, a. a. O. p. 396 die Befreiung des seinem Herrn entlaufenen Sklaven zu rechtfertigen. Sie sei das kleinere Übel gewesen, das man, um die Norm durchführen zu können, habe in Kauf nehmen müssen. Wenn Schorr ferner den Eigentümer auf die Diebstahlsklage verweist, so ist zu erwidern, daß gerade diese hier wenig aussichtsreich war, insofern der Eigentümer zur Ermittlung des Diebes sich des Anefangs bediente. Denn der Gewährenzug erfuhr hier eine Unterbrechung, weil dem Käufer der Schub auf den ausländischen Gewähren unmöglich war. Vgl. oben § 6 p. 92.

verlust und Tradition des Besitzes sind unvereinbare Gegensätze. Allein selbst wenn man annimmt, daß § 280 auch den Tatbestand, daß der Eigentümer seinen Sklaven ins Ausland verkauft habe, decke, wogegen, wie bemerkt, alle Wahrscheinlichkeit spricht, so bleibt es noch immer unerklärlich — und das gilt auch für die Fälle des unfreiwilligen Besitzverlustes —, warum nach dem Gesetze der Eigentümer selbst den Sklaven im Klagewege in Anspruch nimmt[9]). Da der Sklave die Freiheit erlangt, hat der Eigentümer an ihm doch kein Interesse und wird sich auch nicht berufen gefühlt haben, die Rolle eines öffentlichen Organs, das auf die verbotswidrige Veräußerung aufmerksam macht, zu spielen, zumal er sich damit nur selbst einer Übertretung des Gesetzes bezichtigt hätte. Endlich liegt in der Norm eine schwer verständliche Härte für den Käufer (Händler), der den für den Sklaven bezahlten Kaufpreis verliert. Schorr (p. 389) meint allerdings, der Händler sei in mala fide, da er den einheimischen Sklaven an Aussehen und Sprache hätte erkennen und wissen müssen, daß ein solcher Sklave nicht auf rechtmäßige Weise ins Ausland kommen konnte[10]). Ich will nicht darauf Gewicht legen, daß der Erwerb des Händlers als Marktkauf einen typischen Fall redlichen Erwerbs nach § 281 darstellt. Denn man könnte immerhin einwenden, daß die an sich vorhandene Redlichkeit des Händlers durch die eben angeführten Umstände aufgehoben werde. Wohl aber sollte man meinen, daß ein Gesetz, welches die Verbringung einheimischer Sklaven ins Ausland verhindern will, umgekehrt ihre Rückkehr, wenn schon einmal eine Verletzung des Gesetzes stattgefunden hatte, doch auf alle Weise zu fördern trachten werde. Die Bestimmung des § 280 bringt sich jedoch selbst um ihre Wirkung. Die Sklavenhändler werden sich gehütet haben, einheimische Sklaven im Auslande anzukaufen, wenn sie sie bei ihrer Rückkehr ins Inland ohne Entgelt freigeben mußten[11]). Die Unbilligkeit erscheint noch größer, wenn

---

[9]) Dies ist auch Müller, a. a. O. p. 395 aufgefallen. Aus diesem Grunde ist auch die Annahme Schorrs p 391, der Eigentümer habe, wenn der Sklave durch Diebstahl oder Raub ins Ausland gebracht worden sei, auf dessen Wiedererlangung Verzicht geleistet, unhaltbar.

[10]) Ein ähnlicher Gedanke schon bei Winckler p. 72 n. 4 und Brugi, Atti del R. istituto Veneto 62 II p. 1111 f.

[11]) Man vergleiche des Gegensatzes halber die Stellung der römischen *redemvti*, d. h. der durch einen *redemptor* aus der Kriegsgefangenschaft

man erwägt, daß der Eigentümer, der seinerzeit verbotswidrig den Sklaven ins Ausland veräußert hatte, dafür ein Entgelt erhalten hat, während der Händler, der der Tendenz des Gesetzes entgegenkommend den Sklaven wieder ins Inland bringt, sein Geld verliert.

Wie immer man also die Bestimmung des § 280 drehen und wenden mag, sie ist auf allen Seiten voll innerer Widersprüche und führt zu sonderbaren, ja zum Teil unsinnigen Konsequenzen. Aus diesem Wirrwar gibt es meines Erachtens nur einen Ausweg, nämlich die Annahme, daß die ganze Unterscheidung zwischen einheimischen und fremden Sklaven, also das Stück von § 280 Z. 83 (*šum-ma wardum* . . .) bis § 281 Z. 88 (. . . *ma-tim ša-ni-tim*) interpoliert ist. Läßt man es fort, so wird die Norm sofort klar und verständlich. Es bleibt dann die Bestimmung übrig, die wir im vorigen Abschnitte als § 281 interpretiert haben. Im Übrigen fehlt es auch nicht an einem formellen Interpolationskriterium. Ich meine die Klausel *ba-lum kaspim-ma* in § 280 Z. 85. Die Bemerkung, daß die Freilassung 'ohne jegliches Entgelt' erfolgen soll, ist um so überflüssiger, als die Phrase *andurâršunu iššakkan* die Herstellung des Freiheitszustandes kraft Gesetzes bezeichnet und in ihr gewiß nicht der Gedanke der Entgeltlichkeit liegt, so daß diese im gegebenen Falle erst ausgeschlossen werden müßte. Im Gegenteil. Man würde eher einen Hinweis erwarten, wenn die Herstellung der Freiheit erst nach Gewährung eines Entgeltes erfolgen soll. Die Klausel ist daher wohl nur zu verstehen als antizipierte Antithese zur Rechtsfolge des § 281, wo zwar nicht von einer entgeltlichen Freilassung, wohl aber davon die Rede ist, daß der Beklagte den Sklaven nur gegen Vergütung des Kaufpreises herauszugeben brauche. Unter diesem Gesichtspunkte erscheint aber die Klausel psychologisch weit besser begreiflich von der Annahme aus, daß die Redaktoren die Unterscheidung zwischen einheimischen und fremden Sklaven in die Vorlage erst einschoben und hierbei das Bedürfnis empfanden, die

---

losgekauften Römer, die bis zur Bezahlung des ausgelegten Lösegeldes in einem Abhängigkeitsverhältnisse zum *redemptor* standen. Vgl. Girard, Manuel de droit Romain⁵ p. 130 f. Über die rechtliche Natur dieses Abhängigkeitsverhältnisses siehe Pampaloni, Bullettino dell'istit. di dir. Rom. 17 p. 125 f. In ähnlicher Weise ist der Loskauf aus der Sklaverei im Auslande im Gesetz von Gortyn § 40 (vgl. Recueil des Inscriptions juridiques Grècques p. 467 f., Kohler-Ziebarth, Stadtrecht von Gortyn p. 51), sowie im attischen Recht (Ps. Demosth. g. Nikostr. 11) geregelt.

von der in der Vorlage vorgefundenen Rechtsfolge verschiedene Regelung des ersten Falles nachdrücklich hervorzuheben.

Freilich kann das Ergebnis ihrer Arbeit kein glückliches genannt werden. Denn die Fassung, die sie der Norm gaben, enthält Unmöglichkeiten und eine Menge schwerer Widersprüche. Die Frage kann aber doch aufgeworfen werden, was denn die Redaktoren eigentlich mit ihrer Neuerung wollten, und da glaube ich, daß in der Tat Schorrs Hypothese, es sollte der Verkauf einheimischer Sklaven ins Ausland verboten werden, das Richtige trifft. Ein solches Verbot erscheint sehr wohl denkbar, da die einheimischen Sklaven sich hauptsächlich aus Babyloniern rekrutierten, die durch Verknechtung ihre Freiheit verloren hatten und denen man die Unbill der Sklaverei im Auslande ersparen wollte[12]), um so mehr als solche Sklaven mitunter später wieder die Freiheit erlangen konnten[13]). Die Freilassung der Sklaven im Falle der Gesetzesübertretung konnte auch als angemessene Rechtsfolge des verbotswidrigen Verkaufs gelten. Ob der Käufer in diesem Falle die Rückgabe des Kaufpreises verlangen durfte, mag dahingestellt bleiben. Wahrscheinlich ist es nicht, zumal das Gesetz in anderen Fällen verbotswidriger Veräußerungen (§§ 35, 37, 177) den Käufer die Ware zurückgeben und den Kaufpreis verlieren läßt. Das Verbot war in der Tat besser gewährleistet, wenn die Nachteile der Gesetzesübertretung die Käufer trafen, da diese dadurch abgeschreckt wurden, sich auf das verbotene Geschäft einzulassen, beziehungsweise, wenn sie es doch taten, infolge des Risikos weniger boten. Dadurch war aber wiederum eine Hemmung für den Verkäufer gegeben, auf den Handel einzugehen. Endlich wäre eine solche Norm leicht durchführbar gewesen. Die Kaufverträge wurden ja vor Zeugen geschlossen, Sklavenkäufe pflegten außerdem in der Regel beurkundet zu werden. Die Tatsache, daß ein Sklave ins Ausland verkauft werden sollte, konnte also nicht leicht verborgen bleiben, zumal der Käufer in einem solchen Falle in der Regel ein

---

12) Das babylonische Recht nahm also den entgegengesetzten Standpunkt ein wie das römische, das die Verknechtung eines freien Römers nur durch Verkauf ins Ausland *(trans Tiberim)* gestattete. Vgl. Girard, Manuel de droit Romain[5] p. 100f. Über das griechische Recht vgl. jetzt die Herausgeber des P. Halensis 1 (Dikaiomata p. 123) im Anschlusse an eine ähnliche Bestimmung des alexandrinischen Stadtrechts (P. Hal. 1 col. X Z. 219—221).

13) Vgl. etwa § 117 K. Ḫ.

ausländischer Sklavenhändler gewesen sein wird, der seine Verträge auf dem öffentlichen Sklavenmarkte abschloß, wo eine polizeiliche Kontrolle möglich war. Gelang es nun doch einmal, einen einheimischen Sklaven über die Grenze zu bringen und entfloh dieser seinem Herrn ins Inland, so kommt noch die Erwägung hinzu, daß die inländischen Behörden kein Interesse hatten, sich der Rechte des ausländischen Eigentümers anzunehmen. Eine Schwierigkeit ergab sich, wie schon bemerkt, gerade in dem in § 280 ins Auge gefaßten Falle, daß ein Sklavenhändler den einheimischen Sklaven wieder ins Inland brachte, insoferne das Gesetz ihm die Herausgabe des Sklaven ohne jedes Entgelt auferlegte und diese Regelung für den Händler gewiß kein Motiv abgegeben haben wird, der Tendenz des Gesetzes entgegenkommend, solche Sklaven im Auslande anzukaufen. Allein es ist zu bedenken, daß die Verbotsnorm durch eine ihren Sinn verdunkelnde, ungeschickte Interpolation in den Text kam, wobei der Umstand, daß in der Vorlage von einem ins Ausland gebrachten babylonischen Sklaven die Rede war, den Anknüpfungspunkt zur Interpolierung bot. Das Verbot besagte nun wohl nichts anderes, als daß ein einheimischer Sklave, der ins Ausland verkauft wurde, die Freiheit erlange. Diese Rechtsfolge nachdrücklich zu betonen, erschien den Redaktoren um so notwendiger als in der Vorlage, die uns in § 281 des Kodex erhalten ist, von der Herausgabe des Sklaven gegen Entgelt die Rede war. Darum haben sie *balum kaspimma* eingefügt. In der Tat war ja die Frage des Entgeltes nicht praktisch, wenn die verbotswidrige Veräußerung festgestellt wurde, bevor der Sklave über die Grenze gebracht worden war oder wenn er nachher durch Flucht wieder in seine Heimat gelangte. Es ist aber klar, daß bei einer so rein äußerlichen Einfügung einer Zusatzbestimmung, wie dies im vorliegenden Falle zutrifft, von einem Durchdenken der aus der Interpolation sich ergebenden Konsequenzen keine Rede sein konnte, und so ist es den Redaktoren entgangen, daß gerade der Fall, an den sie anknüpften, dringend eine andere Lösung erheischte. Unter solchen Umständen wird man aber zweifeln dürfen, ob das, was man heute allerdings aus der Norm herauslesen muß, der Absicht der Redaktoren und noch mehr, ob es der Rechtspraxis entsprach. Es ließen sich verschiedene Lösungen des Falles denken. Ein Regreßanspruch des Händlers gegen den Eigentümer, der die verbotswidrige Veräußerung vorgenommen hatte und der nicht allzuschwer ermittelt werden konnte, die Behandlung des Sklaven nach Analogie des römischen *redemptus*. Doch wäre es zwecklos, darüber Vermutungen aufzustellen.

Interessanter ist es, daß die bisher nur vermutete Verbotsnorm fast zur Gewißheit erhoben wird durch ein Zeugnis aus der Rechtspraxis. Ich meine die Urkunde CT VI 29[14]), auf die ich schon bei Schorr, Festschrift für Hilprecht p. 31 n. 1 aufmerksam gemacht habe. Sie ist von Pinches[15]) und seither von Daiches[16]) und Schorr[17]) transskribiert, übersetzt und sachkundig kommentiert worden, so daß ich hier von einer abermaligen Umschrift absehen und mich auf ihre juristische Interpretation beschränken kann.

Warad-Bunene war von 'seinem Herrn' *(be-el-šu)* Pirḫi-ilišu[18]) nach Tupliaš[19]) verkauft worden und hatte dort 5 Jahre als Sklave 'Dienste geleistet'[20]). Er floh dann nach Babylon und wird dort von zwei Beamten[21]) gestellt, die an ihn die Aufforderung richten (Z. 12 f.): *el-li-ta ab-bu-ut-ta-ka (13) gu-ul-lu-ba-at ta-al-la-ak i-na ridûti* 'du bist frei, deine Sklavenmarke (13) ist abgeschnitten, gehe

---

14) UAR 37, aus der Zeit Ammiditanas.

15) Journal of the Royal Asiatic Society (1899) p. 109f.

16) ZA 18 p. 208f.

17) WZKM 24 p. 441f., UAR p. 60f.

18) Da Warad-Bunene nach dem Folgenden einen freien Vater und auch freie Brüder besitzt, so ist anzunehmen, entweder daß Pirḫi-ilišu sein Vater war und ihn durch Verkauf nach Tupliaš verknechtet hatte (so Cuq, Nouv. Rev. hist. 33 p. 263), oder daß ihn sein Vater seinerzeit an Pirḫi-ilišu verkauft hatte und dieser ihn nun weiter nach Tupliaš veräußerte (in diesem Sinne Daiches p. 219 und Schorr p. 442, UAR p. 62). Zugunsten der letzteren Auffassung spricht, daß Pirḫi-ilišu als 'Herr' *(bêl)* des Warad-Bunene bezeichnet wird, zugunsten der ersteren aber der Umstand, daß unter den Brüdern des Warad-Bunene Z. 20 ein Lipit-Adad genannt wird, eine Person desselben Namens als Sohn des Pirḫi-ilišu aber nur $4^1/_2$ Jahre später in CT VIII 30 c_2 begegnet.

19) *Aš-Nun-Na-Ki*, an der elamitischen Grenze, vielleicht in Elam selbst gelegen. Vgl. de Lacouperie, Babyl. and Orient. Record 6 p. 72f., Jensen, ZA 15 p. 219f., Daiches p. 210, Ed. Meyer, Gesch. d. Altertums² I, 2 p. 497, Schorr, UAR p. 62.

20) Z. 6: *be-lu-tam il-li-ik*. Dazu Daiches p. 210.

21) Ihren Titel las Pinches p. 112 *eli ugarê* 'overseer', Daiches p. 211 *A-Qar*. Demgegenüber dürfte Ungnads (H. G. III 740) nach der Kopie paläographisch durchaus mögliche Lesung *a-bi ṣâbim* 'Leutevater' den Vorzug verdienen, zumal die militärischen Funktionen dieses Beamten zu dem Folgenden gut passen. So liest jetzt auch Schorr l. c.

unter die Soldaten'[22]). Das Weitere kommt nicht mehr unmittelbar für uns in Betracht. Warad-Bunene widerspricht dieser Anwerbung mit Erfolg und zwar aus dem Grunde, weil er ein Lehen *(ilku)* seines Vaters zu übernehmen habe. Der Schluß der Urkunde enthält noch ein eidliches Versprechen der Brüder des Warad-Bunene, 'gegen Warad-Bunene, ihren Bruder, wegen Sklavendienstes keine Ansprüche zu erheben'[23]).

Die Urkunde ergibt also, daß der nach Tupliaš, d. h. ins Ausland[24]), verkaufte Sklave bei seiner Rückkehr nach Babylon die Freiheit erlangte. Allerdings brauchte sich die inländische Behörde um das Recht des ausländischen Eigentümers nicht zu kümmern. Allein diese Erwägung reicht nicht hin, die Urkunde zu erklären. Es wäre an sich denkbar, daß der ins Inland zurückgekehrte Sklave als herrenlos gegolten hätte oder dem Zugriffe seines letzten inländischen Eigentümers unterlegen wäre. Daß das letztere nicht so ferne lag, beweist die Urkunde selbst, die ein eidliches Versprechen der Brüder des Warad-Bunene, ihn nicht als Sklaven zu beanspruchen, nicht für überflüssig hält[25]). Es muß vielmehr ein positiver Rechts-

---

22) Die richtige Übersetzung dieses entscheidenden Passus hat Schorr, Festschrift f. Hilprecht p. 31 n. 1, WZKM 24 p. 442 gegeben. Vgl. auch Cuq, Nouv. Rev. hist. 33 p. 263. Verfehlt ist die Erklärung Kohlers, H. G. III p. 254.

23) Z. 24f.: *a-na Warad-^{ilu}Bu-ne-ne a-ḫi-šu-nu (28) a-na ri-šu-tim la ra-ga-mi.* So übersetzen auch Pinches und Schorr l. c. Ungnad hingegen zieht diesen Satz zu dem Folgenden und übersetzt demnach (H. G. III 740): 'Damit Reklamation gegen W., ihren Bruder, wegen Sklavendienstes nicht eintritt, wird W., solange er lebt, mit seinen Brüdern die Lehensstellung ihres Vaterhauses ausüben.' Dadurch verliert aber der vorhin erwähnte Eid jeden Inhalt. Mit Kohler, H. G. III p. 254 anzunehmen, daß die Brüder die Freiheit des W. eidlich bestätigen, wäre willkürlich und auch überflüssig, da die Freiheit des W. schon durch die Erklärung der Beamten festgestellt ist. Gegen Schorr, der es neuestens (UAR p. 62) für möglich hält, *rîšûtum* von *rašû* 'erwerben, besitzen' abzuleiten und mit 'Besitzrecht' zu übersetzen, sei bemerkt, daß *rîšûtum* in dieser Bedeutung für die altbabylonische Zeit bisher gerade so ein ἅπαξ εἰρημένον wäre wie im Sinne von 'Sklaverei.' Von *rašû* ist bisher nur das Substantiv *maršîtum* 'erworbener Besitz' (?) zu belegen. Vgl. M. 107_{16}, CT II 1_1, VIII $3a_{21}$. Vgl. übrigens die zur hier akzeptierten Übersetzung ganz analoge Konstruktion in § 171 Z. 75f., wo allerdings *wardûtum* statt *rîšûtum* gebraucht ist.

24) Vgl. darüber statt aller anderen Schorr, a. a. O. p. 442 n. 1.

25) Darin liegt ein weiteres Argument zugunsten der Annahme, daß Pirḫi-ilišu der Vater des Warad-Bunene war.

satz bestanden haben, der den ins Ausland veräußerten inländischen Sklaven, wenn er inländischen Boden betrat, für frei erklärte[26]). Dieser Rechtssatz wird im 1. Jahre Ammiditanas — dem Datum unserer Urkunde — als geltendes Recht vorausgesetzt, muß also einer älteren Zeit entstammen. § 280 K. Ḫ. zeigt, daß er schon den Redaktoren des Gesetzes bekannt war, sei es nun, daß sie ihn einem älteren Gesetze entnahmen, sei es, daß er eine Neuerung Ḫammurapis darstellt[27]).

---

[26]) So auch Schorr, a. a. O. p. 442.

[27]) Warka 94 (H. G. III 21), eine Adoptionsurkunde, ordnet für den Fall der Auflehnung der Adoptierten ihren Verkauf ins Land der Sutäer und nach Jaḫmutu (?) (Z. 13f.) an. Damit kann wohl nur der Verkauf ins Ausland gemeint sein. Leider ist das Datum der Urkunde, das für die zeitliche Bestimmung unseres Rechtssatzes von Bedeutung sein könnte, nicht zu ermitteln. Es ist dies um so mehr zu bedauern, als dies außer den im Texte angeführten Belegen, soviel ich sehe, die einzige Stelle ist, die den Verkauf ins Ausland erwähnt.

II. Kapitel.

Zum Eherecht.

§ 8.

Der Terminus *riksâti* begegnet im Gesetze noch in dem die eherechtlichen Bestimmungen einleitenden § 128.

šum-ma a-wi-lum	Wenn jemand,
aš-ša-tam	indem er eine Ehefrau
i-ḫu-uz-ma	nimmt,
ri-ik-sa-ti-ša	ihre *riksâti*
la iš-ku-un	nicht macht,
sinništum ši-i	so ist dieses Weib
u-ul aš-ša-at.	keine Ehefrau.

Die Bestimmung hat verschiedene Übersetzungen und Interpretationen erfahren. Unbedingt abzulehnen ist es meines Erachtens, wenn man in dem Gesetze hat den Gedanken ausgesprochen finden wollen, daß ohne Vertrag keine Ehe zustande komme[1]). Die Ehe setzt selbstverständlich irgend welche Willenseinigung voraus, wenn auch nicht notwendig mit der Braut selbst, und man darf dem Gesetze nicht zumuten, daß es eine solche Trivialität aus-

---

[1]) So Jeremias p. 10; vgl. auch die Übersetzungen Edwards': 'and a contract has not concluded', Davies': 'make a contract with her,' Wincklers: 'keinen Vertrag mit ihr abschließt', Deimels: contractum cum ea non fecerit, Ungnads: 'einen Vertrag in Beziehung auf sie nicht abgeschlossen hat', Maris: 'senza contratto'. Vgl. ferner Ulmer, Hammurabi, sein Land und seine Zeit (AO IX, 1) p. 11.

sprechen wollte. Sollte man aber mit Cohn[2]) der Meinung sein, daß mit der Aufstellung des Prinzips: keine Ehe ohne Vertrag, die Raubehe ausgeschlossen werden sollte, so wäre darauf zu erwidern, daß weder im Gesetz, noch in den Urkunden sich die leiseste Spur von der Raubehe findet, das Gesetz also wohl keinen Anlaß hatte, sie zu verbieten[3]).

Andere Interpreten wollen in § 128 die Vorschrift finden, daß zu einem wirksamen Ehevertrag die Festsetzung der rechtlichen Stellung der Ehefrau in den Ehepakten gehöre[4]). Die Schwierigkeit liegt jedoch darin, daß das Gesetz nicht sagt, worauf sich diese Festsetzungen erstrecken müssen. Die Bestimmung wäre also inhaltsleer. Sie hätte nur dann Sinn, wenn das Gesetz einer formlosen Vereinigung von Mann und Frau, die bisher als Ehe gegolten hätte, die Wirkung absprechen und an eine ausdrückliche Erklärung des Ehekonsenses knüpfen wollte. Allein diese Annahme ist von vornherein unwahrscheinlich und wird es noch mehr, wenn wir den Wortlaut der Bestimmung in Betracht ziehen. Es heißt dort *šum-ma a-wi-lum aš-ša-tam i-ḫu-uz* 'wenn jemand eine Ehefrau nimmt.' Nun ist *aššatam aḫâzu,* wie noch dargelegt werden soll, der terminus technicus für 'heiraten.' Ihm den Tatbestand eines formlosen Ehekonsenses zu unterstellen, wäre um so willkürlicher, als es sich um ein Recht handelt, das auch sonst die Formfreiheit nicht begünstigt. Die Meinung des Gesetzgebers ist vielmehr wohl die, daß er zur Eheschließung, wie sie bisher bestand, noch ein weiteres Requisit hinzufügen will, und dieses Requisit kann wohl nur eine Geschäftsform gewesen sein. Da nun *riksâti* an den

---

[2]) Die Gesetze Hammurabis p. 18. Zustimmend Müller p. 116.

[3]) Fehr p. 73 wiederum ist der Ansicht, daß § 128 der Ehe ohne Kaufvertrag die Anerkennung verweigere. Nun steckt allerdings in *riksâti* vielleicht ein Hinweis auf die Kaufehe (vgl. unten p. 125 f.). Allein das Gesetz hätte sich doch deutlicher ausgedrückt (etwa *šumma . . . tirḫatam la iddin* 'wenn er (der Bräutigam) . . . keine *tirḫâtum* gegeben hat'), wenn es das gewollt hätte, was ihm Fehr unterstellt.

[4]) Scheil: 'fixer les obligations de cette femme', ebenso Bonilla y San Martin, Harper: 'arrange with her the (proper) contracts', ferner Cook p. 81; mit der Modifikation, daß die Ehepakten schriftlich errichtet werden müssen: Dareste, Nouv. Études d'Histoire du Droit III p. 17, Cuq, Revue Biblique (1905) p 354, Müller p. 116; vgl. auch Freund, Zur Geschichte des Ehegüterrechts bei den Semiten (Sitz.-Ber. d. Wiener Akad. phil. hist. Kl. 162, 1) p. 3.

bisher besprochenen Stellen (§§ 7, 122, 123) den schriftlichen Vertrag bedeutet, so wird man diese Bedeutung auch § 128, wo es sich ebenfalls um eine Formvorschrift handelt, am besten zugrunde legen. Ich übersetze demnach: 'Wenn jemand, indem er eine Ehefrau nimmt, ihren (Ehe)vertrag nicht schriftlich errichtet, so ist dieses Weib keine Ehefrau.' Der Ehevertrag erfordert bei sonstiger Nichtigkeit die Schriftform[5]).

Damit ist indessen über den Inhalt des Ehevertrags noch nichts ausgesagt. Gerade diese Frage ist es aber, deren Erledigung zu einer vollständigen Würdigung des § 128 unbedingt notwendig ist. Leider herrscht über das Wesen des altbabylonischen Ehevertrags keine Einigkeit in der Literatur. Zwei Meinungen stehen sich gegenüber. Die eine will in dem altbabylonischen Ehevertrag den Tatbestand der Kaufehe verwirklicht sehen[6]), die andere, von Cuq[7]) begründet, nimmt zwar als Ausgangspunkt gleichfalls die Kaufehe an, leugnet aber, daß sie zur Zeit, aus der unsere Quellen stammen, noch praktisches Recht war. Die *tirḫâtum,* in welcher die Vertreter der Kaufehe den Brautpreis erblicken, sei nur mehr ein Rudiment eines solchen und vom Standpunkte des zur Zeit Ḫammurapis geltenden Rechts als 'une libéralité plus ou moins spontanée, un don de fiançailles'[8]) zu charakterisieren.

---

[5]) In demselben Sinne Kohler, H. G. I p. 118, Schorr, WZKM 20 p. 314 f., Besta p. 199, Brugi, Atti del R. istit. Veneto 62 II p. 1112, 1116, Zocco-Rossa, Riv. Ital. per le scienze giuridiche 36 p. 376; vgl. ferner Bonfante p. V, Oettli p. 12, Johns p. 119.

[6]) Vgl. Kohler, H. G. I p. 118, Oettli p. 13, Winckler p. 46 n. 1, Mari p. 22, Edwards p. 40, Fehr p. 73, Meissner, APR p. 13, der sich jedoch MVAG 10 p. 274 n. 2 der Gegenansicht anzuschließen scheint, Cohn p. 19 f. Vgl. ferner Johns p. 123 f., Jeremias p. 9 f., Ulmer, AO IX, 1 p. 11. Grundsätzlich für die Kaufehe mit der Modifikation, daß der Brautpreis nicht mehr obligatorisch gewesen sei: Müller p. 132 f., 141, WZKM 19 p. 383, Besta p. 199, d'Arbois de Jubainville, Comptes rendus de l'acad. des inscr. (1904) p. 323 f., la famille Celtique p. 113 n. 1. Vgl. neuestens auch Schorr, UAR p. 2 f.

[7]) Le mariage à Babylone (Revue Biblique 1905) p. 350 f.; Nouv. Rev. hist. 33 p. 277 f. Cuq haben sich angeschlossen Dareste, a. a. O. p. 20 f., Freund, a. a. O. p. 31 n. 2, Boscheron, Code de Hammourabi et Livre de l'Alliance p. 34. Gegen die Kaufehe auch Bonilla y San Martin p. 104 f.; vgl. ferner Grimme p. 13 f.

[8]) Cuq, a. a. O. p. 366.

Angesichts dieser Uneinigkeit in der Literatur dürfte eine neuerliche Untersuchung der Frage berechtigt sein, wobei ich auf eine bisher noch nicht genügend beachtete Erkenntnisquelle, nämlich die Terminologie des Ehevertrags, besondere Rücksicht nehmen möchte.

I. Der am häufigsten begegnende Terminus für 'heiraten,' und zwar vom Manne ausgesagt, ist *aššatam aḫâzu*[9]). Die Grundbedeutung von *aḫâzu* (אחז) ist 'fassen, packen, ergreifen, in Besitz nehmen'[10]); *aššatam aḫâzu*[11]) bedeutet demnach 'die Ehefrau in Besitz nehmen'[12]). Wie diese Besitzergreifung an der Ehefrau zu verstehen ist, lehren die juristischen Quellen. §§ 159—161: hier hat der Bräutigam bereits die *tirḫâtum* gegeben, verweigert aber dem Brautvater gegenüber die Eingehung der Ehe mit den Worten (§ 159 Z. 41 f.): *mârat-ka u-ul a-ḫa-az* 'deine Tochter werde ich nicht nehmen'; ebenso nach § 161 Z. 69 im umgekehrten Falle der Brautvater dem Bräutigam gegenüber: *mârtî u-ul ta-aḫ-ḫa-az* 'meine Tochter wirst du nicht nehmen.' Die Bedeutung dieser Phrasen erläutert § 160 Z. 54, wo in demselben Falle der Brautvater dem Bräutigam erklärt: *mârtî u-ul a-na-ad-di-ik-kum* 'meine Tochter werde ich dir nicht geben. Demnach entspricht dem 'Nehmen' des Bräutigams ein 'Geben' des Brautvaters; mit anderen Worten, die Besitzergreifung des Mannes an der Ehefrau vollzieht sich in der Weise, daß das Mädchen von ihrem Vater dem Bräutigam übergeben wird. Dazu stimmt auch

---

9) Statt *aššatum* 'Ehefrau' erscheint auch das farblosere *sinništum* 'Weib' (z. B. §§ 141_{54}, 167_{82}), ferner *Šu-Ge-tum* 'Nebenfrau' (§§ 144_{20}, 145_{36}) und endlich *Sal-Me* 'Priesterin' (§§ 144_{13}, 145_{28}, 146_{43}) als Objekt zu *aḫâzu*. Für die folgende terminologische Untersuchung sind jedoch diese Unterschiede ohne Bedeutung.

10) Delitzsch, H. W. p. 41 f., Muss-Arnolt I p. 28 f.

11) Von *aḫâzu* ist abgeleitet das Substantiv *aḫiziânum* = 'Nehmer, Ergreifer', d. h. der Bräutigam: M. 91_5 (UAR 7). An einer Stelle ist *aḫâzu* im Sinne der geschlechtlichen Besitzergreifung an der Frau gebraucht: § $142_{60f.}$: *šum-ma sinništum mu-za i-zi-ir-ma (61) u-ul ta-aḫ-ḫa-za-an-ni (62) iq-ta-bi* 'wenn ein Weib, indem sie ihren Mann haßt, (61) "nicht wirst du mich ergreifen" (62) sagt.' Für 'hassen' im Sinne des geschlechtlichen Widerwillens in der Bibel vgl. Blau, Die jüdische Ehescheidung I p. 17 f. Von *aššatam aḫâzu* = 'heiraten' ist zu trennen *aššatam ṣabâtu* 'die Ehefrau ergreifen' im Sinne der Vindikation der Ehefrau durch den Mann. Vgl. § 136 Z. 66 f.: der Verschollene *aš-ša-zu iṣ-ṣa-ba-at* 'ergreift (nach seiner Rückkehr) seine Ehefrau'.

12) Über den biblischen Sprachgebrauch vgl. Blau, a. a. O. II p. 11.

Folgendes. In § 151 handelt das Gesetz von den vorehelichen Schulden des Ehemannes, beziehungsweise der Ehefrau und formuliert dies in folgender Weise: Schulden des Mannes, (Z. 36 f.) *la-ma sinništam šu-a-ti i-iḫ-ḫa-zu* 'bevor er dieses Weib genommen hat,' Schulden der Frau, (Z. 45 f.) *la-ma a-na bît a-wi-lim i-ir-ru-bu* 'bevor sie in das Haus jemandes (d. h. des Mannes) eingetreten ist'[13]). Auch an anderen Stellen erscheint das Eintreten der Frau in das Haus des Mannes als unmittelbare Folge des *aššatam aḫâzu*[14]). Zahlreiche Paragraphen des Gesetzes werden mit der Phrase *šum-ma a-wi-lum aš-ša-tam i-ḫu-uz* 'wenn jemand eine Ehefrau nimmt' eingeleitet. Ihr sonstiger Inhalt zeigt, daß die eheliche Gemeinschaft, das Leben der Frau im Hause des Mannes vorausgesetzt wird[15]).

Zusammenfassend läßt sich also sagen, daß *aššatam aḫâzu* = 'heiraten' in der Besitzergreifung des Ehemannes an der Ehefrau besteht, die wiederum durch die traditio puellae seitens des Muntwaltes der Braut an den Bräutigam vermittelt wird, zu dem Zwecke, daß die Frau in das Haus des Ehemannes geführt werde (domum deductio). Wir werden daher diese Bedeutung der Phrase im Zweifel auch solchen Stellen unterlegen dürfen, in denen andere Indizien dafür, daß sofort die Ehegemeinschaft hergestellt wurde, fehlen. Dies gilt vor allem für § 128 K. Ḫ.[16])

Von großer Bedeutung ist es, daß *aḫâzu* auch in den uns erhaltenen Eheverträgen die prinzipale Tätigkeit des Mannes be-

---

13) Ebenso werden in § 152 Z. 52 f. die ehelichen Schulden bezeichnet als diejenigen, die entstanden sind, *iš-tu sinništum ši-i a-na bît a-wi-lim i-ru-bu* 'seitdem dieses Weib in das Haus jemandes eingetreten ist'.

14) Vgl. § 145 Z. 36 f.: der Mann, dessen legitime Gattin ihm Kinder nicht geboren hat, *Sal Šu-Ge-tam (37) i-iḫ-ḫa-az (38) a-na bîti-šu (39) u-še-ir-ri-ib-ši* 'darf eine Nebenfrau (37) nehmen, (38) in sein Haus (39) sie eintreten lassen'; ferner § 176 Z. 73 f.: vom Palastsklaven, der eine Freie geheiratet hat: *i-nu-ma i-ḫu-zu-ši . . . . (77) a-na bît warad êkallim . . . . (79) i-ru-ub* 'wenn zur Zeit, als er sie nahm, ... (77) in das Haus des Palastsklaven . . . . (79) sie eingetreten ist', CT VIII 50a Z. 8 f. (UAR 183) *ûm^um mu-tum i-ḫa-zu-ši . . . . (10) a-na bît mu-ti-ša (11) i-ir-ru-ub* 'wenn ein Mann sie nimmt . . . . . . (10) . . . . . . sie in das Haus ihres Mannes (11) eintritt.'

15) Vgl. §§ $144_{13\,f.}$, 145, 146, 148, 162, 163, 167, 175. Vgl. ferner § $167_{82\,f.}$, CT VIII 37 $d_{1\,f.}$ (UAR 12).

16) Vgl. ferner §§ $141_{54\,f.}$, $144_{20\,f., 26\,f.}$, $148_{70, 71}$, 166_{passim}; auch M. 91_6, 109_5, CT VI $37b_5$.

zeichnet, und zwar gewöhnlich in der Verbindung: die Braut hat von *(itti)* ihrem Muntwalt der Bräutigam *ana aššûtim û mutûtim îḫuz* 'zur Ehefrauschaft und Ehemannschaft genommen'[17]); oder auch bloß einseitig: die Braut hat der Bräutigam *ana aššûtim (û mutûtim) îḫuz* 'zur Ehefrauschaft (und zur Ehemannschaft) genommen'[18]). Dem entspricht es, wenn es in anderen Eheverträgen heißt, der Muntwalt habe die Braut dem Bräutigam *ana aššûtim (û mutûtim) iddin* 'zur Ehefrauschaft (und zur Ehemannschaft) gegeben'[19]).

Parallel mit dieser und der in n. 19 erwähnten Phrase wird beim Muntwalt, der das seiner Gewalt unterstehende Mädchen verheiratet, auch die Wendung gebraucht, daß er 'die Frau in das Haus des Mannes habe eintreten lassen' *(ana bît mutim šurubu)*[20]).

[17]) VS VIII 4/5 (UAR 32), LC 61 (H. G V 1086), CT IV 39a (H. G. III 6); *û mutûtim* kann auch fehlen, vgl. VS VIII 92 = M. 88 (H. G. III 4), M. 89 (UAR 5). Vgl ferner Schorr, UAR p. 8.

[18]) M. 90, CT II 44, VI 37a (UAR 2, 4, 35).

[19]) CT II 33, VI 26a, Gautier 14, LC 90 (UAR 31, 33, 34, 214). In der Serie *ana ittišu* wird vom Vater der Braut ausgesagt (II R 9, 34b f., nach Meissner, APR p. 13 n. 3): *ma-rat-su a-na aššu-tu iškun* 'er hat seine Tochter zur Ehefrauschaft hingestellt'. Die Phrase *ana mûtim nadânu* '(die Braut) einem Manne geben' = verheiraten, vom Muntwalt der Braut ausgesagt, begegnet in §§ 160_{54}, $183_{6f.}$, $184_{20, 29f.}$, CT II $40b_{10f.}$, VIII $49b_{11}$ (UAR 30, 15). In M. 92 = VS IX 192/193 (UAR 36) heißt es Z. 1 f.: 'die A hat B einem Manne geschenkt' *(a-na mu-ti-im i-ki-iš)*, wenn nicht mit Schorr l. c. besser *i-di-iš* 'er hat sie gegeben' zu lesen ist.

[20]) CT VIII $2a_{25f.}$, BE VI_1 84_{39}, 101_{19} (H. G. III 10, 9, UAR 209). Schwierigkeiten macht infolge der Lücken im Texte Edin. 09—405—29 (Langdon, PSBA 33 pl. 29). Es werden eine Reihe von Haushaltungsgeräten aufgezählt (Z. 1—20), die Z. 21 f. bezeichnet werden als *qištum* *um ša fBe-li-is-su-nu (22) mârat Ib-ni-ilu Amurrum Dub-Sar . . . [. . .] (23) [. . .] . . . bît I-li-u-sa-ti awîlBi-E-Tum (24) a-na Ib-ni-ilu Adad ma-ri-šu u-še-ri-bu* (?) *-ma* (?) *(25) id-di-nu-ši-im* (die Umschrift zum Teil nach freundlicher Angabe Langdons). Ich schlage, allerdings mit Vorbehalt, folgende Übersetzung vor: 'Geschenk der Bêlissunu, (22) Tochter des I., des Schreibers . . . [. . .] (23) [welches?] . . . , nachdem sie (die Brüder?) (sie) in das Haus des I., des . . . . . (24) für I., seinen Sohn, haben eintreten lassen, (25) sie ihr gegeben haben.' Da *iddinušim* einen Plural als Subjekt erfordert, so nehme ich an, daß die Brüder der Bêlissunu es sind, die nach dem Tode des Vaters ihre Schwester dem Ili-usati als Frau für dessen Sohn Ibni-Adad übergeben. In der Tat wird Z. 30 ein Bruder der Bêlissunu erwähnt. Maßgebend für die Übersetzung von Z. 23/24 ist die analoge Ausdrucksweise in BE VI_1 84 Z. 38 f. 'der Vater läßt die Tochter in das Haus des A *(ana bît A)* für B, dessen Sohn *(ana B mârišu)* eintreten' *(ušêribu)*.

Dementsprechend 'heiratet' die Frau, indem 'sie in das Haus des Mannes eintritt' *(ana bît muti erêbu)*. Doch ist hier eine Eigentümlichkeit des Sprachgebrauches anzumerken. *Ana bît mutim erêbu* wird von der Frau ausgesagt, wenn diese Handlung als unmittelbare Folge des *aššatam aḫâzu* des Mannes erscheint. Vgl. die p. 115 und n. 13 und 14 angegebenen Belege. Ohne eine solche Beziehung wird aber die Phrase mit Vorliebe von der Witwe, die zu einer zweiten Ehe schreitet[21]), sowie von der Frau eines Verschollenen gebraucht, die insofern der Witwe gleichsteht, als ihr unter gewissen Voraussetzungen eine zweite Heirat erlaubt ist[22]). Es ist

---

An einer Stelle, § $145_{36f.}$ (vgl. oben n. 14) wird übrigens auch vom Ehemanne, der eine Nebenfrau nimmt, ausgesagt, daß er sie 'in sein Haus eintreten lasse.'

21) §§ 173_{42}, $177_{25f., 30}$; in BE VI_1 59 (UAR 232) ist von einem Ibqu-Annunitum die Rede, (Z. 2f.) *ša itti Ta-ak-ku-⟨bi⟩ Ama-[A-Ni]* (3) *a-na bît ilu Marduk-na-ṣir* ... *(4) i-ru-bu-u* 'der mit Takkubi, [seiner] Mutter (3) in das Haus des Marduk-nâṣir ... (4) eingetreten ist,' d. h. Takkubi hat in ihre zweite Ehe mit Marduk-nâṣir den Ibqu-Annunitum, einen Sohn aus erster Ehe mitgebracht. Vgl. auch Schorr, Anz. d. Krakauer Akad. (1907) p. 98f. Eigentümlich ist die Ausdrucksweise in CT XXXIII 34: *mf Na-ru-ub-tum (2) Dumu-Sal-A-Ni* (sic!) *f Il-ta-ni (3) ša f Il-ta-ni Ama-A-Ni (4) u ilu Adad-šar-rum a-ḫu-ša* (5) *a-na bît ilu Šamaš-li-wi-ir* ..... (8) .... *i-ru-bu-u* 'die N., (2) die Tochter der I. (3), welche I., ihre Mutter (4) und A., ihr Bruder (5) in das Haus des Š..... (8) .... haben eintreten lassen.' So ist sicherlich zu übersetzen. Der Schreiber aber hatte, als er Z. 8 niederschrieb, vergessen, daß nach der Satzkonstruktion die Braut Narubtum als Objekt gedacht war. Er faßte sie vielmehr als Subjekt und schrieb daher *i-ru-bu-u* 'sie ist eingetreten' statt *u-še-ri-bu-u-ši*, übersah dabei allerdings, daß nunmehr der mit *ša* (Z. 3) eingeleitete Relativsatz ohne Prädikat war.

22) §§ $133a_{16f.}$, $133b_{21f.}$, $134_{33f.}$, $135_{44f.}$, $136_{61f.}$; Müller p. 129f. hat gegen die Annahme einer Vollehe in diesem Falle Bedenken erhoben und gemeint, daß nur Konkubinat vorliege. Dagegen spricht schon § 135, der bestimmt, daß bei Rückkehr des Verschollenen die erste Ehe wieder auflebe, die Kinder aber ihren Vätern folgen (Z. 54f. *wa-ar-ki a-bi-šu-nu i-il-la-ku*). Die Kinder der zweiten Ehe gelten also als eheliche. 'Daß sich die öffentlichen Zeugen oder Notare kaum dazu hergegeben haben werden, in einem solchen Falle (d. h. bei der Frau eines Verschollenen) einen rechtskräftigen Ehevertrag auszustellen' (Müller), ist eine petitio principii. Wenn ferner auch von der Nebenfrau (§ 145) ausgesagt wird, daß sie in das Haus des Mannes trete, so beweist dies gar nichts. Denn *ana bît mutim erêbu* heißt 'heiraten' überhaupt, und natürlich muß auch die Nebenfrau in das Haus des Mannes kommen. Maßgebend ist vielmehr, unter welchen Bedingungen dies geschieht. Von Beschränkungen in der Stellung der Frau beim zweiten Manne ist aber in den §§ 133f. keine Rede. Ebenso-

nun kein Zufall, daß diejenige Redensart, welche ein selbständiges Handeln der Frau beim Ehevertrag zum Ausdrucke bringt, gerade bei diesen Personen verwendet wird, da in der Tat die Witwe sowie die geschiedene Frau nach dem Gesetze unter gewissen Bedingungen über ihre Hand verfügen kann, also heiratet, während in der Regel die Frau verheiratet wird[22a]). Freilich zeigen andrerseits gerade die Stellen des Gesetzes, aus denen dieses Prinzip erschlossen werden kann, wie schwer der Gedanke, daß die Frau Subjekt des Ehevertrags sein könne, sich Durchbruch verschaffte. Das Gesetz merkt für drei Fälle an, daß der Wille der Frau beim Ehevertrage maßgebend sei: § 137 für die schuldlos geschiedene Frau, der nach § 156 die Frau des Sohnes gleichsteht, welcher der Schwiegervater beigewohnt hat, bevor der Sohn sie erkannte, und § 172 für die Witwe[23]). An allen drei Stellen drückt das Gesetz diesen Gedanken in folgender Form aus (§§ 137_{12}, 156_{16}, 172_{39}): *mutu libbiša 'iḫḫassi.* Das heißt: 'der Mann ihres Herzens wird sie heiraten'[24]), und nicht, wie ältere Übersetzungen[25]) die

---

wenig ist Gewicht darauf zu legen, daß das Gesetz die Frau nach der zweiten Heirat noch *aššatum* des ersten Mannes, diesen als *mutum* bezeichnet (§§ 135, 136). Denn diese Paragraphen handeln gerade vom Wiederaufleben der ersten Ehe nach Rückkehr des Verschollenen.

22a) Auch die deutschen Stammesrechte zeigen die Tendenz, die Witwe bei der Wiederverheiratung von den Fesseln der Geschlechtsvormundschaft zu befreien und haben dieses Ziel zum Teil bereits erreicht. Vgl. zu dieser Frage Wolff, Mitteil. d. Instituts f. österr. Geschichtsforschung 17 p. 369 f., Rietschel in Hoops' Reallexikon der germ. Altertumskunde I s. v. Eheschließung p. 509.

23) Vgl. auch Fehr p. 75.

24) Ebenso in der Scheidungsurkunde M. 91 (UAR 7) Z. 5 f.: *A a-ḫi-zi--a-nu-um (6) i-ḫa-a-za-ma (7) B u-ul i-ra-[ga]-am* 'wenn die A (die geschiedene Frau) ein Bräutigam (6) nimmt, (7) wird B (der Ehemann) keinen Einspruch erheben.' Auch in der Serie *ana ittišu* (V R 25, 4 c d ff. (nach Meissner, APR p. 150) wird die Freiheit der geschiedenen Frau bei der Wahl ihres zweiten Mannes mit den Worten hervorgehoben: *ina matîma mut libbišu iḫussu ul iragumši.* Ob die Lesung richtig ist, muß ich dahingestellt sein lassen. Denn Meissners Übersetzung 'wenn sie später den Mann ihres Herzens heiratet, darf der frühere Gemahl nicht Ungültigkeitsklage erheben' steht entgegen, daß *aḫâzu* sonst nirgends von der Frau gebraucht wird und auch nicht gebraucht werden kann, da nicht die Frau vom Manne Besitz ergreift, sondern umgekehrt der Mann von der Frau, und daß es ferner *libbiša* heißen müßte.

25) So z. B. Müller, Scheil, Davies, Edwards. Vgl. demgegen-

Phrase wiedergeben: 'den Mann ihres Herzens wird sie heiraten.' Es ist sehr bezeichnend, daß selbst dort, wo das Gesetz die Freiheit der Willensentschließung der Frau bei der Ehe hervorheben will, es eine Phrase gebraucht, welche die Frau als Objekt des Ehevertrags erscheinen läßt.

II. Die terminologische Untersuchung hat ergeben, daß die Frau grundsätzlich nicht Subjekt, sondern Objekt des Ehevertrages ist. Sie heiratet nicht, sondern wird verheiratet, beziehungsweise geheiratet[26]). Dazu stimmen auch Gesetz und Urkunden, nach welchen auf Seite der Braut grundsätzlich deren Muntwalt als Kontrahent beim Ehevertrage erscheint. Muntwalt ist der Vater[27]) — mitunter tritt neben ihm auch die Mutter auf[28]) —, nach seinem Tode die Brüder der Braut (§ 184_{29}). Wenn daher in CT VIII 2a (H. G. III 10) die Mutter und die Brüder, in CT VIII 7b (UAR 3) die Schwester über Auftrag (*ana qabî*, vgl. dazu mein babyl. assyr. Bürgschaftsrecht p. 8 n. 38) des Bruders die Braut verheiraten, so wird anzunehmen sein, daß der Vater nicht mehr lebte. Häufig kommt es vor, daß der Eigentümer seine Sklavin freiläßt und sie dann kraft seines Patronatsrechtes verheiratet. Man darf sich hierbei durch den Umstand nicht irre machen lassen, daß die Braut als Tochter (*mârtu*) des Muntwalts bezeichnet wird. Denn dies hängt anscheinend mit der Freilassungsform, bei der der Adoptionsgedanke eine Rolle spielte, zusammen[29]). Die hierher gehörigen Urkunden enthalten Klauseln, die keinen Zweifel aufkommen lassen, daß es sich nicht um leibliche Töchter, sondern um freigelassene Sklavinnen handelt, die verheiratet werden. Am klarsten tritt dies in CT II 33 (UAR 31) zutage, einer Urkunde, die Freilassung und Eheschließung kombiniert: *A (2) mârat B (3) B (4) u-li-il-ši-ma (5) a-na aš-šu-tim (6) u mu-tu-tim (7) a-na C (8) . . . i-di-ši (9) A (10) el-li-it ma-ma-an (11) mi-im-ma e-li A (12) u-la i-šu* 'A (2) ist die

über schon Peiser, H. G. I p. 40 n. 2 und neuestens D. G. Lyon, The consecrated women of the Hammurabi Code (Studies presented to Crawford Howell Toy 1912) p. 346.

26) Vgl. schon Cohn, Ges. Ham. p. 18 f.

27) §§ 160_{54}, $183_{6f.}$, 184_{20}. Vgl. ferner BE VI_1 $84_{36f.}$, M. 89, Waterman 29 p. 196 f.

28) BE VI_1 $101_{16f.}$, VS VIII 92 = M. 88, LC 61.

29) Vgl. Kohler, H. G. III p. 230, Schorr, UAR p. 43 f. Ich kann hier auf diese Frage nicht eingehen.

Tochter der B. (3) B (4) hat sie gereinigt (d. h. freigelassen) und dann (5) zur Ehefrauschaft (6) und Ehemannschaft (7) dem C (8) ... gegeben. (9) Die A (10) ist rein (d. h. frei). Niemand (11/12) hat irgend ein Recht auf die A.' In anderen Fällen zeigt das auf den Namen der Braut folgende *Mu-Ni-Im* 'mit Namen'[30]) oder ein Einspruchsverzicht gewisser Personen[31]) oder endlich eine Alimentationsverpflichtung, die die Braut gegenüber ihrer 'Mutter'[32]) übernimmt[33]), an, daß es sich um freigelassene Sklavinnen handelt. Dasselbe dürfte dann anzunehmen sein, wenn eine *Sal-Me Šamaš* aus Sippar die Braut verheiratet. Denn diesen Priesterinnen war die Ehe verboten, wahrscheinlich aus dem Grunde, weil sie zur Keuschheit verpflichtet waren[34]). So ist insbesondere in VS VIII 4/5 (UAR 32) Ištar-ummi, die 'Tochter' des Buzâzum und der

---

[30]) Gautier 14_1, LC 90_2, VS VIII 4/5 Z. 1. Zu dieser Art der Bezeichnung des Sklaven vgl. nunmehr auch Schorr, UAR p. 47 ad 1.

[31]) CT II 33_{10} f., $40b_3$ f., VI $26a_{17}$ f., Gautier 14_6 f., VS VIII 4/5 Z. 15 f.

[32]) Es sind meist Frauen, welche ihre freigelassenen Sklavinnen verheiraten.

[33]) CT VI $26a_{13}$ f.; in CT VI 37a Z. 13 f. trifft die Unterhaltspflicht Braut und Bräutigam, in LC 90_6 f. nur diesen. Vgl. auch Kohler, H. G. III p. 226.

[34]) Anderer Meinung Jensen, der jüngst (Deutsche Lit. Ztg. 1913 p. 543, Lit. Zentralblatt 1913, p. 512 f.) die *Sal-Me* für eine Tempelprostituierte, und die Klöster, in denen sie wohnten, für Tempelbordelle erklärt hat. Ein Eheverbot wäre allerdings auch von diesem Gesichtspunkte aus verständlich. Allein mir scheint dieser Auffassung noch immer § 110 K. Ḫ. entgegenzustehen. Denn wenn dort der *Sal-Me*, 'die nicht im Kloster wohnt', das Betreten oder Halten einer Schänke bei schwerer Strafe verboten wird, so liegt dem wohl der Gedanke zugrunde, daß die *Sal-Me* zu einer ehrbaren Lebensweise verpflichtet war. Vgl. neuestens auch D. G. Lyon, a. a. O. p 344 f. Zuzugeben wird sein, daß die Stellung der *Sal-Me* verschieden sein konnte nach den einzelnen Tempeln, sowie nach der Gottheit, in deren Dienste sie stand. Vgl. auch Schorr, UAR p. 8 ad 1. Was speziell die *Sal-Me* des Šamaš von Sippar betrifft, so wissen wir, daß diese Priesterinnen in einer eigenen Klosterstadt *(Gagûm)* in Sippar wohnten. Vgl. Scheil, Sippar p. 25, Hazuka, Beiträge aus den altbabylonischen Rechtsurkunden p. 22 f., Thureau-Dangin, RA 8 p. 93 f., Schorr, UAR p. 28 ad 10. Vgl. ferner CT VI 6_{25} f. (UAR 281), wo von Urkunden die Rede ist, die *i-na gagîm (Gà-Gi-Aki) ma-ḫar ilu A-a-ri-ša-at Sal-Me ilu Šamaš .... ša-ak-na* 'im Kloster vor Aja-rîšat, der Šamašpriesterin, ... deponiert waren'. Die Priesterinnen des Šamaš von Sippar sind übrigens schon für sehr frühe Zeit bezeugt. Vgl. das cruciform monument König Maništusu's (King, RA 9 p. 92 f., Dyneley Prince, AJSL 29 p. 98 f.) col. III 26 f., wo der König Anstalten

Lamassatum, einer *Sal-Me Šamaš*[35]), die von ihrem 'Vater' Buzâzum und ihrer 'Mutter' Lamassatum verheiratet wird, keine leibliche

---

für den Unterhalt der *Sal-Me Šamaš* trifft. Was nun die Frage der Ehefähigkeit dieser Priesterin anlangt, so möchte ich darauf hinweisen, daß in ca. 280 Urkunden aus der Zeit der ersten Dynastie, die der *Sal-Me Šamaš* Erwähnung tun und die ich nachprüfen konnte, sie nie als Ehefrau eines anderen bezeichnet wird, was um so bemerkenswerter ist, als dies bei anderen Priesterinnen, wie z. B. der *Sal-Me Marduk* und der *Nu-Bar*, für welche viel weniger Belege zur Verfügung stehen, der Fall ist. Auch läßt sich — und diese Tatsache spricht entschieden für die Keuschheitsverpflichtung der *Sal-Me Šamaš* — kein sicherer Fall nachweisen, daß eine *Sal-Me Šamaš* leibliche Kinder hatte. Wo ein Sohn (*mâru*) oder eine Tochter (*mârtu*) einer *Sal-Me Šamaš* genannt wird, läßt sich fast immer dartun, daß es sich um ein Adoptionsverhältnis handelt. Ich sehe hierbei von *ablûtu* Urkunden ab, wie CT II 41_{12}, VI $33a_{24}$, VIII $5a_{14}$, in denen eine Šamašpriesterin eine andere Frau als Erbin einsetzt und diese als Tochter, die Erblasserin als Mutter bezeichnet wird. Denn hier ergeben schon die Patronymika, daß es sich nicht um eine leibliche Tochter handelt. Die Filiationsbezeichnung erklärt sich aus den adoptionsrechtlichen Elementen der *ablûtu*. (Vgl. einstweilen meine Bemerkungen in PSBA 1913 p. 236 n. 14, RA 11 p. 33). Auf freigelassene, beziehungsweise adoptierte Sklaven beziehen sich die Eheverträge VS VIII 4/5, LC 90 (arg. *Mu-Ni* Z. 1, bezw. *Mu-Ni-Im* Z. 2), die Freilassungen CT VIII 48a, BE VI_1 96, ferner BE VI_1 17: die Šamašpriesterin gibt den A *M[u-Ni-Im]* 'mit Namen', ihren Sohn, in Adoption. Dasselbe wird daher wohl auch für die Eheverträge CT IV 39a und M. 90 anzunehmen sein, bei denen, abgesehen davon, daß die Brautmutter eine *Sal-Me Šamaš* ist, sonstige Indizien für die Sklaveneigenschaft der Braut fehlen. In CT VIII 35b, wo Daiches, Altbabyl. Rechtsurk. p. 86 Z. 3f. las *A Ud* ^an^ *Šamaš u B Dumu-Ni* 'A, die Šamašpriesterin, und B ihr Sohn', ist statt *Ud* ^an^*Šamaš a-bu ṣâbim* 'Leutevater' zu lesen. (Vgl. H. G. III 427). In VS VIII 33/34 (UAR 216, Zeit Sin-muballiṭs) schenken Mâd-dumuq-Anim und die Šamašpriesterin Amat-Šamaš dem Nûrum-lîṣi, (Z. 9) *ma-ri-šu-nu* 'ihrem Sohne' ein Hausgrundstück mit der Auflage, der Amat-Šamaš eine jährliche Alimentationsrente auf Lebenszeit zu gewähren. Vgl. auch VS VIII 31/32 (UAR 221). Nun ist Amat-Šamaš nach VS VIII 108/109 (H. G. IV 791, Zeit Ḫammurapis) Z. 16 die Tochter eines Dumuq-Anim, welcher Name natürlich nur eine Kurzform für Mâd-dumuq-Anim ist. Daher ist Nûrum-lîṣi kein ehelicher Sohn des M. und der A., und wie die Form *mârišunu* 'ihrem (d. h. beider) Sohne' anzeigt, wohl auch kein unehelicher Sohn der A. Ich halte es für wahrscheinlich, daß zwischen M. und A. einerseits und Nûrum-lîṣi andrerseits ein *ablûtu*-Verhältnis besteht, das seine Bezeichnung als *mâru* rechtfertigen würde. Für einen Adoptivsohn hält ihn auch Schorr, AR III p. 11, UAR p. 299. Einige Schwierigkeiten macht nur BE VI_1 96 (UAR 29), Freilassung einer Sklavin einer *Sal-Me Šamaš*, insofern Z. 16f. außer den

Tochter dieser Personen, sondern wie das *Mu-Ni*[36]) hinter ihrem Namen beweist, eine freigelassene Sklavin. Buzâzum und Lamassatum sind nicht Eheleute. Sie werden nicht als solche bezeichnet und der Einspruchsverzicht (Z. 16 f.) nennt außer ihnen bezeichnenderweise nur die Kinder des Buzâzum. Buzâzum dürfte vielmehr der Bruder der Lamassatum sein, der in seiner Eigenschaft als Mitkontrahent der Verheiratung der Sklavin seiner Schwester zustimmt[37]).

Eigentümlich ist CT II 40 b (UAR 30): es handelt sich um eine Frau Karanatum, die 'Tochter' des *Nûr-Sin,* wie der Beispruchsverzicht Z. 3 f. beweist, eine freigelassene Sklavin, bezüglich welcher Z. 8 f. bestimmt wird *Da-mi-iq-tum (9) Nin-A-Ni ša Ka-ra-na-tum (10) a-na mu-ti-im (11) i-na-di-ši* 'Damiqtum, (9) die Schwester der Karanatum, (10) wird sie einem Manne (11) geben.' M. E. ist die Urkunde dahin zu deuten, daß Nûr-Sin den Patronat über die Freigelassene und damit auch das Recht, sie zu verheiraten, seiner Tochter Damiqtum überträgt.

Die Person des Muntwaltes kann nicht bestimmt werden für M. 92 = VS IX 192/193 (UAR 36), wo nur zu lesen ist: 'die A hat B einem Ehemann gegeben *(a-na mu-ti-im i-di-iš)*'[38]), sowie für CT VIII 49 b (UAR 15). Die letztere Urkunde zählt zunächst einige Grundstücke auf und fährt dann (Z. 10 f.) fort: *m Il-ta-ni mârat Ḫa-li-ia-tum (11) u-ra-ba-ši-ma a-na mu-tim i-na-di-ši (12) zi-ti Ḫa-*

Kindern eines offenbar verstorbenen Bruders der Freilasserin auch deren Kinder (*mârû**meš*) auf jeden Anspruch gegen die Freigelassene verzichten. Man könnte hierbei an Adoptiverben (*ablum*) der Priesterin denken, wenn man es nicht vorzieht, ein Schreiberversehen anzunehmen, entstanden durch gedankenloses Kopieren eines Formulars. Jedenfalls ist die Urkunde nicht geeignet, das eben gewonnene Ergebnis zu erschüttern.

Welche Stellung der nunmehr durch Waterman 29 p. 185 Z. 6, 7, 15 bezeugten *Sal-Me-Gar ilu Šamaš* zukam, muß angesichts der Isoliertheit des Belegs dahingestellt bleiben.

35) Als solche wird sie in VS VIII 5 Z. 17 bezeichnet.

36) Ungnad, H. G. IV 776 läßt es unübersetzt.

37) Vgl. mein Bürgschaftsrecht p. 207 f.

38) Schorr, UAR p. 59 nimmt an, daß die Frau eine freigelassene Sklavin sei, wofür allerdings das Fehlen eines Patronymikon spricht. Das Gleiche wäre nicht ausgeschlossen in Waterman 30 p. 63, wo die Braut von ihrer Mutter verheiratet wird, insofern die Mutter der Braut für sich allein sonst als Kontrahent beim Ehevertrage nicht bezeugt ist. Vielmehr handelt es sich dort, wo die 'Mutter' die 'Tochter' verheiratet, immer um die Patrona einer Freigelassenen.

-li-ia-tum Sal-Me ^ilu^ *Marduk (13) ša I-zi-a-šar i-di-nu-ši-im (14) a-di ba-al-ṭi-at i-ka-al (15) ablum Na-ki-mu-um* 'Iltâni, die Tochter der Halijatum (11) wird er (?) großziehen und dann einem Manne geben. (12) Den Anteil der Ḫalijatum, der Mardukpriesterin, (13) den Iziašar ihr gegeben hat, (14) wird sie, solange sie lebt, nutznießen. (15) Erbe ist Nakimum.' Es handelt sich m. E. um eine Abfindungsschenkung des Vaters an die Tochter unter gleichzeitiger Einsetzung eines Erben — vielleicht ist es der Bruder — für sie[39]). Wer Subjekt zu der auf die Verheiratung der Tochter bezüglichen Klausel ist, bleibt dunkel, da diese Klausel aus dem Zusammenhang in den sie gehört, versprengt ist. Möglicherweise die Mutter selbst[40]), ebenso gut könnte man aber auch an den Erben denken[41]).

Es bleiben noch einige Eheverträge, in denen eines Muntwaltes der Braut nicht Erwähnung geschieht, vielmehr lediglich vom Manne ausgesagt wird, daß er die Braut zur Ehe genommen habe. Mit der Schlußfolgerung, daß hier die Braut selbst Kontrahentin sei, muß man indessen sehr vorsichtig sein. Dies lehren schon CT II 44 und M. 89 (UAR 4 u. 5), zwei zusammengehörige, auf die Verheiratung von Haupt- und Nebenfrau bezügliche Urkunden. Denn während CT II 44 die eben erwähnte Stilisierung aufweist, berichtet die Parallelurkunde M. 89, daß der Bräutigam die Frauen von ihrem Vater zur Ehe genommen habe. In CT VI 37a (UAR 35) heiratet der Sohn die Sklavin seiner Mutter, die ihm zugleich ihr Vermögen gegen Vorbehalt lebenslänglicher Alimentation überträgt. Es kann kein Zweifel bestehen, daß auch bezüglich des Ehevertrages Mutter und Sohn die Kontrahenten sind, zumal der Mutter für den Fall, als sich ihre Schwiegertochter gegen sie überhebt,

---

39) Derartige Verfügungen sind auch sonst bezeugt. Vgl. z. B. CT VIII 34a, 20a (UAR 210, 215), CT II 24, BE VI_2 70 (H G. III 472, 989). Ich halte es daher kaum für richtig, wenn Schorr, UAR p. 31 annimmt, die Erbeseinsetzung werde von der Mardukpriesterin selbst verfügt. Ein Widerspruch zu § 182 K. Ḫ., der der Mardukpriesterin volle Verfügungsfreiheit über das ihr vom Vater Geschenkte einräumt, braucht, ganz abgesehen von dem Umstande, daß die Urkunde älter ist als Ḫammurapi, auch aus dem Grunde nicht vorzuliegen, weil § 182 sich auf die Priesterin des Marduk von Babylon bezieht, während es sich hier um eine Mardukpriesterin aus Sippar handelt.

40) Vielleicht ist sie Witwe oder geschieden. Im letzteren Fall räumt § 137 K. Ḫ. gerade der *Sal-Me* (vgl. unten § 11) ein Erziehungsrecht bezüglich ihrer Kinder ein.

das Recht eingeräumt wird, diese als Sklavin zu verkaufen. In M. 90 (UAR 2) wird die Braut als Tochter einer *Sal-Me Šamaš* bezeichnet. Nach dem oben p. 120 und n. 34 Ausgeführten ist sie wohl eine freigelassene Sklavin, der die Verfügung über ihre Hand kaum zugestanden haben wird. Z. 7f. ist zu lesen *[x] siqil kaspim kasap (8) [te]-ir-ḫa-za (9) u-la-nu-ma ma-aḫ-ra-at* '[x] Sekel Silber als Silber (8) ihrer *tirḫâtum* (9) hat sie früher (?) erhalten.' Schorr (UAR p. 2) bezieht dies auf die Braut und schließt daraus, daß sie selbst den Ehevertrag abgeschlossen habe. Allein die *tirḫâtum* ist sonst immer eine Gabe, welche der Muntwalt der Braut erhält, so daß es fraglich ist, ob überhaupt eine *tirḫâtum* bezahlt wurde, wenn ausnahmsweise die Frau selbst über ihre Hand verfügte. Als Subjekt zur Quittung in Z. 7f. kann daher nur die Patrona der Freigelassenen gedacht werden. Die beiden sumerischen Eheverträge aus Nippur BE VI_2 40 und 48 (UAR 1, 6), die ebenfalls eine Beziehung auf den Muntwalt der Braut an sich nicht erkennen lassen, können erst später bei der Darstellung des sumerischen Eherechts gewürdigt werden. Wohl aber sei noch auf einen Ehevertrag aus Ḫana[42]) hingewiesen, der sich folgendermaßen ausdrückt: *A* (Bräutigam) *(2) i-na bu-ul-ti-šu ši-im-ti B (3) aš-ša-ti-šu i-ši-ma (4) A mu-za (5) B ašša-zu* 'A (2) hat bei seinen Lebzeiten die Rechtsverhältnisse der B, (3) seiner Ehefrau festgesetzt. (4) A ist ihr Ehemann, (5) B ist seine Ehefrau.'[43]). Wenngleich hier der Muntwalt der Braut nicht einmal genannt wird, so erscheint die Eheschließung — und das gilt auch für die oben besprochenen Urkunden aus Sippar — doch nur als Handlung des Bräutigams. Eine Rechtshandlung der Frau wird nirgends beurkundet.

In ganz ähnlicher Weise schildert § 128 K. Ḫ. den Vorgang der Eheschließung: *šum-ma a-wi-lum aš-ša-tam i-ḫu-uz-ma ri-ik-ša-ti-ša (la) iš-ku-un* 'wenn jemand eine Ehefrau nimmt und ihren schriftlichen Vertrag (nicht) errichtet.' Die Eheschließung erscheint auch hier als einseitiger Akt des Bräutigams. Die Rolle der Frau

---

[41]) Dafür Kohler, H. G. III p. 234, Schorr, UAR p. 31.

[42]) Veröffentlicht von Johns, PSBA 29 p. 180f., übersetzt bei Ungnad, H. G. III 5.

[43]) Es folgen Bestimmungen über Verletzung der ehelichen Pflichten, über Erbrecht der von der Frau zu erwartenden Kinder.

ist eine passive[44]). Natürlich wird niemand um dieser Formulierung willen der Eheschließung den Vertragscharakter absprechen. Daß aber als Gegenkontrahent der Muntwalt, und nicht die Frau zu betrachten ist, ergibt schon der Umstand, daß das Gesetz die Verheiratung der Frau durch den Muntwalt als den Normalfall ansieht. Einen Hinweis auf den Muntwalt darf man vielleicht auch in dem Terminus *riksâti* erblicken. Das Gesetz gedenkt der Schriftform noch in anderen Fällen. So vor allem bei der Schenkung auf den Todesfall (§§ $165_{37f.}$, $171_{80f.}$, $178_{65f.}$, $179_{24f.}$), bei der Mitgiftsbestellung (§ $183_{5f.}$). Hier gebraucht es die Wendung *išruqšim, tuppam (ina tuppim, kunukkam) išṭuršim (îzibšim)* 'er hat ihr[45]) geschenkt, ihr eine (in einer) Urkunde geschrieben,[46]) (ausgestellt).' Dieselbe Ausdrucksweise begegnet in § 5 Z. 10f.: der Richter hat die Partei eine Verzichtsurkunde *(tuppu la ragâmim)* ausfertigen lassen *(kunukkam ušêzib)*[47]), in § 151: die Ehefrau nimmt dem Manne die Verpflichtung ab, daß ihr Vermögen dem Zugriffe seiner vorehelichen Gläubiger entzogen sein solle und (Z. 32f.) *tup-pa-am uš-te-zi-ib* 'läßt sich darüber eine Urkunde ausfertigen,' in § 177: die Richter lassen die sich wiederverheiratende Witwe und ihren zweiten Mann bezüglich des von ihnen zur Verwaltung übernommenen Vermögens des ersten Mannes 'eine (Garantie)urkunde ausfertigen' (Z. 45f.: *tuppam ušêzzibušunûti)*. Es handelt sich in diesen Fällen durchwegs um einseitige Verträge, bei denen nur ein Kontrahent leistet, beziehungsweise verspricht. Demgegenüber bezeichnet mit *riksâti* das Gesetz die Vertragsurkunde beim Kauf (§ 7), beim Depositum (§§ 122, 123), also bei zweiseitigen[48]) oder doch bei

---

44) Die Übersetzung von *riksâtiša iškun* (§ 128 Z. 38f.) mit 'er schließt mit ihr (der Ehefrau) einen Vertrag (so z. B. Davies, Deimel, Winckler), die neuestens auch von Schorr, UAR p. XIV gegeben wird, ist auch grammatisch bedenklich.

45) Es handelt sich bei der Schenkung auf den Todesfall meist um Abfindungsschenkungen an die Tochter oder um Schenkungen an die Ehefrau.

46) Daher *šaṭâru* 'verschreiben' = (auf den Todesfall?) 'schenken.' Vgl. §§ 38_{28}, 39_{36}.

47) Vgl. dazu meine Bemerkungen in PSBA (1913) p. 240 n. 32.

48) Um Verträge auf Leistung und Gegenleistung (Pacht, Hütungsvertrag) handelt es sich auch in den oben (§ 1 n. 5) angeführten Stellen, in welchen *riksâti* die Bedeutung 'Vertrag,' wenn auch nicht 'Vertragsurkunde' hat.

solchen Verträgen, bei denen beide Kontrahenten auf die Festsetzung der Vertragsbedingungen in gleicher Weise Einfluß nehmen können. Wenn nun die Stilisierung des § 128 einerseits die Frau als Objekt des Ehevertrags erscheinen läßt, andrerseits durch die Verwendung des Terminus *riksâti* auf das selbständige Mitwirken einer zweiten Person hinweist, so kann diese zweite Person wohl nur der Muntwalt sein. Zudem ist der Ehevertrag, wenn er mit dem Muntwalt geschlossen wird, auch ein gegenseitiger Vertrag, insofern dieser für die traditio puellae vom Bräutigam die *tirḫâtum* erhält.

III. Die zweite Partei des Ehevertrags ist der Bräutigam. Diese Regel erleidet eine Ausnahme, wenn der Bräutigam noch unter väterlicher Gewalt steht. Hier schließt den Ehevertrag für ihn sein Vater. Die Phrase, welche das Gesetz (§ 166 passim) hierbei gebraucht: *ana mâri aššatam aḫâzu* 'für den Sohn eine Ehefrau nehmen' zeigt zugleich an, daß die traditio puellae an den Vater, ihre Duktion in das Haus des Vaters erfolgte. Dementsprechend wird auch vom Muntwalt der Braut berichtet (BE VI_1 $84_{38f.}$, Edin. 09—405—29, Z. 23f., vgl. oben n. 20), daß 'er die Braut in das Haus des Vaters für dessen Sohn habe eintreten lassen'[49]). Ob dieser Grundsatz nicht durchbrochen wurde, wenn der Sohn vom Vater bei dessen Lebzeiten zur Führung eines selbständigen Haushalts ausgestattet worden war, mag dahingestellt bleiben. CT VI 37b (UAR 212), wo der Vater seinem Sohne ein Grundstück schenkt, (Z. 5) *ki-ma aššatim a-ḫa-zi-im* 'um eine Ehefrau zu nehmen,' scheint dafür zu sprechen.

Eine weitere Phrase, die gebraucht wird, wenn der Vater für den Sohn den Ehevertrag schließt, ist *ana mâri kallâtam ḫâru* 'für den Sohn eine Braut auserwählen': §§ $155_{73f.}$, $156_{3f.}$. Zwar wird

---

[49]) § 166 K. Ḫ. bestimmt, daß der minderjährige (*ṣiḫrum*) Sohn, für den der Vater bei seinen Lebzeiten eine Frau nicht genommen habe, von seinen Brüdern den Betrag der *tirḫâtum* als Voraus auf seinen Erbteil aus dem Nachlasse erhalten solle. Dann (Z. 72f.) *aš-ša-tam u-ša-aḫ-ḫa-zu-šu* 'werden sie ihn eine Ehefrau nehmen lassen'. Damit ist nicht gesagt, daß die Brüder für ihn den Ehevertrag schließen, wie dies der Vater tut; denn das *aḫâzu* erscheint hier doch als Tätigkeit des Bräutigams. Eher könnte man meinen, daß die Brüder zum Ehevertrag zustimmen mußten. Doch sind unsere Kenntnisse über die rechtliche Bedeutung der Altersstufen im altbabylonischen Recht viel zu gering, um hier eine Entscheidung treffen zu können.

diese Redensart häufig auf die Verlobung bezogen[50]); das Gegenteil ergibt sich indessen aus CT VIII 7b (UAR 3) Z. 1f.: *A . . . . (5) B (6) u C aššazu (7) a-na D ma-ri-šu-nu (8) a-na ka-al-lu-tim i-ḫi-ru-ši* 'die A . . . . (5) haben B (6) und die C, seine Ehefrau (7) für D, ihren Sohn (8) zur Brautschaft auserwählt.' Daß wir es hier nicht mit einem Verlobungsvertrage, sondern mit einem Ehevertrage zu tun haben, folgt aus den mit anderen Eheverträgen übereinstimmenden Strafklauseln, die im Weiteren für den Fall der Verletzung der ehelichen Pflichten angeordnet werden[51]). Die gegenteilige Auffassung beruht wohl auf einem Mißverständnisse der Bedeutung von *kallâtum* 'Braut,' indem man Braut im Sinne von 'Verlobte' nimmt. Daß indessen *kallâtum* nichts mit der Verlobung zu tun hat, ergeben auch zwei weitere Eheverträge, in denen das Wort wiederkehrt: CT XXXIII 34, die Mutter und ihr Bruder lassen die A in das Haus des B eintreten[52]) (Z. 7f.) *a-na ka-al-la-at (8) u ma-ra-at* 'als Braut (8) und (Schwieger)tochter,' ferner Waterman, 30 p. 63: *A (2) mârat B . . (3) itti B . . . (4) C . . (5) ki (?)*[53]) *ka-al-la-at u mârat (6) il-ki-e-ši* 'A, (2) die Tochter der B . . . (3) hat von der B . . . (4) die C . . . (5) als Braut und (Schwieger)-tochter (6) erhalten'[54]). Wie die letztere Urkunde ergibt, schließt

[50]) So von Jeremias p. 9f., Müller p. 129, Winckler p. 45 n. 4, Besta p. 200f., Cook p. 100f., Cuq, Rev. Bibl. (1905) p. 355.

[51]) Nicht zu verstehen bekenne ich die Bemerkung Schorrs, UAR p. 2 n. a, p. 8 n. 1: aus CT VIII 7b sei zu folgern, daß der Ehevertrag schon bei der Verlobung niedergeschrieben wurde. Was soll denn die Urkunde eigentlich darstellen, den Verlobungs- oder den Ehevertrag? Daß ferner die Brautleute minderjährig sind, darf keinesfalls aus dem Umstande erschlossen werden, daß für sie andere Personen den Vertrag schließen.

[52]) Vgl oben n. 21. Nach der Konstruktion des Satzes dürfte es sich wohl um den Bruder der Mutter und nicht der Braut handeln. Diese selbst wird eine freigelassene Sklavin sein, wozu ja stimmt, daß der Name des Vaters nicht angegeben wird. Die 'Mutter' wird also nur in ihrer Eigenschaft als Patrona als solche bezeichnet, ihr Bruder aber, der neben ihr als Kontrahent auftritt, gibt dadurch wohl seinen Verzicht auf etwaige Beispruchsrechte zu erkennen.

[53]) Nach Analogie von CT XXXIII 34_7 erwartet man *a-na.*

[54]) Es ist dies der einzige bisher bekannte Fall, daß eine Frau für den Bräutigam, dessen Name übrigens nicht angegeben wird, den Ehevertrag schließt. Wahrscheinlich handelt sich um die Patrona eines Freigelassenen. Im Übrigen dürfte auch die Braut eine freigelassene Sklavin sein, da der Name ihres Vaters nicht angegeben wird. Vgl. oben n. 38.

auch in CT XXXIII 34 nicht der Bräutigam, sondern eine andere Person (wohl sein Vater) für ihn den Ehevertrag. *Kallâtum* scheint demnach für die Braut technisch gebraucht zu werden, wenn auf Seite des Bräutigams sein Gewalthaber als Kontrahent beim Ehevertrage auftritt. An diesen erfolgt auch, wie CT XXXIII 34 ergibt, die traditio puellae. In diesem Sinne müssen demnach auch die Phrasen *kallâtam* (*ana kallûtim*) *ḫâru* verstanden werden. Dazu paßt auf das beste, daß die Tatbestände der §§ 155, 156, wie noch darzulegen sein wird[55]), voraussetzen, daß die Braut sich bereits im Hause des Schwiegervaters befindet.

Diese Beobachtung stellt auch die Brücke her zur Tatsache, daß *kallâtum* neben 'Braut' auch 'Schwiegertochter' bedeutet. Dieser Sprachgebrauch erhellt für die altbabylonische Zeit bisher zwar nur aus den Privatbriefen[56]), für die mittelbabylonische Zeit hingegen auch aus Rechtsurkunden[57]). Wie das Wort zu dieser Doppelbedeutung kommt, muß dahingestellt bleiben, solange seine Etymologie nicht mehr geklärt ist, als dies heute zutrifft[58]). Die juristischen

---

[55]) Vgl. unten § 9 p. 142f.

[56]) CT XXIX $12_{6, 35}$; 19_{14} (Umschrift und Übersetzung bei Ebeling, RA 10 p 30, 36f.). Was die Rechtsurkunden betrifft, so wird der in den oben erwähnten Urkunden begegnende eigentümliche Ausdruck *kallât û mârat* 'Braut und Tochter' zu beachten sein Er bildet gewissermaßen den Übergang von der einen Bedeutung zur anderen.

[57]) Vgl. den Kudurru Br. M. 90835 (King, Babylonian boundary stones n°. 9) col. I 27f., 34f.: A bestellt eine Mitgift an *B aššati-šu ša C kal-lat-i-šu ša D* 'B, die Ehefrau des C, die Schwiegertochter des D (Vaters des C)'. Ähnlich der Kudurru I R 70 (KB IV p. 78f.) col. I Z 13f. Derselbe Sprachgebrauch findet sich in den El Amarna-Briefen. In Knudtzon (El-Amarna-Tafeln, Vorderasiatische Bibl. II) n°. 26, einem Brief des Mitannikönigs Tušratta an Teie, die Mutter Amenophis IV., des Gemahls der Tochter Tušrattas, Taduḫepa wird diese bezeichnet (Z. 5) als *kallâtu* 'Schwiegertochter' der Teie.

[58]) Man geht gewöhnlich vom Ideogramm *Ê-Ge-A*, das auch in §§ 155, 156 K. Ḫ. gebraucht wird, aus. Nach Zimmern, Babyl. Bußpsalmen p. 50 (Assyriol. Bibl. 6) soll darin das Verbum *Gi-A* = *kalû* (כלה) 'zurückhalten' enthalten sein. Delitzsch p. 330a nimmt als Grundbedeutung 'Brautgemach' an und verweist ebenfalls auf כלה als Etymon. Nach Lehmann-Haupt, Šamaš-šum-ukîn II p. 55 (Assyriol. Bibl. 8) soll *Ê-Ge-A* bedeuten 'das Haus (*Ê*, d. h. des Mannes), zu dem die Braut sich wendet (*Gi-A*)'. Jensen, WZKM 6 p. 210 hingegen will *kallâtum* von כלל ableiten. Die Bedeutung soll sein 'die Bekränzte', d. h. die Braut.

Quellen verwenden *kallâtum* zur Bezeichnung der Ehefrau speziell in ihrem Verhältnis zum Gewalthaber des Bräutigams und mit diesem Resultat müssen wir uns vorläufig begnügen[59]).

---

[59]) Zwei weitere Ausdrücke für Ehemann und Ehefrau sind *ḫâwirum*, bezw. *ḫirtum*, von *ḫâru* (חור) 'ausersehen, auserwählen' (vgl. Delitzsch p. 275, der jedoch חיר als Wurzel anführt), wörtlich also 'der (die) Auserwählte'. Peiser, H. G. I p. 51 n. 1 und Ungnad, H. G. II p. 135, 137 vermuten hier einen technischen Sprachgebrauch, indem *ḫâwirum*, *ḫirtum* nach dem Gesetze die Eheleute erster Ehe im Gegensatz zu einer allfälligen zweiten Ehe bezeichnen sollen. Das trifft in der Tat für die §§ 135_{52}, 174_{55} zu, wo *ḫâwirum* den Gemahl erster Ehe im Gegensatz zu *mutu warkûm* 'dem späteren Mann' (vgl. §§ 173_{43}, 174_{51}) bedeutet. Allein das Gesetz ist in diesem Sprachgebrauch nicht konsequent. Vgl. § 135₅₂f.: die Frau (des Verschollenen, die wieder geheiratet hat) *a-na ḫa-wi-ri-ša i-ta-ar* 'geht zu ihrem ersten Mann (bei dessen Rückkehr) zurück'; andererseits § 136₇₂f. (für denselben Tatbestand): *a-na mu-ti-ša u-ul i-ta-ar* 'sie kehrt zu ihrem ersten Mann nicht zurück'. Noch schwächer sind die Beweise für *ḫirtum*. Das Wort begegnet im § 138, der von der Verstoßung der Ehefrau handelt, und bezeichnet hier die Ehefrau schlechthin, ferner in den §§ 170, 171 pass., wo *ḫirtum* die legitime Gattin im Gegensatz zur unfreien Konkubine bedeutet In dem oben erwähnten Ehevertrage CT VIII 7b heißt es Z 13f., 'wenn der Bräutigam' (14) *a-na A ḫi-ir-ti-šu (15) u-ul aš-ša-ti i-ga-ab bi-ma (16)* 1/2 *manê kaspim išaqal* 'zur A, seiner Frau, (15) nicht bist du meine Frau spricht, (16) wird er 1/2 Mine Silber darwägen'. Hier werden *ḫirtum* und *aššatum* promiscue verwendet, wie denn überhaupt in anderen Eheverträgen an Stelle von *ḫirtum aššatum* steht. Ich vermag daher eine bestimmte von *aššatum* und *mutum* genau unterschiedene Bedeutung für *ḫirtum*, *ḫâwirum* nicht anzuerkennen, wenigstens nicht für die Zeit, aus der unsere Quellen stammen. Möglich, daß ursprünglich *ḫâwirum* und *ḫirtum* die Brautleute im Momente der Eheschließung oder sogar die Verlobten bezeichneten. Für die letztere Annahme könnte man anführen, daß nach II R 36, 39cd (nach Delitzsch p. 275) *ḫâ'iru* synonym mit *êrišu* 'Verlobter ist. Vgl. unten § 9 n. 18.

§ 9.

Die Untersuchung der eherechtlichen Terminologie hat ergeben, daß der Ehevertrag des altbabylonischen Rechts in der durch den Muntwalt erfolgenden Übergabe der Braut an den Bräutigam, beziehungsweise an seinen Gewalthaber bestand[1]. Natürlich wurde die traditio puellae erst durch ihre causa, die durch das den Akt begleitende Wort zum Ausdrucke kam, individualisiert. Das Mädchen wurde nicht zu Eigentum, zu Konkubinat dem Manne übergeben, sondern zu rechter Ehe, *ana aššûtim û mutûtim* wie die Urkunden sagen.

Mit der traditio puellae ist indessen der Inhalt des Ehevertrags noch nicht erschöpft, indem der Leistung des Muntwalts eine Gegenleistung des Bräutigams entsprach, die *tirḫâtum,* von deren Beurteilung die Frage, ob die babylonische Ehe Kaufehe war oder nicht, abhängt.

Die *tirḫâtum* war ein Geldbetrag[2], welcher vom Bräutigam oder dessen Gewalthaber[3] dem Muntwalte der Braut[4] übergeben wurde. Diese Übergabe, die vielleicht nach Herkommen von gewissen Förmlichkeiten begleitet sein konnte[5], fand, von Ausnahme-

---

[1]) Wie der Vorgang sich gestaltete, wenn die gewaltfreie Witwe oder geschiedene Frau selbst den Ehevertrag schloß, wissen wir nicht. Wir können daher auch nicht sagen, ob die Selbsttrauung der Frau in diesen Fällen in ähnlicher Weise wie im deutschen Recht durch einen Vertrauensmann (Salmann) (vgl. Sohm, Recht der Eheschließung p. 67 f.) erfolgte, der sie dem Bräutigam übergab.

[2]) In VS VIII 4/5 (UAR 32) besteht sie aus $^2/_3$ Minen Silber und einem Sklaven.

[3]) CT VIII 7b (UAR 3), CT XXXIII 34, Waterman 30 p. 63. Vgl. auch BE VI_1 84 (H. G III 9).

[4]) Über M. 90 (UAR 2) siehe oben § 8 p. 124.

[5]) V R 24, 48 cd (nach Meissner, APR p. 14 n. 3) *terḫassu paššuri iš-ku-[un] ana abišunu* (?) *ušâ[rib?]šu* 'er legte seine *tirḫâtum* auf eine Schüssel und brachte sie (?) ihren Eltern (?)'. Vgl. auch Cuq, Nouv Rev. hist. 33 p. 431.

fällen, in denen die *tirḫâtum* erst nach der Eheschließung bezahlt worden zu sein scheint[6]), abgesehen, entweder bei der traditio puellae oder auch schon in einem früheren Zeitpunkte statt. Das erstere ergibt eine Anzahl von Eheverträgen, in denen unmittelbar nach der traditio puellae die Empfangsquittung des Muntwalts über die *tirḫâtum* beurkundet wird[7]); das letztere folgt aus §§ 159—161 K. Ḫ., die, weil sie die sedes materiae für die *tirḫâtum* bilden, hier vollinhaltlich angeführt werden[8]).

§ 159.

šum-ma a-wi-lum	Wenn jemand,
ša a-na bît e-mi-šu	der in das Haus seines Schwiegervaters
bi-ib-lam	*biblum*
u-ša-bi-lu	hat bringen lassen,
tir-ḫa-tam id-di-nu	die *tirḫâtum* gegeben hat,
a-na sinništim ša-ni-tim	auf ein anderes Weib
up-ta-al-li-is-ma	sein Auge geworfen hat und dann
a-na e-mi-šu	zu seinem Schwiegervater
mârat-ka	'deine Tochter
u-ul a-ḫa-az iq-ta-bi	werde ich nicht nehmen' sagt,

[6]) Daß dies vorkam, kann vielleicht aus Waterman 29 p. 196f. gefolgert werden. Die Urkunde enthält ein Versprechen des Bräutigams, die *tirḫâtum* der Braut im Betrage von $^1/_3$ Mine Silber deren Vater zu bezahlen (Z 7 *Ni-Lal-E* 'er [der Bräutigam] wird zahlen'). Ein solches Versprechen konnte natürlich auch vor der traditio puellae geleistet werden. Dagegen spricht aber im vorliegenden Falle die auf das Zahlungsversprechen folgende Bestimmung (Z. 10 f.) *ûmimi A* (*11*) *li-bi B* (*12*) *ul-te-mi-nu* (*13*) *B* (*14*) *A* (*15*) *a-na kaspim* (*16*) *i-na-di in* 'wenn die A (Braut) (11) das Herz der B (der legitimen Ehefrau, A ist also nur eine Nebenfrau) (12) kränkt (II_2 von *lamânu* 'feindselig sein', nach freundlicher Mitteilung Schorrs), wird B (14) die A (15) für Silber (16) hergeben' (d. h. verkaufen). Denn eine derartige Verfügung kann füglich nur in dem Ehevertrage gestanden haben, setzt also voraus, daß das Mädchen in die Gewalt des Mannes gelangt ist, beziehungsweise im Momente der Errichtung der Urkunde seiner Gewalt überantwortet wird.

[7]) CT VIII 7b, VS VIII 4/5 (UAR 3, 32), M. 88, CT IV 39a (H. G. III 4, 6), CT XXXIII 34, Waterman 30 p. 63. Vgl. auch M. 92 (UAR 36).

[8]) Vgl. auch M. 90 (oben p. 124), wo die das Mädchen verheiratende Patrona im Ehevertrage erklärt, daß sie die *tirḫâtum u-la-nu-ma* 'früher' erhalten habe.

a-bi mârtim	so wird der Vater der Tochter
mi-im-ma	alles,
ša ib-ba-ab-lu-šum	was ihm gebracht worden ist,
i-tab-ba-al.	davontragen.

§ 160.

šum-ma a-wi-lum	Wenn jemand
a-na bît e-mi-im	in das Haus des Schwiegervaters
bi-ib-lam	*biblum*
u-ša-bi-il	hat bringen lassen,
tir-ḫa-tam	die *tirḫâtum*
id-di-in-ma	gegeben hat und dann
a-bi mârtim	der Vater der Tochter
mârtî u-ul a-na-ad-di-ik-kum	ʻmeine Tochter werde ich dir nicht geben'
iq-ta-bi	sagt,
mi-im-ma ma-la	so wird er alles, was
ib-ba-ab-lu-šum	ihm gebracht worden ist,
uš-ta-ša-an-na-ma	indem er es verdoppelt,
u-ta-ar[9]).	zurückgeben[9]).

Das Gesetz unterscheidet unter den Vermögenszuwendungen des Bräutigams an den Muntwalt der Braut zwischen *biblum* und *tirḫâtum*. *Biblum* von יבל ʻtragen, bringen,' wörtlich also das ʻZugebrachte,' wird gewöhnlich als Verlobungsgeschenk charakterisiert im Gegensatz zur *tirḫâtum*, dem Brautpreise[10]). Diese Unterscheidung

---

[9]) § 161 ist ebenso formuliert wie § 160, nur wird berichtet, daß der Vater die Übergabe der Tochter deshalb verweigere, weil den Verlobten sein Freund verleumdet habe' (Z. 65 f *i-bi-ir-šu uk-tar-ri-zu*). Der Vater muß das Empfangene zweifach restituieren; außerdem wird ein Eheverbot zwischen der Tochter und dem ʻVerleumder' statuiert. Darin liegt der Kern der Bestimmung und zugleich das Neue, was sie gegenüber § 160 bietet. Ihre Formulierung ist insofern befremdlich, als nach § 160 das Motiv, aus dem der Muntwalt die traditio puellae verweigert, für die Behandlung der *tirḫâtum* rechtlich gleichgültig ist und auch gar nicht zur Kenntnis des Bräutigams zu gelangen braucht. Vielleicht handelt es sich um eine Neuerung Ḫammurapis, die in nicht ganz geschickter Weise von den Redaktoren an § 160 angefügt wurde.

[10]) Vgl. Müller p. 132, Kohler, H. G. I p. 118, Cook p. 80, Freund, a. a. O. p. 32 f., Besta p. 200.

ist dem biblischen, altarabischen, syrischen und talmudischen Rechte bekannt, nur daß in den zwei letzten Rechten an Stelle des Brautpreises die aus ihm hervorgegangene arrha sponsalicia getreten ist[11]). Allein während z. B. das syrische Recht bei Auflösung des Verlöbnisses durch den Muntwalt der Braut bestimmt, daß die arrha zweifach, die Verlobungsgeschenke aber nur einfach zurückgegeben werden sollen, macht der K. Ḫ. in der rechtlichen Behandlung zwischen *biblum* und *tirḫâtum* keinen Unterschied. Aus den gleichzeitigen Urkunden erfahren wir von einer Sitte, Verlobungsgeschenke zu geben nichts. Das Wort *biblum* ist überhaupt bisher nur in den §§ 159—161 K. Ḫ. nachzuweisen. Man könnte unter solchen Umständen fast zweifeln, ob der *biblum* etwas von der *tirḫâtum* qualitativ Verschiedenes war und nicht bloß in einer Anzahlung auf die *tirḫâtum* bestand. Dem stünde indessen zwar nicht die Etymologie entgegen — denn *biblum* = 'Zugebrachtes' = 'Anzahlung' wäre möglich —, wohl aber die asyndetische Verbindung der Sätze *biblam ušâbil, tirḫâtam iddin* in §§ 159—161, die zeigt, daß unter beiden etwas verschiedenes verstanden werden muß. In der Tat lassen sich auch Unterschiede zwischen *biblum* und *tirḫâtum* erkennen. Während die letztere in Geld besteht, kann der *biblum* wohl auch andere Sachen in sich begreifen[12]). Ferner kann die *tirḫâtum* — und dieser Punkt scheint auch juristisch nicht ohne Bedeutung zu sein — sowohl vor wie bei der Eheschließung (traditio puellae) gegeben werden, der *biblum* aber anscheinend nur vor diesem Zeitpunkte[13]). Man wird ihn daher vielleicht am besten als

---

11) Vgl. darüber meinen Artikel 'Zur Geschichte der arrha sponsalicia' in der Zeitschr. d. Savigny-Stiftung, rom. Abt. 33 p. 390 f., wo auch die Quellen und Literatur angegeben sind.

12) Darauf scheint die Ausdrucksweise des Gesetzes hinzuweisen. Die *tirḫâtum* wird vom Bräutigam 'gegeben', den *biblum* 'läßt er ins Haus des Schwiegervaters bringen'. Daß den *biblum* etwa die Braut, die *tirḫâtum* der Muntwalt erhielt, zu dieser Annahme gibt das Gesetz keinen Anlaß. Im Gegenteil, die Wendung (§§ 159_{44}, 160_{56}, 161_{71}): *mi-im-ma ša ib-ba-ab-lu-šum* 'alles was ihm gebracht worden ist' läßt darauf schließen, daß der Muntwalt sowohl den *biblum* wie die *tirḫâtum* empfing.

13) Nur um auch entfernte Möglichkeiten in Betracht zu ziehen, sei noch die Annahme zurückgewiesen, daß die *tirḫâtum* nur bei der Eheschließung, der *biblum* aber vorher (bei der Verlobung) gegeben wurde. Dies würde voraussetzen, daß der Satz *tirḫâtam iddin* in den §§ 159—161 interpoliert sei. Man könnte sich hierbei darauf stützen, daß den *biblum* der

Werbungsgeschenk bezeichnen dürfen, eine Institution, die sich auch anderweitig findet[14]). Bei dieser Charakterisierung der Gabe wird es auch verständlich, warum das Gesetz rechtlich zwischen ihr und der *tirḫâtum* nicht unterscheidet. Denn beide werden bei der Brautwerbung gegeben, nur daß die *tirḫâtum* dem Rechte, der *biblum* vielleicht mehr der Sitte angehört.

Unter allen Umständen ergeben jedoch die §§ 159—161, daß der Eheschließung ein Akt vorangehen konnte, der in der Übergabe von Vermögenswerten seitens des Bräutigams an den Muntwalt der Braut bestand, und den wir als Verlobung bezeichnen können, ja auch müssen[15]). Denn er entspricht genau der Verlobung des älteren deutschen Rechts, die dort durch Vorleistung des Brautpreises an den Muntwalt vollzogen wurde, und an die sich dann die Trauung, d. h. die traditio puellae schloß[16]). Zu demselben Ergebnis führen auch die Urkunden, aus denen wir zugleich den Terminus für Verlobung kennen lernen. In CT VIII 2a (H. G. III 10) werden verschiedene Mobilien (vor allem Haushaltungsgegenstände) aufgezählt, (Z. 14f.) *ša ilu Sin-e-ri-ba-am a-bi-ša* . . . (*16*) *a-na La-ma-za-tim* . . . (*17*) *ma-ar-ti-ša* (*18*) *i-na bît An-nu-ni-tum i-na ir-ši-ti-ša* (*19*) *u-wi-du-ši-im* 'welche Sin-erîbam, ihr Vater, . . . (16) der Lamassatum . . ., (17) seiner Tochter, (18) im Hause der Annunitum bei ihrer *iršîtum* (19) bestimmt hatte.' Im Folgenden wird berichtet, daß die Mutter und die Brüder der Lamassatum, offenbar nach dem Tode des Vaters, ihr die bezeichneten Gegenstände ausgefolgt und Z. 25f. *a-na bît Ilu-šu-ba-ni mu-ti-ša* . . . (*27*) *u-še-ri-bu* '(sie) in das Haus des Ilušu-bâni, ihres Ehemannes, . . .

Bräutigam ins Haus des Schwiegervaters bringen lasse (*šubulu*), und daß in der Sanktion immer nur von Gegenständen, welche dem Schwiegervater gebracht worden seien (*ibbablu*), die Rede sei. Allein man braucht der Sprache keine Gewalt anzutun, um auch das 'Geben' der *tirḫâtum* unter *ibbablu* zu subsumieren. Es läßt sich auch schlechterdings kein Grund einsehen, der die Redaktoren des Gesetzes veranlaßt haben sollte, die Interpolation vorzunehmen. Zudem würde diese Annahme direkt durch die im Texte gleich anzuführenden Urkunden widerlegt werden.

14) Vgl. Post, Studien zur Entwicklungsgeschichte des Familienrechts p. 173, Afrikanische Jurisprudenz I p. 342f.

15) Vgl. auch Fehr p. 74.

16) Vgl. Sohm, Recht der Eheschließung p. 22f., O. v. Gierke, Schuld und Haftung p. 389f., Brunner, Grundzüge der deutschen Rechtsgeschichte[5] p. 222, Rietschel in Hoops' Reallexikon d. germ. Altertumskunde I p. 511f.

(27) haben eintreten lassen.' Die letztere Klausel bezieht sich natürlich auf die Eheschließung, die traditio puellae, bei welcher der Braut die Mitgift, im Gesetze *šeriqtum,* in den Urkunden *nudunnûm* genannt, mitgegeben wurde. Denn als Mitgift sind die eingangs der Urkunde aufgezählten Gegenstände zu qualifizieren. Das ergeben die ganz ähnlich stilisierten Texte BE VI_1 84 und 101, welche die in ihnen aufgezählten Objekte ausdrücklich als *nudunnûm* (Z. 33, bezw. Z. 14) bezeichnen. Nun wird am Schlusse der Urkunde bemerkt, daß gleichzeitig die *tirḫâtum* dem Ehemanne zurückerstattet worden sei[17]). Die *tirḫâtum* muß also in einem Zeitpunkte, der der traditio puellae vorausging, dem Muntwalt übergeben worden sein. Dieser Zeitpunkt kann aber dann wohl nur der gewesen sein, in welchem der Vater der Tochter die Mitgift bestimmte. Denn vorher hatte er dazu keinen Anlaß. Da nun die Bestimmung der Mitgift *ina iršîti* der Tochter erfolgte, so ergibt sich die Gleichung *iršîtum* = Übergabe der *tirḫâtum* = Verlobung[18]).

Die Verlobung stellt sich somit als ein Formalgeschäft dar, das darin besteht, daß der Bräutigam dem Muntwalt der Braut die *tirḫâtum* und (eventuell) auch den *biblum* übergibt[19]). Ein

---

17) Über die juristische Bedeutung dieses Vorgangs siehe unten § 11.

18) Vgl. auch Meissner, MVAG 10 p. 67 n. 2. In VS VIII 69/70 = M. 99 (H. G. III 493) übereignen die Eltern ihrer Tochter eine Sklavin Z. 6 *i-[n]a ir-ši-ti-ša* 'bei ihrer Verlobung'. Sollten *iršîtum* und *êrišu*, nach II R 36, 39 cd synonym mit *ḫâ'iru*, zusammenhängen, so wäre die Bedeutung dieses Wortes wohl eher 'Verlobter' als 'Bräutigam, junger Ehemann', wie Delitzsch p. 141 angibt. Allerdings bedeutet *ḫâwirum* in den juristischen Texten der altbabylonischen Zeit 'Ehemann'. Vgl. oben p. 129 n. 59. *Êrišu* ist übrigens bis jetzt in den Urkunden noch nicht zu belegen. Über die Etymologie des Wortes will ich als Nichtphilologe kein Urteil abgeben. Es sei nur erwähnt, daß Cook p. 78 n. 1 assyr. *êrišu* mit hebr. ארשׂ 'verloben' (Deut. 20, 7; 22, 23) zusammenstellt. Vgl. auch Jensen, ZA 1 p. 406. Die Grundbedeutung dieser Wurzel ist nach Gesenius, hebr. aram. Wörterbuch p. 61a 'den Wert erlegen und so das Anrecht auf den Besitz des Mädchens gewinnen'. Das würde gut zu dem festgestellten Begriff von *iršîtum* = Übergabe der *tirḫâtum* stimmen. Doch ist, wie mir Rhodokanakis schreibt, diese Etymologie nicht sicher, da arab. *'arš*, mit dem nach Gesenius ארשׁ zusammenzustellen wäre, den 'für eine Wunde statt der Talion erlegten Wert' bezeichnet und man außerdem bei primae א im Assyrischen eher *ârišu* statt *êrišu* erwarten würde.

19) In demselben Sinne auch Ulmer, AO IX, 1 p. 11 und wohl auch Besta p. 199 f.

formloses Verlöbnis im Sinne einer Willenseinigung zwischen Muntwalt und Bräutigam, kraft welcher der eine die Braut zur Ehe zu geben, der andere sie als Ehefrau zu nehmen verspricht, kennt das babylonische Recht nicht, wenigstens nicht als Vertrag mit rechtlichen Wirkungen[20]).

Nach den §§ 159—161 steht nun beiden Kontrahenten der Rücktritt vom Verlöbnis frei, dem Bräutigam gegen Preisgabe von *tirḫâtum* und *biblum*, dem Muntwalt, wenn er das vom Bräutigam Empfangene zweifach zurückgibt. Es ist dies ein Rechtssatz, der, wie die Rechtsvergleichung lehrt, keineswegs isoliert dasteht. Er gilt für die Verlöbnisarrha (arrha sponsalicia), d. h. für die Gabe, welche der Bräutigam bei der Verlobung dem Muntwalt der Braut, später wohl auch der Braut selbst darbringt, nach römischem Recht, das diese Institution allerdings erst in der nachklassischen Zeit aus dem orientalischen Rechtskreis rezipierte, ebenso nach dem syrisch-römischen Rechtsbuch und nach byzantinischem Recht[21]). Man kann demnach die *tirḫâtum* als arrha sponsalicia bezeichnen. Damit ist zunächst indessen nur ein Name gewonnen, noch nicht aber die Frage nach dem juristischen Charakter der *tirḫâtum* gelöst. Cuq[22]), der die Gleichung *tirḫâtum* = arrha sponsalicia gelten läßt, glaubt jene als Verlobungsgeschenk, als 'don de fiançailles' charakterisieren zu können. Allein die *tirḫâtum* kann nicht nur bei der Verlobung, sondern, wie den oben n. 7 angeführten Urkunden zu entnehmen ist, auch bei der Eheschließung gegeben werden. Hier wird dann Leistung und Gegenleistung Zug um Zug ausgetauscht. Der traditio puellae seitens des Muntwalts entspricht die Übergabe der *tirḫâtum* seitens des Bräutigams. Es wird ein Geldbetrag vom Bräutigam gegeben und vom Muntwalt in Empfang genommen als *tirḫâtum* 'der (d. h. für die) Braut'[23]) oder als 'ihre' (der Braut) *tirḫâtum*[24]). Es ist klar,

[20]) Anderer Ansicht scheint Cuq, Rev. Bibl. (1905) p. 353, zu sein, der das Verlöbnis als 'accord préalable entre les pères des futurs époux' bestimmt.

[21]) Vgl. darüber jetzt Koschaker, Ztschr. d. Savigny-Stiftung, rom. Abt. 33 p. 383 f. Weitere rechtsvergleichende Daten bei Post, Studien p. 160 f.

[22]) Rev. Bibl. (1905) p. 363, 366. Vgl. auch Zocco-Rossa, Riv. Ital. per le scienze giur. 36 p. 376.

[23]) CT VIII 7 b Z. 9 f.

[24]) *Tirḫassa*: VS VIII 4/5 Z. 9 f., M. 90_8, Waterman 30 p. 63 Z. 7. Noch deutlicher wäre, wenn die Ergänzung richtig ist, VS VIII 92 = M. 88

daß hier die *tirḫâtum* nicht mehr ein Verlobungsgeschenk sein kann, ebenso klar, daß nicht mehr die §§ 159—161 gelten. Denn es liegt schon ein Eheverhältnis vor, das zwar durch Scheidung, aber nicht mehr durch Preisgebung oder Rückstellung der *tirḫâtum* gelöst werden kann. Es handelt sich also darum, eine Formel zu finden, die für beide Fälle, in denen die *tirḫâtum* gegeben werden kann, paßt, und diese Formel kann wohl nur lauten: die *tirḫâtum* ist der Brautpreis, der entweder bei der Eheschließung, d. h. bei der Übergabe der Braut oder im Voraus bei der Verlobung geleistet wird. Damit steht im Einklang, daß die *tirḫâtum* noch eine reale Leistung ist[25]), und nicht etwa eine Scheinleistung, zu der sich häufig die arrha sponsalicia später, wenn sie sich einmal vom Brautpreis abgespaltet hat, umwandelt[26]). Das Entscheidende aber ist, daß die Bestimmungen der §§ 159—161 kaufrechtliche Grundsätze enthalten, daß mit anderen Worten dasjenige, was das Gesetz hier für die *tirḫâtum* normiert, beim Kaufvertrag für den Kaufpreis gilt. Sowohl dem griechisch-hellenistischen wie dem römischen Recht zur Zeit Justinians, dem syrisch-römischen Rechtsbuch und dem byzantinischen Recht ist der Satz bekannt, daß der Käufer, der den Kaufpreis bezahlt oder eine Anzahlung (arrha) auf diesen geleistet hat, durch Preisgebung seiner Leistung, der Verkäufer durch zweifache Rückgewähr des Empfangenen vom Vertrage zurück-

---

(H. G. III 4) Z. 8 f.: *10 šiqil kaspim te-ir-ḫa-za (9) [a-n]a ^{ilu}Šamaš-na-ṣir a-bi-ša (10)* [*a-na* . . . .] . . . . *tum-um-mi (11)* [*id-di-in*] ʻ10 Sekel Silber als ihre *tirḫâtum* (9) [hat er] (der Bräutigam) [dem] Šamaš-nâṣir, ihrem Vater (10) [für die . . .] . . tum-ummi (11) [gegeben]'. Wenn es in CT XXXIII 34 heißt, daß der Vater des Bräutigams dem Muntwalt (Z. 9 f.) *a-na te-ir-ḫa-ti-ša (10) 5 šiqil kaspim* . . . *(13) In-Na-An-Lal* ʻals ihre (der Braut) *tirḫâtum* (10) 5 Sekel Silber (13) dargewogen habe', so entspricht diese Formulierung genau der Preisklausel in den Kaufverträgen: *ana šîmišu* . . *išqul* ʻals seinen (z. B. des Sklaven) Preis . . . hat er dargewogen'.

25) Ihr Betrag schwankt. Er kann geringfügig sein, 1 Sekel (M. 92), 4 Sekel (CT VIII 7 b), 5 Sekel (CT IV 39a, Waterman 30 p. 63, CT XXXIII 34), aber auch eine ganz bedeutende Summe ausmachen, $^1/_3$ Mine (CT VIII 2a, BE VI_1 101, Waterman 29 p 196), $^1/_2$ Mine (BE VI_1 84), $^2/_3$ Minen und einen Sklaven (VS VIII 4/5). Das Gesetz (arg. §§ 138, 139) scheint eine *tirḫâtum* von 1 Mine bei Freigeborenen, von $^1/_3$ Mine bei einer *muškênum* für angemessen zu halten. Vgl. auch Cuq, Nouv. Rev. hist. 33 p. 278.

26) So z. B. im deutschen und talmudischen Recht. Vgl. einerseits Sohm, Recht der Eheschließung p. 30 f., andrerseits Koschaker, a. a. O. p. 388 f.

treten kann[27]. Er muß jedoch auch im altbabylonischen Recht gegolten haben. Zwar ist er nirgends ausdrücklich formuliert, kann aber aus einigen Rechtsurkunden erschlossen werden. Das Formular des durch zahlreiche Rechtsurkunden bezeugten Kaufvertrages läßt keinen Zweifel aufkommen, daß der altbabylonische Kauf als Barkauf gedacht war, d. h. als unmittelbarer Austausch von Ware und Preis[28]. Ja man kann direkt sagen, daß für das juristische Denken des Babyloniers Kauf und Barkauf identisch waren.[29] Damit ist natürlich nicht behauptet, daß wirtschaftlich der Kreditkauf unbekannt war, wohl aber, daß dieses wirtschaftliche Bedürfnis rechtlich nicht in den Formen des Kaufs befriedigt wurde. Der Kauf, der eben nur als Barkauf gedacht war, vermochte grundsätzlich eine obligatorische, erst in der Zukunft zu erfüllende Verpflichtung, sei es des Käufers auf Zahlung des Kaufpreises, sei es des Verkäufers auf Lieferung der Ware, gar nicht zu erzeugen. Wer also in den altbabylonischen Rechtsquellen nach dem Kreditkauf (das Wort im heutigen Sinne genommen) forscht, darf nicht erwarten, ihn unter den Kaufurkunden zu finden. Welche Mittel und Wege nun das altbabylonische Recht den Kontrahenten zur Kreditierung des Kaufpreises eröffnete, darüber wurde schon oben (§ 1 n. 16) einiges bemerkt. Uns interessiert hier der umgekehrte Fall der Kreditierung der Ware, also der Pränumerationskauf. Hier ist auf eine Gruppe von Urkunden aufmerksam zu machen, in denen eine Person eine Geldsumme 'für' (*ana*) oder 'zum Kaufen' (*ana šâm*) einer Sache (namentlich Getreide, Datteln, Sesam usw.) erhält (*Šu-Ba-An-Ti*) mit der Verpflichtung innerhalb bestimmter Zeit die betreffende Sache zu liefern[30]. Die Form der Urkunden ist die des Darlehens. Sie enthalten aber keine Darlehen, weil nicht das empfangene Geld

---

27) Vgl. Pappulias, *'Ιστορικὴ ἐξέλιξις τοῦ ἀρραβῶνος* p. 44 f., 75 f., 90 f., Calogirou, Die Arrha im Vermögensrecht p. 128f., 161f., Senn, La Dation des Arrhes (Nouv. Rev. hist. 37) p. 575 f., 617f. Auch dem deutschen Recht war die Regel nicht unbekannt, wie die bei O. v. Gierke, Schuld und Haftung p. 357 n. 89 angeführten Stellen ergeben.

28) Vgl. Kohler, H. G. III p. 239 f., Cuq, Nouv. Rev. hist. 34 p. 477 und neuestens Schorr, UAR p. 111 f.

29) Vgl. zum Folgenden auch meine Ausführungen in der Krit. Vierteljahrsschrift für Gesetzgebung und Rechtswissenschaft (1914) p. 429 f.

30) Vgl. z. B. G. 55, 64 (UAR 109, 110), M. 18, 82 (H. G. III 216, 174), ferner VS VII 105, 122, BE VI_1 85, 98, VS VII 141 (H. G. III 210, 211, 225, 236, 238) u. a. m.

zurückgegeben, sondern dafür eine Sache geliefert werden muß[31]). Wirtschaftlich liegt vielmehr ein Lieferungskauf vor, der sich juristisch — und darin liegt der Beweis, daß das Recht das Geschäft nicht als Kauf empfand — in die Form des Realvertrags kleidet nach Muster des Darlehens. Denn der Verkäufer ist zur Lieferung der Ware erst dann verpflichtet, wenn er den Kaufpreis erhalten hat. In einigen dieser Urkunden wird nun bestimmt, daß der Verkäufer, wenn er nicht rechtzeitig liefere, den empfangenen Kaufpreis einfach (M. 4 = UAR 105) oder zweifach (VS VIII 86 = UAR 106) zurückzugeben habe. Darin steckt, wenn auch nicht mehr in ihrer ursprünglichen Gestalt, so doch dem Wesen nach, die oben für andere Rechte nachgewiesene Arrhalhaftung. Der Verkäufer kann gegen einfache oder zweifache Rückgewähr des vom Käufer empfangenen Preises (oder Angeldes) vom Vertrage zurücktreten und dasselbe Recht muß wohl auch dem Käufer zugestanden haben, wenn er die von ihm geleistete Arrha dem Verkäufer verfallen ließ.

Es sind also im Wesentlichen dieselben Rechtssätze, welche für die *tirhâtum* einerseits, für den Kaufpreis andrerseits gelten und wir sind demnach berechtigt, die *tirhâtum* als Brautpreis zu bezeichnen, wenn sie bei der Eheschließung gegeben, als Arrha, wenn sie beim Verlöbnis geleistet wurde. Wie ist nun diese zweifache Funktion der *tirhâtum* zu erklären? Die Frage ist identisch mit der nach dem Verhältnis der Verlobung zur Eheschließung, der traditio puellae oder wie wir auch sagen können, der Trauung, wenn wir das Wort im Sinne des älteren deutschen Rechts nehmen[32]). Angesichts der engen Verwandtschaft zwischen *tirhâtum* und Kaufpreis ist zu erwarten, daß auch bei Untersuchung dieser Frage die Vergleichung mit dem Kaufrechte gute Dienste leisten wird. Unter Berücksichtigung dieses Gesichtspunktes und unter Heranziehung von Ergebnissen der Forschung auf anderen Rechtsgebieten, für welche dieselben oder ganz ähnliche Probleme bestehen[33]), möchte ich hier Folgendes zur Diskussion stellen.

---

31) Im Wesentlichen richtig auch Schorr, UAR p. 73f., 120.

32) Vgl. Sohm, Eheschließung p. 59f.

33) Vgl. einerseits für das altgriechische Kaufrecht Partsch, Gött. gel. Anzeigen (1911) p. 718 f., andrerseits für das deutsche Verlöbnisrecht Brunner, Grundzüge der deutschen Rechtsgesch.[5] p. 222, Schröder, Deutsche Rechtsgesch.[5] p. 72, Hübner, Grundzüge d. deutschen Privatr.[2] p. 527.

Ebenso wie der Kauf von Haus aus wirtschaftlich und rechtlich Barkauf war, so ist wohl auch der Ehevertrag ursprünglich geschlossen worden zwischen Muntwalt der Braut und Bräutigam durch unmittelbaren Austausch der Braut einerseits, des Brautpreises, der *tirḫâtum* andrerseits[33a]). Daß die *tirḫâtum* auch noch in geschichtlicher Zeit häufig, wenn nicht gar in der Regel erst bei der traditio puellae bezahlt wurde, lehren ja die oben n. 7 angeführten Urkunden. Wenn nun im Kaufrechte das wirtschaftliche Bedürfnis zur Ausbildung des Kreditkaufs in verschiedenen rechtlichen Formen führte, so hat sich eine analoge Entwicklung auch beim Ehevertrage vollzogen. Die *tirḫâtum*, die ursprünglich nur bei der traditio puellae gegeben werden konnte, hat sich von dem Eheschließungsakte abgespaltet in der Weise, daß dieser nunmehr in zwei, zeitlich von einander getrennte Akte zerfallen konnte, in die Verlobung (die Hingabe der *tirḫâtum* oder eines Teiles derselben) und in die Trauung, die traditio puellae. Es ist dies derselbe Vorgang, der im Kaufrechte vom Barkauf zum Arrhalkauf führte. Es ist davon auszugehen, daß ebensowenig wie beim Kauf so auch bei, der Ehe die formlose Vereinbarung der Kontrahenten imstande ist rechtlich erzwingbare Verpflichtungen zu erzeugen. Auf Grund einer derartigen Verabredung wäre weder der Verkäufer zur Übergabe der Ware, noch der Käufer zur Zahlung des Preises, weder der Muntwalt zur traditio puellae, noch der Bräutigam zur Leistung der *tirḫâtum* rechtlich verpflichtet gewesen. Es gibt keinen Konsensualkauf, es gibt keine Konsensehe. Damit ist nicht gesagt, daß solche formlose Verabredungen nicht vorgekommen sind. Im Gegenteil. Sie werden vielmehr in der Regel das Ergebnis der Vertragsverhandlungen der Parteien gewesen sein. Um so nachdrücklicher ist aber zu betonen, daß sie noch nicht dem Gebiete des Rechts angehören. Soll aus ihnen ein rechtliches Sollen der Parteien, eine erzwingbare Verpflichtung entspringen, so muß sich zum formlosen Konsens noch ein formelles Haftungsgeschäft gesellen, und dieses Haftungsgeschäft besteht bei Kauf und Ehe in dem Arrhalvertrag (Verlöbnis), d. h. in der Vorleistung des Kauf(Braut)preises seitens des Käufers (Bräutigams). Jetzt erst ist eine rechtliche erzwingbare Verpflichtung des Verkäufers zur Lieferung der Ware, des Muntwalts zur traditio puellae gegeben, und zwar haftet beim

---

33a) In diesem Sinne schon Besta p. 199.

Verlöbnis — in diesem Punkt ist das Kaufrecht dem Eherecht vorausgeeilt, indem es auf Grund der Vorleistung des Kaufpreises bereits eine persönliche Haftung des Verkäufers auf Übergabe der Ware anerkannt zu haben scheint[34]) — die Arrha. Es handelt sich hierbei um eine Pfand(Sach)haftung in dem Sinne, daß das Pfand für die Schuld steht. D. h. der Muntwalt und der Bräutigam haften nicht persönlich für die traditio puellae, beziehungsweise die Übernahme der Braut, sondern ihre Haftung beschränkt sich auf die Arrha (*tirḫâtum*). Wie der Muntwalt jeder weiteren Verpflichtung sich entziehen kann, wenn er die Arrha zweifach zurückgibt, so kann auch der Bräutigam die Übernahme der Braut ablehnen, wenn er die geleistete Arrha preisgibt.

Es ist verlockend, die Prämisse dieser Deduktion, daß nämlich ursprünglich die *tirḫâtum* nur bei der Eheschließung gegeben werden konnte, durch die Etymologie dieses Wortes zu stützen. Man leitet heute gewöhnlich *tirḫâtum* von einer Wurzel רחה ab[35]), die in der Bedeutung 'lieben, einem Weibe beiwohnen' zu belegen ist[36]). *Tirḫâtum* wäre daher etymologisch als Entgelt für die Beiwohnung zu deuten[37]), allerdings nicht im Sinne eines pretium pudicitiae — denn dieses erhält die Frau, während die *tirḫâtum* dem Muntwalt zufällt,

---

[34]) Vgl. oben p. 138 f.

[35]) So Ungnad, H. G. II (Glossar) p. 176, Schorr, AR II p. 84, III p. 97, UAR p. 558, M. Streck, Jahrbuch der jüd. liter. Gesellschaft 9 p. 111 n. 1.

[36]) Delitzsch p. 616, Muss-Arnolt p. 957 f. Davon auch *marḫîtum* (in den altbabylonischen Rechtsurkunden nicht nachzuweisen), nach II R 36, 44 cd; 46 cd synonym mit *ḫîrtum*, beziehungsweise *aššatum*. Vgl. Delitzsch l. c., Muss-Arnolt l. c. und p. 588, ferner Zimmern, Babyl. Bußpsalmen (Assyriol. Bibl. 6) p. 43 n. 2. Demnach wäre also *marḫîtum* 'Ehefrau', oder wie Jensen, Zeitschr. d. deutschen morgenländischen Ges. 43 p. 193 vermutet, die durch die *tirḫâtum* erworbene Ehefrau.

[37]) Ungnad, Orient. Lit. Ztg. 11 p. 535 f., H. G. II p. 176 glaubt diese Bedeutung auch in CT IV 18b (H. G. V 1299) vermuten zu dürfen. Die Urkunde enthält eine Abrechnung über verschiedene Ausgaben, die in Bezug auf eine Frauensperson gemacht wurden. Darunter befindet sich Z. 12 f. folgender Posten: *1²/₃ šiqil 15 Še kaspim (13) ša te-ir-ḫa-ti-ša* '1²/₃ Sekel, 15 Še Silber (13) als ihre *tirḫâtum*'. Ungnad meint, daß *tirḫâtum* hier unmöglich 'Brautpreis' bedeuten könne. Er denkt an sakrale Prostitution und übersetzt demnach *tirḫâtum* mit 'Liebessold'. Ich gebe zu, daß diese Deutung möglich ist; doch ist die Urkunde in den Details viel zu wenig klar, um einen halbwegs sicheren Schluß zu gestatten.

wohl aber dahin, daß die *tirḫâtum* bezahlt wurde bei der traditio puellae, an die sich unmittelbar das Beilager geschlossen hätte[38]). Eine vorsichtige Forschung wird indessen lieber auf die Etymologie sich nicht berufen. Denn selbst wenn sie richtig sein sollte, so muß doch betont werden, daß die aus ihr erschlossenen Verhältnisse nur einer vorgeschichtlichen Zeit angehört haben können. Weder in der eherechtlichen Terminologie, noch im Gesetze, noch in den Urkunden läßt sich ein Anhaltspunkt entdecken, daß die Vollziehung der Ehe zur Eheschließung gehört habe[39]). Das Gesetz gedenkt des ehelichen Beilagers in den §§ 155, 156. Es ist hier die Rede von einer 'Braut' (*kallâtum*), die der Vater für seinen Sohn auserwählt hat (*iḫîr*) und der er nun beiwohnt. Man bezieht die Bestimmungen gewöhnlich auf die Verlobung[40]). Die Unrichtigkeit dieser Auffassung ergibt sich indessen schon aus dem Inhalt der Paragraphen. Der geschlechtliche Verkehr mit dem Vater des Bräutigams hat für die Frau keine strafrechtlichen Folgen, wohl deshalb, weil typisch angenommen wird, daß sie dem Ansinnen des pater familias nicht Widerstand leisten konnte. Die 'Braut' muß sich also bereits in dessen Hause befinden. Die traditio puellae, d. h. die Eheschließung wird daher als bereits geschehen vorausgesetzt, wozu ja stimmt, daß *ana kallûtim ḫâru* technisch im Ehevertrag, den der Vater für seinen Sohn schließt, gebraucht wird[41]). Was den pater familias betrifft, so wird unterschieden, ob der Sohn die Braut bereits erkannt habe oder nicht. Im ersten Falle soll der Vater gebunden und ins Wasser geworfen werden[42]); es tritt also die Strafe des Ehebruchs ein[43]). Im zweiten Falle erhält die

---

[38]) Vgl. auch Schröder, Deutsche Rechtsgesch.[5] p. 314 n. 155, der für das deutsche Recht vermutet, daß die Trauung ursprünglich erst durch das Beilager zum Abschluß gelangte, ja, daß die Übergabe der Braut ins Ehebett erfolgen mußte.

[39]) Ebenso Fehr p. 75, der sich jedoch zu Unrecht auf § 130 beruft. Vgl. unten p. 145 f.

[40]) Vgl. die oben § 8 n. 50 Zitierten.

[41]) Vgl. oben § 8 p. 126f.

[42]) Das Gesetz (§ 155) sagt zwar *a-na me-e i-na-ad-du-u-ši* 'man soll sie (*ši*) ins Wasser werfen'. Doch ist das feminine Suffix gewiß ein Schreibfehler für *šu*, zumal vorher es heißt *u-ka-zu-šu-ma* 'man soll ihn binden'. Vgl. Cook p. 100f., Ungnad, H. G. II p. 56 n. 3.

[43]) Vgl. § 129 K. Ḫ. und Müller p. 129 f, der bereits im Wesentlichen die Bestimmung richtig erklärt hat, nur daß er sie irrig auf die Verlobung

Frau $^1/_2$ Mine Silber, wohl als Scheidungsgeld und wird aus dem Hause ihres Schwiegervaters entlassen. Denn es verträgt sich offenbar nicht mit der Autorität des pater familias, daß die Frau, der er beigewohnt, nachher in seinem Hause von einem andern besessen wird. Nun soll allerdings der pater familias als Ehebrecher nur dann bestraft werden, wenn sein Sohn mit der Braut das Beilager vollzogen hat. Es wäre jedoch unzulässig, diese Norm zu verallgemeinern und aus ihr zu folgern, daß ein Ehebruch überhaupt erst nach der copula carnalis begangen werden konnte. Die Bestimmungen über den Ehebruch (§§ 129—131) deuten eine solche Voraussetzung mit keinem Worte an, scheinen vielmehr, wie gleich auszuführen sein wird, zu ergeben, daß ein Ehebruch sogar schon vor der traditio puellae möglich ist. §§ 155, 156 sind Sondernormen, die nur aus dem Wesen der hausherrlichen Gewalt erklärt werden können und daher keine Generalisierung vertragen. In diesem Sinne verstanden, ergeben sie sogar, daß zwischen der traditio puellae und dem Beilager ein gewisser Zeitraum liegen, dieses also nicht zur Eheschließung selbst gehören konnte.

Wenn wir vorhin feststellen konnten, daß die Verlobung, d. h. die Übergabe der *tirḫâtum* an den Muntwalt diesen zur traditio der Braut, den Bräutigam zu deren Übernahme als Ehefrau verpflichtet, so sind damit die Wirkungen der Verlobung noch nicht erschöpft. Es handelt sich hier um Verpflichtungen, die nach Maßgabe der für sie bestehenden Haftung auch erzwingbar sind und die so in wirksamer Weise die Eheschließung vorbereiten. Insbesondere hat der Bräutigam, der den Brautpreis erlegt hat, dadurch sich die Braut in gewissem Sinne bereits angeeignet. Insofern knüpfen sich schon an die Verlobung auch bestimmte eherechtliche Wirkungen.

Dies tritt zunächst in der Terminologie zutage. Von der Leistung der *tirḫâtum* an, also mit der Verlobung, erhält das Mädchen den Titel 'Ehefrau' (*aššatum*), der Verlobte ist dementsprechend *bêl aššatim* 'Herr der Ehefrau,' der Vater der Braut *emum* 'Schwiegervater.' Dies ergibt sich mit aller Evidenz aus §§ 159—161[44]). Es

---

bezieht. Unrichtig Kohler, H. G. I p. 131, der das Delikt als Blutschande qualifizieren will. Allein die Strafe ist hier, wie § 154 lehrt, eine ganz andere.

[44]) Der Bräutigam bringt die *tirḫâtum a-na bît e-mi-šu* (§§ 159_{34}, 160_{48}, 161_{61}); der Vater des Mädchens erklärt nach Empfang der *tirḫâtum* (§ $161_{68\,f.}$) *a-na be-el aš-ša-tim* 'dem Herrn der Ehefrau' 'meine Tochter wirst du nicht

ist interessant, diesem Sprachgebrauch, der auch dem biblischen Recht bekannt ist[45]), noch Jahrhunderte später in den El-Amarna-Briefen[46]) wieder zu begegnen. Es handelt sich um die Korrespondenz zwischen Tušratta, König von Mitanni, und Amenophis III in Angelegenheit der Verheiratung der Tochter des Mitannikönigs, Taduḫepa an den Pharao. Während in den älteren Briefen (Knudtzon 17, 18) Tušratta den ägyptischen Herrscher als *aḫu* 'Bruder' anspricht, adressiert er von dem Brief n⁰. 19 an immer 'zu Nimmuria meinem Bruder, meinem Schwiegersohn (*ḫatânu*) spricht Tušratta, dein Schwiegervater (*emu*).' Nun ist für n⁰. 19 sicher, daß die traditio puellae noch nicht erfolgt ist. Tušratta schreibt dem Pharao vielmehr nur, daß er die Brautwerbung des Mane, der als Gesandter des Pharao an seinem Hofe erschienen sei, freundlich aufgenommen habe. Ja, nicht einmal eine *tirḫâtum* scheint noch gegeben worden zu sein. Denn der ägyptische König wird gebeten (Z. 47, 56f.) Geld zu schicken einerseits für gewisse Bauten, die Tušratta vorhabe, andrerseits als *tirḫâtum*. Allein das Rätsel löst sich sehr einfach. In einem späteren Briefe Tušrattas an Amenophis IV, dem Sohn und Nachfolger Amenophis III (Knudtzon 27) erzählt der Mitannikönig (Z. 13f.), daß Mane, der Abgesandte Amenophis III, als er zur Brautwerbung mit der *tirḫâtum* erschienen sei, zugleich die Botschaft überbracht habe, daß diese Gaben nur eine Anzahlung darstellen und der Pharao zehnmal mehr geben wolle, wenn ihm das Mädchen geschickt werde und ihm gefalle. Der Pharao bekundet also Vorsicht beim Handel. Dies ist offenbar die Situation, die dem Brief n⁰. 19 zugrunde liegt. Tušratta hat die Arrha (*tirḫâtum*) schon erhalten und auch angenommen. Es ist also bereits ein Verlöbnis zustande gekommen. Daß der Pharao seinen Abgesandten als Brautwerber mit leeren Händen geschickt hätte, ist übrigens auch ganz unwahrscheinlich. Im Übrigen beginnt nun das Feil-

---

heimführen'; ferner § 161 Z. 75f. *aš-ša-zu i-bi-ir-šu u-ul i-iḫ-ḫa-az* 'seine Ehefrau (d. h. die Verlobte) wird sein Freund (der durch Verleumdung des Bräutigams die Auflösung des Verlöbnisses verursacht hat) nicht heimführen'.

[45]) Deut. 22, 24: die Verlobte heißt, nachdem ihr Vater die *mohar*, d. h. den Brautpreis empfangen hat, אשה 'Ehefrau'. Vgl. auch Cook p. 91 n. 1.

[46]) Ich zitiere nach der Ausgabe Knudtzons, Die El-Amarna-Tafeln (Vorderasiatische Bibliothek II).

schen.[47]) Wir sehen aus n⁰. 19, daß Tušratta Ergänzung der *tirḫâtum* verlangt hatte. Diese ist, wie Brief n⁰. 20 ergibt, inzwischen eingetroffen, aber nicht zur Zufriedenheit des Empfängers ausgefallen. Tušratta fordert daher weiteres Gold vom Ägypter, in dessen Lande 'das Gold in größerer Menge als Staub da ist.' Obwohl also die traditio puellae noch nicht erfolgt ist — das Begleitschreiben, mit dem das Mädchen dem Pharao übersandt wird, liegt erst in n⁰. 21 vor[48]) —, so schreibt doch Tušratta (n⁰. 20 Z. 21), daß er für die 'E h e f r a u' (*aššatu*) des Pharao ganz in Anspruch genommen sei, daß er 'die F r a u seines Bruders (Amenophis) geben werde' (*ša aḫîa a š š a s s u anandin:* Z. 15, 24).

Ich bin auf diese Briefe ausführlicher eingegangen, weil sie in ungemein anschaulicher Weise den tatsächlichen Vorgang bei der Eheschließung schildern — viel anders wird man auch zu Zeiten Ḫammurapis um den Brautpreis nicht gehandelt haben — und weil sie einwandfrei den aus dem K. Ḫ. erschlossenen Sprachgebrauch bestätigen, nach welchem bereits auf Grund der Verlobung die eherechtliche Terminologie in Kraft tritt.

Von einer weiteren Wirkung des Verlöbnisses erfahren wir aus § 130 K. Ḫ., einer Bestimmung, die der Interpretation allerdings mannigfache Schwierigkeiten bietet. Sie lautet:

šum-ma a-wi-lum	Wenn jemand
aš-ša-at a-wi-lim	die Ehefrau eines anderen,
ša zi-ka-ra-am	die von einem Manne
la i-du-u-ma	nichts weiß,
i-na bît a-bi-ša	sondern im Hause ihres Vaters
wa-aš-ba-at	wohnt,
u-kab-bil-ši-ma	vergewaltigt, sodann
i-na su-ni-ša	in ihrem Schoße
it-ta-ti-il-ma	geruht und
iṣ-ṣa-ab-tu-šu	man ihn (dabei) ertappt hat,
a-wi-lum šu-u	so wird dieser Mann
id-da-ak	getötet.
sinništum ši-i	Diese Frau
u-ta-aš-šar.	geht (aber) frei aus.

[47]) Vgl. auch den Brief des babylonischen Königs Kadašman-Ḫarbe an Amenophis III (K n u d t z o n 4), in dem der König kategorisch die Übersendung von Gold vom Pharao fordert, wenn dieser seine Tochter zur Frau bekommen wolle.

[48]) Vgl. W e b e r bei K n u d t z o n p. 1051 f.

Man hat in dieser Bestimmung die Sitte von Kinderehen bezeugt finden wollen[49]). Allein wenn das Gesetz von einer 'Ehefrau,' die noch im Hause ihres Vaters wohnt, spricht, so setzt dies voraus, daß die traditio puellae noch nicht erfolgt ist. Von einer Ehe kann daher nicht wohl die Rede sein[50]). *Aššatum* (Z. 55) muß vielmehr auf das verlobte Mädchen bezogen werden[51]), was ja nach dem eben Ausgeführten terminologisch keinen Bedenken unterliegt. Schwieriger ist es, das Delikt zu bestimmen, das § 130 straft. Kohler, H. G. I p. 130 denkt an Notzucht. Allein warum sollte das Gesetz dieses Delikt nur in Beziehung auf das verlobte Mädchen normieren. Einen Fingerzeig gibt uns die systematische Stellung des § 130. Er steht mitten unter den Bestimmungen über Ehebruch (§§ 129, 131). Es ist daher wohl zu vermuten, daß auch er dieses Delikt zum Gegenstande hat. Verstärkt wird diese Vermutung durch die schon von anderen herangezogenen analogen Bestimmungen des Deuteronomions 22, 23—28. Das Deuteronomion unterscheidet zwischen der verlobten und nicht verlobten Jungfrau. Bei dieser soll der Verführer ihrem Vater 50 Silbersekel zahlen und sie ohne Recht auf Scheidung heiraten. Bei der verlobten Jungfrau wird weiter unterschieden, ob die Beiwohnung in der Stadt oder auf freiem Felde stattgefunden hat. Im ersten Falle wird typisch Gestattung des Beischlafs seitens des Mädchens angenommen, weil es hätte um Hilfe schreien können, im zweiten aber Vergewaltigung. Demgemäß werden im ersten Falle beide als Ehebrecher[52]) getötet, im zweiten aber nur der Mann. Der letzteren Alternative scheint nun § 130 K. Ḫ. zu entsprechen. Ganz glatt

---

[49]) Stooß, Schweizer. Ztschr. f. Strafrecht 16 p. 15, Cohn p. 16, Winckler p. 36 n. 4, Manzini, Rivista penale 57 p. 669 n. 3, wohl auch Oettli p. 14.

[50]) Es ist keine Lösung, wenn Jeremias p. 10 aus § 130 folgert, daß mit der Eheschließung nicht notwendig Wechsel des Hauses verbunden gewesen sei, und auf Jakob bei Laban, Moses bei Jethro zur Vergleichung hinweist.

[51]) So auch Müller p. 118, Cook p. 91 n. 1, Johns p. 132, Besta p. 201, Mari p. 23, Davies p. 62.

[52]) Daß dies die Auffassung des Gesetzes ist, ergibt sich einmal aus der Stellung der Norm im unmittelbaren Anschluß an die Bestimmung über Ehebruch (v. 22f.), ferner aber aus der Wendung (v. 24): der Mann soll getötet werden, weil er das Weib seines Nächsten geschwächt hat. Vgl. auch Saalschütz, Mosaisches Recht II p. 576.

ist diese Interpretation allerdings nicht. Es fällt vor allem auf, daß das Gesetz den entgegengesetzten Fall, Gestattung des Beischlafs seitens der Verlobten ungeregelt gelassen hat. Nun kann man ja a contrario aus § 130 schließen, daß hier auch das Mädchen mit dem Tode bestraft wurde. Unter allen Umständen muß jedoch diese knappe Regelung vom Standpunkte der Gesetzestechnik des K. Ḫ. als ungewöhnlich gelten. Der Gedanke Müllers[58]), daß bei der Verlobten das Gesetz typisch Verweigerung des Beischlafs und daher Vergewaltigung voraussetze, erledigt sich durch den Hinweis auf das Deuteronomion, es sei denn, daß man § 130 auf eine Verlobte im Kindesalter bezieht, wofür man die Bemerkung, daß 'sie von einem Manne noch nichts wisse,' anführen könnte. Allein man sieht nicht ein, warum das Gesetz nur diesen Fall geregelt haben sollte. Das Schwergewicht der Bestimmung liegt doch darauf, daß das Delikt mit einer Verlobten begangen wurde, und nicht auf dem Momente der Vergewaltigung. Diese kommt nur als Strafausschließungsgrund bezüglich des Mädchens in Betracht. Wenn ferner das Gesetz von der Verlobten sprechen wollte, so mußte es allerdings *aššatum* durch den Zusatz, daß die 'Ehefrau' im Hause des Vaters wohne, näher bestimmen. Wozu aber der weitere Zusatz, daß das Mädchen von einem Manne noch nichts wisse. Rechnet das Gesetz auch mit verlobten Mädchen, welche mit einem Manne bereits fleischlich verkehrt haben? Indessen wird man gut tun, diese Klausel nicht zu pressen. Sie bildet wohl kein für die vom Gesetze angeordnete Rechtsfolge wesentliches Tatbestandsmoment und ist wahrscheinlich in demselben Sinne zu nehmen wie wenn das Deuteronomion von einer 'Jungfrau' spricht. Endlich — und dies scheint mir das Wichtigste — ist die Stellung des § 130 zu beachten. Er steht zwischen den Bestimmungen über Ehebruch, und zwar handelt § 129 über den in flagranti festgestellten Ehebruch, § 131 über den entgegengesetzten Fall, daß der Ehebruch als handhafte Tat nicht nachgewiesen werden könne. Zwischen diesen beiden Bestimmungen, die sachlich und formell auf das engste miteinander verbunden sind, schiebt sich nun, den natürlichen Zusammenhang unterbrechend, § 130 ein. Er kann also in der Vorlage, da § 129 und § 131 gewiß nicht erst Schöpfungen der Redaktoren sind, kaum an seinem gegenwärtigen Platze gestanden

---

58) A. a. O. p. 118 f.

haben. Wie weit sich im Einzelnen der Eingriff der Redaktoren erstreckte, ob nur auf die Lozierung des § 130 oder auch auf seinen Text, wird sich kaum sagen lassen. Das Wahrscheinlichste ist wohl, daß in der Vorlage der Treubruch der Verlobten ausführlicher geregelt war, etwa in der Weise wie im Deuteronomion. Die Redaktoren haben aber nur einen Teil dieser Bestimmungen aufgenommen, weil sie vielleicht der Meinung waren, daß angesichts des Umstandes, daß § 129 den Treubruch der verheirateten Frau mit dem Tode bestrafe, es genüge, wenn bei der Verlobten nur der Fall der Vergewaltigung ausdrücklich geregelt werde. Darum haben sie § 130 auch an seinen gegenwärtigen Platz gestellt. Doch sei dem wie immer; im Zusammenhange des Gesetzes ergibt § 130 jedenfalls, daß der Treubruch der Verlobten ein Delikt ist, welches, wenn es nicht geradezu als Ehebruch zu qualifizieren ist, doch diesem sehr nahe steht[54]). Dieses Ergebnis steht im besten Einklange mit der Rechtsvergleichung, die uns dieselbe Regelung gerade für das Verlöbnis mit Arrha (Brautpreis) abgesehen vom biblischen Recht auch für das byzantinische Recht[55]) und einige deutsche Stammesrechte[56]) nachweist.

Diese eheähnlichen Wirkungen des Verlöbnisses dürfen aber nicht dazu führen, dessen rechtliche Bedeutung allzusehr zu akzentuieren, wie dies Sohm[57]) für das deutsche Recht getan hat. Nach ihm ist schon die Verlobung Eheschließung und die Trauung nur Erfüllung der Verlobung. 'Sie bedeutet nur Tatsächlichkeit, Besitzergreifung, kein Rechtsgeschäft'. Das wäre für das babylonische Recht nicht richtig[58]). Die Verlobung ist ebenso wenig Eheschließung

[54]) Für die zweite Auffassung spricht, daß nach § 129 der Ehebrecher mit dem Tode durch Ersäufen bestraft wird, während für den Verführer nach § 130 die Todesstrafe schlechthin angeordnet wird.

[55]) Koschaker, a. a. O. p. 403f.

[56]) Vgl. Sohm, Eheschließung p. 76f., Habicht, Die altdeutsche Verlobung p. 56f., 69, Rietschel in Hoops' Reallexikon der germ. Altertumskunde I p. 514, Hübner, Grundzüge des deutschen Privatr.[2] p. 531, Schröder Deutsche Rechtsgesch.[5] p. 314f.

[57]) Eheschließung p. 78, 87, 91, Trauung und Verlobung p. 14f., 36f.

[58]) Sohms Lehre hat übrigens unter den Germanisten lebhaften Widerspruch erfahren. Gegen sie namentlich Friedberg, Verlobung und Trauung und Habicht, Die altdeutsche Verlobung. In neueren Gesamtdarstellungen des deutschen Eherechts ist sie, soviel ich sehe, nicht rezipiert. Vgl. etwa Rietschel, a. a. O. p. 514, Hübner, a. a. O. p. 531.

wie der Arrhalkauf Kauf ist, und wenn das altbabylonische Recht es ablehnte, die Formeln und Terminologie des Kaufs auf den Kredit- und Lieferungskauf zu übertragen, so kann es ihm auch nicht eingefallen sein, die Verlobung als Ehe zu betrachten. Die Eheschließung ist vielmehr erst die Trauung, die traditio puellae, von der ja die gesamte eherechtliche Terminologie abgeleitet ist. Die Trauung verändert nicht ihren konstitutiven Charakter als Eheschließung dadurch, daß sie zugleich Erfüllung der aus dem Verlöbnis entspringenden Verpflichtungen ist.

§ 10.

Das Verhältnis zwischen Verlobung und Trauung, wie es Gesetz und Urkunden ergeben, kann — und das dürfte als Ergebnis der vorhergehenden Untersuchung zu verzeichnen sein — wohl nur unter Heranziehung kaufrechtlicher Grundsätze befriedigend erklärt werden. Damit ist allerdings die babylonische Ehe als Kaufehe gekennzeichnet, wenigstens in dem Sinne, daß traditio puellae und Brautpreis (*tirḫâtum*) in dem Verhältnis von Leistung und Gegenleistung stehen. Es geht insbesondere nicht an, die *tirḫâtum* mit Cuq als bloßes Verlobungsgeschenk zu qualifizieren. Weit schwerer wiegt indessen ein anderes Argument dieses Gelehrten[1]), das Argument nämlich, daß zur Zeit unserer Texte die *tirḫâtum* nicht mehr obligatorisch war, daß es somit auch Ehen ohne *tirḫâtum* gegeben habe.

Hierbei scheint sich Cuq auf eine Reihe von Eheverträgen berufen zu können, die der *tirḫâtum* keine Erwähnung tun[2]). Bei der Verwertung dieser Urkunden ist indessen große Vorsicht geboten. Aus §§ 159f. K. Ḫ. wissen wir, daß die *tirḫâtum* vor der Eheschließung bezahlt wurde, wenn dieser eine Verlobung voranging und in diesem Falle wäre es durchaus verständlich, wenn im nachfolgenden Ehevertrage die Zahlung der *tirḫâtum* nicht beurkundet wird[3]). Mit der Möglichkeit wenigstens, daß gerade in den erwähnten Urkunden die Verhältnisse so lagen, wird man rechnen müssen[4]), eine Erwägung, die genügt, diesen Urkunden den Beweiswert zu nehmen.

---

[1]) Rev. Bibl. (1905) p. 353, Nouv. Rev. hist. 33 p. 277f.

[2]) Vgl. CT II 33, 44, VI 26a, 37a, M. 89, LC 61, 90, Gautier 14.

[3]) Das schließt natürlich nicht aus, daß man mitunter die vorhergegangene Leistung der *tirḫâtum* erwähnte. In diesem Sinne ist M. 90 (Vgl. oben p. 131 n. 8) zu verstehen.

[4]) Hingegen möchte ich mich nicht auf die Tatsache berufen, daß bei Verheiratung freigelassener Sklavinnen der Muntwalt sich häufig die Alimentierung seitens der Freigelassenen vorbehält. Vgl. CT VI 26a, 37a, LC 90. Es ist zwar nicht ausgeschlossen, aber doch jedenfalls ganz unsicher, daß dieser Vorbehalt ein Äquivalent für die *tirḫâtum* darstellte. Im Übrigen mögen gerade diese Fälle durch Besonderheiten ausgezeichnet gewesen sein, die sich aus der personenrechtlichen Stellung der Braut ergaben.

Eine weit klarere Sprache reden aber §§ 138, 139 K. Ḫ. Das Gesetz schreibt dem Manne bei Scheidung der kinderlosen Frau eine Scheidungsstrafe im Betrage der *tirḫâtum* vor und fügt dieser Anordnung in § 139 hinzu (Z. 25f.): *šum-ma tir-ḫa-tum la i-ba-aš-ši (27) 1 manê kaspim (28) a-na u-zu-ub-bi-im (29) i-na-ad-di-iš-ši-im* 'wenn eine *tirḫâtum* nicht vorhanden ist, (27) so soll er (der Ehemann) 1 Mine Silber (28) als Scheidungsgeld (29) ihr (der Frau) geben'[5]). Man hat gemeint[6]), daß das Gesetz an eine Kaufehe denke, bei der nur ein symbolischer Brautpreis dem Muntwalt bezahlt worden sei. Allein auch ein symbolischer Muntschatz wäre *tirḫâtum*. Außerdem fehlt jeder Anhaltspunkt, daß die *tirḫâtum* eine bloße Scheinleistung sein konnte[7]). Man hat § 139 auf den Fall bezogen, daß eine Witwe oder geschiedene Frau sich verheirate[8]). Es ist allerdings möglich, daß hier eine *tirḫâtum* nicht bezahlt wurde, weil diese immer als Gabe an den Muntwalt der Braut erscheint. Allein nichts im Gesetze deutet darauf hin, daß es diese Ausnahmsfälle im Auge habe. Man hat endlich gemeint, daß die *tirḫâtum* insofern für den Ehevertrag nichts Wesentliches gewesen sei, als es wohl seit jeher dem Muntwalt freigestanden habe, das

5) Die Bestimmung scheint in der Praxis nicht beachtet worden zu sein, wenn überhaupt sie zwingendes Recht war. Wir besitzen aus der Zeit Ḫammurapis und nachher Eheverträge, welche die *tirḫâtum* erwähnen, hingegen nicht die Scheidungsstrafe und insoferne dem Gesetze entsprechen, als die Vereinbarung der Scheidungsstrafe nicht mehr notwendig war. Vgl. z. B. M. 88, 92 (?). Es gibt aus derselben Zeit auch Eheverträge, welche neben der *tirḫâtum* noch eine Scheidungstrafe normieren und zwar in einem die *tirḫâtum* übersteigenden Betrage. Vgl. M. 90, CT VIII 7b. Aus der Zeit vor Ḫammurapi sind Eheverträge erhalten ohne *tirḫâtum*, aber mit Scheidungsstrafen in wechselndem Betrage (vgl. CT VI 26a, II 44, M. 89, LC 61), endlich ein Ehevertrag (VS VIII 4/5), in dem der Betrag der *tirḫâtum* ungefähr der Scheidungsstrafe zu entsprechen scheint. Aus dem Umstande, daß es Eheurkunden gibt ohne *tirḫâtum* und mit Scheidungsstrafe, darf man indessen in Verbindung mit §§ 138, 139 K. Ḫ. nicht schließen, daß hier eine *tirḫâtum* nicht bezahlt wurde. Denn einmal stammen diese Texte aus der Zeit vor Ḫammurapi und ferner zeigen gerade die späteren Urkunden, daß *tirḫâtum* und Normierung einer Scheidungsstrafe im Ehekontrakt nicht unvereinbare Dinge sind.

6) Fehr p. 73 n. 2.

7) Vgl. oben § 9 p. 137.

8) Müller, WZKM 19 p. 383f.

Mädchen auch unentgeltlich zur Ehe zu geben[9]). Auch diese Auffassung ist abzulehnen, weil sie moderne Vorstellungen in ein altes Recht hineinträgt. Gegen sie sollte schon bedenklich machen, daß nach älterem deutschen Recht, das ja ebenfalls die Kaufehe kennt, die Ehe ohne Brautpreis (Verlobung) als 'Friedelehe', d. h. als Ehe minderen Rechts gilt, der die Vollwirkungen der legitimen Ehe fehlen, und daß demnach, soll sie diese Wirkungen erlangen, das Verlöbnis nachgeholt werden muß[10]). Nun fehlt für das Gesetz Ḫammurapis jeder Anhaltspunkt, daß die Ehe ohne *tirḫâtum* der Ehe mit Brautpreis in ihren Wirkungen nachgestanden wäre. Das Problem liegt überhaupt in einer anderen Richtung. Entweder war die babylonische Ehe Kaufehe, dann muß die *tirḫâtum,* gleichviel in welchem Betrage, obligatorisch gewesen sein; oder sie war keine Kaufehe; dann ist es aber auch schief, von einem fakultativen Brautpreis zu sprechen. Dann ist die *tirḫâtum* überhaupt kein Brautpreis mehr, sondern höchstens ein dem Muntwalte der Braut dargebrachtes Geschenk. In dieser Beziehung ist Cuq allein konsequent. Die letztere Auffassung stößt aber, wie schon dargelegt wurde, auf kaum überwindliche Schwierigkeiten. Es fehlt auch nicht an einem Zeugnisse für den obligatorischen Charakter der *tirḫâtum.* Nach § 166 K. Ḫ. gebührt dem Sohne, den sein Vater bei seinen Lebzeiten nicht verheiratet hat, der Betrag der *tirḫâtum* als Voraus auf seinen Erbteil[11]). Wenn also das Gesetz die *tir-*

[9]) D'Arbois de Jubainville, Comptes rendus de l'acad. des inscr. (1904) p. 324 n. 1. Auf dasselbe kommt es hinaus, wenn andere behaupten (so Besta p. 199, Schorr, UAR p. 2 f.), daß die Kaufehe nicht mehr obligatorisch gewesen sei.

[10]) Vgl. Schröder, Deutsche Rechtsgesch.[5] p. 314 f., Gesch. des ehelichen Güterrechts in Deutschland I p. 10. Vgl. auch v. Amira, Grundriß d. germ. Rechts[3] p. 179, Sohm, Trauung und Verlobung p. 33, Habicht, Altdeutsche Verlobung p. 74. Siehe ferner Post, Studien zur Entwicklungsgesch. d. Familienrechts p. 194.

[11]) Dieselben Rechtsverhältnisse liegen wohl auch M. 109 (UAR 207) zugrunde. Die Urkunde enthält eine Abschichtung, welche die Mutter zugunsten von drei Söhnen (aus erster Ehe?) vornimmt, wofür sich diese verpflichten, auf das gegenwärtige und zukünftige Vermögen der Mutter, sowie gegen andere ihrer Kinder (aus zweiter Ehe?) keine Ansprüche zu erheben. Hierbei erhält der erste Sohn 10 Sekel und einen Sklaven, der dritte 15 Sekel, der zweite aber 20 Sekel (Z. 5) *u 10 šiqil kaspim te-ir-ḫa-tim* 'und (außerdem) 10 Sekel Silber als *tirḫâtum*', oder wie es in der Hülle heißt: *10 šiqil kaspim te-ir-ḫa-at aš-ša-tim ša i-ḫu-zu* '10 Sekel Silber, die *tirḫâtum*

ḫâtum auf diese Weise sicher stellt, so scheint es doch sie als etwas für die Eheschließung Notwendiges zu betrachten.

Das sind aufgelegte Widersprüche im Gesetze, Widersprüche, die sich m. E. innerhalb des Rahmens nur eines Rechtssystems überhaupt nicht lösen lassen. Wenn vielmehr das Gesetz auf der einen Seite eine Ehe mit *tirḫâtum* kennt und diese anscheinend obligatorische *tirḫâtum* juristisch als Brautpreis zu qualifizieren ist, wenn auf der anderen Seite dasselbe Gesetz aber auch einer Ehe ohne *tirḫâtum* gedenkt, ohne daß sich für diese Ehe hinsichtlich der rechtlichen Wirkungen Unterschiede gegenüber der Ehe mit Brautpreis nachweisen ließen, so scheinen hier zwei verschiedene Rechtssysteme vorzuliegen, von denen das eine die Kaufehe kennt, das andere nicht.

Diese Behauptung hat natürlich zunächst nur den Wert eines Einfalls. Soll sie den Rang auch nur einer Hypothese gewinnen, so muß sie durch weitere Quellen gestützt werden. Man denkt bezüglich des zweiten Rechtssystems unwillkürlich an das Recht desjenigen Volkes, das mit den Semiten das Volk des altbabylonischen Staates bildete, an das Recht der Sumerer. Allerdings betreten wir damit ein unsicheres und gefährliches Gebiet. Sumerisches Recht ist heute noch ein Begriff ohne rechten Inhalt. Immerhin ist die Zahl der verfügbaren Quellen, insbesondere im Eherecht, heute keine so geringe mehr, als daß die Behauptung, die Quellen seien ungenügend, nicht den Anstrich der Bequemlichkeit hätte. Die Gefahr des Irrens ist ja groß. Sie darf uns aber nicht abhalten, auch dieses Quellengebiet in den Bereich der Diskussion zu ziehen.

Der sumerische Rechtsausdruck für 'heiraten' (vom Manne ausgesagt) ist *tu*(*g*) mit dem Objekt: die Braut. Das Wort entspricht dem semitischen *aḫâzu*[12]) und hat auch dieselbe Grundbedeutung 'ergreifen, in Besitz nehmen'[13]). In der Bedeutung

der Ehefrau, die er genommen', d. h. als Vergütung (?) für die bezahlte *tirḫâtum*.

[12]) Brünnow, A classified list of cuneiform ideographs 11234.

[13]) Vgl. Dyneley-Prince, Materials for a Sumerian lexicon III p. 334 (Assyriol. Bibl. 19), Deimel, Vocabularium Sumericum n⁰. 2153, Delitzsch, Sumerisches Glossar s. v. p. 160. Wenn Delitzsch l. c. unter 2) für *tug* noch eine kausative Bedeutung annimmt und hierfür *dam . . . tug* jemanden eine Ehefrau nehmen lassen, d. i. verheiraten' anführt, so sind für diesen Sprachgebrauch, soviel ich sehe, Belege aus den Rechtsurkunden bisher nicht bekannt geworden.

'heiraten' begegnet es auch in den sumerischen Rechtsurkunden, und zwar sowohl in den in Telloh gefundenen *di-til-la*-Texten[14]) aus der Zeit der Könige von Ur[15]), wie in den sumerischen Eheverträgen aus Nippur, die der Zeit der ersten babylonischen Dynastie angehören, hier in der ausführlicheren Fassung: der Bräutigam hat die Braut *nam-dam-šù in-tug* 'zur Ehefrau genommen'[16]).

Diese Terminologie weist darauf hin, daß die Eheschließung ebenso wie nach den semitischen Rechtsquellen in der Besitzergreifung der Braut durch den Bräutigam bestand. Ob diese Besitzergreifung erfolgte auf Grund einer traditio puellae durch den Muntwalt, darüber sagt die Terminologie allerdings nichts aus. Die Eheschließung erscheint vielmehr als einseitig vom Bräutigam vollzogener Akt. Nun schließt diese Formulierung, wie schon die Betrachtung der semitischen Rechtsurkunden ergeben hat, eine Mitwirkung des Muntwalts an sich keineswegs aus[17]). Allein diese Erwägung reicht nicht hin, die traditio puellae auch nur wahrscheinlich zu machen. Etwas weiter bringen uns zwei *di-til-la*-Urkunden, die zugleich Aufschluß geben über das sumerische Verlöbnis. Die eine von ihnen, Inv. Tabl. Tello II_1 960[18]) sei hier vollständig mitgeteilt.

---

[14]) Vorbehaltlich einer näheren Untersuchung des Wesens dieser Urkunden sei zur vorläufigen Orientierung des nicht assyriologischen Lesers Folgendes bemerkt. Die *di-til-la* Urkunden werden so genannt nach der sie einleitenden Klausel *di-til-la* 'erledigte Rechtssache'. Sachlich stellen sie dar Protokolle über Verhandlungen vor Gericht, das am Schlusse der Urkunde stets angegeben wird. Diese Verhandlungen beziehen sich sowohl auf Prozesse, wie anscheinend auch auf Rechtsgeschäfte, so daß ein *di-til-la* auch in Ausübung der freiwilligen Gerichtsbarkeit aufgenommen werden konnte. Die *di-til-la* Texte sind bisher unsere wichtigste Quelle zur Erkenntnis des sumerischen Rechts.

[15]) Vgl. Pélagaud 10_5, 21 passim, 22_4, Genouillac 19_2, 23 Rs. Z. 13.

[16]) Semitisch: *ana aššatim iḫuz* (Brünnow 11234). Belege: BE VI_2 40_3, 48_3 (UAR 1, 6).

[17]) Vgl. oben § 8 p. 123f.

[18]) Bearbeitet von Genouillac, RA VIII p. 26f. und neuerlich von Thureau-Dangin, RA XI p. 54, dessen Umschrift und Ergänzungen ich folge.

di-til-la	Erledigte Rechtssache.
Gím-^{d}Kal dam ^{d}Iškur-an-dúl-ge	Gim-Kal, die Ehefrau des Iškur-andul
Lù-^{d}Nin-gir-su dumu Ur-^{d}Nin-giš-zi-da qa-šu-dù-ra[19])	hat gegen Lu-Ningirsu, Sohn des Ur-Ningišzida, den Mundschenk[19])
nam-mussa[20])*-šú ka-ni-in-gà-gar-ra*	wegen seiner Schwiegersohnschaft[20]) eine Klage eingebracht.
Ur-^{d}Nin-giš-zi-da ti(l)-la	Ur-Ningišzida hatte bei seinen Lebzeiten
Lù-Gù-de-a dumu Ur-šá(g)-ga-ka-ra	an Lu-Gudea, Sohn des Ur-šagga
igi-ni in-na-gà-ga(r)-ar	das Wort gerichtet:
mu-lugal	'Beim König,
Lù-^{d}Nin-gir-su dumu-nita-mu	Lu-Ningirsu, mein Sohn
mussa[20])*-zu ḫe-a in-na-dú(g)-ga*	dein Schwiegersohn[20]) sei er' hatte er gesagt.
A-tu dam Ur-^{d}Nin-giš-zi-da	(Dafür) sind Atu, die Ehefrau des Ur-Ningišzida,

---

[19]) So Thureau-Dangin: l'échanson.

[20]) Geschrieben 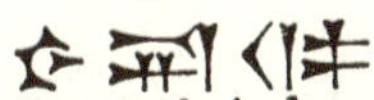 *Sal-Uš-sá*, nach V R 39, 44a, b mit der Aussprache *mu-us-sa*, wobei das dritte Zeichen des Ideogramms, wie schon Jensen, ZA 3 p. 394f. bemerkt hat, phonetisches Komplement ist. Durch K. 2051 Col. III 7 ist auch die Schreibung *Sal-Uš-šá* mit der Aussprache *mu-uš-sa* bezeugt. In den angegebenen Stellen wird nun *mussa*, beziehungsweise *mušša* mit *emu ṣiḫru* 'kleiner Schwiegervater' erklärt. Vgl. Delitzsch p. 78 und nunmehr auch in seinem sum. Glossar s. v. *mušša* p. 57, ferner Dyneley Prince, a. a. O. III p. 245, Deimel, Voc. Sum. n⁰. 1849. Genouillac, Tablettes Sumériennes Archaïques p. XXI, RA VIII p. 28 nimmt für *mussa* die Bedeutung 'Schwiegervater' an. Ebenso, wenngleich zweifelnd, Deimel l. c. Dazu schreibt mir Thureau-Dangin: on trouve fréquemment 'un tel *Sal-Uš-sá* d'un tel'. Le titre de 'beau-père' est en pareil cas au moins inattendu. De plus *Sal-Uš-sá* ne signifie pas *emu* en général, mais *emu ṣiḫru* 'le petit *emu*'. Je serais porté à croire que si *emu* (ou *emu rabû* 'le grand *emu*' [so wird nämlich das Zeichen *Sal-Uš-Dam* mit der Aussprache *mu-ru-ub* in K. 2051 Col. III 6 erklärt; vgl. die Stellen bei Delitzsch, sum. Glossar s. v. *murub* II p. 192 f.]) désignait 'le beau père', *emu ṣiḫru* désignait 'le gendre'. In diesem Sinne übersetzt er nunmehr auch in RA XI p. 54. Für die Richtigkeit dieser Übersetzung spricht jedenfalls der Umstand, daß sie das Verständnis der Urkunde ermöglicht.

ki mu-lugal pa(d)-da-ka ni-tuš-ša

Lù-gi-na dumu [.....

[lù-inim-ma-bi-me]

[^{d}Iškur-an-dúl ti(l)-la Ur-^{d}Nin-giš-zi-da-ra]

Rs. *igi-ni [in-na-gà-ga(r)-ar]*

mu-[lugal]

Lù-^{d}Nin-g[ir-su dumu-nita-zu]

mussa[20])*-mu ba-ra-me*

in-na-ni-dú(g)-ga

Sukud-du dumu Ab-ba-mu

Ur-^{d}Ba-ú

lù-inim-ma-bi-me

Gím-kal-ge

lù-inim-ma ne-gur

Lù-Gù-de-a nam-erim-ám

Lù-^{d}Nin-gir-su dumu Ur-^{d}Nin-giš-zi-da-ge

Gím-nigin-gar dumu Lù-Gù-de-a-ka ba-an-tug.

Folgt die Angabe des Gerichts mit dem *maškim* als Vorsitzenden.

die am Orte, wo man beim König schwört, anwesend war,

(und) Lu-gina, Sohn des [.....

[Zeugen].

[Iškur-andul hatte bei seinen Lebzeiten an Ur-Ningišzida]

das Wort [gerichtet]: Rs.

'Beim König,

Lu-Ning[irsu, dein Sohn]

mein Schwiegersohn[20]) sei er nicht'

hatte er gesagt.

Dafür sind Sukuddu, Sohn des Abbamu

(und) Ur-Bau

Zeugen.

Gim-Kal

hat die Zeugen zurückgewiesen.

Lu-Gudea hat einen Eid geleistet.

Lu-Ningirsu, Sohn des Ur-Ningišzida

hat Gim-nigin-gar, die Tochter des Lu-Gudea geheiratet.

Auf eine Erklärung des Ideogramms muß derzeit verzichtet werden. *Sal-Uš-sá-Hu*=*kumû, atân nâri* (M e i s s n e r, Seltene assyr. Ideogramme 8397) 'Flußeselin' (vgl. auch *Sal-Uš-sá-ge*^{hu} in Gudea, Statue E col. V 15 = T h u r e a u - D a n g i n, Sum. und akkad. Königsinschriften p. 80) bezeichnet einen Vogel, nach D e l i t z s c h p. 158 den Pelikan. Dagegen T h u r e a u - D a n g i n, a. a. O. p. 80 n. h, der 'Ente' übersetzt. Man muß jedoch bei diesem und anderen analogen Ideogrammen sich hüten, die Zeichen *Uš* und *Nita* zu verwechseln. Der letztere Wert ist für 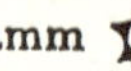 anzunehmen, wie mir T h u r e a u - D a n g i n mitteilt, in dem Ideogramm 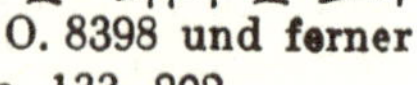 *Sal-Nita-Dam* = *ḫîrtum* 'Ehefrau'. Vgl. M e i s s n e r, a. a. O. 8398 und ferner auch D e l i t z s c h, Sum. Glossar s. v. *nita-dam, nitalam* p. 133, 202.

Thureau-Dangin, der durch die glückliche Ergänzung des Schlusses der Vorderseite das Verständnis der Urkunde erschlossen hat, nimmt an, daß Iškur-andul seine Tochter an Ur-Ningišzida für dessen Sohn Lu-Ningirsu verlobt habe. Als die Ehefrau des Iškur-andul nach dessen Tode auf Vollzug des Verlöbnisses gegen Lu-Ningirsu klagt, wird ihr eingewendet, daß das Verlöbnis aufgelöst worden sei und daß Ur-Ningišzida für seinen Sohn mit Lu-Gudea ein zweites Verlöbnis geschlossen habe. Da der hierfür angebotene Zeugenbeweis von der Klägerin abgelehnt wird, kommt es zum Eid des Lu-Gudea, der als eine Art Nebenintervenient neben dem Beklagten auftritt. Damit ist die Sache zu Ungunsten der Klägerin entschieden, und es wird die Eheschließung mit der Tochter des Lu-Gudea auf Grund des Verlöbnisses sofort vollzogen. Von einer Klage auf Erfüllung eines Verlöbnisses handelt auch der *di-til-la* Pélagaud n⁰. 21[21]). Es wird durch Zeugen nachgewiesen, daß Nin-marka unter Anrufung des Königs erklärt habe (Z. 5f.): *Lù-dingir-ra dumu Gu-za-ni-ge (6) Dam-gu-la dumu-mu ḫa-an-tug* 'Lu-dingir-ra, der Sohn des Guzani (6) möge Dam-gula, meine Tochter heiraten'. Ferner gesteht Nin-marka, unter Eid befragt, zu, erklärt zu haben (Z. 16f.): *Sib-ki-ni dumu-mu (17) Nin-azag-zu dumu Gu-za-ni-ge ḫa-an-tug* 'Sib-kini, mein Sohn (17) möge Nin-azagzu, die Tochter des Guzani heiraten'. In beiden Fällen folgt auf diese Feststellung sofort die Eheschließung[22]).

Wir lernen aus diesen Texten, daß der Verlöbnisvertrag nicht zwischen den Brautleuten selbst, sondern zwischen ihren Vätern[23])

Sal-Uš-Meš (immer im Plural) findet sich in den El-Amarna Texten (Knudtzon 19_{35}, 22 IV_{41}, 38_4, 39_6) und zwar wohl in der Bedeutung 'Kebsweiber, Haremsfrauen'. Vgl. Knudtzon p. 144a, 178a, der das Ideogramm vermutungsweise mit *marḫîtum* wiedergibt.

21) Zuerst veröffentlicht von Virolleaud, Di-tilla n⁰. 15. Ich benutze im Folgenden eine mir von Thureau-Dangin freundlichst zur Verfügung gestellte Übersetzung.

22) Z. 10f. *Lù-dingir-ra-ge (11) Dam-gu-la ba-an-tug* 'Lu-dingir-ra (11) hat Dam-gula geheiratet', ebenso Z. 20f. *Sib-ki-ni* .. *(21) Nin-azag-zu ba-an-tug.*

23) Die Mutter scheint nach Inv. Tabl. Tello II_1 960 Vs. Z. 11f. das Recht gehabt zu haben, dem Verlöbnis zuzustimmen, eine Zustimmung, die sie erteilt, indem sie bei Abschluß des Vertrages als Zeugin anwesend ist. Thureau-Dangin, RA XI p. 54 n. 2 vergleicht damit treffend die Klausel *ina ašâbi* der neubabylonischen Kontrakte. Vgl. zu ihr Koschaker, Bürgschaftsrecht p. 201f.

abgeschlossen wurde. Bezeugt ist das Versprechen des Vaters des Bräutigams, seinen Sohn in die Ehe geben[24]), beziehungsweise die Braut für den Sohn in die Ehe nehmen zu wollen[25]). Wir werden wohl nicht fehlgehen, wenn wir annehmen, daß diesem Versprechen ein Versprechen des Brautvaters gegenüberstand, seine Tochter in die Ehe zu geben. Daß die vorliegenden Quellen davon nichts berichten, macht nichts aus. Denn die *di-til-la*-Urkunden sind äußerst knapp gehaltene Prozeßrelationen, die nur das für den konkreten Rechtsstreit Wesentliche hervorheben. Diese Verlöbnisversprechen sind klagbar und zwar haftet, wie Inv. Tabl. Tello II_1 960 ergibt, der Bräutigam nach dem Tode des Vaters, der für ihn das Verlöbnis abgeschlossen hat[26]), persönlich auf Erfüllung. Lebt der Vater nicht mehr, so schließt das Verlöbnis natürlich der Bräutigam selbst. Ob dasselbe aber auch für die Braut gilt, ist höchst fraglich. Angesichts der inferioren Stellung der Frau gegenüber dem Manne[27]) ist es vielmehr dringend wahrscheinlich, daß wenigstens ursprünglich für die Frau immer der Muntwalt auftrat.

Dürfen wir diese für das Verlöbnis des sumerischen Rechts gewonnenen Ergebnisse auch auf den Ehevertrag anwenden, dürfen wir — mit anderen Worten — annehmen, daß der Besitzergreifung an der Frau durch den Bräutigam - eine traditio puellae seitens des Muntwalts entsprach? Ich sehe kein Bedenken, diese Gestaltung des Eheschließungsaktes wenigstens als den geschichtlichen Ausgangspunkt anzunehmen. Allerdings schließt in Inv. Tabl. Tello II_1 960 und Pélagaud 21 auf Grund des vom Vater vereinbarten Verlöbnisses der Bräutigam selbst den Ehevertrag. Allein dies erklärt sich für die erste Urkunde daraus, daß der Vater nicht mehr lebt, und was Pélagaud 21 betrifft, so erfolgt hier die Eheschließung unmittelbar im Anschluß an die gerichtliche Verhandlung. Es ist also anzunehmen, daß der Bräutigam praesente patre an der Braut Besitz ergreift, also sicher mit dessen Zustimmung, wenn nicht gar seine Gegenwart eher als Mithandeln denn als Konsenserteilung zu einem selbständigen Handeln des Sohnes gedeutet

---

[24]) Inv. Tabl. Tello II_1 960 Vs. Z. 9f., Pélagaud 21 Z. 16f.

[25]) Pélagaud 21 Z. 5f.

[26]) Ur-Ningišzida, der Vater des Lu-Ningirsu ist, wie aus Vs. Z. 5 zu schließen ist, zur Zeit der Klage bereits tot.

[27]) Vgl. bezüglich des Erbrechts Koschaker, RA XI p. 36f.

werden muß. Darf man daraus schließen, daß auch die Braut beim Ehevertrage, zwar unter Konsens des Muntwalts, im Übrigen aber selbständig auftrat? Der Vorgang ist möglich und für die spätere Zeit, wie sich noch ergeben wird, in einem gewissen Grade sogar wahrscheinlich. Allein die Schlußfolgerung wäre gleichwohl verfehlt. Denn bei Braut und Bräutigam liegen die Dinge nicht gleich. Die oben erwähnten Argumente weisen vielmehr entschieden für die älteste Zeit auf einen Eheschließungsakt hin, bei dem die Frau Objekt und nicht Subjekt war.

Der Eheschließungsakt des sumerischen Rechts deckt sich also mit dem der semitischen Rechtsquellen, insofern er wenigstens in seiner ältesten Gestalt in der traditio puellae seitens des Muntwalts an den Bräutigam bestand[28]). Wie steht es jedoch mit dem Brautpreis, den nach semitischem Recht der Bräutigam zu leisten hatte? Es sei zunächst konstatiert, daß in den eherechtlichen Urkunden ein Brautpreis nirgends erwähnt wird. Das könnte Zufall der Überlieferung sein, wenn nicht ein anderer Umstand es in hohem Grade wahrscheinlich machte, daß ein Brautpreis in der Tat nicht gegeben wurde. Es ist dies die Verlöbnisform. Nach semitischem Recht bestand das Verlöbnis in der Zahlung der *tirḫâtum*. Wenn

---

28) In den Proceedings of the Victoria Institute (1892/3) p. 31f. hat Pinches eine zweisprachige Tontafel (Br. M. 81—7—1, 98) veröffentlicht, die unter anderem auch das Ritual einer 'wedding-ceremony' enthält. Vgl. zu dem Texte auch A. Sayce, Babylonians and Assyrians p. 29f., Johns, p. 132f. Es heißt da (Col. II Z. 3f.), daß 'sie (dritte Personen) ihre Hände in seine Hände gelegt, ihre Füße zu seinen Füßen gestellt, daß 'sie (eine Frau) ihre Schulter an seine gelehnt habe', daß 'er aufgetreten sei und zu ihr gesagt habe: der Sohn eines Großen bin ich, mit Silber und Gold will ich deinen Schoß füllen, du bist die Ehefrau, ich dein Ehemann, (II Z. 13f.: *at-ta lu-u aš-ša-tu, anaku*^{ku} *lu-u mu-ut-ka*), gleich der Frucht eines Gartens will ich diese Frau fruchtbar machen'. Im Folgenden (Col. III, von Pinches als ceremony after the wedding erklärt) wird vorgeschrieben, daß man Schuhe an ihre (der Brautleute?) Füße binden, ihnen einen Gürtel geben, und eine Geldbörse an ihrem Gewand befestigen solle. So solle man sie irgend wohin in die Wüste bringen. Ich will in der Inhaltsangabe nicht weiter fortfahren. Das Gesagte genügt zu erkennen, daß dieses 'Eheschließungsritual' in den Rechtsurkunden keine Parallele findet. Die poetischen Phrasen, die es enthält, lassen es sogar als fraglich erscheinen, ob hier überhaupt ein Rechtsdenkmal vorliegt und nicht ein Erzeugnis der schönen Literatur. Jedenfalls wird es sich empfehlen, diesen Text, solange er nicht durch Parallelen gestützt wird, als Rechtsquelle nicht zu verwerten.

irgendwo, so müßten wir gerade beim Verlöbnis erwarten den Brautpreis zu finden, sei es als realen, sei es als Scheinpreis, falls er überhaupt eine Rolle im sumerischen Eherechte spielte. Die Quellen enttäuschen diese Erwartung. Sie ergeben als Verlöbnisform eidliche Versprechen der Väter der Brautleute. Daß es sich speziell um eidliche Versprechen handelt, folgt aus der Anrufung des Königs (*mu-lugal*), mit der sie eingeleitet werden, sowie aus der Angabe des *di-til-la* Inv. Tabl. Tello II_1 960 Vs. Z. 12, daß das Verlöbnis abgeschlossen wurde *ki mu-lugal pa(d)-da-ka* 'an dem Orte, wo man beim König schwört', also an der Eidesstätte[29]). Es liegt somit eine ganz andere Haftungsform vor. Beruht die Haftung beim Arrhalverlöbnis auf dem Gedanken der Pfand(Sach)haftung, so handelt es sich beim sumerischen Verlöbnis um persönliche Haftung auf Grundlage des Eides[30]). Es ist dies ein Dualismus der Haftungsformen, der sich beim Verlöbnis auch anderweitig findet[31]).

Läßt also das sumerische Verlöbnis zumindest für einen realen Brautpreis keinen Raum, ist es daher kaum ein Zufall, wenn die Eheurkunden über ihn nichts berichten, so kann doch auf der anderen Seite die Institution des Brautpreises dem sumerischen Rechte nicht unbekannt gewesen sein. Beweis dessen, daß die sumerische Sprache ein Wort für ihn kennt. Die Syllabare überliefern uns die Gleichung  *Nig-Sal-Uš-sá* = *tirḫâtum*[32]). Das Wort, das nach dem oben (n. 20) über *Sal-*

[29]) Dieselbe Urkunde (Rs. Z. 2f.) ergibt auch, daß die Auflösung des Verlöbnisses ebenfalls durch eidliche Erklärungen, also durch contrarius actus (im Sinne des römischen Rechts) erfolgte.

[30]) Über den Eid als Form der persönlichen Haftung vgl. mein Bürgschaftsrecht p. 226.

[31]) Außer dem südgermanischen Arrhalverlöbnis (vgl. v. Amira, Grundriß d. germ. Rechts³ p. 180) kennt das deutsche und nordische Recht auch ein Verlöbnis durch Eid oder Handschlag. Vgl. Sohm, Eheschließung p. 47f., v. Amira, Nordgerm. Obligationenrecht II p. 282. Auf persönlicher Haftung beruhen die latinisch-römischen sponsalia. Vgl. Koschaker, Zeitschr. d. Savigny-Stiftung, rom. Abt. 33 p. 398. Hierher gehört auch das durch eventuelle Strafstipulation verstärkte Arrhalverlöbnis des byzantinischen Rechts, neben das später das durch eventuelle stipulatio poenae gesicherte formlose Verlöbnis trat. Vgl. Koschaker, a. a. O. p. 401, 409f.

[32]) Meissner, Seltene assyr. Ideogramme 9360, Delitzsch p. 713 und Sum. Glossar s. v. p. 57.

-*Uš-sá* 'Schwiegersohn' Bemerkten *nig-mussa* zu lesen ist und demnach vielleicht als 'Sache, Gabe des Schwiegersohns' = Brautpreis zu erklären sein dürfte, findet sich zwar bisher nicht in den juristischen Texten, wohl aber in mehreren Inschriften Gudeas von Lagaš (Telloh)[33]). Die Inschrift der Statue E[34]) berichtet von der Erbauung des Tempels *e-sil-sir-sir* zu Ehren der Bau und den *nig-mussa,* welchen Gudea am Neujahrstage *(ud-zag-mu),* an dem die Vermählung des Stadtgottes Ningirsu mit der Bau gefeiert wurde,[35]) darbrachte. Col. V Z. 1 f.: *ud-zag-mu* (*2*) *ezen dBa-ú* (*3*) *nig-mussa sá ag-da* 'am Neujahrstage, (2) dem Feste der Bau, (3) als er (Gudea) den *nig-mussa* darbrachte'; es folgt die Aufzählung verschiedener Gaben (col. V 4—VI 1), welche mit der Bemerkung schließt (col. VI 2 f.): *nig-mussa sá dBa-ú* (*3*) *é-Igi+Šú* (*4*) *ud-bi-ta-kam* 'das war der *nig-mussa* der Bau (3) im alten Tempel (4) vorher'; dann eine weitere Gabenliste (VII 15 f.): *nig-mussa sá dBa-ú* (*16*) *é-gibil* (*17*) *Gù-de-a* (*18*) *pa-te-si* (*19*) *Šir-Bur-La ki-a* (*20*) *lù é-du-a-ge* (*21*) *ba-an-taḫ-ḫa-ám* 'das war der *nig-mussa* der Bau, (16) welchen im neuen Tempel (17) Gudea, (18) der Patesi (19) von Lagaš, (20) der Erbauer des Tempels (21) hinzufügte'[36]). Thureau-Dangin[37]) bemerkt zu dieser Stelle: „(*nig-mussa*) = *tirḫâtu,* wörtlich 'Frauenpreis'; hier scheint das Wort eine allgemeinere Bedeutung zu haben.“ Er übersetzt demnach 'Vermählungsgeschenke'. Das ist richtig. Denn bei unvoreingenommener Betrachtung kann die Stelle nicht anders verstanden werden, als daß die Braut selbst den *nig-mussa* erhält. Außer allen Zweifel wird dies gesetzt durch eine Stelle der Inschrift der Statue G[38]), die von der Erbauung des Tempels *é-Pa* berichtet. Es heißt hier (col. II 1 f.): *nig-mussa sá* (*2*) *ša*(*g*)-*ḫul-*

[33]) Ein zweites aus den Syllabaren bekanntes Ideogramm für *tirḫâtum Kù-Dam-Tug* (vgl. die Belege bei Delitzsch, Sum. Glossar s. v. p. 134) = 'Silber — Ehefrau — nehmen' (vgl. auch Delitzsch p. 713) ist in den sumerischen Rechtsurkunden, soviel ich sehe, bisher nicht nachzuweisen.

[34]) Thureau-Dangin, Die sumerischen und akkadischen Königsinschriften (Vorderasiat. Bibl. I_1) p. 78 f.

[35]) Vgl. Morris Jastrow, The religion of Babylonia and Assyria p. 677 f. Die Schilderung der Vermählungsfeier (Beilager) enthält die Zylinderinschrift B col. 16,19 — col. 17,4 (Thureau-Dangin p. 135 f.).

[36]) Derselbe Bericht steht auch auf der Statue G col. 3,5 - 5,19 (Thureau-Dangin p. 84).

[37]) A. a. O. p. 80 n. a.

[38]) Thureau-Dangin p. 84 f.

-la (*3*) *dNin-gir-su-ge* (*4*) *dBa-ú* (*5*) *dumu An-na* (*6*) *dam-ki-ág-ni* (*7*) *mu-nu-ta-ag-ge* 'den *nig-mussa* (2) hat freudigen Herzens (3) Ningirsu (4) der Bau, (5) der Tochter Anus, (6) seiner geliebten Gattin (7) gegeben'. Hier gibt der Bräutigam der Braut den *nig-mussa* und es ist demnach auch die Darstellung der Inschrift E dahin zu verstehen, daß Gudea, der Erbauer des Tempels im Namen Ningirsus der Göttin den *nig-mussa* weiht[39]).

Wird also der *nig-mussa* der Braut gegeben, so ist er aber keine *tirḫâtum* im Sinne der semitischen Rechtsquellen, kein Brautpreis. Denn diesen erhält der Muntwalt für die Braut. Der *nig-mussa* ist vielmehr eine Schenkung, die der Mann bei Eingehung der Ehe der Frau macht und die zu den Förmlichkeiten der Eheschließung gehört zu haben scheint[40]). Freilich handelt es sich in den Inschriften Gudeas um Heiraten unter den Göttern. Allein wir dürfen ohne Bedenken voraussetzen, daß das Recht der Götter sich nicht von dem der Menschen unterschied, vielmehr nur ein Spiegelbild des letzteren war. Unter solchen Umständen erhebt sich aber die Frage, wieso die Syllabare *nig-mussa,* also ein Geschenk des Bräutigams an die Braut mit *tirḫâtum* 'Brautpreis' erklären konnten. Die Antwort auf diese Frage gibt die vergleichende Rechtsgeschichte. Es ist eine in vielen Rechten nachweisbare Entwicklung, daß der Brautpreis in dem Maße, als die Idee der Kaufehe verblaßt und schließlich verschwindet, sich umwandelt aus einer Gabe, die dem Muntwalt für die Braut geleistet wird, in eine Schenkung des Bräutigams an die Braut[41]). Dieselbe Entwicklung haben

---

[39]) Dies bestätigt die Inschrift der Statue D (Thureau-Dangin p. 76f.), wo es (col. II 11f.) mit Beziehung auf den in G col. II 1f. erwähnten *nig-mussa* heißt: *é-Pa* .... (*12*) *mu-na-dū* (*13*) *ša(g)-ba nig-mussa sá* (14) *dBa-ú* (*III, 1*) *nin-a-na-ge* (*2*) *si-ba-ni-sá-sá* 'das *é-Pa* . . (12) hat er (Gudea) erbaut, (13) darinnen den *nig-mussa* (14) der Bau, (III, 1) seiner Herrin (2) hat er aufgestellt'.

[40]) Vgl. Morris Jastrow, der a. a. O. p. 59 ganz richtig bemerkt: it is interesting to find at this early period the evidence for the custom that still prevails in the Orient, which makes the gift of the bridegroom to his chosen one an indispensable formality.

[41]) Dies gilt für den Brautpreis des deutschen Rechts, das Wittum, und zwar ist diese Entwicklung zum Teil schon zur Zeit der Volksrechte abgeschlossen. Vgl. Sohm, Eheschließung p. 32f., Brunner, Grundzüge[5] p. 223, 226, Hübner, Grundzüge d. deutschen Privatr.[2] p. 529, 552f., Schröder, Deutsche Rechtsgesch.[5] p. 309, 324f., Geschichte des ehlichen Güterrechts I p. 76f., Rietschel in Hoops' Reallexikon d. germ. Altertumskunde I p. 505, 512f. Bei den Arabern fällt schon vor dem Islam der Braut-

wir offenbar auch für das sumerische Recht vorauszusetzen. Die sumerische Ehe war ebenso wie die semitische Kaufehe, insoferne der traditio puellae ein vom Bräutigam zu leistender Brautpreis (*nig-mussa*) entsprechen mußte. Allein sie hat diesen Charakter schon frühzeitig abgestreift. Bereits zur Zeit Gudeas, lange vor Ḫammurapi, war der Brautpreis zu einer der Braut gemachten Eheschenkung geworden, auf die dann der alte Name für Brautpreis überging. Diese Hypothese erklärt mit einem Schlage alles: einerseits die Sprache der Syllabare, die *nig-mussa* mit *tirḫâtum* übersetzen, ferner diejenigen Elemente, die der sumerische Ehevertrag mit dem semitischen gemeinsam hat, wie die traditio puellae[42]),

preis (*mahr*) der Braut selbst zu. Vgl. Wellhausen, Gött. gel. Nachrichten (1893) p. 434f., Tornauw, Zeitschr. f. vergl. Rechtswissenschaft 5 p. 134f., Kohler, ebenda p. 357f., Friedrichs, ebenda 7 p. 260f. Der biblische Brautpreis (*mohar*) wird im talmudischen Recht zur Eheschenkung (*kethuba*). Vgl. Freund, Zur Gesch. des Ehegüterrechts bei den Semiten (Sitz.ber. d. Wien. Akad. phil.-hist. Kl. 162, 1) p. 24f. Die römische donatio ante nuptias, die dem Oriente entstammt, geht gleichfalls, wie Mitteis, Reichsrecht und Volksrecht p. 265f. nachgewiesen hat, auf den Brautpreis zurück. Über dieselbe Entwicklung im indischen Recht vgl. Kohler, Ztschr. f. vergl. Rechtswissensch. 3 p. 430f., in südslavischen Rechten, Wesnitsch, ebenda 9 p. 51, nach altböhmischen Recht: Kapras, ebenda 23 p. 132f., 192. Weitere rechtsvergleichende Daten bei Post, Studien zur Entwicklungsgesch. d. Familienrechts p. 181, Kohler, Kultur der Gegenwart II, Abt. VII_1 p. 11, 58, 74, 88, 107.

[42]) Insofern Subjekt der Eheschenkung die Braut selbst war, enthielt jene allerdings ein Element, das früher oder später von der traditio puellae weg zur Auffassung führen mußte, daß auch beim Ehevertrag die Braut Kontrahent sei (unter eventueller Zustimmung ihres Muntwalts). Ob das sumerische Recht dieses Stadium der Entwicklung bereits erreicht hat, läßt sich mit Sicherheit nicht sagen. Wenn die sumerischen Eheverträge die Eheschließung als einseitigen Akt des Bräutigams erscheinen lassen, so schließt, wie bereits bemerkt wurde, diese Formulierung weder die Mitwirkung des Muntwalts aus, noch ist sie, da sie die Frau als Objekt betrachtet, der Annahme, daß diese Kontrahent war, günstig. Für einen Ehevertrag aus Nippur, BE VI_2 40 (UAR 1, Zeit Samsu-ilunas) kann indessen mit Sicherheit behauptet werden, daß die Braut den Ehevertrag schloß. Denn hier siegeln beide Ehegatten die Urkunde, was sie nur in ihrer Eigenschaft als Kontrahenten tun konnten. Vgl. Schorr, UAR p. XLIII. Wenn gleichwohl aus dieser Urkunde ein allgemeiner Rechtssatz nicht abgeleitet werden kann, so liegt der Grund darin, daß sich die Möglichkeit einer besonderen Konstellation (Heirat einer gewaltfreien Frau, Witwe) nicht ausschließen läßt. Man könnte sich für die letztere Annahme sogar darauf berufen, daß nach Z. 4f. die Braut selbst dem Manne eine Summe von 19 Sekel (als Mitgift?) 'einbringt' (*in-na-ni-in-tur* Z. 6).

andrerseits das Schweigen der Quellen bezüglich des Brautpreises, die andere Verlöbnisform u. s. w.

Was die sumerischen Rechtsurkunden betrifft, so ist in ihnen die Eheschenkung bisher mit Sicherheit nicht nachzuweisen. Am ehesten, wenngleich mit Vorbehalt, könnte man eine solche finden in BE VI_2 48 (UAR 6). In diesem Ehevertrage verteilt der Mann sein Vermögen unter seine drei Söhne (wohl aus erster Ehe) und setzt sie außerdem seiner Frau als Erben mit der Verpflichtung sie zu alimentieren. Sachlich ist damit verfügt, daß die Frau nach dem Tode des Mannes im Hause bleibt[43]) und von ihren Erbkindern alimentiert wird. Dies ist mit einer Eheschenkung insoferne vereinbar, als diese, wie noch dargelegt werden soll, nicht den Erwerb des freien Eigentums an der Schenkung erfordert, sondern ihren Zweck erfüllt, wenn der Frau aus der Schenkung die Alimentation gesichert ist. Die Schenkung einer Sklavin an die Ehefrau erwähnt der ältere *di-til-la* Inv. Tabl. Tello III 5279 Z. 15[44]). Doch läßt es sich hier nicht ausschließen, daß die Schenkung durante matrimonio gemacht wurde, während die Eheschenkung im technischen Sinne eine Gabe ist, die der Mann bei Eingehung der Ehe der Frau zusichert und die demnach zum Wesen des Ehevertrags gehört.

Von Schenkungen des Ehemannes an die Ehefrau handelt auch der K. Ḫ. an zwei Stellen, in § 150 und §§ 171, 172. In den letzteren Bestimmungen wird die Schenkung als *nudunnûm* 'Gabe' (von *nadânu* 'geben') bezeichnet. Über das Verhältnis dieser Normen zueinander, sowie über die rechtliche Natur der in ihnen geregelten Schenkungen sind in der Literatur sehr verschiedene Ansichten geäußert worden. Während die einen in § 150 und §§ 171/2 dasselbe Rechtsinstitut normiert finden möchten[45]), wollen andere die beiden Bestimmungen auf verschiedene Arten der Eheschenkung beziehen; und zwar soll § 150 über die Schenkung handeln, die der Mann der Frau während der Ehe macht und über die die Frau

---

[43]) Vgl. auch Z. 21f.: wenn die Frau zu ihren Erben sagt: ihr seid nicht meine Kinder, (Z. 24) *nig-ga . . . dam-a-na-ge ba-ra-è-ne* 'so geht sie aus der Habe . . . ihres Mannes heraus'.

[44]) Bearbeitet von Thureau-Dangin, RA X p. 94f.

[45]) So Kohler, H. G. I p. 120, Cuq, Rev. Bibl. (1905) p. 369f., Nouv. Rev. hist. 33 p. 258f., wohl auch Cohn p. 26f. Vgl. ferner Brugi, Atti del R. Istituto Veneto 62 II p. 1117.

zugunsten ihrer Kinder frei auf den Todesfall verfügen darf, der *nudunnûm* hingegen soll eine Schenkung sein, die bei oder bald nach Eingehung der Ehe der Frau verschrieben wird und die allen Kindern gleichmäßig verfangen ist[46]). Ebensowenig herrscht Einigkeit über den rechtlichen Charakter des *nudunnûm*. Bald bezeichnet man ihn als Eheschenkung[47]), vergleicht ihn mit der römischen donatio ante nuptias[48]), bald stellt man ihn mit der Morgengabe des deutschen Rechts in Parallele[49]) oder man definiert ihn einfach als vom Manne durante matrimonio gemachte Schenkung zum Zwecke der Witwenversorgung, ohne ihn mit anderen analogen Instituten in Beziehung zu setzen[50]).

Das Gesetz handelt von dem *nudunnûm* im Anschlusse an Bestimmungen (§§ 170, 171 Z. 60—77), welche die Rechtsstellung der Konkubinenkinder nach dem Tode des pater familias regeln. Dieses Ereignis gibt also der Situation das Gepräge. § 171 Z. 78 f. bestimmt nun: *ḫi-ir-tum* (*79*) *še-ri-iq-ta-ša* (*80*) *u nu-du-na-am* (*81*) *ša mu-za* (*82*) *id-di-nu-ši-im* (*83*) *i-na tup-pi-im* (*84*) *iš-tu-ru-ši-im* (*85*) *i-li-ki* 'die Ehefrau soll (79) ihre Mitgift (80) und den *nudunnûm*, (81) welchen ihr Mann ihr gegeben, (83) in einer Urkunde (84) ihr verschrieben hat, (85) nehmen.' Die Frau gelangt in den Besitz des *nudunnûm* also erst nach dem Tode des Mannes. Dazu stimmt Folgendes. Nach § 172 Z. 27 f. hat die Witwe, die wieder heiratet, den *nudunnûm* ihren Kindern herauszugeben, während sie die Mitgift in die zweite Ehe mitnimmt. Der *nudunnûm* dient eben der Witwenversorgung und bleibt daher der Frau nur für die Dauer des Witwenstandes, mit dessen Beginn die Frau erst in seinen Besitz gelangt. Daraus folgt, daß die Bestellung des *nudunnûm*, wofür das Gesetz die Ausfertigung einer Urkunde verlangt, durch Schenkung auf den Todesfall erfolgt. Damit ist nicht gesagt, daß die Frau aus dem Bestellungsakte nur einen obligatorischen Anspruch

---

46) So vor allem Müller p. 126, WZKM 19 p. 384 f. und ihm folgend d'Arbois de Jubainville, La famille Celtique p. 141, 143, Freund, a. a. O. p. 36 f., Schorr, UAR p. 279. Vgl. auch Besta p. 209.

47) Kohler, H. G. III p. 227 f.

48) Cohn p. 26 f, Brugi, a. a. O. p. 1117.

49) Müller, Freund l. c., Winckler p. 38 n. 4. Vgl. ferner Besta p. 202, Ulmer, AO IX, 1 p. 11. Zweifelnd Fehr p. 85.

50) In diesem Sinne Cuq l. c. Unzureichend ist es, den *nudunnûm* mit Johns p. 132 als Nadelgeld (pin-money) zu charakterisieren.

auf den *nudunnûm* erwirbt. Die Verhältnisse werden vielmehr ähnliche gewesen sein wie bei der *šeriqtum,* d. h. der *nudunnûm* wird Eigentum der Frau, ist aber durante matrimonio in Nutznießung und Verwaltung des Mannes[51]). Aus dem Charakter des *nudunnûm* als Witwenversorgung ergibt sich ferner — was übrigens das Gesetz (§ 171 i. f.) ausdrücklich sagt —, daß die Witwe den *nudunnûm* nicht zu freier Verfügung erhält, sondern belastet mit einem Verfangenschaftsrechte zugunsten der Kinder. Sie darf insbesondere ohne deren Zustimmung nichts aus dem *nudunnûm* veräußern, so daß wirtschaftlich ihre Stellung der eines Nießbrauchers entspricht. Das Gesetz (§ 172 Z. 6—15) gewährt endlich der Witwe, falls ihr Mann ihr einen *nudunnûm* nicht verschrieben hat, einen Sohnesteil aus dessen Nachlasse als Ersatz. Daraus folgt aber, daß der *nudunnûm* keine dem freien Ermessen des Mannes anheimgestellte Gabe ist, sondern eine zur Ehe gehörige Institution, zwar nicht in dem Sinne, daß eine Ehe ohne *nudunnûm* nichtig wäre, wohl aber insoferne, als er regelmäßig für die Ehe bestellt wird. So erklärt sich auch, daß die Rechtssprache für diese Schenkung einen eigenen Namen geprägt hat. Über den Zeitpunkt, wann der *nudunnûm* bestellt wurde, ob bei der Eheschließung oder erst während der Ehe, sagt das Gesetz nichts. Bedenkt man jedoch, daß er eine zum Bestande der Ehe regelmäßig gehörende Gabe ist, so wird es im hohen Grade wahrscheinlich, daß ihn der Mann schon bei der Eheschließung der Frau zusichern mußte.

Die zweite von der Schenkung an die Ehefrau handelnde Bestimmung, § 150 formuliert als Tatbestand: 'Wenn jemand seiner Ehefrau Feld, Haus, Garten oder (bewegliche) Habe schenkt und ihr darüber eine Urkunde ausfertigt', und knüpft daran die Verfügung Z. 17 f.: *wa-ar-ki mu-ti-ša* (*18*) *mârumeš-ša u-ul i-ba-ga-ru-ši* (*19*) *um-mu-um* (*20*) *wa-ar-ka-za* (*21*) *a-na mâri-ša* (*22*) *ša i-ra-am-mu* (*23*) *i-na-ad-di-in* (*24*) *a-na a-ḫi-im* (*25*) *u-ul i-na-ad-di-in* 'nach dem Tode ihres Mannes (18) werden ihre Kinder sie nicht klagen. (19) Die Mutter darf (20) ihren Nachlaß (21) demjenigen Kinde, (22) das sie liebt, (23) geben; (24) einem anderen (25) darf sie (ihn) nicht geben'. Ob die hier geregelte Schenkung eine Verfügung auf den Todesfall darstellt, wie manche annehmen[52]),

[51]) Vgl. auch Besta p. 202.

[52]) Besta p. 209. Vgl. auch Bozzoni, Il diritto ereditario nelle leggi di Hammurabi (Filangieri 1903) p. 5 (des Sonderabdrucks).

möchte ich unentschieden lassen. Man könnte sich allerdings darauf berufen, daß das Einspruchsrecht der Kinder erst nach dem Tode des Vaters existent wird. Allein das kann auch daraus erklärt werden, daß die Kinder bei Lebzeiten des Vaters nicht klagen durften. Hingegen wirft gerade dieses Klagerecht der Kinder, das wohl nur als auf das Familieneigentum sich gründendes Beispruchsrecht gegen Verfügungen des Vaters über das Hausvermögen gedeutet werden kann, ein scharfes Licht auf den Charakter der Schenkung. Das Gesetz lehnt zwar das Beispruchsrecht ab, betrachtet es aber doch als im Bereiche der Möglichkeit liegend. Selbst dieser Gedanke wäre ausgeschlossen, wenn § 150 den *nudunnûm* im Auge hätte. Denn wenn der *nudunnûm* eine für die Ehe wesentliche Schenkung ist, so wäre es widersinnig auch nur die Möglichkeit zu erwägen, daß er nach dem Tode des Mannes durch ein Beispruchsrecht der Kinder in Frage gestellt werde. § 150 kann sich vielmehr nur auf freie Liebesgaben des Mannes beziehen, die an sich der Anfechtung durch die Kinder unterliegen können. Daß solche Schenkungen hauptsächlich während der Ehe gemacht werden, liegt in der Natur der Sache und mag auch durch die feine, wenngleich nicht ganz schlüssige Erwägung Müllers[53]) gestützt werden, daß § 150, wenn er der Frau freie Verfügung über die Schenkung zugunsten ihres Lieblingskindes gestatte, vorauszusetzen scheine, daß zur Zeit der Schenkung bereits Kinder vorhanden sind, während der *nudunnûm,* auf welche alle Kinder gleiches Anrecht haben, zu einer Zeit bestellt worden sein müsse, da noch keine Kinder geboren waren.

Hingegen halte ich es nicht für exakt, wenn Müller und ihm folgend Schorr das Verfügungsrecht der Frau bei der Schenkung des § 150 in den Vordergrund stellen, und direkt für unzulässig, wenn Schorr, UAR p. 279 die Schenkungsurkunden § 150 oder dem *nudunnûm* zuweist, je nachdem sie eine Klausel, welche der Frau das Verfügungsrecht einräumt, enthalten oder nicht. Die bisher bekannt gewordenen Urkunden — sie stammen sämtlich aus dem semitischen Norden, aus Sippar[54]) und aus Dilbat[55]) — ent-

---

[53]) WZKM 19 p. 384 f.

[54]) CT VIII 34 b, BE VI_1 95, 116, M. 5 (UAR 202—205), CT VI 38 a (H. G. III 471).

[55]) VS VII 49 (H. G. III 475).

halten die Erklärung, daß der Ehemann der Ehefrau[56]) Sachen[57]) geschenkt habe (*iddin*). Darauf folgt mitunter (BE VI_1 95, 116) die Klausel, daß solange die Frau lebe, *gazza ukâl* 'ihre Hand (die Schenkung) halten werde', d. h. daß ihr der Nießbrauch zustehe[58]). Den Schluß machen erbrechtliche Bestimmungen und zwar wird entweder der Frau das Verfügungsrecht über die Schenkung zugunsten ihres Lieblingskindes eingeräumt (CT VIII 34 b, BE VI_1 116, VS VII 49) oder es werden ihr die Kinder schlechthin (BE VI_1 95)[59]) oder endlich bestimmte Kinder (M. 5)[60]) als Erben gesetzt. BE VI_1 116 Z. 21: *mâru-*[61])*]ša u-ul i-ba-ag-ga-ru-ši* ihre [Kinder][61]) werden gegen sie nicht klagen' formuliert noch gemäß § 150 den Beispruchsverzicht der Kinder und auf dasselbe kommt es hinaus, wenn in M. 5 die Kinder des Schenkers als Zeugen fungieren[62]).

Wer diese Urkunden vorurteilslos prüft, wird wesentliche Unterschiede unter ihnen nicht konstatieren können. Es handelt sich überall um Schenkungen (nicht notwendig auf den Todesfall) an die Ehefrau, die in der Verfügung über die Schenkung auf den Kreis der Kinder beschränkt ist. Daß die Schenkung in Hinblick auf die Eheschließung gemacht wurde, somit einen *nudunnûm* darstelle, dafür fehlt jeder Anhaltspunkt. Für einige Urkunden — zu ihnen gehört gerade der Text (BE VI_1 95), den Schorr für den *nudunnûm* in Anspruch nehmen möchte — ist es sogar sicher, daß sie während der Ehe errichtet wurden, weil sie Kinder aus der Ehe erwähnen, und für die anderen läßt sich diese Möglichkeit wenigstens nicht

---

56) Sie wird als solche in der Regel bezeichnet. Ausnahme: VS VII 49, wo jedoch der Zusammenhang ergibt, daß es sich um die Ehefrau handelt.

57) Gewöhnlich Sklaven, aber auch Grundstücke, Hausgerät und Vieh.

58) Diese Klausel ist der Annahme, daß Schenkung auf den Todesfall vorliege, nicht günstig. Denn man würde in diesem Falle doch den Hinweis erwarten, daß die Nutznießung erst mit dem Tode des Schenkers beginne.

59) So Schorr, UAR p. 279, 283. Ich bemerke jedoch, daß die Richtigkeit dieser Auffassung davon abhängt, daß die beiden Z. 23 namentlich als Erben angeführten Söhne die einzigen Kinder aus der Ehe sind. Das ist nun keineswegs sicher und wäre sogar unrichtig, wenn Ibni-Šamaš, der Z. 37, 41 als Vater von zwei Zeugen genannt wird, mit dem gleichnamigen Schenker identisch sein sollte. Daß die Kinder die Schenkung bezeugen, wäre, wie das weiter im Texte Bemerkte ergibt, nicht unerhört.

60) Vgl. zu dieser Urkunde auch Koschaker, RA XI p. 35.

61) So und nicht *aḫ-ḫu-*]*ša* (Schorr) ist nach § 150 K. Ḫ. zu ergänzen.

62) Vgl. mein Bürgschaftsrecht p. 205 f.

ausschließen. Was die erbrechtlichen Verfügungen betrifft, so erfahren wir, daß der Mann der Ehefrau die Verfügungsfreiheit zugunsten ihres Lieblingskindes einräumen, daß er aber ebenso ihr bestimmte — oder, wir können diesen Fall, obwohl er nicht sicher bezeugt ist, doch hier anreihen — alle Kinder als Erben setzen kann. Die Vorschrift des § 150 ist somit nur eine dispositive[63]. Die Verfügungsfreiheit der Frau zugunsten ihres Lieblingskindes gehört daher keineswegs zum Wesen der Schenkung nach § 150 und der von Müller behauptete Unterschied reduziert sich darauf, daß das bei beiden Schenkungen bestehende Verfangenschaftsrecht der Kinder bei der Schenkung nach § 150 durch Verfügung der Parteien modifiziert werden kann. Auch hier schimmert der Gedanke durch, daß die Schenkung des § 150 in letzter Linie dem freien Willen des Schenkers entspringt, durch sie in gewissem Umfange auch ihren Inhalt empfangen kann, während der *nudunnûm* ein durch zwingende Normen geregeltes, fest abgegrenztes Rechtsinstitut ist. Jedenfalls enthalten die bisher bekannt gewordenen Urkunden über Schenkungen des Ehemannes nichts, was uns zwingen würde sie anders als nach § 150 K. Ḫ. zu beurteilen, ein Ergebnis, das, wie noch darzulegen sein wird, deshalb nicht ohne Bedeutung ist, weil diese Urkunden aus dem semitischen Norden stammen.

§ 150 K. Ḫ. scheidet daher als Quelle für den *nudunnûm* aus. Die für ihn maßgebenden Rechtssätze müssen vielmehr ausschließlich den §§ 171, 172 entnommen werden. Die Ergebnisse unserer Untersuchung zusammenfassend können wir den *nudunnûm* etwa folgendermaßen charakterisieren: er ist eine in Hinblick auf die Ehe, wahrscheinlich bei der Eheschließung selbst gemachte Schenkung des Mannes an die Frau, die zum Wesen der Ehe gehört und unter Verfangenschaft zugunsten der Kinder dem Zwecke der Witwenversorgung dient, daher in den Besitz der Frau erst mit dem Tode des Mannes gelangt.

Es ist bemerkenswert, daß diese für den *nudunnûm* charakteristischen Züge in anderen Rechten sich bei der Eheschenkung finden. Das gilt vor allem für das Wittum des deutschen Rechts. Ebenso wie der *nudunnûm* ist es eine für die Ehe wesentliche Gabe des Mannes an die Frau, bestimmt zur Witwenversorgung, häufig den Kindern verfangen, eine Gabe, die ihre Funktion erst nach dem

---

[63]) So auch Cuq, Rev. Bibl. (1905) p. 370f.

Tode des Mannes erfüllt und daher oft erst auf den Todesfall verschrieben wird. Entsprechend § 172 K. Ḫ. hat ferner die Witwe nach manchen deutschen Rechten einen gesetzlichen Anspruch auf ein Wittum, wenn der Mann vertragsmäßig ihr ein solches nicht zugesichert hat[64]). Ähnliches gilt für die der orientalischen Eheschenkung entstammende donatio ante nuptias des römischen Rechts. Auch sie dient der Witwenversorgung, auch für sie besteht Verfangenschaft zugunsten der Kinder[65]). Die Aufgabe der Witwenversorgung hat endlich auch die talmudische Kethuba, sowie der arabische *mahr* zu erfüllen, seitdem er zur Eheschenkung geworden ist[66]).

Überblickt man diese Analogien, so wird man sicherlich geneigt sein, den *nudunnûm* als Eheschenkung zu bezeichnen und ihn mit dem Wittum, der donatio ante nuptias u.s.w. auf dieselbe Linie zu stellen. Doch stellt sich dieser Annahme eine meines Wissens bisher noch nicht beachtete Schwierigkeit in den Weg. Die vergleichende Rechtsgeschichte lehrt, daß die Eheschenkung aus dem Brautpreis entstanden ist zu einer Zeit als die Idee der Kaufehe in den Hintergrund trat und der Brautpreis nicht mehr dem Muntwalt, sondern der Braut selbst gegeben wurde[67]). Wenn dergestalt die Eheschenkung nur ein späteres Entwicklungsstadium des Brautpreises ist, so folgt daraus, daß Brautpreis und Eheschenkung sich einander ausschließen[68]), gleichzeitig nebeneinander nicht bestehen können[69]),

---

[64]) Vgl. Brunner, Grundzüge der deutschen Rechtsgesch.[5] p. 226, Schröder, Deutsche Rechtsgesch.[5] p. 324f., 327, Gesch. d. ehlichen Güterrechts I p. 64f., 71, 76f., 147, 150f., Hübner, Grundzüge d. deutschen Privatr.[2] p. 552, 555, Rietschel in Hoops' Reallexikon d. germ. Altertumskunde I p. 505.

[65]) Mitteis, Reichsrecht und Volksrecht p. 265f., 300f., 306f. Wenn die donatio ante nuptias ebenso wie gelegentlich auch das Wittum (vgl. Schröder, Güterrecht II_2 p. 223) noch die Funktion einer Scheidungsstrafe zu erfüllen hat, indem sie bei unberechtigter Scheidung die Frau lukriert, bei berechtigter Scheidung aber an den Mann verliert, so ist dies dem *nudunnûm* allerdings fremd. Doch mag sich dies daraus erklären, daß das altbabylonische Recht besondere Scheidungsstrafen entwickelt hat.

[66]) Vgl. Freund, a. a. O. p. 24f., Wellhausen, a. a. O. p. 434f.

[67]) Vgl. die oben n. 41 angeführte Literatur.

[68]) Ein symbolischer Brautpreis in Gestalt einer arrha sponsalicia ist mit der Eheschenkung natürlich vereinbarlich.

[69]) Anderer Meinung scheint v. Amira, Grundriß d. germ. Rechts[3] zu sein, wenn ich seine Bemerkung p. 182 recht verstehe: 'Nach vielen Rechten absorbierte sie (die Widerlage, d. h. im Sinne v. Amiras die

und in der Tat sind sie, soviel ich sehe, nebeneinander nicht nachzuweisen [70]). Der K. Ḫ. würde indessen eine Ausnahme machen. Er kennt einerseits die *tirḫâtum* als realen, dem Muntwalt des Mädchens zufallenden Brautpreis und er würde andrerseits daneben in dem *nudunnûm* auch noch die Eheschenkung anerkennen. Mit diesem Ergebnis unter dem Hinweis, daß die Resultate der Rechtsvergleichung doch keine naturgesetzliche Geltung haben, mich abzufinden, bin ich nicht imstande. Ich glaube vielmehr, daß ein Ausgleich mit den Ergebnissen der vergleichenden Rechtsgeschichte wenigstens versucht werden muß. Ein solcher Ausgleich kann nach zwei Richtungen gefunden werden. Entweder gehören *tirḫâtum* und *nudunnûm* verschiedenen Rechtssystemen an, deren Vereinigung im K. Ḫ. angestrebt wurde, oder der *nudunnûm* ist keine Eheschenkung, sondern etwas anderes. Es ist natürlich der zweite Weg, den man zunächst einschlagen wird. Da liegt es nun nahe, den *nudunnûm* mit einer anderen, namentlich aus den deutschen Quellen bekannten Gabe des Mannes an die Frau [71]) zu vergleichen, nämlich mit der Morgengabe [72]).

---

vom Manne der Frau sichergestellte Witwenversorgung) auch die Gegengabe für die Braut, nachdem es üblich geworden war, jene der letzteren zu überlassen, so daß nunmehr aus dem 'Wittum' ein 'Witwengut' wurde'.

[70]) Die Termini *mundium* und *meta* des langobardischen Rechts bezeichnen richtiger Ansicht nach beide den Brautpreis und nicht, wie man wohl geglaubt hat, der eine den Brautpreis, der andere eine der Frau zufallende Gabe des Bräutigams. Vgl. Schröder, Deutsche Rechtsgesch.[5] p. 310, Güterrecht I p. 31 f.

Eine gewisse Schwierigkeit bietet der aramäische Ehevertrag Pap. G (Sayce-Cowley, Aramaic Papyri). Hier erhält der Vater der Braut den Brautpreis und die Braut, wenn man der Übersetzung der Herausgeber und Pritsch's, Zeitschr. f. vergl. Rechtswissensch. 27 p. 41 f. folgen will, eine Eheschenkung. De Vogüé, Comptes rendus de l'acad. des inscr. (1906) p. 507 und Freund, WZKM 21 p. 174 beziehen jedoch den fraglichen Passus auf die Bestellung einer Mitgift zugunsten der Frau, eine Übersetzung, die, wie Pritsch, a. a. O. p. 41 n. 42 selbst zugibt, philologisch möglich ist.

[71]) Über die Morgengabe im arabischen und talmudischen Recht vgl. Wellhausen, a. a. O. p. 435, Freund p. 37.

[72]) Denselben Schluß zieht bei einer anderen Gelegenheit Schröder, Rechtsgesch.[5] p. 322 n. 198, Güterrecht I p. 98 f., II_3 p. 332 n. 1. Das sächsische Recht kennt neben dem Brautpreis noch eine der Frau vom Manne gegebene dos. Schröder erklärt diese dos als Morgengabe, da die Eheschenkung, die sonst dos heißt, sich erst aus dem Brautpreise entwickelt habe und daher nicht gleichzeitig neben diesem habe bestehen können.

Die Morgengabe des deutschen Rechts ist von Haus aus ein pretium pudicitiae, das der Mann nach Sitte und Herkommen der Frau am Morgen nach der Brautnacht gibt, und als solches ursprünglich eine Gabe geringeren Werts[73]). Das paßt allerdings recht schlecht zum *nudunnûm* des K. Ḫ. Weder ist der *nudunnûm* eine Gabe geringeren Werts gewesen — der Umstand, daß er die Versorgung der Witwe sichern soll, läßt im Gegenteil schließen, daß er eine bedeutendere Vermögenszuwendung war —, noch gibt es irgend einen Anhaltspunkt, daß er als pretium pudicitiae aufgefaßt wurde[74]). Doch wären diese Einwendungen nicht unbedingt entscheidend. Aus den deutschen Quellen wissen wir, daß die Morgengabe später auch die Funktionen des Wittums bekommt, in der Regel allerdings in der Weise, daß sie mit diesem verschmilzt[75]). Die Morgengabe wird dergestalt der Witwenversorgung dienstbar gemacht, sie wird eine Gabe größeren Werts, es begegnet ebenso wie beim Wittum ein Verfangenschaftsrecht der Kinder, auch eine gesetzliche Morgengabe wird anerkannt u.s.w.[76]). Man müßte demnach für den *nudunnûm* des K. Ḫ. eine ganz ähnliche Entwicklung vermuten. Er hätte seinen ursprünglichen Charakter als pretium pudicitiae bereits abgestreift und träte im Gesetz nur in seiner späteren Gestalt als Witwenversorgung entgegen; eine Hypothese, der zwar

---

[73]) Vgl. Brunner, Grundzüge[5] p. 226, Hübner, Grundzüge[2] p. 552f., Schröder, Deutsche Rechtsgesch.[5] p. 321, Güterrecht I p. 109f., Rietschel, a. a. O. p. 504f.

[74]) Wenn Müller, WZKM 19 p. 384f. unter Zustimmung von Freund p. 37 sich darauf beruft, daß *nədānîm* in Ezech. 16, 33 'Hurenlohn' bedeute, und Entlehnung dieses Wortes aus dem Babylonischen behauptet, so beweist dies gar nichts. Es ist schon mißlich, für das altbabylonische Recht aus den so viel jüngeren biblischen Quellen Beweis zu führen (vgl. auch Cuq, Nouv. Rev. hist. 33 p. 258), ferner aber heißt *nədānîm* ebenso wie *nudunnûm* einfach 'Gabe' und kann natürlich von dieser allgemeinen Grundbedeutung aus einmal auch zur 'Gabe für den Beischlaf' geworden sein. Daß es aber wegen der gleichen Grundbedeutung gerade aus dem Babylonischen entlehnt sein muß, diese Annahme ist willkürlich. Man könnte eine solche Entlehnung eher behaupten, wenn für *nudunnûm* die Bedeutung 'Hurenlohn' nachzuweisen wäre, nicht aber darf man umgekehrt aus der Bedeutung von *nədānîm* auf die des älteren *nudunnûm* schließen.

[75]) Eine ähnliche Entwicklung liegt vielleicht auch im talmudischen Recht vor, wenn dort die Morgengabe als תוספת כתובה 'Vermehrung der Kethuba' auftritt. Vgl. Freund p. 37.

[76]) Vgl. Brunner, Rietschel l. c., Schröder, Rechtsgesch.[5] p. 321f., 324f., Güterrecht I p. 109f., 155f., II_1 p. 93.

der Vorwurf einer gewissen Willkür nicht erspart werden, die man aber immerhin noch gelten lassen könnte.

Allein gegen sie erhebt sich sofort ein weiteres Bedenken. Das Gesetz nennt die Gabe des Mannes an die Frau, die wir nach dem eben Ausgeführten als Morgengabe qualifizieren müßten, *nudunnûm*. Das Wort begegnet auch in den Rechtsurkunden, bezeichnet aber hier nicht die Gabe des Mannes, sondern die Mitgift der Frau, für welche das Gesetz wiederum den Terminus *šeriqtum* 'Geschenk' gebraucht. Die Belege für diesen Sprachgebrauch der Urkunden sind zwar nicht sehr zahlreich, aber durchaus sicher. BE VI_1 101 (UAR 209) Z. 1 f. gibt eine Liste von Sachen (Sklaven, Haushaltungsgegenständen) und fährt dann fort (Z. 13 f.): *mi-im-ma an-ni-i-im* (*14*) *nu-du-un-ne-e A* (*15*) *mârat B* (*16*) *ša B a-bu-ša* (*17*) *u C um-ma-ša id-di-nu-ši-im-ma* (*18*) *a-na bît D* (*19*) *u-še-ri-bu-ši* 'all das ist (14) der *nudunnûm* der A, (15) der Tochter des B, (16) welche B, ihr Vater (17) und C, ihre Mutter, nachdem sie ihn (den *nudunnûm*) ihr (der A) gegeben hatten, (18) in das Haus des D (19) eintreten ließen', (d. h. an D verheirateten). Fast mit denselben Worten drückt sich BE VI_1 84 (H. G. III 9) aus. Weniger sicher ist BE VI_1 119 (H. G. III 414). Die umfangreiche Urkunde scheint ein Auszug aus einem Kataster oder etwas ähnliches zu sein. Sie verzeichnet eine Reihe von Grundstücken, die in verschiedenen, anscheinend benachbarten Fluren gelegen sind, mit Angabe der Eigentümer und deren Erwerbstitel (in der Regel Kauf). Col. II 31 f., III 19 f., 21 f., 23 f. begegnen nun Posten, die Grundstücke verzeichnen als *nu-du-un-ne-e E-ri-iš-ti-ilu Ir-ra mârat Bu-ut-ta-tum*. Ob *nudunnûm* hier Mitgift[77]) bedeutet, ist nicht ganz sicher. Dafür spricht vielleicht der Umstand, daß der Vater der Eigentümerin angegeben ist. Würde es sich um eine 'Morgengabe' handeln, so würde man erwarten, die Eigentümerin in erster Linie als Ehefrau eines anderen bezeichnet zu finden. Bedenklich könnte machen, daß der *nudunnûm* in den anderen Urkunden aus Mobilien, hier aber aus Grundstücken besteht. Doch sind die Quellen nicht hinreichend, um behaupten zu können, daß die Mitgift nur Mobilien zum Gegenstande haben konnte[78]).

---

77) So übersetzt Ungnad l. c.

78) Für die altbabylonische Zeit kann auch eine Stelle des Etana-Mythus verwertet werden, da diese Erzählung, wenngleich erst aus Abschriften aus der Bibliothek Asurbanipals bekannt geworden, gleich den

Daß wir es in diesen Urkunden nicht etwa mit einem singulären Sprachgebrauch zu tun haben[79]), dafür fällt ins Gewicht die neubabylonische Rechtssprache, für welche die Gleichung *nudunnû* = 'Mitgift' durch zahlreiche Belege außer allen Zweifel gesetzt ist[80]). *Nudunnû* = Mitgift ist auch der mittelbabylonischen Zeit bekannt, wo es allerdings mit *mulugu*, einem Wort, dessen Etymologie noch nicht erklärt ist[81]), wechselt. Vgl. den Kudurru Br. M. 90 835[82]) (aus der Zeit Nabû-mukîn-aplus, 10. Jahrhundert) col. I Z. 1 f.: ein

---

anderen babylonischen Mythen schon in altbabylonischer Zeit ihre definitive Gestaltung erhalten hat. In der betreffenden Stelle (Jensen, KB VI_1 p. 104f.) wird geschildert, wie der Adler von der Schlange überlistet und gefangen wird und sie nun anfleht (Z. 51 = KB VI_1 p. 108) *rim-an-ni-ma kîma e-ri-ši nu-dun-na-a lut-lim-ka*. Man übersetzt gewöhnlich (Jensen, Muss-Arnolt p. 1163a, Dhorme, Choix de textes réligieux ass.-babyloniens p. 173): 'Erbarme dich meiner, wie einem Bräutigam will ich dir ein Brautgeschenk geben.' Allein Geschenke der Braut an den Bräutigam wären für diese Zeit unerhört. Ich dachte daher daran, zu übersetzen 'wie ein Bräutigam will ich dir einen *nudunnû* geben', eine Übersetzung, die mir Schorr als möglich bezeichnet. Dann entspräche hier *nudunnû* genau der 'Morgengabe' des K. Ḫ. Das Einfachste und darum auch Richtige dürfte jedoch sein, *nudunnû* hier überhaupt nicht in juristisch-technischer Bedeutung zu nehmen und demnach mit Muss-Arnolt p. 655a, dem sich Schorr (brieflich) anschließt, zu übersetzen: 'nach deinem Wunsche (*eriši* also von ארשׁ I, vgl. Delitzsch p. 139a) will ich dir ein Geschenk geben'. Sachlich liegt auch der Begriff des Lösegeldes näher als der Gedanke an eine mit der Ehe zusammenhängende Schenkung.

79) Man beachte indessen, daß Edin. 09—405—29 für Mitgift den weiteren Terminus *qîštum (Nig-Ba)* ergibt, falls die oben p. 116 n. 20 gegebene Interpretation der Urkunde richtig ist. Oder sollte *Nig-Ba* dort mit *nudunnûm* wiederzugeben sein? Das Wort bedeutet ja auch im Sumerischen nichts anderes als *nudunnûm*, nämlich 'Geschenk' (aus *nig* 'Sache' und *ba* 'schenken'; vgl. Deimel, Vocab. Sum. n⁰. 246, 1800, Delitzsch, Sum. Glossar s. v. *ba* und *nig-ba* p. 60).

80) Es genügt, auf das neubabylonische Gesetzesfragment Br. M. 82—7—14, 988 col. III (Winckler, Ges. Ḫam. p. 88f.), sowie auf die bei Tallquist, Sprache der Kontrakte Nabû-nâ'ids p. 102, Delitzsch p. 451, Muss-Arnolt p. 654f. s. v. *nudunnû* gesammelten Stellen hinzuweisen.

81) Feuchtwang, ZA 6 p. 441 stellt *mulugu* mit talm. נִכְסֵי מְלוֹג zusammen, worunter das von der Frau in die Ehe mitgebrachte oder von ihr während der Ehe erworbene Vermögen verstanden wird. Vgl. auch Kohler, Kultur d. Gegenwart, Teil II, Abt. VII_1 p. 75, der *melug* als das ordentliche Vermögen der Frau definiert, das in die Nutznießung und Verwaltung des Mannes kommt. Delitzsch p. 412 denkt an einen Stamm מלק.

82) King, Babylonian boundary stones n⁰. 9 (p. 51f.).

Feldgrundstück, welches Arad-Ṣibitti (Z. 15 f.) *ik-nu-uk-ma it-ti mu-lu-gi* (*16*) *u nu-dun-ni-e a-na A* (*17*) *mârti-šu aššati-šu ša B* (*18*) *id-din* 'gesiegelt und dann mit[83]) dem *mulugu* (16) und dem *nudunnû* der A (17) seiner Tochter, der Ehefrau des B (18) gegeben hat'. In den El-Amarna Briefen[84]) (um die Wende des 15. und 14. Jahrhunderts) dient *mulugu* allein zur Bezeichnung der Mitgift[85]). Knudtzon N⁰ 25 enthält das Verzeichnis der Mitgift, welche Taduḫepa, die Tochter des Mitanni-Königs Tušratta bei ihrer Vermählung mit Amenophis III von ihrem Vater erhalten hatte. Es schließt mit den Worten (col. IV 65 f.): [. . . . *t*]*e-e*^{meš} *mu-lu-gi*^{meš} *an-nu-ti gab-pa-šu-nu-m*[*a*] (*66*) [*Du-u*]*š-rat-ta šar* ^{mâtu} *Mi-i-i*[*t-t*]*a-an-n*[*i*] (*67*) [. . . .] *ša i*[*t*]-[*ta-di-nu* . . . 'diese [Gab]en der *mulugu*, alle zusammen hat (66) [Tu]šratta, der König von Mi[t]ann[i] (67) [. . . .] die er [gab . . .]'.[86]) Hingegen ist *nudunnû* oder *nudnu* wieder

[83]) So King: together with a dowry and bridal gifts. Es hat demnach den Anschein, als ob das Feldgrundstück, das gewiß zur Mitgift gehört, von *mulugu* und *nudunnû* unterschieden werde. In einem älteren Kudurru (I R 70 = KB IV p. 78f., sog. caillou de Michaux) wird ein zur Mitgift gegebenes Grundstück ausdrücklich (col. I 4, II 17) als zum *mulugu* gehörig bezeichnet. Es ist daher zu erwägen, ob nicht auch in Br. M. 90 835 der Sinn der ist, daß das Feld als *mulugu* und *nudunnû* gegeben werde. Ob schließlich im Einzelnen zwischen *mulugu* und *nudunnû* Unterschiede bestanden, oder ob *mulugu û nudunnû* als ἓν διὰ δυοῖν zu verstehen ist, muß dahin gestellt bleiben.

[84]) Knudtzon, Die El-Armarna Tafeln (Vorderasiat. Bibl. II).

[85]) *Mulugu* begegnet noch in neubabylonischer Zeit. In BV 26 (Kambyses) verschreibt eine Frau ihrer Tochter auf den Todesfall einen Sklaven (Z. 9) *mu-lu-gi-šu*. Da mir andere Belege derzeit nicht bekannt sind, so muß ich die Frage, welch technische Bedeutung in dieser Zeit *mulugu* neben dem regelmäßig gebrauchten *nudunnû* zukommt, offen lassen. Jedenfalls scheint es irgend einen Teil des Frauenvermögens zu bezeichnen. Hingegen hat mit *mulugu* kaum etwas zu tun (s. M. Muss-Arnolt p. 545b) *mu-lu-ku* in Knudtzon 25, Verzeichnis einer Mitgift, in dem col. III 65 erwähnt werden: 100 Paar Brustschmucke *ša 1 me amêlât mu-lu-u-ki* 'für 100 *muluku*-Weiber', ferner col. IV 64: *2 me 70 amêlâtum 30 amêlûtum mu-lu-ku* '270 Frauen (und) 30 Männer *muluku*'. Noch weniger gehört hierher Johns, Assyrian deeds 382 = Ungnad, Assyr. Rechtsurk. 395: Grundkauf, Z. 4 *bît 1 imêri eqlu i-na ma-al-gu-te* 'ein Grundstück von 1 Imer, Feld in . . . .' (folgt die Angabe der Nachbarn).

[86]) In Knudtzon 22 ist eine lange Liste von Gegenständen überliefert, die col. IV 43f. bezeichnet werden als *qîšâti (Gar-Ba-Meš) Sal-Uš-Meš* 'Geschenke der Nebenfrauen' (vgl. oben n. 20), welche Tušratta seinem Schwiegersohne Amenophis gegeben habe; (Z. 46f.) *un-[tum] [am]êltu T[a]-*

in neuassyrischer Zeit als Terminus für Mitgift nachzuweisen[87]).

Die Gleichung *nudunnûm* = 'Mitgift' ist somit durch eine fast kontinuierliche über Jahrhunderte sich erstreckende Überlieferung gesichert. Es ist daher kaum wahrscheinlich, daß sie in den altbabylonischen Urkunden, wo sie das erstemal auftritt, einem willkürlichen und singulären Sprachgebrauch entspringt. Um so bemerkenswerter ist daher der Widerspruch zwischen der Sprache der Urkunden und der des Gesetzes, ein Widerspruch, der zwar

---

-a-tum-[h̬]e-pa (47) mârat-zu a-na ^mâtu^ *Mi-iṣ-ri-i [a-n]a N[i-i]m-mu-ri-ia (48) a-na aššu-u-ti id-di-n[u-u-]ši* 'zur Zeit als er Taduh̬epa, (47) seine Tochter an Ägypten dem Amenophis (48) zur Frau gab'. Weber bei Knudtzon p. 1057f., der diese Urkunde für das Verzeichnis der Mitgift hält, die Taduh̬epa bei ihrer Vermählung mit Amenophis III erhalten habe, schließt aus ihr wie aus Knudtzon 25 in Verbindung mit der Tatsache, daß Taduh̬epa auch die Frau Amenophis IV, des Nachfolgers Amenophis III war (vgl. Knudtzon 26_5, $27_{5, 114}$, 28_8, $29_{3, 35}$), daß Amenophis III die in n⁰. 22 verzeichnete Mitgift gar nicht erhalten habe. Das Verzeichnis sei ihm wohl zunächst zur Genehmigung eingesendet worden. Bevor er indessen die Mitgift erhalten habe, sei er bald nach seiner Vermählung mit Taduh̬epa gestorben. Bei deren Vermählung mit Amenophis IV habe daher Tušratta eine neue Mitgift bestellen müssen, deren Verzeichnis in n⁰. 25 vorliege. Das ist juristisch nicht exakt, insofern Taduh̬epa bei ihrer Vermählung mit Amenophis IV bereits ägyptische Prinzessin war, der Gewalt Tušrattas daher nicht mehr unterstand und dieser höchstens als extraneus eine Mitgift hätte bestellen können. Das wäre aber jedenfalls ganz ungewöhnlich gewesen. Es ist überhaupt sehr fraglich, ob n⁰. 22 das Verzeichnis der Mitgift der Taduh̬epa enthält. Die Urkunde spricht nicht von *mulugu*, sondern von den *qîšâti* 'den Geschenken' für die Haremsfrauen. An dieser wörtlichen Übersetzung ist meines Dafürhaltens auch festzuhalten. Es handelt sich also in n⁰. 22 um Geschenke für den Harem des Pharao, die Tušratta anläßlich der Vermählung seiner Tochter mit Amenophis III übersendet. Daneben besteht noch die Mitgift, deren Verzeichnis in n⁰. 25 vorliegt und die sich demnach ebenfalls auf die Vermählung der Taduh̬epa mit Amenophis III bezieht.

[87]) Vgl. die bei Muss-Arnolt p. 654b angeführten Stellen aus den Inschriften Salmanassars und Asurnasirpals. Vgl. ferner Asurbanipals Annalen nach dem Zylinder R^m^1 (Smith, Keilschrifttexte Asurbanipals, I) col. II Z. 63f.: der besiegte Jakinlu, König von Arados (Z. 65f.) *mârat-su it-ti nu-dun-ni-e ma-'-di (66) a-na e-piš Sal-tuklu-u-ti a-na Ninua (67) u-bil* 'seine Tochter mit reicher Mitgift, (66) um sie zur Konkubine (Asurbanipals) zu machen, nach Ninive (67) brachte er'. Ähnlich Z. 75f.

schon des öfteren beobachtet, zu dessen Erklärung aber kaum ein ernstlicher Versuch gemacht wurde[88]).

Der Erklärungsversuch, den ich zunächst zur Diskussion stelle, geht von der Tatsache aus, daß *nudunnûm* = Mitgift erst durch Urkunden nach Ḫammurapi bezeugt ist[89]). Man müßte annehmen, daß in der Zeit nach Ḫammurapi ein Wandel im Sprachgebrauch sich vollzogen habe, in der Weise, daß der Name für Mitgift, *šeriqtum* verschwand, weil die Bezeichnung für die 'Morgengabe', *nudunnûm* auf jene übertragen wurde. Eine solche Entwicklung wäre angesichts einer analogen Erscheinung, die uns in den spätrömischen Quellen entgegentritt, denkbar. Es wird dort die Sitte bezeugt, die vom Manne bestellte donatio ante nuptias als Mitgift (dos) zurückzugeben, und aus diesem vulgarrechtlichen Brauch ist es zu erklären, wenn in den früh mittelalterlichen Quellen die Eheschenkung dos genannt wird[90]). Man müßte also auch für die Zeit nach Ḫammurapi die Sitte voraussetzen, die vom Manne verschriebene Morgengabe als Mitgift zurückzugeben, wobei — allerdings umgekehrt wie in den Volksrechten — der Name jener schließlich an dieser haften blieb.

Auf sehr festen Füßen steht diese Hypothese nicht. Ganz abgesehen davon, daß sie durch die erstbeste Urkunde aus der Zeit Ḫammurapis oder vorher, die uns die Gleichung *nudunnûm* = 'Mitgift' bezeugte[91]), umgestoßen würde, ist die vermutete Relation zwischen Mitgift und Morgengabe an sich wenig wahrscheinlich. Diese ist eine Gabe des Mannes an die Frau, die ursprünglich erst nach der Eheschließung geleistet wurde, jene aber eine Gabe des Muntwalts an die Frau, welche sie bei der Eheschließung erhielt. Weit besser wäre bei der *tirḫâtum* ein Aufgehen in die Mitgift zu verstehen. Schon §§ 164, 165 K. Ḫ. bezeugen eine Relation zwischen beiden

[88]) Auch was Schorr, UAR p. 293 neuestens beibringt, *nudunnûm* sei die Aussteuer als Teil der Mitgift (*šeriqtum*), kann ernstlicher Prüfung nicht standhalten, da jeder Anhaltspunkt fehlt, innerhalb der Mitgift noch eine Aussteuer zu unterscheiden.

[89]) BE VI_1 84 und 119 stammen aus der Zeit Ammiditanas, BE VI_1 101 aus der Ammisadugas. Zwischen ihnen und dem Gesetze liegt also ein Zeitraum von 90—100 Jahren.

[90]) Vgl. Brunner, Die fränkisch-romanische dos [Sitz.ber. d. Berliner Akad. (1894) II] p. 545f.

[91]) Mit dieser Möglichkeit muß um so mehr gerechnet werden, als *šeriqtum* in den Urkunden bisher überhaupt nicht vorkommt, der angenommene Wechsel in der Terminologie also völlig unbeweisbar ist.

Gaben, indem der Mann bei kinderlosem Versterben der Frau die Mitgift ihren Angehörigen nur dann zurückzugeben braucht, wenn ihm die *tirḫâtum* ersetzt wird. Darin lagen gewisse Ansätze, welche schließlich dahin führen konnten, daß der vom Bräutigam bezahlte Brautpreis, eventuell vermehrt, der Frau als Mitgift in die Ehe mitgegeben wurde[92]), und diese Entwicklung ist vielleicht in der Tat in neuassyrischer Zeit eingetreten. Wenigstens scheint mir diese Annahme die einfachste Erklärung für die Tatsache zu geben, daß in dieser Zeit *tirḫâtum* und *nudunnûm* promiscue zur Bezeichnung der Mitgift gebraucht werden[93]).

Alles in allem könnte also diese Hypothese zur Not gerade gehalten werden. Allein sie bietet der Kritik soviele Angriffspunkte, ist in ihren Grundlagen so unsicher, daß man zu ihr methodischer Weise nur dann greifen wird, wenn sich kein anderer Weg bietet, das Rätsel, daß im K. Ḫ. ein realer Brautpreis neben der Schenkung des Mannes an die Frau besteht, zu lösen.

Ein solcher Weg eröffnet sich aber, wie bereits angedeutet wurde, wenn man versucht, das Nebeneinander von *tirḫâtum* und *nudunnûm* auf zwei verschiedene Rechtssysteme zurückzuführen, die im K. Ḫ. vereinigt wurden. Da nun die *tirḫâtum* zweifellos dem Rechte des semitischen Nordens angehört, so bleibt für den *nudunnûm* nur das sumerische Recht. Das sumerische Recht ist zwar auch von der Kaufehe ausgegangen, hat sie aber schon zur Zeit Gudeas von Lagaš überwunden und den Brautpreis (*nig-mussa*) umgewandelt in eine Gabe des Mannes an die Frau, in eine Eheschenkung. Die Züge der Eheschenkung, wie wir sie aus der vergleichenden Rechtsgeschichte kennen, trägt auch der *nudunnûm* an sich. Was liegt näher, als ihn mit dem sumerischen *nig-mussa* auch sachlich zu

---

92) Das im Texte gebrauchte Argument richtet sich auch gegen denjenigen, welcher einen realen Brautpreis mit der Eheschenkung für vereinbarlich hält. Denn auch für ihn besteht der Zwiespalt in der Terminologie des Gesetzes einerseits, der Urkunden andrerseits, ein Zwiespalt, der wohl nicht anders gelöst werden könnte, als durch die Annahme, daß die Eheschenkung *(nudunnûm)* in der Mitgift *(šeriqtum)* aufgegangen sei und auf diese ihren Namen vererbt habe.

93) Vgl. in den Annalen Asurbanipals (Rm 1) einerseits die oben n. 87 zitierten Stellen, andrerseits col. II Z. 60f. *mârat-su u marâte aḫê-šu (61) it-ti tir-ḫa-ti ma-'-as-si am-ḫur-šu* 'seine (des besiegten Königs von Tyrus) Tochter und die Töchter seiner Brüder (61) mit reicher *tirḫâtu* empfing ich (zu Konkubinen). Ähnlich Z. 70f.

identifizieren! In diesem Zusammenhange läßt sich endlich auch für die sonderbare, von dem Sprachgebrauch der Rechtspraxis abweichende Terminologie des Gesetzes eine Erklärung finden. Als Ḫammurapi die sumerische Eheschenkung rezipierte, mußte er ihr in seinem semitisch geschriebenen Gesetz auch einen semitischen Namen geben. Das durch die Syllabare als semitisches Äquivalent überlieferte *tirḫâtum* konnte er nicht brauchen. Denn *tirḫâtum* war für seine semitischen Untertanen der Brautpreis und konnte daher nicht zugleich die Eheschenkung bezeichnen[94]). Er mußte also für sie erst einen Namen erfinden. Warum er hierbei nicht auf *šeriqtum* griff, das der Sprache der Praxis anscheinend fremd war[95]), sondern der Mitgift ihren guten alten Namen nahm und ihn auf die Eheschenkung übertrug, läßt sich allerdings kaum ergründen. Vielleicht deshalb, weil Ḫammurapi mit *šeriqtum* auch die Ausstattungs- und Abfindungsschenkung an die Priesterin-Tochter (§§ 178 f.) bezeichnete und dieser die in mancher Beziehung verwandte Mitgift terminologisch angliedern wollte. Doch das bleibt Vermutung. Jedenfalls wird man Willkürlichkeiten im Sprachgebrauch dem Gesetzgeber eher zutrauen dürfen als den Urkundenschreibern.

Versuchen wir schließlich noch diese Ergebnisse vom Standpunkte des Gesetzgebers Ḫammurapi zu würdigen. Der K. Ḫ. ist von seinem Verfasser sicherlich als Gesetz für das ganze babylonische Reich gedacht gewesen. Dies lehrt schon eine flüchtige Lektüre des Prologs und Epilogs zum Gesetze. Wenn der König einerseits die im Süden und Norden des Landes, in Sumer und Akkad gelegenen Städte und Gebiete aufzählt, die er seiner Herrschaft unterworfen hat[96]), wenn er andrerseits Sätze prägt wie

---

[94]) Aus diesem Grunde war es auch nicht angängig, *nig-mussa* als Fremdwort in das Gesetz aufzunehmen. Denn seine traditionelle Übersetzung mit *tirḫâtum* hätte zu Mißverständnissen Anlaß geben können. Man beachte übrigens, daß *tirḫâtum* in den Urkunden niemals ideographisch geschrieben wird. Das ist angesichts der in den semitischen Urkunden so zahlreich auftretenden sumerischen Klauseln (vgl. Koschaker, PSBA (1913) p. 236f.) sehr beachtlich, erklärt sich aber ganz einfach daraus, daß das Ideogramm *Nig-Sal-Uš-sá* infolge seiner geänderten Bedeutung für die Semiten nicht verwendbar war.

[95]) Es läßt sich wenigstens bisher in den Urkunden nicht belegen.

[96]) Vgl. auch col. XXIV r 49f.: *i-na ut-li-ia (50) ni-ši mât Šu-me-ri-im (51) u Ak-ka-di-im (52) u-ki-il* 'in meinem Schoße (50) die Leute von Sumer (51) und Akkad (52) hielt ich'.

col. V 20 f.: *ki-it-tam* (*21*) *u mi-ša-ra-am* (*22*) *i-na pî ma-tim* (*23*) *aš-ku-un* 'Recht (21) und Gesetz (22) in der Sprache des Landes (23) habe ich gesetzt', oder col. XXIV r 70 f.: *di-in ma-tim a-na di-a-nim* (*71*) *pu-ru-zi-e ma-tim* (*72*) *a-na pa-ra-si-im* .... (*74*) *a-wa-ti-ia šu-ku-ra-tim* (*75*) *i-na narê-ia aš-ṭur* 'um das Recht des Landes zu geben[97]), (71) die Entscheidungen des Landes (72) zu entscheiden...., (74) habe ich meine kostbaren Worte (75) auf diesen Stein geschrieben'[98]), so ist klar, daß mit *mâtum*, dem 'Lande', für welches das Gesetz gelten soll, das Reich Ḫammurapis gemeint ist. Das Gesetz ist so zugleich der Ausdruck der Territorialstaatsidee: ein Reich, ein Recht. Ob mit dem K. Ḫ. das erstemal dieses Prinzip vertreten wurde, mag dahingestellt bleiben und wird sich derzeit wohl kaum ermitteln lassen. Daß es nicht das Ursprüngliche war, wird man indessen mit ziemlicher Sicherheit behaupten dürfen. Die politische Organisation Babyloniens mit seinen zahlreichen Stadtfürstentümern, die eine gewisse Selbständigkeit auch dann sich zu bewahren wußten, wenn die Wechselfälle der Geschichte sie unter die Oberhoheit eines anderen Stadtfürsten brachten, legt es vielmehr nahe, die Rechtsbildung in diese Stadtstaaten zu verlegen[99]). Nun wird es sich mit diesen Stadtrechten nicht anders verhalten haben als später mit den Rechten der lateinischen und griechischen Städte; d. h. obwohl formell selbständige

---

97) *Dînam dânu* bedeutet technisch 'zum Prozesse zulasssen'. Vgl. Koschaker, PSBA (1913) p. 340 n. 32. In freier Übersetzung wäre demnach die Stelle wiederzugeben: 'um dem Rechtssuchenden im Lande Rechtsschutz zu gewähren'.

98) Vgl. auch col. XXV r Z. 64f., 78f., ferner col. XXIV r Z. 1f.: *di-na-at* (*2*) *mi-ša-ri-im* (*3*) *ša Ḫa-am-mu-ra-pi* ... (*5*) *u-ki-in-nu-ma* (*6*) *ma-tam u-sa-am ki-nam* (*7*) *u ri-dam dam-ga-am* (*8*) *u-ša-aṣ-bi-tu* 'Rechtssatzungen, (3) welche Ḫammurapi... (5) festgesetzt hat, (6) der dem Lande wahres Heil (7) und gute Regierung (8) verschafft hat'.

99) Als städtische Gesetzgebungen sind daher wohl auch die Reformen Urukaginas (vgl. Kegel A VII 1 f., Kegel B, C VIII 1 f. — XII 23, Thureau-Dangin, Sum. Königsinschr. p. 47, 51 f.) und Gudeas von Lagaš (vgl. Statue B VII 38 f., Zylinder A XII 23 f., Thureau-Dangin p. 73, 103) zu beurteilen. Der erstere berichtet unter anderem auch von einer interessanten eherechtlichen Reform, die wohl als Abschaffung polyandrischer Sitten gedeutet werden muß. Vgl. Ovale Platte II 20 f.: *sal-ud-bi-ta-ge-ne* (*21*) *nitaḫ-2-ta* (*22*) *ni-tug-an* (*23*) *sal-ud-da-e-ne* (*24*) *za-áš-da-bi ni-šub* 'die früheren Frauen (21) von zwei Männern (22) waren sie besessen, (23) die jetzigen Frauen (24) werden (in diesem Falle) ins ..... geworfen'.

Rechte, werden sie in ihren Grundprinzipien eine weitgehende Übereinstimmung aufgewiesen haben, weil die Bevölkerungen, für die sie galten, untereinander stammverwandt waren. Wir kommen so dazu, im Babylonien des dritten Jahrtausends zwei Rechtsgebiete zu unterscheiden: das semitische im Norden und das sumerische im Süden. Für beide sollte in Hinkunft der K. Ḫ. gelten. Daß seine Gesetzeskraft sich insbesondere auch auf den sumerischen Süden erstreckte, kann, abgesehen von den bereits geltend gemachten Argumenten, auch einer Stelle des Prologs entnommen werden. Denn wenn der König betont (col. V 22), daß er sein Gesetz *ina pî mâtim* 'in der Sprache des Landes', d. h. semitisch[100]) — wir würden heute sagen: in der Staatssprache — publiziert habe, so hat dieser Ausspruch nur Sinn, wenn das Gesetz auch in denjenigen Gebieten des Reichs gelten sollte, wo das Semitische nicht Verkehrssprache war, also vor allem in Sumer. Bestätigt wird dies durch die kürzlich von Langdon aus den Tontafelschätzen des Kaiserlich Ottomanischen Museums in Konstantinopel ans Licht gezogenen Fragmente von Kopien des Gesetzes (Const. Ni. 2358). Sie stammen aus dem sumerischen Nippur und stellen, wie Langdon vermutet, ein Exemplar für den Gebrauch der Gerichte dieser Stadt dar[101]).

Hat nun der Semit Ḫammurapi, als er ein Gesetz für beide Landesteile schuf, auch das Recht des sumerischen Südens berücksichtigt? Die Frage ist kürzlich von Schorr aufgeworfen und in sehr beachtenswerter Darlegung[102]) grundsätzlich im negativen Sinne

---

100) Vgl. D. G. Lyon, Journal of the Americ. Oriental Society 25 p. 269 f. Die ganze Stelle lautet (col. V 14 f.): *i-nu-ma (15) ilu Marduk (16) a-na šu-te-šu-ur ni-ši (17) mâtim u-si-im (18) šu-ḫu-zi-im (19) u-wa-e-ra-an-ni (20) ki-it-tam (21) u mi-ša-ra-am (22) i-na pî ma-tim (23) aš-ku-un* 'als (15) Marduk, (16) die Leute recht zu leiten, (17) dem Lande Heil zu erwirken, (19) mich beauftragt hatte, (20) habe ich Recht (21) und Gesetz (22) in der Sprache des Landes (23) gesetzt'. Es genügt, die Stelle im Zusammenhang zu lesen, um zu erkennen, daß die Übersetzung, die neuerdings Jensen, Lit. Zentralblatt (1913) Sp. 512 unter Widerspruch gegen die seit Lyon allgemein angenommene Deutung der entscheidenden Worte (Z. 20—23) für sie vorschlägt: Rechtlichkeit legte ich in den Mund des Landes', ihnen jeden prägnanten Sinn nimmt und sie zu einer Tautologie herabdrückt.

101) Wenn man demnach in Nippur sich des semitischen Gesetzestextes bediente, so darf vielleicht aus der oben erwähnten Erklärung Ḫammurapis auch das Verbot herausgelesen werden, das Gesetz ins Sumerische zu übersetzen.

102) Revue Sémitique 20 p. 378 f.

beantwortet worden. Ich habe gegen diese Auffassung schon Bedenken geäußert[103]) und möchte diese Bedenken, die inzwischen durch die sumerischen Gesetzesfragmente, über die Clay jüngst einige vorbereitende Notizen brachte[104]), eine wirksame Unterstützung erfahren haben, hier nochmals verstärkt zum Ausdruck bringen. Gewiß war Ḫammurapi Semit und wollte auf dem Gebiete des Rechts semitisieren. Allein konnte er das Recht eines Volkes, das auf eine uralte Kultur zurückblickte, in einem Gesetze, das nunmehr auch für dieses Volk gelten sollte, ignorieren? Vielleicht drängte sich diese Frage nicht überall mit derselben Stärke auf. Semiten und Sumerer standen schon seit Jahrhunderten in kultureller Berührung, wobei allerdings die ältere sumerische Kultur mehr der gebende als der empfangende Teil war. Daß von diesem kulturellen Austausch das Recht unberührt geblieben sein sollte, ist undenkbar und so mag auf manchen Gebieten allmählich eine weitgehende Annäherung beider Rechte eingetreten sein[105]). Allein gerade auf dem Gebiete des Eherechts, das uns hier beschäftigt, war dies nicht der Fall. Der semitischen Kaufehe stand gegenüber die sumerische Ehe, die zwar auch von der Kaufehe ausgegangen war, diese aber schon längst überwunden hatte[106]). Die Proklamierung des semitischen Eherechts in ganz Babylonien hätte bedeutet, den Sumerern eine Rechtsinstitution aufzuzwingen, die für sie eine Antiquität war. Als einsichtiger Gesetzgeber mußte sich Ḫammurapi sagen, daß ein solches Beginnen aussichtslos war, wenn er nicht das sumerische Volk ausrotten wollte. Denn es handelte sich hier um Institutionen, die mit der ethischen Kultur eines Volkes im engsten Zusammenhange stehen und die ein Volk nicht von heute auf morgen aufgeben kann. Ḫammurapi hat daher in weiser Erkenntnis, daß es Aufgabe des Gesetzgebers sei, Gegensätze auszugleichen, nicht aber solche zu schaffen, den Weg eingeschlagen, der unter den obwaltenden

---

[103]) PSBA (1913) p 236 n. 1.

[104]) Orient. Lit.zeitung (1914) p. 1 f.

[105]) Vgl. Koschaker, PSBA (1913) p. 235 f.

[106]) Die Einwendung, es sei doch sonderbar, wenn die Semiten, die schon Jahrhunderte neben den Sumerern lebten, die Kaufehe sich noch erhalten haben, erledigt sich durch die Erwägung, daß die Semiten der Ḫammurapizeit nicht die ursprüngliche semitische Bevölkerungsschicht sind, sondern zugewandertes Volk, das seine primitivere Eheverfassung nach Babylonien mitgebracht haben konnte. Möglich, daß die älteren Schichten eine höher entwickelte Eheverfassung kannten.

Verhältnissen der einzig richtige war: er hat beide Ehesysteme in sein Gesetz aufgenommen. Neben die Kaufehe hat er die Ehe ohne *tirḫâtum* gestellt, neben die *tirḫâtum* die sumerische Eheschenkung, den *nudunnûm*.

Freilich kann man fragen, ob diese Gegensätze auch in der Praxis so unvermittelt vorhanden waren. Unser Material ist trotz seiner Reichhaltigkeit doch noch recht einseitig, indem wir Urkunden nur aus einzelnen, wenigen Städten besitzen, und der verallgemeinernde Schluß wird daher immer etwas Unsicheres haben. Unter diesem Vorbehalte wird man indessen doch behaupten dürfen, daß die Kaufehe im Norden des Landes ziemlich ausschließlich herrschte[107]). Der Umstand ferner, daß für diesen Landesteil keine Urkunde nachgewiesen werden kann, welche als Eheschenkung zu qualifizieren wäre, läßt vermuten, daß die Eheschenkung der Praxis des Nordens im allgemeinen fremd blieb. In der Tat paßt sie nicht zum System der Kaufehe, insoferne sie der Frau eine gewisse Unabhängigkeit in vermögensrechtlicher Beziehung gewährt. Die Kaufehe behandelt die Frau aber mehr als Objekt denn als Subjekt. Ihre Versorgung als Witwe ist gesichert einerseits durch die Mitgift, andrerseits aber durch den Witwensitz im Hause ihres Mannes, ursprünglich wohl unter der Munt der Kinder, beziehungsweise der nächsten Verwandten[107a]). Allein wenn in den semitischen Urkunden der durch § 150 K. Ḫ. sanktionierte Brauch sich nachweisen läßt, daß der Mann aus freiem Belieben während der Ehe der Frau eine Schenkung zuwendet, die natürlich auch der Witwenversorgung dienen kann, so kann man fragen, ob auf die Entstehung dieses Brauches die sumerische Eheschenkung nicht ohne Einfluß war[108]). Dazu kommt noch Folgendes. Der K. Ḫ. schrieb nirgends vor, daß bestimmte seiner Normen nur für die Untertanen sumerischer Nationalität, andere nur für die Semiten zu gelten hätten. Wenn er die Ehe-

[107]) Man beachte auch, daß die semitischen Eheverträge immer syllabisch geschrieben sind und im Gegensatz zu anderen Vertragstypen keine sumerischen Klauseln enthalten. Als Ausnahme ist mir nur Gautier 14 (Dilbat) bekannt. Darin liegt ein Indiz für eine gewisse Opposition gegenüber den sumerischen Eheverträgen.

[107a]) Vgl. auch Kohler, Kultur d. Gegenwart, Teil II, Abt. VII_1 p. 22.

[108]) Damit soll nicht behauptet werden, daß dem sumerischen Recht Schenkungen des Mannes durante matrimonio unbekannt waren. Die in Inv. Tabl. Tello III 5279 erwähnte Schenkung (vgl. oben p. 164) kann vielmehr sehr wohl eine derartige Gabe gewesen sein.

systeme beider Völker aufgenommen hatte, so wollte er nicht Gegensätze schaffen, sondern ausgleichen. Solche Tendenzen mußten aber um so stärker zur Geltung kommen, als die freiere Stellung, welche die Ehefrau nach sumerischem Recht hatte, auf die Dauer nicht ohne Einfluß bleiben konnte auf die Rechtsstellung der Frau bei den semitischen Nachbarn. Dieser Einfluß mochte sich dann vor allem in der Richtung äußern, daß die Stellung der Witwe gehoben wurde [109]). Wir müssen auch hier eingedenk bleiben, daß Rechtsgeschichte keine Mathematik ist. Die von ihr erschlossenen Unterscheidungen richten keine unübersteiglichen Mauern auf, sondern bedeuten immer mehr oder weniger fließende Grenzen.

Eine weitere Frage ist, was bei Ehen zwischen Sumerern und Semiten zu geschehen hatte. Daß unter ihnen oder vielleicht auch nur zwischen den Bürgern von Stadtstaaten derselben Nationalität seit jeher connubium galt, wird man allerdings kaum behaupten dürfen. In der Zeit Ḫammurapis werden indessen solche Beschränkungen im connubium kaum mehr in ihrem ursprünglichen Umfange bestanden haben. Ich halte es daher für sehr wahrscheinlich, daß Ehen zwischen Angehörigen beider Völker vorgekommen sind [110]). Trat nun hier eine Kombination zwischen beiden Ehesystemen ein oder hatten vielleicht die Kontrahenten die Wahl zwischen Kaufehe und Ehe mit Eheschenkung?

Das sind indessen Fragen von sekundärer Bedeutung, deren Beantwortung wir von neuen Funden erhoffen mögen. Das Wesentliche ist — und dies sei als Ergebnis der Untersuchung nochmals vermerkt —, daß das Eherecht des K. Ḫ. kein einheitliches ist, sondern eine Verbindung der Eheverfassungen des semitischen und sumerischen Rechts.

---

[109]) In diesem Sinne wird es zu verstehen sein, wenn der Mann gelegentlich einer Schenkung an die Tochter sie und ihre Erben verpflichtet, die Mutter zu alimentieren (CT II 24 = H. G. III 472), wenn Gleiches geschieht bei einer Erbteilung unter den Kindern (Watermann 29 p. 199). Bei demselben Anlasse, also bei Auflösung der Hausgemeinschaft konnte der Mutter sogar ein Anteil am Vermögen zugewiesen werden. So, und als nicht Anwendnng der Norm des § 172 K. Ḫ. (in diesem Sinne Kohler, H. G. III p. 228) möchte ich CT VIII 4a (H. G. III 46) deuten: Erbteilung mit der Klausel am Schlusse (Rücks. Z. 8 f.), daß gewisse Grundstücke und Sklaven den Anteil der Mutter bilden, den zwei der Miterben und Söhne, *iš-tu i-lu-ša ik-[te-ru-ši]* 'wenn ihr Gott sie abberuft', unter sich teilen werden (*i-zu-zu*). Vgl. ferner BE VI_1 50, 88 (UAR 189, 91).

[110]) Man beachte die semitischen Namen der Kontrahenten in dem sumerischen Ehevertrage BE VI_2 48.

§ 11.

Wir sind bisher von der übrigens durch die Quellen gut beglaubigten Annahme ausgegangen, daß die *tirḫâtum* ein realer Brautpreis ist und als solcher dem Muntwalt der Braut zufällt. Diese Auffassung der *tirḫâtum* und damit auch die Stellungnahme zur Frage, ob die babylonische Ehe Kaufehe war, müßten wesentlich modifiziert werden, wenn die von mehreren Gelehrten[1]) vertretene Ansicht richtig wäre, daß in der Zeit nach Ḫammurapi die *tirḫâtum* ihren ursprünglichen Charakter verloren und zu einem der Frau zugewendeten Wittum sich umgestaltet habe.

Diese Lehre stützt sich auf drei Urkunden: BE VI_1 84, CT VIII 2a (H. G. III 9, 10) und BE VI_1 101 (UAR 209) aus der Zeit Ammiditanas, beziehungsweise Ammisadugas, auf die wir bereits wiederholt Bezug genommen haben[2]). Sie sind, von unwesentlichen Differenzen abgesehen, völlig gleich stilisiert und enthalten das Verzeichnis der Mitgift einer Frau, welche ihr von ihrem Gewalthaber bei ihrem Eintritt in das Haus des Mannes, also bei der Trauung ausgefolgt wird[3]). Daran schließt sich, und zwar in allen drei Urkunden gleichlautend, die Klausel — ich wähle als Beispiel BE VI_1 101 Z. 20 f. — *iš-tu* $^1/_3$ *manê kaspim tir-ḫa-az-za* (*21*) *i-na ga-an-ni-ša ra-ak-su-ma* (*22*) *a-na* *ilu*Sin-*iš-me-a-ni mu-ti-ša* (*23*) *tu-ur-ru* (*24*) *ana matêma mârû* *meš*-*ša ab-lu-ša* 'nachdem $^1/_3$ Mine Silber, ihre *tirḫâtum*, (21) an ihren Gürtel[4]) gebunden und

[1]) Kohler, H. G. III p. 227, Fehr p. 80 f., Schorr, UAR p. 3, 293, der damit seine frühere (Anzeiger der Krakauer Akad., phil.-hist. Kl. 1907 p. 92) Ansicht zum Teil aufgibt. Auch Besta p. 201 spricht bei der *tirḫâtum* von einem assegno vedovile. Vgl. ferner Johns p. 123 f.

[2]) Vgl. oben § 9 p. 134 f., § 10 p. 173.

[3]) Die Urkunden enthalten also Verträge über die Bestellung einer Mitgift. Es ist daher nicht richtig, wenn Ungnad (H. G. III, 9, 10) BE VI_1 84 und CT VIII 2a unter die Eheverträge einreiht. Vgl. auch Schorr, UAR p. 3 n. b, p. 280 n. a.

[4]) Die Übersetzung von *gannu* ist unsicher. Schorr, Anzeiger der Krak. Akademie (1907) p. 92 hatte, einer Vermutung Meissners, MVAG 10 p. 299 n. 5 folgend, *gannu* mit *ganûnu* 'Hochzeitsgemach' zusammen-

dann (22) dem Sin-išme'anni, ihrem Ehemanne (23) zurückgebracht worden sind, (24) sind für alle Zeiten ihre Kinder ihre Erben'.

Man liest wohl zuviel aus der Klausel heraus, wenn man in ihr die Anordnung eines Wittums zugunsten der Frau erblickt. Das Wittum ist eine Gabe des Mannes an die Frau. Die Klausel aber berichtet, daß die *tirḫâtum* dem Ehemann bei der Trauung (vom Muntwalte) zurückgegeben worden sei und daß infolgedessen die Kinder der Frau, die sie in der Ehe mit ihrem Manne haben werde, ihre Erben seien. Kohler will dies dahin verstanden wissen, daß die *tirḫâtum* unter Statuierung eines Verfangenschaftsrechts der Kinder dem Manne lediglich zur Verwaltung zurückgegeben werde. Dies würde voraussetzen, daß die *tirḫâtum* bereits Frauengut ist, also der Frau übereignet worden sei, bevor sie dem Manne zur Verwaltung zurückgegeben wurde. Von allem dem steht indessen in der Urkunde kein Wort. Insbesondere kann die Klausel, daß die *tirḫâtum* 'an den Gürtel der Frau gebunden worden sei', wohl nicht auf die Übereignung des Brautpreises an die Frau bezogen werden. Mögen auch die Einzelheiten dieser Klausel noch unklar sein, der Hauptsache nach kann sie wohl nur besagen, daß die Frau,

---

gestellt und daraus die Bedeutung 'Verlobung erschlossen. Ich brauche auf diese Übersetzung, die schon angesichts des Umstandes, daß in CT VIII 2a kurz vorher die Verlobung *iršîtum* genannt wird (vgl. oben § 9, p. 134 f.), sehr unwahrscheinlich ist, um so weniger mich einzulassen, als sie inzwischen von Schorr, UAR p. 293 selbst aufgegeben wurde. Die Übersetzung, die ich im Texte gewählt habe und die nunmehr auch von Schorr angenommen wurde, ist von Ungnad vorgeschlagen worden. Er stützt sich hierbei, wie er mir brieflich auf meine Anfrage mitteilt, auf folgende Erwägungen. Ein Wort *kannu* ist als Synonymon mit *qû kib-lum* nachzuweisen (Delitzsch p. 339 II). Nun ist *qû* = 'Garn, Schnur' (Delitzsch p. 581 I), *qiblum* (קבל) = 'Taille, Hüfte' (Delitzsch p. 579). *Qû qiblum* = *kannu* wäre demnach 'Hüftenschnur'. Dazu stimmt, daß *kannu* in einem Syllabar zwischen *nâbaru*, *nâbartu* ('Bindung, Umschließung': Delitzsch p. 10) und *naḫbalu* ('Fallstrick': Delitzsch p. 267) steht. Vgl. ferner auch Jensen, KB VI_1 p. 365. In V R 15, 50 wird ein *kan-nu ša e-riš-ti*, Z. 47d ein *kan-nu ša ḫa-riš-ti* erwähnt (Delitzsch p. 293, 339). Ungnad schlägt vor, den ersten Ausdruck mit 'Verlobungsgürtel' zu übersetzen.

Sachlich müßte man sich vorstellen, daß die *tirḫâtum* wohl in einem Beutel an den Gürtel der Braut gebunden und durch sie bei der Trauung dem Manne zurückgebracht wurde. Wie im Einzelnen diese Zeremonie zu deuten ist, entzieht sich freilich jeder Beurteilung. Solange über diesen Punkt nicht Klarheit herrscht, wird man daher diese Übersetzung nur als hypothetische werten können.

gewissermaßen als Botin die *tirḫâtum* dem Manne zurückbringt. Demnach kann dieses Zurückbringen kaum etwas anderes bedeuten, als daß die *tirḫâtum* dem Manne zurück übereignet werde. Ferner verschiebt Kohler durch seine Interpretation die grammatische Konstruktion des fraglichen Satzes. Für ihn liegt das Schwergewicht darauf, daß die *tirḫâtum* dem Manne zurückgegeben werde zur bloßen Verwaltung, weil eben die Kinder Erben sind. Wer jedoch den Satz unbefangen liest, sieht, daß der Ton auf der Statuierung des Erbrechts der Kinder liegt, für welches die Rückstellung der *tirḫâtum* kausal ist, und zwar handelt es sich um die Erbfolge in ein Vermögen der Frau. Da nun die *tirḫâtum* aus sachlichen Gründen und gemäß dem Wortlaut der Klausel nicht in Betracht kommt, so bleibt für dieses Vermögen nur die Mitgift übrig, von deren Bestellung ja die Urkunden ex professo handeln. In diesem Sinne verstand früher auch Schorr[5]) die Klausel. Seine eigene Interpretation ging von §§ 163, 164 K. Ḫ. aus. Nach diesen Bestimmungen braucht der Mann bei kinderlosem Tode der Frau ihre Mitgift (*šeriqtum*) nur gegen gleichzeitige Rückgewähr der *tirḫâtum* an die Familie der Frau herauszugeben, beziehungsweise er hat die *šeriqtum* nur insoweit zurückzuerstatten, als sie den Betrag der *tirḫâtum* übersteigt[6]). Schorr will nun in der Klausel ein solches Abzugsrecht des Mannes auch für den Fall des Todes der Frau bei bekindeter Ehe bezeugt finden. Ich halte dies nicht für richtig[7]). Die §§ 163, 164 beruhen auf dem Gedanken, daß durch das kinderlose Versterben der Frau der Zweck der Ehe als verfehlt dargetan sei. Daher muß die Mit-

---

5) Anz. d. Krak. Akad. (1907) p. 92.

6) Genau besehen, entsprechen sich die §§ 163 und 164 nicht vollständig. § 163 gibt dem Ehemanne ein Retentionsrecht an der *šeriqtum*, d. h. der Schwiegervater kann die Restitution der *šeriqtum* nur dann begehren, wenn er dem Manne gleichzeitig die *tirḫâtum* anbietet. Aus der Retention des § 163 macht nun § 164 Kompensation; d. h. der Mann hat die *šeriqtum*, insoweit sie den Betrag der *tirḫâtum* übersteigt, unter allen Umständen herauszugeben. Ich halte es nicht für ausgeschlossen, daß § 164 einen jüngeren Zusatz (Ḫammurapis?) darstellt. Denn er schließt inhaltlich § 163 in sich ein, der neben ihm entbehrlich erscheint.

7) Wenn Schorr, UAR p. 3, seine frühere Deutung der Klausel aufgebend, sich der Auffassung Kohlers anschließt, andrerseits (p. 280) an der im Text berichteten Interpretation noch festhält, so gerät er in Widerspruch mit sich selbst. Denn die §§ 163, 164, die Schorr auch auf den Fall bekindeter Ehe ausdehnen will, setzen unbedingt voraus, daß der Mann die *tirḫâtum* zu Eigentum zurück erhält.

gift, die im Grunde mehr eine Gabe an die Kinder, denen sie verfangen ist (§§ 162, 171), als an die Frau darstellt, zurückgegeben werden. Wenn nun der Mann keinen Vorteil, d. h. keine Kinder, aus der Ehe gehabt hat, so soll auch der Muntwalt nichts aus dem Ehevertrage lukrieren. Daher seine Verpflichtung zur Rückstellung der *tirḫâtum*. Man hüte sich jedoch in dieser Verpflichtung eine Manifestation des Gedankens der Kaufehe zu erblicken, und sie aus kaufrechtlichen Prinzipien, etwa aus dem Gesichtspunkt einer Art actio redhibitoria wegen Sachmängel zu erklären. Sie ist vielmehr nur eine Reflexwirkung der prinzipalen Verpflichtung des Mannes zur Restitution der Mitgift. Das folgt mit aller Evidenz daraus, daß der Anspruch des Mannes auf die *tirḫâtum* nicht durch Klage, sondern nur durch Retention, beziehungsweise Kompensation geltend gemacht werden kann. Aus diesem Grunde ist es auch sehr fraglich, ob die §§ 163, 164 einer sehr alten Rechtsschicht angehören. Wenn nun die Frau bei bekindeter Ehe stirbt, so bleibt, wie § 162 ausdrücklich bestimmt, die Mitgift dem Manne, allerdings unter Verfangenschaft zugunsten der Kinder. Daher kann ein Anspruch des Mannes auf Rückgabe der *tirḫâtum*, der ja nur eine Folgewirkung seiner Verpflichtung zur Herausgabe der *šeriqtum* ist, gar nicht entstehen. Wollte man aber, was nach dem eben Bemerkten völlig grundlos wäre, annehmen, daß der Mann in diesem Falle sich die *tirḫâtum* von der *šeriqtum* abziehen könne, so zwar, daß die Kinder nur bezüglich des Restes ein Erbrecht hätten, so wäre dieser Rechtssatz nicht, wie Schorr meint, eine Ergänzung des § 162, sondern stünde vielmehr in offenem Widerspruch zu ihm.

Die Schwierigkeit liegt nun allerdings gerade in dem Verhältnis unserer Klausel zu § 162. Denn dieser läßt schlechthin die Mitgift den Kindern verfangen sein, während die Klausel hierzu noch die Rückgabe der *tirḫâtum* erfordert. Doch darf vielleicht die Lösung dieses Widerspruches in der Person der Ehefrau gesucht werden. In CT VIII 2a und BE VI_1 84 ist sie eine *Sal-Me Marduk û zêrmašîtum* (*Nu-Bar*), also eine Priesterin, in BE VI_1 101 eine *Šú-Gi*, eine Nebenfrau (?)[8]). Die Vermutung, daß für die Ehe

[8]) Es ist zweifelhaft, ob mit Ungnad, H. G. II p. 168 die *Šu-Gi* mit der im Gesetze und in den Urkunden (§§ 137, 144, 145, 183, 184, CT VIII $2a_{12}$) vorkommenden *Šu-Ge(i)-tum* 'Nebenfrau' zu identifizieren oder ob sie mit Schorr, a. a. O. p. 94 n. g (in UAR 209 übersetzt er nunmehr so

mit Priesterinnen zum Teil ein Sonderrecht galt, findet ihre Bestätigung durch die Tatsache, daß das Gesetz selbst solche Sondernormen kennt.

Im K. Ḫ. ist das Wort *aššatum* 'Ehefrau' in der Regel phonetisch geschrieben; nur an einer Stelle (§ 117 Z. 57) ist hierfür das übliche Ideogramm *Dam* gebraucht. In einigen eherechtlichen Bestimmungen steht hingegen in Wendungen, in denen wir sonst im Gesetze *aššatum* finden, die Zeichengruppe *Sal-Me*. Es sind dies die §§ 137, 144—146. Diese Tatsache ist meines Wissens zuerst von Ungnad[9]) angemerkt worden. Nur zieht er aus ihr, indem er *Sal-Me* an diesen Stellen ebenso wie die früheren Editoren des Gesetzes mit *aššatum* wiedergibt, nicht die notwendigen

---

wie Ungnad) für eine Priesterin zu erklären ist. Die Differenz ist übrigens für die folgende Untersuchung ohne Bedeutung.

Es sei ferner bemerkt, daß die Ehefähigkeit der Priesterinnen, soviel ich sehe, bis jetzt nur für die *Sal-Me Marduk* und die *zêrmašîtum* zu belegen ist. Vgl. außer den im Text genannten Urkunden noch M. 94 = VS VIII 127, LC 157, CT VIII 49b (?), 50a. Siehe auch D. G. Lyon in den Studien für Crawford Howell Toy p. 357 f. Zweifeln kann man bezüglich der *qadištum* (*Nu-Gig*). Man hält sie gewöhnlich für eine Prostituierte, die ja auch ihre hebräische Namensschwester, die קְדֵשָׁה (Deut. 23, 18; 1 Kön. 14, 24; 15, 12; 22, 47; Amos 2, 7) war. Dagegen neuestens Lyon p. 360. In VS VII 10/11 und 37 übernimmt sie als Amme ein Kind zum Säugen. In LC 157 (UAR 280) verkauft eine *qadištum* einen Teil eines Hausgrundstückes, das ihrem Sohne Ili-iqîša verfangen ist, mit dessen Zustimmung. Unter den Nachbarn dieses Hausgrundstückes werden nun zwei Personen namens Ili-iqîša aufgezählt, die eine (Z. 10) als Sohn des Itti-Marduk-balâṭu, die andere (Z. 11) als Sohn des Idin-Šamaš bezeichnet. Es ist nicht ausgeschlossen, daß eine von diesen Personen mit dem Sohn der *qadištum* identisch ist. Dann war er aber wohl ein ehlicher Sohn. Als Ehefrau eines anderen wird die *qadištum* allerdings nie bezeichnet. Doch mag dies angesichts der Geringfügigkeit des zur Verfügung stehenden Materials ein Zufall sein. Für eine Tempelprostituierte hält man allgemein auch die im Gesetze erwähnte *sinnišat zikrum*. Vgl. Dhorme, La religion Assyro-Babylonienne p. 300 f., Jensen, Lit. Zentralblatt (1913) Sp. 513. Neuestens vertritt Lyon p. 354 f. die Ansicht, daß sie eine zur Keuschheit verpflichtete, eheunfähige Priesterin war. Vgl. aber auch Kohler, Ztschr. f. vergl. Rechtswissensch. 27 p. 5 f. Das letztere traf wahrscheinlich zu bezüglich der *Sal-Me* des Šamaš von Sippar (vgl. p. 120 n. 34) und bezüglich der *Nin-Dingir* (vgl. unten § 13 p. 213). Im Übrigen wird man mit der Möglichkeit rechnen müssen, daß die Stellung dieser Priesterinnen nicht bei allen Tempeln die gleiche war.

[9]) H. G. II p. 50 n. 2, p. 52 n. 2, p. 124.

Konsequenzen. Ich halte es mit D. G. Lyon[10]) angesichts der sonst vom Gesetze befolgten Schreibweise für ausgeschlossen, *Sal-Me* durch *aššatum* zu umschreiben, und meine vielmehr, daß *Sal-Me* hier wie sonst mit 'Priesterin' zu übersetzen ist. Dann aber geben die angeführten Paragraphen Sondernormen für die Ehe mit Priesterinnen, und zu dieser Annahme paßt nun auch ihr Inhalt.

§ 137 handelt von der Scheidung einer Nebenfrau oder einer *Sal-Me,* die dem Manne Kinder geboren hat. Der Annahme, daß diese Norm Sonderrecht enthalte, scheint zu widersprechen der Umstand, daß der folgende Paragraph die Scheidung der kinderlosen Ehefrau regelt und sich so als Gegenstück zu § 137 präsentiert. Allein bei näherem Zusehen erweist sich diese Auffassung als trügerisch. Schon äußerlich fällt es auf, daß § 137 auch von der Nebenfrau (*Šu-Ge-tum*), die er an erster Stelle nennt, handelt, während § 138 von der legitimen Gattin (*ḫîrtum*) spricht. Ferner werden bei der Scheidung die Nebenfrau und die *Sal-Me* völlig gleich behandelt, was kaum begreiflich wäre, wenn man unter der *Sal-Me* die legitime Ehefrau versteht, hingegen keine Schwierigkeiten bietet, wenn die Verbindung mit einer Priesterin eine Ehe minderen Rechts darstellte, die im Wesentlichen dem Eheverhältnis zur Nebenfrau gleichgestellt war, wie denn auch in unseren Urkunden die fragliche Klausel außer bei der Priesterin gerade bei der Nebenfrau sich findet. Endlich tritt im Gesetz sichtbar die Tendenz zutage, die Scheidung einzuschränken. Die hierher gehörigen Normen sind zwar nicht ganz einfach zu vereinigen und man wird die Möglichkeit, daß Bestimmnngen verschiedener Rechtsschichten zusammengearbeitet wurden, nicht außer Acht lassen dürfen. Wir brauchen indessen diese Frage nicht zu verfolgen. Es genügt festzustellen, daß das Gesetz (§§ 148 f.) die Scheidung wegen Krankheit der Frau verbietet, ohne zu unterscheiden, ob die Ehe bekindet war oder nicht, daß es umgekehrt die Scheidung wegen schweren Verfehlungen der Frau gestattet (§ 141), ebenso wegen Sterilität (§ 138), im letzteren Falle gegen Rückgabe der *šeriqtum* und gegen Zahlung eines Scheidungsgeldes. Nach § 137 soll aber auch bei bekindeter Ehe die Verstoßung der Frau gestattet sein, und zwar ohne Angabe von Gründen, ohne Scheidungsgeld, lediglich gegen Rückstellung der *šeriqtum* und gegen Ausfolgung eines Stückchens

[10]) A. a. O. p. 342 n. 3.

(*muttatum*) Feld, Garten und einiger Fahrhabe. Dieses Vermögen erhält indessen die Frau nicht für sich, sondern für ihre Kinder[11]), um sie großzuziehen; für sie selbst bleibt davon nur ein Kindesanteil, den sie bekommt, nachdem die Kinder erwachsen sind. Sehr beachtenswert ist es schließlich, daß sich die Verstoßung auch auf die Kinder erstreckt. Sie folgen der Mutter und gelten anscheinend mit dem 'Stückchen' Feld und Garten bezüglich ihrer Erbansprüche gegen den Vater für abgefunden. Dies alles paßt zwar zur Ehe mit der Nebenfrau, aber nicht zur Vollehe. Das Mißverhältnis zwischen §§ 137 und 138 ist zu groß, als daß sich beide ergänzen könnten. § 137 enthält vielmehr Sonderrecht für die Ehe mit der Nebenfrau und mit der Priesterin.

Die zweite Gruppe von Bestimmungen, die der *Sal-Me* Erwähnung tun[12]), betrifft den durch die Geschichte Abrahams, Sarahs und Hagars auch für die Bibel bezeugten Rechtsbrauch[13]), daß die kinderlose Gattin dem Manne eine Sklavin überläßt, damit er von ihr als ihrer Stellvertreterin Kinder bekomme, die dann als legitim gelten. In diesem Falle verbietet das Gesetz (§§ 144, 145) dem Manne, eine Nebenfrau zu nehmen. Sachlich enthalten zwar diese Normen nichts, was uns zwingen würde, sie als Sonderrecht für die Ehe mit der Priesterin zu erklären, wie denn auch die biblische Erzählung den erwähnten Brauch als allgemeines Recht erscheinen läßt. Immerhin sei darauf hingewiesen, daß in den Urkunden eine *Šu-Ge-tum* vorwiegend bei der Ehe mit Priesterinnen begegnet. So erscheint in CT VIII $2a_{12}$ unter den Gegenständen der Mitgift der Braut, einer *Sal-Me* *iluMarduk û zêrmašîtum, fSu-ra-tum Šu-Gi-tum Nin-A-Ni* 'Suratum, die Nebenfrau, ihre Schwester', und eine Nebenfrau wird wohl auch die in BE VI_1 84_{30} als Mitgiftsgegenstand aufgezählte *Šalurtum,* die Schwester der Braut, einer Mardukpriesterin und *zêrmašîtum,* gewesen sein. CT II 44 und M. 89[14]) enthalten die Eheverträge mit Haupt- und Nebenfrau. Daß die Hauptfrau eine Priesterin sei, wird zwar nicht gesagt, darf aber vielleicht daraus erschlossen werden, daß in CT II 44 Z. 20 f. als Pflicht der Nebenfrau angeführt wird *iṣu kussî-ša a-na bît i-li-ša i-na-ši* 'ihren (der Hauptfrau) Stuhl wird sie in den Tempel ihres Gottes tragen'.

---

11) Z. 7: *ša a-na mârimeš-ša in-na-ad-nu.*

12) Vgl. auch D. G. Lyon, a. a. O. p. 346 f.

13) Gen. 16, 1 f; 21, 9 f.

14) UAR 4, 5. Vgl. auch oben § 8 p. 123.

Es kann sich hierbei um eine private Andachtsübung handeln, ebensogut aber um die Erfüllung priesterlicher Pflichten, und da es in der Parallelurkunde M. 89 Z. 9 f. heißt: *iṣu kussî-ša a-na bît ilu Marduk i-na-aš-ši-e* 'ihren Stuhl wird sie in den Tempel des Marduk tragen', so könnte man an eine Mardukpriesterin denken, für die die Ehefähigkeit ja bezeugt ist. CT VIII 22b (UAR 77) zeigt uns § 144 in praktischer Anwendung. Daß die Frau, welche hier ein Mädchen 'für sich als Sklavin, für ihren Mann als Ehefrau' kauft, eine Priesterin sei, ist nicht gesagt, läßt sich aber ebensowenig ausschließen[15]). Wenngleich also die Urkunden keine sichere Entscheidung gestatten, so scheint es mir, angesichts des § 137, der auch inhaltlich eine Sondernorm für die Ehe der Priesterinnen darstellt, doch zulässig, für die §§ 144—146, die ja ebenfalls nur von der *Sal-Me* handeln, das Gleiche anzunehmen. Ihr Inhalt spricht wenigstens nicht dagegen. Im Gegenteil, wenn die Ehe der *Sal-Me* eine Ehe minderen Rechts gewesen zu sein scheint, so wäre es gut begreiflich, daß es hier dem Manne unter gewissen Voraussetzungen gestattet war, seiner Ehefrau eine Nebenfrau zur Seite zu stellen.

Darf also die Existenz von Sondernormen für die Ehe von Priesterinnen und Hierodulen als erwiesen gelten, so ist es angesichts des Umstandes, daß unsere Urkunden von solchen Ehen handeln, keine Willkür, wenn wir für die von der Rückstellung der *tirḫâtum* handelnde Klausel, insoferne sie dem Regelrecht widerspricht, gleich-

---

[15]) Denn es pflegt der Stand der Frau als Hierodule in den Urkunden keineswegs immer angegeben zu werden. Das Gleiche wie für CT VIII 22b gilt auch für den Ehevertrag mit der Nebenfrau: Waterman 29 p. 196 (vgl. oben p. 131 n. 6). Auch hier fehlt nämlich jeder direkte oder indirekte Hinweis auf eine eventuelle Hierodulenqualität der Hauptfrau. Hingegen ist in CT VIII 37d (UAR 12) Azatum, deren ältesten Sohn der Vater adoptiert, eine unfreie Konkubine. Vgl. § 170 K. Ḫ., Kohler, H. G. III p. 230, Cuq, Nouv. Rev. hist. 33 p. 273 und Schorr l. c. Sie darf mit der Nebenfrau nicht verwechselt werden und war dem Manne bei jeder Ehe ohne weiteres erlaubt. In CT II 46 (UAR 283) werden außer den Kindern noch (Z. 4 f.) *mNa-ra-am-tum u Sa-mi-nu-u (5) aš-ša-at Ir-ra-ga-mil* 'Naramtum und Saminû, (5) die Ehefrauen des Irra-gâmil' erwähnt. Da jedoch in der zugehörigen Urkunde CT II 22 (UAR 282) Z. 9 u. 16 nur von der Ehefrau *(Dam-A-Ni)* des Irra-gâmil die Rede ist, so gehört Naramtum in CT II 46 vielleicht noch zu den Kindern und ist nur durch ein Versehen des Schreibers in ein Satzgefüge gekommen, das sie als Ehefrau des Irra-gâmil erscheinen läßt.

falls eine Sondernorm vermuten. Was der Inhalt dieser Norm war, darüber läßt sich allerdings kaum etwas sagen. Aus der Klausel selbst folgt per argumentum a contrario, daß den Kindern ein Erbrecht bezüglich der *šeriqtum* nicht zusteht, wenn die *tirḫâtum* vom Muntwalt behalten wird. Wem fiel aber dann beim Tode der Frau die *šeriqtum* zu? Nach §§ 178 f. ist die *šeriqtum,* beziehungsweise der Erbteil einer Priesterin oder Hierodule ihren Brüdern verfangen, eine Bestimmung, die jedoch insoferne nur dispositives Recht darstellt, als der Vater der Tochter bei Bestellung der *šeriqtum* freies Verfügungsrecht einräumen kann[16]). Dies bestätigen auch die Urkunden. Ich führe hier CT VIII 50a (UAR 183) an, weil dieser Text auch die Verheiratung der Hierodule — es ist eine *zêrmašîtum* — ins Auge faßt. Die Urkunde bestimmt zunächst ihren Erbteil. Leider ist gerade der Passus, der von der Verheiratung der Hierodule handelt, zum Teil lückenhaft, zum Teil schwer zu lesen[17]). Doch läßt das *ša aḫ-ḫi-ša-ma* 'gehört ausschließlich ihren Brüdern' in Z. 13 mit Sicherheit erkennen, daß bezüglich irgendwelcher Vermögensmassen ein Verfangenschaftsrecht der Brüder statuiert wird. Man könnte nun meinen, daß durch die Rückgabe der *tirḫâtum* das Verfangenschaftsrecht der Brüder ausgeschlossen werden sollte. Allein wenn nach dem Gesetz der Vater der Hiero-

---

16) Nur die *Sal-Me* des Marduk von Babylon hat nach § 182 die Verfügungsgewalt über ihren Erbteil schon kraft Gesetzes.

17) Die Stelle (Z. 7 f.) lautet: *ûm^um^ mu-tum i-ḫa-zu-ši* (*9*) [. . . .] *ti-ša i-za-ab-ba-at-ma* (*10*) *a-na bît mu-ti-ša* (*11*) *i-ir-ru-ub* (*12*) *bi-iz-za ù warad-Sag-z*[*a*] (die von Pinches gegebenen Zeichen sind, wie mir King auf Grund einer Nachprüfung des im Britischen Museum befindlichen Originals bestätigt, korrekt) (*13*) *ša aḫ-ḫi-ša-ma* 'wenn ein Mann sie nimmt (9) wird, indem sie [. . .] nimmt, (10) in das Haus ihres Mannes (11) sie eintreten. (12) Ihre ..... und ihre ..... (13) gehören ausschließlich ihren Brüdern'. Meissner, MVAG 10 p. 297 n. 5 und Schorr, WZKM 24 p. 445, UAR l. c. wollen in Z. 12 emendieren *ab-lu-za u warad-ka-za* (= *warkâza*?) 'ihre Erbschaft und ihr Nachlaß'. Allein die Zeichen, die ganz klar sind, stimmen dazu nicht. Hazuka, Srovnání života a zvyků starých Babyloňanů se životem patriarchů p. 28 ergänzt in Z. 9 [*u-ni-a*]-*ti-ša* 'ihr Hausgerät'. Diese Ergänzung scheint mir sehr glücklich. Der Erbteil der Hierodule besteht aus einem Hausgrundstück, einer Sklavin und Hausgerät. Die Urkunde würde demnach verfügen, daß die Hierodule das Hausgerät in die Ehe nimmt, während das Haus (*bi-iz-za* = *bît-ša*) und die Sklavin (*warad-ka-za* dürfte eine fehlerhaft geschriebene Form von *wardum* 'Sklave' sein) den Brüdern verfangen bleiben.

dule volle Verfügungsgewalt über die *šeriqtum* gewähren konnte, so mußte er wohl auch in der Lage gewesen sein, eine weniger weit gehende Verfügung zu treffen, nämlich seiner Tochter einen Erben zu bestimmen. In der Tat bieten dafür die Urkunden genügend Beispiele[18]). Und wenn, wie in CT VIII 2a, die *šeriqtum* von den Brüdern bestellt wurde, so mußte es wohl genügen, wenn diese auf ihr Verfangenschaftsrecht verzichteten. Nach dieser Richtung erscheint also die Rückstellung der *tirḫâtum* nicht notwendig. Sie weist vielmehr auf den Mann hin, dessen Rechte auf die *šeriqtum* beschränkt werden sollen, zumal ja nach dem Gesetz ein Zusammenhang zwischen *tirḫâtum* und *šeriqtum* besteht. Welcher Art diese Rechte des Mannes an der *šeriqtum* waren, läßt sich schwer sagen. Nach Regelrecht (§ 162) behält er die *šeriqtum* nach dem Tode der Frau für die Kinder zur Verwaltung und Nutznießung. Man könnte daher vermuten, daß bei der Ehe einer Hierodule die *šeriqtum* dem Manne, wenn Kinder vorhanden waren, zu freier Verfügung verblieb, und dies damit begründen, daß diese Ehe eine Verbindung minderen Rechts war, bei der das Band zwischen Eltern und Kind kein so festes und bei welcher daher auch die Stellung der Kinder materiell weniger gesichert war als bei der Vollehe[19]). Man wird vielleicht

[18]) Vgl. z. B. CT II 24, VIII 20a, 49b, BE VI_2 70, VS VIII 31/32, 33/34 (alles Schenkungen des Vaters an eine Hierodule).

[19]) Wenn die Ehe der Hierodule als eine Ehe minderen Rechts gilt, so steckt dahinter wohl ein tieferer Grund. Ich will keine Hypothesen aufstellen, wohl aber auf Folgendes aufmerksam machen. Wenn das Gesetz den Erbteil der Hierodule, beziehungsweise ihre *šeriqtum*, die ja als Erbabfindung gilt, den Brüdern verfangen sein läßt, so liegt dem der Gedanke zugrunde, daß der Hierodule von Rechts wegen — sei es weil sie zur Keuschheit verpflichtet, sei es weil sie der Prostitution geweiht ist — die Ehe und damit legitime Nachkommenschaft verwehrt sind. Denn für diese wird nicht gesorgt. Ganz anders bei der verheirateten Tochter, deren *šeriqtum* eigentlich eine Gabe für ihre Kinder ist. Nun wurde allerdings einigen Kategorien der Hierodulen die Ehe erlaubt. Allein die Rechtsordnung scheint solche Ehen mehr geduldet, als gestattet zu haben. Immer blieb noch die Vorstellung, daß die Hierodule von Rechts wegen nicht heiraten und keine Kinder haben soll. Daher sorgt auch das Recht ganz im Gegensatz zu den Kindern aus erlaubter Ehe nicht für die materielle Sicherstellung der Hierodulenkinder.

Damit akzeptiere ich noch nicht eine Ansicht, die Lyon, a. a. O. p. 345 f., 351 f. im Anschlusse an eine früher schon von Johns ausgesprochene Meinung jüngst aufgestellt hat. Lyon meint, daß die 'votaries'

einwenden, warum der Vater, um diesen Rechtsfolgen zu entgehen, nicht der Tochter ein Vermögen zuwies, indem er gleichzeitig ihr die aus der Ehe zu erwartenden Kinder als Erben bestimmte. Wir wollen die Frage, ob eine solche Verfügung zulässig war — Bedenken könnte man haben wegen der persona incerta der eingesetzten Erben —, nicht untersuchen. Jedenfalls wäre sie aber keine Mitgift gewesen, keine matrimonii causa gemachte Zuwendung. Wollte man aber eine solche, so kam man mit dem vermuteten Rechte des Mannes in Konflikt. Um ihn zu vermeiden, griff man daher zur *tirḫâtum*. Die Rückstellung der *tirḫâtum* schon bei der Trauung, also zu einer Zeit, wo noch keine Kinder vorhanden waren, hätte zunächst gemäß § 163 die eventuelle (nämlich beim Tode der Frau eintretende) Verpflichtung des Mannes zur Rückstellung der *šeriqtum* und damit — dies scheint der springende Punkt zu sein — die Verfügungsgewalt des Muntwaltes über die Mitgift begründet. Auf diese Weise wäre eine Basis gewonnen worden zur r e c h t s g e s c h ä f t l i c h e n Begründung eines Verfangenschaftsrechts der Kinder, das sie nach dem Gesetze nicht hatten[20]. Wäre die *tirḫâtum* erst nach dem Tode der Frau zurückgegeben worden, so wäre der Mann, sobald einmal Kinder vorhanden waren, zur Restitution der *šeriqtum* nicht mehr verpflichtet und die Schaffung eines Verfangen-

in der Regel keine Kinder gehabt hätten, weil sie erst in höherem Alter nach Austritt aus dem Priesterinnenamt, dessen Titel sie behielten, heirateten. Vgl. auch P o g n o n, Journal Asiatique (1913) p. 404 n. 1. Dies wird schon durch die Urkunden widerlegt, die oft genug von Kindern der Hierodulen sprechen. L y o n s Argument, daß das Gesetz von der votary niemals ein *walâdu* 'gebären', sondern nur ein *šuršû* (III$_1$ von *rašû*) 'dem Manne (Kinder) verschaffen', wobei an Adoptiv- und Konkubinenkinder zu denken sei, erwähne, beweist nichts. Denn in § 163 wird *šuršû* auch von der *aššatum* gebraucht. *Rašû* heißt überhaupt 'Kinder bekommen', natürlich vor allem leibliche. Vgl. §§ 166$_{52}$, 191$_{82}$, M. 94$_{11}$, 95$_7$, 96$_{18}$, Warka 102$_8$, VS VIII 73$_8$. Richtig an dieser Ansicht ist nur das eine, daß die Hierodule von Rechts wegen keine Nachkommenschaft haben s o l l. Aus diesem Gesichtspunkte dürfte es sich erklären, warum das Gesetz bei der Hierodulenehe die Nebenfrau, beziehungsweise die von der Ehefrau dem Manne überlassene Konkubine gestattet. Sie sollen ihm das verschaffen, was er von der Ehefrau von Rechts wegen nicht haben soll, nämlich Kinder.

[20]) Ein Erbrechtsvorbehalt zugunsten der zu erwartenden Kinder unterliegt bei der Mitgift eben aus dem Grunde, weil es sich hier um eine ehegüterrechtliche Verfügung handelt, nicht den oben wegen der persona incerta des Instituierten geäußerten Bedenken.

schaftsrechts der Kinder durch den Muntwalt nicht mehr zulässig gewesen. Der ganze Vorgang hätte also den Zweck verfolgt, den Kindern aus einer Hierodulenehe von vornherein die Versorgung aus der *šeriqtum* der Frau sicherzustellen, die ihnen des Gesetz nicht gewährleistete.

Das ist natürlich nur ein Versuch, diese schwierigen Urkunden zu erklären, der kaum den Wert einer Hypothese hat. Mag man ihn für gelungen halten oder nicht, zweierlei scheint mir unter allen Umständen sicher: erstens, daß es sich hier nicht um eine organische Rechtsbildung, sondern um ein künstliches Gebilde der interpretatio iuris jüngeren Datums handelt, zweitens, daß hier eine Ehe vorliegt, bei der materiell eine *tirḫâtum* nicht gegeben wurde. Man kann unter solchen Umständen fragen, warum überhaupt eine *tirḫâtum* geleistet wurde. Die Antwort auf diese Frage liegt darin, daß die *tirḫâtum* außer bei der Eheschließung auch beim Verlöbnis eine Funktion zu erfüllen hat. Sie ist einerseits Brautpreis, andrerseits als Verlöbnisarrha Pfand, das die Einhaltung der aus dem Verlöbnis entspringenden Verpflichtungen garantieren soll. Als Pfand müßte sie nach Erfüllung der Schuld, also bei der Trauung, zurückgegeben werden, als Brautpreis verbleibt sie aber dem Muntwalt. Wenn nun in unseren Urkunden die *tirḫâtum* bei der Trauung dem Manne zurückgestellt wird[21]), so könnte man meinen, daß sie nur mehr als Pfand wirkt und darin eine Abschwächung der Idee der Kaufehe erblicken. Allein diese Schlußfolgerung wäre nur teilweise richtig. Unrichtig, insoferne die *tirḫâtum* nicht deshalb zurückgegeben wird, weil man sie nur mehr als Pfand empfindet, sondern zur Erreichung eines anderen Zweckes, nämlich um den Kindern Erbrecht bezüglich der *šeriqtum* zu verschaffen; richtig, insoferne die *tirḫâtum* für den Muntwalt nur mehr formelle Bedeutung hat und ihre Aufgabe im gegebenen Falle gerade so erfüllen würde, wenn sie nur eine Scheinleistung wäre. Daß sie aber doch — und zwar als reale Leistung — gegeben wird, zeigt, wie notwendig für das Zustandekommen einer rechten Ehe sie noch empfunden wurde.

---

[21]) Das geschah natürlich auf Grund vorhergehender Vereinbarung, die wohl schon bei der Verlobung mit dem Bräutigam getroffen wurde.

§ 12.

Wir sind nun endlich genügend vorbereitet, um zur Beantwortung der eingangs dieser Untersuchung aufgeworfenen Fragen schreiten zu können. War die babylonische Ehe Kaufehe oder nicht? Die Frage gestattet keine glatte Antwort mit ja oder nein, weil das babylonische Eherecht kein einheitliches ist, sondern sein Gepräge erhält durch den Dualismus der Eheverfassungen des sumerischen und semitischen Rechts. Die Ehe des sumerischen Rechts ist keine Kaufehe mehr, der Brautpreis ist bereits umgewandelt zur Eheschenkung. Für die Ehe des semitischen Rechts hingegen ist unsere Frage rundweg mit ja zu beantworten. Die semitische Ehe ist Kaufehe. Sie besteht in dem Austausch von Braut und Brautpreis. Die Grundsätze, die für den Brautpreis gelten, sind — und dieser Punkt ist entscheidend — kaufrechtlicher Natur, sie sind dieselben, die beim Kauf für den Kaufpreis maßgebend sind[1]).

Allerdings darf man diese Auffassung nicht zu Tode hetzen. Es mag vielleicht in ganz primitiven Zeiten vorgekommen sein, daß die Frau nicht anders gekauft wurde als man eine Sklavin oder ein Stück Vieh kaufte. Für die Zeit unserer Quellen wäre diese Anschauung grundfalsch[2]). Die Semiten des alten Babyloniens haben die ursprünglich vielleicht einheitliche Gewalt des Hausherrn über alle seiner Herrschaft unterworfenen Menschen und Dinge bereits differenziert. Sie wissen das Eigentum des Hausherrn über leblose Sachen und Sklaven von der eheherrlichen Gewalt über die Ehefrau wohl zu unterscheiden, und wenn *bêl aššatim,* der Terminus für

---

[1]) Die Ansicht, welche v. Amira, Grundriß d. germ. Rechts[3] p. 179 für die germanischen Rechte vertritt (vgl. auch Schröder, Deutsche Rechtsgesch.[5] p. 71 n. 61), daß die Eheschließung eine Schenkung der Braut an den Bräutigam darstelle, die zu ihrer Rechtsbeständigkeit eine Gegengabe, den sogenannten Brautpreis erfordere, könnte daher für das babylonische Recht nicht akzeptiert werden. Gegen Amira auch Rietschel in Hoops' Reallexikon d. germ. Altertumskunde I p. 511 f.

[2]) Vgl. auch Müller, WZKM 19 p. 384.

'Ehemann' (§§ 129_{50}, 161_{68} K. Ḫ.) ursprünglich vielleicht 'Eigentümer der Frau' bedeutet hatte, so ist er in geschichtlicher Zeit sicherlich nur mehr der Ausdruck für die eheherrliche Gewalt[3]). Daher ist nicht nur das Formular, sondern auch die Terminologie des Ehevertrags von der des Kaufvertrags völlig verschieden[4]). Ja, noch mehr. Wenn der Vater seiner Tochter eine Mitgift in die Ehe mitzugeben pflegte und wenn diese Mitgift nach §§ 163, 164 in ihrem Betrage die *tirḫâtum* regelmäßig überstieg, so folgt daraus, daß der Brautpreis wirtschaftlich für den Muntwalt kein Äquivalent für die Frau mehr darstellte. Man darf indes daraus nicht schließen, daß er es auch rechtlich nicht mehr war und daß die Ehe daher keine Kaufehe mehr gewesen sein konnte[5]). Denn bei der Frage der Kaufehe handelt es sich in erster Linie um die Form des Ehevertrags, um die Frage, ob der Bräutigam für die traditio puellae einen Gegenwert an den Muntwalt leisten muß. Ist dies der Fall, so ist die Ehe Kaufehe, und zwar auch dann, wenn das aus ihr entstehende Rechtsverhältnis nicht mehr Eigentum an der Frau, sondern die eheherrliche Gewalt ist. In diesem Sinne möchte ich die Ehe der altbabylonischen Semiten charakterisieren.

Die zweite Frage, die wir noch zu erledigen haben, betrifft das Verhältnis der für die Ehe in § 128 K. Ḫ. vorgeschriebenen Schriftform zum Eheschließungsakte. Auch hier wird man zwischen sumerischem und semitischem Recht zu unterscheiden haben. Für die Sumerer gehörte die Kaufehe der Vergangenheit an, aus dem Brautpreis war die Eheschenkung an die Frau hervorgegangen und damit auch eine gewisse aktive Rolle der Frau bei dem Eheschließungsakte anerkannt. Es ist sogar möglich, daß die Frau selbst auch

---

[3]) Vgl. auch Cuq, Rev. Bibl. (1905) p. 364 f., Besta p. 198.

[4]) Cuq, a. a. O. p. 360 n. 1.

[5]) So Cuq, a. a. O. p. 365. Es darf auch nicht vergessen werden, daß die Mitgift nicht eine Gabe an den Mann, sondern an die Frau war. Sie war Vermögen der Frau und als solches ihren Kindern aus der Ehe verfangen. Eine unmittelbare rechtliche Beziehung zwischen Mitgift und Brautpreis bestand gemäß §§ 163, 164 K. Ḫ. nur für den Fall, als die kinderlose Ehe durch den Tod der Frau gelöst wurde. Mitgift und Kaufehe sind daher sehr wohl miteinander verträglich.

den Ehevertrag abschloß[6]). Bei einer solchen Gestaltung des Eheschließungsaktes gab es natürlich keine traditio puellae mehr, und es wäre denkbar, daß das sumerische Recht in weiterer Entwicklung das für die Eheschließung wesentliche Moment in den Konsens der Ehegatten verlegte. Es wäre weiter denkbar, daß man für diesen an sich formlosen Konsens nach einer Form suchte und diese, in Anknüpfung an den seit altersher geübten Brauch, über den Eheschließungsakt eine Urkunde aufzusetzen, schließlich in der Schrift fand in dem Sinne, daß eine Ehe ohne Urkunde als nichtig galt. Doch das sind angesichts des Schweigens der Quellen nur Möglichkeiten, die wir zwar erwägen, aber nicht entscheiden können. Einen sichereren Boden betreten wir mit dem Eheschließungsakte des semitischen Rechts. Hier bestand die Eheschließung in der traditio puellae einerseits, in der Übergabe des Brautpreises andrerseits, wenn nämlich diese nicht schon bei der Verlobung erfolgt war. Das waren Realakte, die ein gewisses Formelement schon in sich trugen. Es ist klar, daß man den Beweis dieser Akte durch Zeugen sicherte, es ist auch verständlich, daß man über den ganzen Vorgang eine Urkunde aufsetzte. Aber ebenso klar ist es, daß eine solche Urkunde an sich nur die Funktion einer Beweisurkunde oder einer Dispositivurkunde höchstens in dem Sinne haben konnte, daß die Parteien von der Beurkundung die Perfizierung des Ehevertrags abhängig machten. Während also für das sumerische Recht, wenn es in der Tat zur Konsensehe gelangt sein sollte, die gesetzliche Schriftlichkeit eine Form ist, die sich aus dem Wesen des Ehevertrags organisch begreifen läßt, weil der an sich formlose Konsens angesichts der Wichtigkeit des Vertrages nach einer greifbaren Erscheinungsform drängt, bedeutet § 128 K. Ḫ., der diese Form allgemein vorschreibt, für das semitische Eherecht eine unorganische Neuerung. Erwägt man nun die Vorliebe Ḫammurapis für die Schriftform überhaupt, erwägt man ferner, daß § 128 die eherechtlichen Bestimmungen einleitet und daß Ḫammurapi seine Neuerungen gerne an die Spitze der betreffenden Materie zu stellen pflegt, so wird es in hohem Grade wahrscheinlich, daß § 128 auf das Konto der Redaktoren des Gesetzes zu setzen ist, mögen sie nun sachlich die Bestimmung dem sumerischen Recht

---

[6]) Vgl. oben p. 163 n. 42.

entnommen oder mögen sie sie deshalb eingefügt haben, weil sie hier wieder eine Gelegenheit gefunden zu haben glaubten, bei der sie ihre Vorliebe für die Schriftform betätigen konnten [7]).

---

[7]) Auffallend ist es allerdings, daß § 128 nur *riksâti* erwähnt, während die §§ 7, 122, 123 sie neben den Zeugen nennen. Man darf indessen daraus nicht schließen, daß *riksâti* in § 128 nur die Urkunde in sich begreift. Dem stünde auch die Urkundenpraxis entgegen, welche die Eheurkunde, und zwar sowohl die semitische wie die sumerische, nur als Zeugenurkunde kennt. Der Widerspruch zwischen § 128 einerseits, §§ 7, 122, 123 andrerseits stellt sich indessen als ein scheinbarer heraus, wenn man erwägt, daß die Redaktoren in den letzteren Bestimmungen die Urkunde einer bereits in der Vorlage vorgefundenen Zeugenform hinzufügten, wodurch *riksâti* die engere Bedeutung 'Urkunde, Schriftstück' annehmen mußte. Hingegen haben sie § 128 entweder neu redigiert oder ihn aus einer sumerischen Vorlage im Wesentlichen unverändert übernommen. In beiden Fällen mußten sie *riksâti* in der nach der altbabylonischen Urkundenpraxis allein möglichen technischen Bedeutung 'Zeugenurkunde' gebrauchen und in diesem Sinne ist das Wort in § 128 sicherlich zu verstehen.

§ 13.

Wir haben ein Argument dafür, daß die Formvorschrift des § 128 eine Neuerung Ḫammurapis darstelle, aus dem Umstande abgeleitet, daß der Paragraph eine neue Materie, nämlich die des Eherechts einleite. Diese Behauptung bedarf einer Ergänzung und, wie es scheint, sogar einer Richtigstellung. Zwischen § 126, der noch vom Depositum handelt, und § 128 steht eine Bestimmung, die sich anscheinend schon mit einer eherechtlichen Frage befaßt. Sie lautet:

§ 127

šum-ma a-wi-lum	Wenn jemand
e-li entim[1])	gegen eine *entum*[1])
u aš-ša-at a-wi-lim	oder die Ehefrau jemandes
u-ba-nam u-ša-at-ri-iṣ-ma	den Finger ausstreckt und (sie) dann
la uk-ti-in	nicht überführt,
a-wi-lam šu-a-ti	so wird man diesen Mann
ma-ḫar da-a-a-ni	vor den Richtern
i-na-ad-du-u-šu	niederwerfen[2])
u mu-ut-ta-zu	und sein Stirnhaar
u-gal-la-bu.	abschneiden.

Es empfiehlt sich bei der Interpretation dieses schwierigen Paragraphen von der am Schlusse angeordneten Strafe auszugehen. Zwar ist man sich bezüglich der Übersetzung der Phrase *muttatam gullubu* nicht einig. Man gibt sie einerseits durch 'das Stirnhaar

---

1) *Nin-Dingir* 'Gottesschwester'.

2) So Müller p. 116. Ähnlich Scheil, Boscawen, Edwards. Ich möchte diese prägnante Übersetzung der farbloseren 'man bringt (treibt) ihn vor die Richter' (Peiser, Johns, Harper, Ungnad, Deimel u. a.) vorziehen. Die Strafe wurde anscheinend sofort, nachdem die Grundlosigkeit der Anklage sich herausgestellt hatte, noch vor dem erkennenden Gericht vollzogen. Vgl. auch Schorr, Rev. Sém. 20 p. 388, 390 n. 4.

abschneiden'[3]), andrerseits durch 'die Stirne marken'[4]) wieder. Doch dürfte die erstere, namentlich von Schorr begründete Übersetzung wohl die richtige sein. Entscheidend ist für mich hierbei folgende Erwägung. Da *muttatum* unbestritten 'Vorderseite, Stirne' bedeutet[5]), so kommt alles auf den Sinn des Verbums *gullubu* an. Hier gehen auch die Meinungen auseinander. Die einen fassen *gullubu* als 'abschneiden'[6]), die anderen als 'einschneiden, einritzen'[7]). Das Verbum begegnet in den juristischen Texten teils ohne Objekt, teils mit den Objekten *muttatum* oder *abbuttum* 'Sklavenmarke' verbunden. Ich meine nun, daß derjenigen von den an sich möglichen Bedeutungen von *gullubu* der Vorzug zu geben sein wird, welche zu beiden Objekten paßt. Dieses Kriterium ist aber nur für *gullubu* = 'abschneiden' erfüllt. Denn in CT VI 29 Z. 12 f. kann *abbuttam gullubu,* wie oben § 7 p. 108 f. nachgewiesen wurde, nur heißen 'die Sklavenmarke entfernen, abschneiden'[8]). Dazu vergleiche man V R 27, 38c (Delitzsch, H. W. p. 13), wo nacheinander aufgezählt werden: *erû maškânu, erû zuqaqîpu* und *erû abbuttum. Maškânu* bedeutet 'Fessel'[9]), *zuqaqîpu* einen Skorpion aus Metall, d. h.

---

[3]) So z. B. Delitzsch, BA IV p. 86, Ungnad, H. G. II p. 150, Bonfante zu § 127 K. Ḫ., Büchler, WZKM 19 p. 137 f., Schorr, WZKM 18 p. 234; 24 p. 442, Festschr. f. Hilprecht p. 31 n. 1, Rev. Sém. 20 p. 388 f. Vgl. ferner Ed. Meyer, Sumerer und Semiten in Babylonien (Verhandl. der Berliner Akad. 1906) p. 24 n. 3, der sich aber (Gesch. d. Altertums² I 2 p. 512) wiederum der anderen Ansicht anzuschließen scheint.

[4]) In diesem Sinne die Übersetzungen von Harper, Davies, Edwards, Scheil, Peiser, Müller, Deimel u. a. m. Vgl. auch Meissner, APR p. 152, Johns p. 41, 176, Cook p. 160, Jeremias p. 26, Daiches, altbabyl. Rechtsurk. p. 98.

[5]) Vgl. Delitzsch, H. W. p. 436, Muss-Arnolt p. 620.

[6]) So schon Haupt, Sumerische Familiengesetze p. 33 f.

[7]) In diesem Sinne namentlich Jensen, KB VI_1 p. 377 mit Berufung auf das Ideogramm *gišDubbin — Tar* '(Instrument) Nagel oder Kralle — schneiden'. Vgl. ferner Muss-Arnolt p. 218.

[8]) Diese Bedeutung wird wohl auch für *abbuttam gullubu* in §§ 226, 227 anzunehmen sein. Vgl. Schorr, WZKM 18 p. 232 f. Im Übrigen sind diese Bestimmungen freilich dunkel und werden es auch bleiben, so lange man nicht weiß, was *warad la še-e-im* (§ 226 Z. 38, § 227 Z. 45) bedeutet.

[9]) Nach V R 47, 59a (Zimmern, Bußpsalmen (Assyriol. Bibl. 6) p. 59) wird es durch *birîtum* 'Fessel' erklärt, welches Wort wiederum mit *abbuttum* in V R 47, 32b in einer Zeile genannt wird.

eine Art Peitsche[10]. Das Instrument ist ja auch aus der Bibel bekannt[11]. Es handelt sich wohl an dieser Stelle um eine Aufzählung von Gegenständen und Werkzeugen, die man namentlich bei Sklaven verwendete und zu denen auch die Sklavenmarke *(abbuttum)* gehörte. Wichtig ist, daß *abbuttum* hier mit dem Determinativ *erû* geschrieben ist und daher ein Gegenstand aus Metall war[12]. Dieser Umstand allein schon würde für *abbuttam gullubu* die Bedeutung 'eine Sklavenmarke einschneiden' ausschließen. An den Prägestempel kann man bei *abbuttum* kaum denken, da man dann in der Phrase statt des Akkusativs eher *ina abbutti* erwarten würde. Ich möchte mir unter *abbuttum* daher am ehesten eine Sklavenmarke in Gestalt eines Metallringes oder eines Metalltäfelchens vorstellen, das an einer Kette oder in sonst geeigneter Weise am Hals, Arm oder Fuß des Sklaven befestigt war[13]. Von dieser

---

10) Vgl. Delitzsch p. 262, Muss-Arnolt p. 291. Nach Zehnpfund, BA IV p. 220 f. hatte der *zuqaqîpu* die Form einer aus Lederstreifen geflochtenen Doppelgeißel mit zwei an den Enden befestigten, gekrümmten Bronzehaken und diente speziell als ärztliches Instrument, als 'Schröpfschnepper'.

11) 1 Kön. 12, 11 = 2 Chron. 10, 11.

12) Die von Zimmern l. c. und Delitzsch p. 13 vorgeschlagene Übersetzung mit 'Kette, Fessel' läßt sich mit §§ 226, 227 K. Ḫ., sowie mit CT VI 29 nicht in Einklang bringen.

13) Vgl. schon Winckler p. 42 n. 2, ferner Schorr, Rev. Sém. 20 p. 390 n. 3. Diese Sklavenmarken stehen auf derselben Linie mit den in Khorsabad gefundenen Tonmarken aus der Zeit Merodach-Baladans II (publiziert bei Oppert-Ménant, Doc. juridiques p. 168 und Peiser, KB IV p. 166). Tönerne Sklavenmarken werden auch im Talmud (Traktat Sabbath fol. 58a) erwähnt. Vgl. Feuchtwang, ZA 5 p. 27 und Cook p. 159 n. 3. Sklavenmarken in Gestalt von Metalltäfelchen und Halsringen waren auch dem griechisch-römischen Altertum bekannt. Vgl. das bekannte Bronzetäfelchen bei Bruns-Gradenwitz, Fontes iuris Romani[7] I, n⁰. 159, 2 und dessen Abbildung in den von Gradenwitz herausgegebenen Simulacra p. XXXIV, ferner das Sklavenhalsband bei Merlin, Le Temple d'Apollon à Bulla Regia p. 10 f. (zitiert nach der Anzeige Öhlers in der Deutsch. Lit.Ztg. 1911 p. 1837). Weitere Angaben bei Perdrizet, Arch. f. Religionswissenschaft 14 p. 81 n. 3, dessen Behauptung, daß derartige Sklavenhalsbänder erst für die Kaiserzeit bezeugt seien, durch P. Par. 10 Z. 10 f. (145 a. Chr.) widerlegt wird. Vgl. zu dieser Urkunde den Kommentar Letronnes, Notices et Extraits des Manuscripts de la Bibliothèque Impériale 18, 2 p. 198 f.

Mit dem im Texte Ausgeführten soll indessen nicht behauptet werden, daß Brand- und Schnittmarken bei den altbabylonischen Sklaven nicht

Annahme aus ergibt sich dann für die gelegentlich vorkommende Phrase *abbuttam šakânu*[14]) von selbst die Übersetzung: 'die Sklavenmarke anlegen'. Der Zweck solcher Marken war wohl vor allem als Eigentumszeichen zu dienen, ähnlich wie die Eigentumsmarken des deutschen Rechts[15]). Von Wichtigkeit waren sie namentlich beim Anefang, wo sie den Kläger in der Führung des Identitätsnachweises bezüglich der angeschlagenen Sache unterstützten[16]).

Darf so die Bedeutung von *muttatam gullubu* im Sinne von 'das Stirnhaar abschneiden' als sichergestellt gelten, so scheint es mir auch nicht zu gewagt, *gullubu* ohne Objekt auf das Scheren des Haupthaares zu beziehen. In dieser Verwendung begegnet das Verbum in den sogenannten sumerischen Familiengesetzen 1 Z. 23 f.[17]):

šum-ma ma-ru a-na a-bi-šu (24) ul a-bi at-ta (25) iq-ta-bi (26) u-g[a-la]-ab-šu (27) ab-bu-ut-tum i-ša-ak-kan-šu (28) [u a]-na kaspi i-nam-din-šu 'wenn der Sohn zu seinem Vater (24) 'nicht mein Vater bist du' (25) sagt, (26) so wird er ihn scheren, (27) ihm die Sklavenmarke anlegen (28) [und] für Silber ihn hergeben (d. h. verkaufen)'.

Die Stelle ist einem Formular für die altbabylonischen Adoptionsverträge entnommen, in denen in der Tat die Klausel teils

---

vorkamen. Der Brauch Sklaven und Vieh durch Stigmata zu kennzeichnen ist in der Antike so verbreitet (vgl. darüber jetzt Dölger, Sphragis (1911) p. 18 f., 23 f., Perdrizet, a. a. O. p. 60 f., 63 f., 68 f., 84 f.), daß es ein Zufall sein kann, wenn für die altbabylonische Zeit derartige Sklavenstigmata noch nicht bezeugt sind. Die Viehmarke wird in § 265 K. Ḫ. erwähnt, ebenso in den neubabylonischen Urkunden. Vgl. Ungnad, 2. Beiheft zur OLZ p. 23 f. Diese Texte erwähnen auch Sklavenstigmata, die gewöhnlich an der Hand eingebrannt oder eingeschnitten wurden, eine Tatsache, die angesichts der im semitischen Orient verbreiteten kultischen Marke (vgl. Perdrizet, a. a. O. p. 118 f.), sowie der römischen Soldatenmarke (vgl. Dölger, a. a. O. p. 32 f.), die ja ebenfalls an der Hand angebracht wurden, Bedeutung gewinnt.

14) § 146$_{56 f.}$ K. Ḫ., M. 95$_{20}$, 96$_{9}$, BE VI$_{2}$ 57$_{22}$ (sumerisch), Sum. Fam. Ges. Z. 27 (nach Winckler p. 84).

15) Vgl. Homeyer, Haus und Hofmarken p. 250 f., 320 f.; für das indische Recht siehe Leist, Altarisches jus gentium p. 457 n. 6, für das arabische Recht Cook p. 159 n. 2.

16) Vgl. § 280 Z. 82 K. Ḫ. und dazu oben p. 86 n. 1.

17) Text nach Winckler p. 84.

wörtlich[18]), teils ohne Erwähnung des *abbuttam šakânu*[19]) vorkommt. Mutatis mutandis begegnet die Klausel, wenngleich seltener, auch in Eheverträgen[20]). In allen Fällen handelt es sich, wie das Anlegen der Sklavenmarke und die Anordnung des Verkaufs beweist, um den Vorgang der Verknechtung. Wenn dieser durch das Abscheren des Kopfhaares eingeleitet wurde[21]), so scheint daraus zu folgen, daß der freie Babylonier durch den Schmuck des wallenden Haupthaares ausgezeichnet war. Dieses Ergebnis wird nicht nur durch die gleichzeitigen bildlichen Darstellungen, die den freien semitischen Babylonier stets mit Haar- und Bartschmuck zeigen[22]),

---

18) M. 95_{20} f. (H. G. III 19), BE VI_2 57_{21} f. (H. G. IV 783, sumerisch).

19) M. 94_{20} f., VS VIII 73_{13} f., LC 146_{12} f. (UAR 8, 9, 83), BE VI_1 17_{26} f. (H. G. III 14), CT XXXIII 40_{21} f.

20) BE VI_2 48_{16} (UAR 6, sum.) für den Fall, daß sich die Ehefrau gegen den Mann auflehnt. In CT VI 37 a (UAR 35, die Mutter verheiratet ihre Sklavin an den Sohn) bezieht sich die Klausel auf den Fall, daß die Schwiegertochter ihrer Herrin und Schwiegermutter den Gehorsam verweigert; ähnlich CT VIII 22b (UAR 77), wo die Frau ihrem Manne eine Konkubine kauft: wenn die Sklavin zu ihrer Herrin sagt (Z. 8) *u-ul be-el-ti at-ti* 'du bist nicht meine Herrin', (Z. 9 f.) *u-ga-la-ab-ši (10) a-na kaspim i-na-ad-di-iš-ši* 'so wird sie sie scheren, (10) für Silber sie hergeben'. In M. 89 (UAR 5, vgl. oben p. 123) bezieht sich die Klausel auf das Verhältnis von Haupt- und Nebenfrau. Z. 13 f. ist davon die Rede, daß die Haupt- zur Nebenfrau sagt *u-ul a-ḫa-ti at-*[*ti*] 'du bist nicht meine Schwester'. Hier bricht die Urkunde ab, um dann auf der Rückseite fortzufahren (Z. 17 f.) [. . . . . *i-ga-b*]*i-i-*[*ma*] *(18) u-ga-la-ab-ši-i-ma (19) a-na kaspim i-na-di-iš-*[*ši*]. Ich nehme an, daß die Strafe sich auf den Fall bezieht, daß die Nebenfrau zur Hauptfrau sagt 'du bist nicht meine Schwester', da bei demselben Tatbestande die Nebenfrau wohl schwerer bestraft wurde als die Hauptfrau. Die an das Vergehen der Hauptfrau geknüpfte Rechtsfolge wird in der Lücke am Schlusse der Vorderseite gestanden haben.

21) Wenn in anderen Adoptionsverträgen für denselben Tatbestand das Anlegen der Sklavenmarke und der Verkauf (M. 96 = H. G. III 22) oder nur dieser (M. 98, Warka 94, M. 97, BE VI_2 4 = H. G. III 20, 21, UAR 10, 11) angeordnet wird, so möchte ich daraus nichts folgern. Es liegt offenbar nur eine ungenaue Fassung der Klausel vor, die vollständig das Formular der sumerischen Familiengesetze wiedergibt. In M. 93 (H. G. III 16) wird dem Adoptivkind die Vertreibung aus dem Hause des Adoptierenden und der Verlust aller Rechte, in BE VI_2 4 außerdem noch der Verkauf angedroht.

22) Im Gegensatz zu den Sumerern, die kahlköpfig abgebildet werden. So Ed. Meyer, Sumerer und Semiten p. 42, 81, 86, der (p. 24 n. 3) daraus in Verbindung mit dem Umstande, daß die Strafe des Haarschneidens in

bestätigt, sondern empfängt auch eine Stütze durch die Rechtsvergleichung. Das lange Haupthaar als Zeichen des Freien begegnet bei den Germanen[23]), ferner bei semitischen Völkern, so bei den Arabern[24]) und bezüglich der Israeliten scheint eine allerdings nicht ganz klare Stelle (Deut. 21, 12) zu ergeben, daß sie den Kriegsgefangenen und Sklaven das Haar schnitten[25]). Für das altbabylonische Recht darf man einen weiteren Beleg vielleicht der Freilassungsurkunde CT IV 42a (H. G. III 25) entnehmen. Es heißt hier: wenn der Freigelassene zu seinem Patron sagt (Z. 25) *u-la a-bi at-ta* 'du bist nicht mein Vater', (Z. 26 f.) *a-ra-an* (*27*) *ma-ru a-wi-li* (*28*) *i-mi-du-šu* 'so wird man ihm die Strafe (27) der freien Männer (28) auferlegen'. Die Analogie mit den oben erwähnten Klauseln legt es nahe, auch hier an das Abschneiden des Haares zu denken[25a]). Die Bezeichnung der Strafe als *aran mârû awîlî* würde dazu gut passen. Denn wenn der Haarschmuck als Zeichen des Freien galt, so konnte das Abschneiden des Haares sehr wohl als 'Strafe der Freien' charakterisiert werden, weil sie eben nur am Freien vollzogen werden konnte.

Ein Bedenken soll indessen nicht unterdrückt werden. In CT VIII 22b (vgl. n. 20), vielleicht auch in CT VI 37a — doch kann es sich hier um eine Freigelassene handeln[26]) — wird das Scheren des Haupthaares und ebenso in § 146 K. Ḫ. das Anlegen

---

den sumerischen Familiengesetzen erwähnt wird, folgert, daß diese 'Gesetze' semitischer Herkunft sind. In der 'Geschichte des Altertums' [3] I 2 p. 512 gibt er jedoch diese Ansicht auf, weil er *gullubu* wiederum mit 'eine Marke einschneiden' übersetzt.

[23]) Vgl. Brunner, Deutsche Rechtsgeschichte [2] I p. 169, Grimm, Deutsche Rechtsaltertümer [4] I p. 201 f., 395 f. Über den vielleicht sakralen Ursprung dieser Sitte siehe Schreuer, Zeitschr. d. Savigny-Stift. germ. Abt. 34 p. 360 f. Vgl. ferner Dareste, Nouv. Études d'Histoire du Droit III p. 17 n. 1, der für das indische Recht auf Manu 8, 370—383 verweist.

[24]) Vgl. Büchler, WZKM 19 p. 109, 127 und die dort zitierte Literatur, ferner Cook p. 103 n. 1. Vgl. ferner die bei Ed. Meyer, a. a. O. p. 13 abgebildete Darstellung syrischer Tribute im Grabe des Ḫui (unter Tut'anchamon ca. 1350 a. Chr.), wo der den Tribut bringende vornehme Palästinenser Haar und Bart trägt, während der ihn begleitende Diener (Sklave) kahlköpfig ist.

[25]) Büchler l. c. Vgl. auch Micha 1, 16.

[25a]) Schorr, UAR p. 44 denkt an Versklavung, was möglich ist, da das Abschneiden des Haares die Verknechtung einleitet.

[26]) Vgl. oben p. 123 f. und p. 205 n. 20.

der Sklavenmarke einer Sklavin angedroht. Doch dürfte dieses Bedenken zu überwinden sein, wenn man erwägt, daß es sich hier um Sklavinnen handelt, die als Konkubinen, beziehungsweise Ehefrauen in bevorzugter Stellung sich befanden und denen man daher, um sie vom unfreien Hausgesinde zu unterscheiden, die Tracht der Freien gestattete. Das Abschneiden des Haares leitet hier also nicht die Verknechtung ein — denn der status servitutis ist ja schon vorhanden —, sondern soll nur die Degradierung zur Stellung des niederen Gesindes zum Ausdruck bringen. Insofern ist es eine selbständige infamierende Strafe[27]) und in dieser Funktion tritt es uns auch anderweitig entgegen.

Die zweite Klausel der sumerischen Familiengesetze lautet (Z. 29 f.): *šum-ma ma-ri a-na um-mi-šu (30) ul um-mi at-ti iq-ta-bi (31) mu-ut-ta-as-su u-gal-bu-ma (32) a-la-am u-za-aḫ-ḫa-ru-šu (33) u i-na bîti u-še-ṣu-šu* 'wenn der Sohn zu seiner Mutter (30) 'nicht meine Mutter bist du' sagt, (31) so wird man sein Stirnhaar scheren und dann (32) ihn in der Stadt herumführen. (33) Auch wird man ihn aus dem Hause jagen'. Während nach dem ersten Absatz den Adoptivsohn, der sich gegen den Adoptivvater auflehnt, die Verknechtung und infolgedessen auch die Strafe des Haarschneidens trifft, wird sie hier bei demselben Vergehen gegen die Adoptivmutter, weil es, gegen eine Frau gerichtet, als minder schwer erscheint, allein angeordnet. Der infamierende Charakter der Strafe tritt klar zutage. Der Delinquent soll, nachdem man ihn durch Scheren des Stirnhaares seiner bürgerlichen Ehre entkleidet hat, in diesem Zustande durch die Stadt geführt[28]) und dem Volke als abschreckendes Beispiel gezeigt werden, um dann schließlich aus dem Hause der Adoptivmutter hinausgejagt zu werden. Nun ist allerdings im ersten Absatz nur von *gullubu* die Rede, während unsere Bestimmung von einem *gullubu* des Stirnhaares *(muttatum)* spricht, und bei der Genauigkeit, mit der diese Formulare redigiert sind, kann dieser Unterschied kaum ohne Bedeutung sein. Er dürfte sich in-

27) Unrichtig D. G. Lyon in den Studies für Crawford Howell Toy p. 345.

28) Diese von Müller p. 271 und Winckler p. 85 vertretene Übersetzung der Phrase *a-la-am u-za-aḫ-ḫa-ru-šu* (von סחר) scheint mir dem Sinne der Bestimmung besser gerecht zu werden als die Peisers, H. G. I p. 113 und Cooks p. 129 'man verbietet ihm die Stadt' (von זכר, vgl. Delitzsch p. 564).

dessen in sehr einfacher Weise daraus erklären, daß man bei der Verknechtung das ganze Kopfhaar abschnitt, während das Haarschneiden als selbständige Ehrenstrafe bei Wahrung des status libertatis sich nur auf das Stirnhaar erstreckte. Gemeinsam ist aber beiden Strafen — und darin liegt ihr tieferer Sinn — der infamierende Charakter. Das wallende Haupthaar gilt als Symbol der bürgerlichen Ehre und daher auch als Abzeichen des Freien, der allein in ihrem Vollbesitze sich befindet. Der Ehrlose wie der Sklave, der der bürgerlichen Ehre nicht fähig ist[29]), muß diese Zierde entbehren[30]).

Das Abschneiden des Stirnhaares begegnet endlich als vom Gericht über den sachfälligen Kläger verhängte Prozeßstrafe in zwei Prozeßurkunden. In CT VIII 45b (UAR 263) handelt es sich um die Anfechtung eines Kaufvertrages seitens des Sohnes eines der Verkäufer. Z. 12 f. wird berichtet: die Richter haben nach Einleitung des Prozesses *mu-ut-ta-az-zu* (*15*) *a-na gu-ul-lu-bi-im* (*16*) *id-di-nu-ma* (*17*) *tuppi la ra-ga-mi* (*18*) *i-zi-ib* '(ihn) [den Kläger], um sein Stirnhaar (15) zu schneiden, (16) übergeben (dem Vollstreckungsorgan), worauf (17) er (der Kläger) eine Urkunde des Nichtklagens (18) ausfertigte'. In der zweiten Urkunde, VS VIII 102 (UAR 264) ist Prozeßgegenstand die Anfechtung der Schenkung (?) einer Sklavin an die Ehefrau durch den Ehemann und Schenker. Z. 7 f. ist nun zu lesen: [*aš-šum ir-*]*gu-mu ar-*[*na*]*m i-m*[*i-du-šu-ma*] (*8*) [*mu-ut-ta-az-z*]*u u-ga-li-bu*[31]) '(die Richter) haben, [weil er ge]klagt hat, die Strafe ihm auf[erlegt und dann] (8) [sein Stirnha]ar scheren lassen'.

Über die rechtliche Natur dieser Prozeßstrafe läßt sich schwer

---

[29]) Charakteristischerweise erwähnt das Gesetz bei Normierung der Ehrdelikte (§§ 200—205) trotz aller Betonung der Standesunterschiede den Sklaven nicht, während es sonst in der Regel (vgl. §§ 196—199, 209—214, ferner auch §§ 215—217, 221—223) die Strafen nach dem Stande des Verletzten und zwar nach der Skala: Freier — *muškênum* — Sklave abstuft.

[30]) Das Scheren des Bartes als Beschimpfung in der Bibel: 2 Sam. 10, 4. Vgl. ferner Büchler, a. a. O. p. 135 f. Das Abschneiden des Haares als Zeichen der Trauer bei Jerem. 7, 29, womit die Selbsterniedrigung des Trauernden ausgedrückt werden soll. Vgl. Büchler p. 128. Über armenisches Recht siehe Aptowitzer, Sitz.ber. der Wiener Akad. phil. hist. Kl. 157, 4 p. 35 f.

[31]) Die Ergänzungen sind durch CT VIII 45b und durch andere Urkunden genügend gesichert.

etwas sagen. Es wäre verlockend, sie mit einer anderen in den Prozeßurkunden häufig begegnenden Prozeßstrafe, die kurzweg als *arnum*[32]) oder *šêrtum*[33]) 'Strafe' bezeichnet wird, zu identifizieren. Man könnte sich hierfür darauf berufen, daß der *arnum*, ebenso wie in CT VIII 45 b das Abschneiden des Stirnhaares, namentlich wegen erfolgloser Anfechtung eines Kaufvertrages durch den Verkäufer verhängt wird[34]), daß in LC 157, wo die Strafe vom Gericht angeordnet wird, unter dem Hilfspersonal des Gerichtshofes Z. 76 auch der *Šú-I* (*gallâbum*) *ša* [*Di-Tar-Meš ?*] 'der Scherer der Richter' genannt wird. Auf der anderen Seite scheint aber VS VII 158 (H. G. III 747): die Richter (Z. 11 f.) *di-nam u-ša-ḫi-zu-ni-in-ni-ma* (*12*) $^1/_2$ *šiqil kaspim* (*13*) *i-mi-du-ni-iš-šu* 'haben mir Prozeßverfahren gewährt und dann (12) $^1/_2$ Sekel Silber (13) ihm auferlegt'[35]), zu ergeben, daß der *arnum* auch in einer Geldstrafe bestehen konnte[36]), und gerade in VS VIII 102 scheint das Gericht den *arnum* und dazu noch die Strafe des Haarschneidens zu verhängen[37]). Auf eine Individualisierung des *arnum* nach der einzelnen Prozeßart weist ferner der im Gesetze zweimal, bei falscher Zeugenaussage in vermögensrechtlichen Streitigkeiten (§ 4) und bei der Partei, die im Anfang nicht rechtzeitig ihre Zeugen herbeibringt (§ 13), begegnende Ausdruck *aran dînim šû'ati* 'die Strafe dieses Prozesses' hin. Die Frage muß daher offen bleiben[38]). Auf Grund des vorliegenden Materials kann nur das eine behauptet werden, daß das Gericht über den sachfälligen Kläger eine Prozeßstrafe, die auch im Abschneiden des Stirnhaares bestehen konnte, verhängen durfte, beziehungsweise mußte[39]).

---

32) CT VI $42a_{14}$, II 47_{27}, 39_9, VI $47b_{21}$, II 45_{18}, LC 157_{50} (UAR 182, 261, 262, 266, 278, 280); vgl. auch VS VII 152_4 (H. G. III 442), King III 9_{22}.

33) CT VIII 24 b_7, BE VI_2 30_{28} (UAR 267, 313).

34) CT II 45, VI 42a, LC 157.

35) Vgl. auch Ungnad, BA VI 5 p. 37 f.

36) Das Gleiche gilt für CT VI 49a (UAR 277) Z. 11 f.: [*2*] *šiqil kaspim* . . . . . *(12)* [*ar*]-*na* . . . . ., wenn Schorrs Ergänzung richtig ist.

37) Sicher ist dies allerdings nicht, da man Z. 7 f. auch übersetzen kann: 'weil er geklagt hat, haben die Richter, indem sie ihm die Strafe auferlegten, sein Stirnhaar scheren lassen'.

38) Um etwas anderes handelt es sich, wenn nach § $172_{22\,f.}$ K. Ḫ. die Richter über die Kinder, die nach dem Tode des Vaters die Mutter aus dem Hause drängen wollen, *ar-nam i-im-mi-du* 'eine Strafe verhängen sollen'.

39) Vgl. auch Schorr, UAR p. 350, der den *arnum* als Mutwillensstrafe wegen grundloser Prozeßführung faßt. Der Rechtsgrund der Strafe

Damit wäre das mir zugängliche altbabylonische Material über die Strafe des Haarschneidens erschöpft. Kehren wir nun zu § 127 K. Ḫ. zurück. Die Strafe trifft hier den kalumniösen Ankläger, und man könnte daher versucht sein, sie mit der aus den Prozeßurkunden nachgewiesenen Prozeßstrafe zu identifizieren. Allein dagegen spricht, daß es sich dort um Zivilprozeß, in § 127 aber, wie schon die Phrase *u-ba-nam u-ša-at-ri-iṣ* 'er streckt den Finger aus' lehrt[40]), um eine kriminelle Anschuldigung handelt. Als sicherer Ausgangspunkt kann uns aber dienen der infamierende Charakter der Strafe, ferner die Erwägung, daß das Gesetz sonst bei der kriminellen Anschuldigung das Talionsprinzip walten läßt, demzufolge den Ankläger dieselbe Strafe trifft, welcher der Angeklagte unterworfen gewesen wäre, falls die Anklage hätte bewiesen werden können[41]). Daraus darf man wenigstens das eine folgern, daß das in § 127 zur Frage stehende Delikt speziell die Ehre der Angeschuldigten tangierte. Büchler in seiner bereits öfter zitierten Abhandlung über 'Das Schneiden des Haares als Strafe der Ehebrecher bei den Semiten'[42]) hat nun, von der Tatsache ausgehend, daß das Abschneiden des Haares als Strafe der Ehebrecherin bei semitischen Völkern begegnet, eben auf Grund des Talionsprinzipes angenommen, daß es sich in § 127 um die Anschuldigung des Ehebruchs handle und daß die Ehebrecherin auch nach altbabylonischem Recht die Strafe des Haarschneidens getroffen habe. Dagegen erhebt sich jedoch eine Reihe schwerer Bedenken. Das Gesetz (§ 129) bestraft den Ehebruch mit dem Tode. Es wäre zwar denkbar, daß dem Vollzuge der Todesstrafe das Abschneiden des Hauptthaares voran ging. Jedenfalls steht davon nichts im Gesetze. Dazu kommt die eigentümliche systematische Stellung des § 127, auf die schon

---

könnte nur in einer eingehenden Untersuchung des altbabylonischen Prozeßrechts ermittelt werden. Ich hoffe sie an anderer Stelle geben zu können. Hier sei nur angedeutet, daß möglicherweise diese Prozeßstrafe nicht jeden sachfälligen Kläger, auch nicht nur den kalumniösen Kläger, sondern denjenigen traf, der mit seiner Klage gegen eine (beschworene?) Verpflichtung, nicht zu klagen, handelte. Vgl. auch meine Bemerkungen in der Kritischen Vierteljahrsschrift für Gesetzgebung und Rechtswissenschaft (1914) p. 439 f.

[40]) Vgl. mein Bürgschaftsrecht p. 225 n. 63.

[41]) Vgl. §§ 1, 2, 9—11, ferner §§ 3, 4 und Müller p. 225, Kohler H. G. I p. 127.

[42]) WZKM 19 p. 92. Zustimmend Schorr, Rev. Sém. 20 p. 389 f.

Dareste[43]) aufmerksam gemacht hat. Die Bestimmung leitet, nachdem das Gesetz vorher vom Depositum gehandelt hat, das Eherecht ein. Durch die Formvorschrift des § 128 sind von ihr nun getrennt die Bestimmungen über Ehebruch (§§ 129—132), die unter anderem auch (§§ 131, 132) die Anschuldigung wegen Ehebruchs regeln. Bezöge sich nun § 127 ebenfalls auf den Ehebruch, so wäre sein Platz im Anschlusse an die §§ 131, 132 gewesen und nicht dort, wo er im Gesetze steht. Endlich ist m. E. die Geltung des Talionsprinzips gerade bei der Anklage wegen Ehebruchs keine ausgemachte Sache. Man darf nicht vergessen, daß hier nicht gleichberechtigte Personen als Ankläger und Angeklagter einander gegenüber stehen, sondern der Mann und die seiner Gewalt unterworfene Frau. In der Tat weiß § 131 nichts vom Talionsprinzip. Er erlaubt der Frau den Reinigungseid und damit ist die Sache erledigt. Von einer Bestrafung des Anklägers, dessen Anklage sich doch als grundlos erwiesen hat, ist keine Rede.

Wollte man aber, um diese Einwendungen abzuschwächen, annehmen, daß § 127 sich nur auf leichtere Verfehlungen der Ehefrau beziehe, so ergäbe sich ein weiteres Bedenken, das übrigens auch der ersten Interpretation entgegensteht. § 129 handelt von der in flagranti ergriffenen Ehebrecherin, § 131 von der Anklage wegen nicht auf handhafter Tat festgestellten Ehebruchs durch den Mann und gestattet der Frau den Reinigungseid. § 132 sieht endlich den Fall vor, daß (Z. 79 f.) *aš-šum zi-ka-ri-im ša-ni-im* (*80*) *u-ba-nu-um* (*81*) *e-li-ša* (*82*) *it-ta-ri-iṣ* 'wegen eines anderen Mannes (80) der Finger (81) gegen sie (die Ehefrau) (82) ausgestreckt wurde'. Die passivische Konstruktion ist zu beachten. Sie zeigt an, daß zunächst nicht ein bestimmter Ankläger gegen die Frau auftritt, sondern daß die öffentliche Meinung es ist, die sie des Ehebruchs verdächtigt[44]). Ihr sittenwidriges Verhalten hat also bereits öffentliches Ärgernis erregt, weshalb auch die Frau nicht wie nach § 131 mit dem Reinigungseid davon kommt, sondern sich dem Wasserordal unterwerfen muß. Damit es aber soweit kommt, dazu genügt nicht, daß die öffentliche Meinung ihre Stimme erhebt, sondern es bedarf eines Anklägers, und wir haben gar keinen Grund anzunehmen, daß dies jemand anderer war als der Ehemann. Dafür

---

[43]) Journal des Savants (1902) p. 18

[44]) So richtig Müller p. 119, Cook p. 102.

spricht ja auch die Wendung Z. 4 f. *a-na mu-ti-ša* ilu*Nâram i-ša-al-li* 'sie soll für ihren Ehemann in den Strom eintauchen'. Daß die Anklage wegen Ehebruchs dem Manne vorbehalten war, dafür fällt endlich das ihm nach § 129 bezüglich der Frau eingeräumte Begnadigungsrecht ins Gewicht[45]). Demgegenüber soll aber nach § 127 jeder aus dem Volke zur Anklage zugelassen gewesen sein! Denn eine andere Auslegung läßt das *šumma awîlum* am Eingange der Bestimmung nicht zu. Dieses Ergebnis ist unmöglich, wenn § 127 nur von leichteren Verfehlungen der Ehefrau handeln sollte. Denn es wäre nicht zu verstehen, warum dann beim schwereren Delikt des Ehebruchs nur der Mann zur Anklage legitimiert gewesen sein sollte. Es ist aber ebenso unmöglich, wenn man den Paragraphen auf den Ehebruch beziehen will, da er dann in offenem Widerspruch mit §§ 131, 132 steht. Dazu kommt noch die allgemeine Erwägung, daß der Ehebruch seiner Natur nach ein der Verfolgung durch den Ehemann unterliegendes Delikt ist[46]) und demgemäß auch noch nach unserem heutigen öffentlichen Strafrecht der Privatanklage vorbehalten wird.

Kurz, § 127 bietet in der Fassung des Gesetzes, wie ich glaube, jeder Interpretation unüberwindliche Schwierigkeiten. Darin liegt aber, wie wir schon des öfteren beobachten konnten, ein Indiz für eine von den Redaktoren vorgenommene Überarbeitung. In der Tat fehlt es nicht auch an formellen Kriterien für eine solche Annahme. Vor allem die systematisch isolierte Stellung der Bestimmung, ferner der Umstand, daß neben der Ehefrau, und zwar an erster Stelle, die *Nin-Dingir* 'Gottesschwester' als Angeklagte ge-

---

[45]) Wenn in diesem Falle die Begnadigung des Ehebrechers dem Könige zusteht, so beweist dies nur, daß zu Ḫammurapis Zeiten die Privatrache ausgeschlossen war, nicht aber, daß etwa der Ehebruch durch staatliche Organe oder gar durch Popularanklage verfolgt werden konnte. Es wäre übrigens zu erwägen, ob nicht der ganze von der Begnadigung handelnde Passus ein späterer, sei es schon in der Vorlage, sei es erst von den Redaktoren gemachter Zusatz ist, der den Zweck verfolgte, die staatliche Gerichtsbarkeit zu betonen. In diesem Sinne auch Berger, Le Code d'Hammourabi (la Grande Revue 1905) p. 42.

[46]) Auch nach deutschem Recht ist die Bestrafung der schuldigen Ehefrau Sache des Mannes, beziehungsweise seiner Verwandten. Vgl. Wilda, Strafrecht d. Germanen p. 828, His, Strafr. d. Friesen p. 170 f., Brunner, Deutsche Rechtsgeschichte II p. 663, Rietschel in Hoops' Reallexikon d. germ. Altertumskunde I p. 502.

nannt wird. Es ist höchst auffallend, daß im ganzen Eherecht (§§ 127—177) von der *Nin-Dingir* nur an dieser Stelle die Rede ist. Sie begegnet erst wieder in den §§ 178 f., die von der *šeriqtum* der Priesterinnen und dem Erbrecht dieser Personen handeln. Das Material, welches Gesetz und Urkunden für diese Priesterin ergeben, ist zwar recht gering[47]), aber doch hinreichend, um wahrscheinlich zu machen, daß die *Nin-Dingir* eine zur Keuschheit verpflichtete Priesterin war. Dafür spricht, abgesehen von dem Umstand, daß die *Nin-Dingir* nirgends als Ehegattin eines andern bezeichnet wird, namentlich § 110, der die *Nin-Dingir,* die nicht im Kloster wohnt, mit dem Feuertode bedroht, wenn sie eine Schänke hält oder eine solche besucht. Er ergibt zugleich, daß für die *Nin-Dingir* auch Klöster bestanden[48]). Warka 53_6 (4. Jahr Samsu-ilunas) nennt allerdings einen *BA-ša Ištar mâr A-li-wa-kar-tum Nin-Dingir*[49]). Indessen dürfte es sich hier wohl um einen freigelassenen Sklaven handeln, der in dieser Eigenschaft als Sohn der Priesterin bezeichnet wird[50]).

Auf die *Nin-Dingir* bezogen bietet nun § 127 keinerlei Schwierigkeit. Denn war sie eine Art Vestalin, so ist ein populares Anklagerecht bei Abirrungen von dem ihr vorgeschriebenen Lebenswandel nicht nur verständlich, es muß sogar als Mittel der öffentlichen Kontrolle, der diese Priesterinnen sicherlich unterlagen, für ganz zweckmäßig erklärt werden. Damit ist aber auch die Richtung gegeben, nach welcher hin die Redaktoren § 127 überarbeiteten. Er stand offenbar in der Vorlage[51]) in einer Gruppe von Bestimmungen, die sich auf die *Nin-Dingir* oder Priesterinnen überhaupt bezogen. Aus diesem Zusammenhange haben die Redaktoren den

---

[47]) Sie wird außer in § 127 noch in den §§ 110, 178, 179 erwähnt. Eine *Nin-Dingir* *iluŠamaš* nennen CT VI $22a_{13}$, Watermann 29 p. 190 Z. 4, 13 und p. 178 Z. 7; 30 p. 73 Z. 4, 5, eine *Nin-Dingir* *ilu Šuzianna* BE VI_2 8, eine *Nin-Dingir* *iluIlabrat* Warka 57_7.

[48]) Vgl. auch Lyon, a. a. O. p. 344 f.

[49]) Sie dürfte mit der in Warka 57₆ f. (aus demselben Jahre) als *Nin-Dingir* *iluIlabrat* bezeichneten Ali-wakartum identisch sein.

[50]) Diese Erklärung scheint mir richtiger als die Annahme, daß bezüglich der Stellung der *Nin-Dingir* in den einzelnen Tempeln Unterschiede bestanden in der Weise, daß der *Nin-Dingir* des Ilabrat die Ehe oder gar die Prostitution gestattet gewesen wäre.

[51]) Für eine aus dem älteren Recht übernommene Norm hält § 127 auch Lehmann-Haupt, Babyloniens Kulturmission p. 50.

Paragraphen herausgerissen und ihn in das Eherecht eingefügt. Hierbei mußten sie aber nach einer Anknüpfung an die eherechtlichen Normen suchen und fanden sie darin, daß sie Z. 27 *u aš-ša-at a-wi-lim* interpolierten. Mit dieser Interpolation allein war indessen ihre Arbeit noch nicht getan. Es wird meines Wissens nirgends beachtet, daß § 127 in der Fassung des Gesetzes nicht das Delikt nennt, dessen die 'Gottesschwester', beziehungsweise die Ehefrau beschuldigt wird. Die auf die Tätigkeit des Anklägers sich beziehenden Worte *u-ba-nam uš-a-at-ri-iṣ* 'er streckt den Finger aus' bezeichnen ja nur die formale Anklagehandlung, sagen aber über deren Inhalt nichts aus. Dies springt in die Augen, wenn man § 132 zur Vergleichung heranzieht. Auch hier ist davon die Rede, daß gegen eine Ehefrau der Finger ausgestreckt wird. Allein es wird ausdrücklich bemerkt, daß dies geschehe *aš-šum zi-ka-ri-im ša-ni-im* 'wegen eines anderen Mannes'. Im Gegensatz zu § 127 wird also das Delikt angegeben. So bleibt für § 127 als einziger Anhaltspunkt zur Bestimmung des Deliktes der infamierende Charakter der den Kalumniator treffenden Strafe, der auf Grund des Talionsprinzips auf ein die Angeschuldigte infamierendes Delikt schließen läßt. Auch für diese Tatsache läßt sich indessen von unserer Annahme aus, daß § 127 sich ursprünglich nur auf die *Nin-Dingir* bezog, eine Erklärung geben. In der Vorlage mußte das Delikt genannt gewesen sein und zwar handelte es sich offenbar um ein Delikt, dessen sich nur die *Nin-Dingir* schuldig machen konnte. Dieses Delikt konnten nun die Redaktoren, als sie den ursprünglichen Zusammenhang zerstörten und die Bestimmung in das Eherecht einfügten, nicht brauchen und haben es daher gestrichen. Freilich haben sie sich hierbei, wie auch sonst oft, keine Rechenschaft gegeben, was sie eigentlich mit ihrer Neuerung wollten. Die Fassung, die sie dem Paragraphen gaben, weist ihn am ehesten in die Materie des Ehebruchs, der ja in der Tat in den §§ 129 f. geregelt ist. Wenn die Redaktoren ihn gleichwohl von dieser Materie durch § 128 trennten, so war für sie vielleicht das Gefühl maßgebend, durch ihre Interpolationen und Streichungen aus der Bestimmung etwas ganz Neues gemacht zu haben. Sie haben sie daher stolz auf ihre Schöpfung zugleich mit § 128, der ja gleichfalls eine Neuerung Ḫammurapis ist, an die Spitze des Eherechts gestellt.

Nachträge.

Zu p. 2 n. 1. Als eine Sammlung von Rechtsfällen charakterisieren den K. Ḫ. auch A. Jeremias, Handbuch der altorientalischen Geisteskultur p. 249 n. 3, p. 336, Das alte Testament im Lichte des alten Orients[3] p. 371, sowie neuestens Schorr im Bulletin des polnischen Archivs für Orientalistik (Rocznik Orientalisticzny I 1914/15) I p. 12, der letztere unter Berufung auf die im neuen von Poebel, Museum V 93 veröffentlichten Gesetzestext sich findenden Paragraphenüberschriften, die nach der Lesung Schorrs immer mit *di-ba-ba* 'Prozeßfall' (von *dabâbu* 'prozessieren') eingeleitet werden. Dem gegenüber dürfte jedoch Poebels (OLZ 18 p. 263f., 264 n. 1) Lesung *Di-Ku-Ba*, wofür in VR 24, 26, 27a die Bedeutung *ṣi-mi-i*[*t-t*]*u* 'Rechtssatzung' überliefert ist, den Vorzug verdienen. Zu ihren Gunsten spricht auch der Umstand, daß die Überschriften auch sonst sumerisch sind. Hiervon würde allerdings die Überschrift zu § 117 K. Ḫ. (col. VI 16) eine Ausnahme machen, wo Schorr [*di-ba-ba ki*]-*iš-ša-a-tim* liest. Allein, es sind nur einige Zeichenspuren vorhanden und die Lesung daher ganz unsicher.

Zu p. 2 n. 2. Schwenzner, Zum altbabylonischen Wirtschaftsleben p. 4 (MVAG 19, 3) erklärt den K. Ḫ. für eine aus Gewohnheitsrecht und älteren Kodifikationen geschöpfte Gesetzessammlung.

Zu p. 3. Auch Poebel, OLZ 18 p. 263 nimmt jetzt an, daß die Arbeit der Redaktoren des K. Ḫ. 'in der Übernahme und eventuellen Umarbeitung, resp. Ausgleichung bereits bestehender und auch schon zu Gesetzessammlungen zusammengestellter Gesetze bestand', und daß sie hierbei den übernommenen Gesetzen 'wohl auch in ausgedehntem Umfange die Form und die Abgrenzung belassen haben, die sie schon vorher hatten'.

Zu p. 6. Für die Systematik des Gesetzes ist es von Bedeutung, daß anders als die Stele die beiden jüngst von Poebel, Museum V 93 und von Langdon, BE XXXI 19 (von mir im Texte noch unter der Museumsnummer Const. Ni. 2358 benutzt) veröffentlichten Fragmente des K. Ḫ. eine Gliederung in Abschnitte erkennen lassen, und zwar der erste Text durch leer gelassene Zeilen, der zweite durch Trennungsstriche. Die Paragraphierung durch Scheil in der editio princeps, nach der heute zitiert wird, wird dadurch mehrfach berichtigt. Vgl. nunmehr auch Poebel, OLZ 18 p. 257f., der auf Grund der neuen Texte eine neue Paragraphierung des Gesetzes versucht.

Noch wichtiger sind die in Museum V 93 sich findenden sumerischen Überschriften. Solche begegnen wir an drei Stellen: col. V 36 zu § 113:

Di-Ku-Ba Nig-Ê-Zi-Ga 'Rechtssatzung über Wegnehmen von Sachen aus einem Hause', col. VI 16 zu § 117 (zerstört, vgl. den Nachtrag zu p. 2 n. 1), und col. VI 40 zu § 120: *Di-Ku-Ba Ê-Ni-[Dub]* 'Rechtssatzung über Speicher'. Eine vierte Überschrift kann vielleicht in col. III 33 zu § 102 gefunden werden, insoferne zwischen Z. 32, dem Schlusse von § 101, und dem Beginne von § 102 Raum für zwei Zeilen ist, von denen eine auf die Trennungszeile, die andere möglicherweise auf eine Überschrift entfällt. Wenn Poebel, OLZ 18 p. 263 allerdings in diesen Überschriften einen zwingenden Beweis dafür findet, daß es vor dem K. Ḫ. sumerische Gesetze mit gleichem oder ähnlichem Inhalt gab, so vermag ich mich dem nicht anzuschließen. Man muß bedenken, daß sich diese systematischen Behelfe nicht in der offiziellen Stelle, sondern in einer Abschrift des Gesetzes finden, wo sie an sich wohl nur als Werk einer interpretierenden und kommentierenden Jurisprudenz angesehen werden können. Daß die Überschriften sumerisch sind, erklärt sich bei der Annahme, daß es sumerische Schreiber in Nippur waren, die das Gesetz bearbeiteten.

Beide Gesetzesfragmente, die aus paläographischen Gründen jedenfalls der altbabylonischen Zeit, wahrscheinlich noch der Regierungszeit Ḫammurapis selbst zuzuweisen sind, und von denen BE XXXI 19 die §§ 145—179, Museum V 93 einige bisher unbekannte Bestimmungen, die im Louvretexte in der Lücke vor § 100 gestanden haben, sowie die §§ 100—161 umfaßt, sind jüngst von Schorr im Rocznik Orientalisticzny (Polnisches Archiv für Orientalistik) I transskribiert und eingehend bearbeitet worden. Einen Auszug der Bearbeitung in deutscher Sprache, den ich im Folgenden benutze, veröffentlicht Schorr im Bulletin des erwähnten Archivs p. 5—18. Da hierbei Schorr das inhaltliche und Altersverhältnis der Fragmente zum Texte der Stele näher zu bestimmen versucht und auch zur Feststellung von Interpolationen im Gesetze gelangt, so muß ich zu seinen Ausführungen Stellung nehmen.

Zunächst die Interpolationen. Die wichtigste betrifft die § 151, 152. § 151 verfügt, daß die Ehefrau betreffs vorehlicher Schulden des Mannes vor dem Zugriffe der Gläubiger sicher sein soll, wenn sie ihren Mann eine Urkunde des Inhalts habe ausfertigen lassen, daß seine Gläubiger nicht auf sie greifen werden (Z. 29f. *aš-šum be-el ḫu-bu-ul-lim ša mu-ti-ša la ṣa-ba-ti-ša*). Ebenso aber — so fährt § 151 Z. 44f. fort — soll der Mann bei vorehlichen Schulden der Frau von dem Zugriffe ihrer Gläubiger verschont sein. Daran fügt § 152 folgende Bestimmung Z. 52f.: *šum-ma iš-tu* (53) *sinništum ši-i* (54) *a-na bît a-wi-lim* (55) *i-ru-bu* (56) *e-li-šu-nu* (57) *ḫu-bu-ul-lum* (58) *it-tab-ši* (59) *ki-la-la-šu-nu* (60) *tamqaram i-ip-pa-lu* 'wenn, seitdem (53) dieses Weib (54) in das Haus des Mannes (55) eingetreten ist, (56) zu ihrer (beiden) Lasten (57) eine Schuld (58) entsteht, (59) so (werden sie beide (60) dem Kaufmanne verantwortlich sein'. Statt *e-li-šu-nu* Z. 56) hat nun Museum V 93 col. XI 45 *[e-l]i mu-ti-ša* 'zu Lasten ihres Mannes'. In BE XXXI 19 bricht der Text inmitten von § 152 ab.

Schorr bemerkt mit Recht, daß sachlich der Fassung des § 152 in Museum V 93 der Vorzug zu geben sei. Denn der Zweck des § 151 sei doch, die Frau unter gewissen Voraussetzungen von der Haftung für die vorehlichen Schulden des Mannes zu befreien. Als Gegensatz dazu erscheinen die Schulden des Mannes seit der Eheschließung, für welche die Frau mithaftet, und diesem Gegensatze entspricht die Fassung des § 152 in Museum V 93 weit besser als im Louvretexte. Dieser natürliche Zusammenhang zwischen § 151 und § 152 wird nun durch den zweiten Absatz des § 151 unterbrochen, der den Grundsatz einschiebt, daß der Mann für die vorehlichen Schulden der Frau nicht hafte. Daraus folgert Schorr seine Interpolierung (d. i. § 151 von Z. 44 *u šum-ma* bis zum Ende).

An dieser Interpolation ist m. E. nicht zu zweifeln, zumal auch eine Reihe von Schorr übersehener juristischer Argumente für sie ins Gewicht fallen. Angesichts der eheherrlichen Gewalt, kraft welcher der Mann für seine Schuld die Frau verpfänden oder verkaufen darf (vgl. § 117 K. Ḫ.), hat es guten Sinn zu verfügen, daß unter gewissen Voraussetzungen die Frau für die Schulden des Mannes nicht hafte. Hingegen ist es eine Plattheit auszusprechen, daß auch der Mann von der Haftung für die vorehlichen Schulden der Frau frei sei, insbesondere dann, wenn es zutreffen sollte, daß die §§ 151, 152 die Personalexekution im Auge haben. Dafür sprechen wenigstens die in §§ 151, 152 ständig wiederkehrenden Phrasen: *ḫubullum elišu (ša) ibašši* 'eine Schuld lastet auf ihm (ihr)' (vgl. dazu mein Bürgschaftsrecht p. 114f.), *bêl ḫubullim 'ul iṣabatu* 'die Gläubiger werden (den Ehemann, die Ehefrau) nicht ergreifen'. Zudem ist eine Vermögenshaftung der Ehefrau, für welche die Mitgift (*šeriqtum*) und die Eheschenkung (*nudunnûm*) in Frage kämen, angesichts der an diesen Vermögen bestehenden Verfangenschaftsrechte der Kinder recht problematisch. Vom Standpunkte der leiblichen Haftung aus gesehen tritt aber der Gedanke des Gesetzes klar hervor. Kraft der eheherrlichen Gewalt untersteht die Person der Frau der Verfügung des Mannes und daher auch dem Zugriffe seiner Gläubiger. Diesen kann jedoch der Mann für diejenigen seiner Schulden ausschließen, die zu einer Zeit entstanden sind, da er die Frau noch nicht in der Gewalt hatte. Hingegen hat die Frau über die Person des Mannes gar keine Verfügung und die Verpflichtungserklärung des Mannes, die den Zugriff seiner Gläubiger auf die Frau beseitigt, paßt daher nicht zur Bestimmung des § 151 Abs. 2, obwohl diese in der Fassung des Gesetzes formell an jene anknüpft.

Vielleicht darf man in der Annahme der Interpolation noch weiter gehen und für § 152 folgende ursprüngliche Fassung vermuten: *šum-ma iš-tu sinništum ši-i a-na bît a-wi-lim i-ru-bu e-li mu-ti-ša ḫu-bu-ul-lum it-tab-ši be-el ḫu-bu-ul-li-šu aš-ša-zu i-ṣa-ba-tu* 'wenn, seitdem dieses Weib in das Haus des Mannes eingetreten ist, zu Lasten ihres Mannes eine Schuld entsteht, so werden seine Gläubiger seine Ehefrau ergreifen'. In dieser Fassung wäre § 152 das vollkommene Gegenstück zu § 151 in seiner ursprünglichen Gestalt und würde zugleich einen Grund für die Interpolierung erkennen lassen. Den Redaktoren schwebte anscheinend der Gedanke einer vollständig parallelen Behandlung von Mann und Frau vor. Jeder solle nur für seine eigenen Schulden haften. Deshalb haben sie § 151 Abs. 2 eingefügt und aus diesem Grunde haben sie auch in § 152, der in der Vorlage von einer Haftung der Frau für die Schuld des Mannes sprach, die Schuld des Mannes durch eine gemeinsame Schuld der Ehegatten ersetzt. Freilich ist dabei wieder eine Plattheit herausgekommen. Denn in der Fassung der Stele spricht § 152 aus, daß für gemeinsame Schulden beide Ehegatten haften; außerdem sind die Eingangsworte überflüssig geworden, da gemeinsame Schulden der Ehegatten natürlich erst seit der Eheschließung entstehen können.

Weit weniger sicher scheint mir eine andere Schlußfolgerung zu sein, die Schorr aus der Variante des § 152 in Museum V 93 zieht, daß nämlich der Text der Stele jünger sein müsse als Museum V 93. Es kann kein Zweifel bestehen, daß sowohl Museum V 93 wie BE XXXI 19 Abschriften des Gesetzes sind, und nicht etwa Elaborate aus den Vorlagen, auf denen der K. Ḫ. aufgebaut ist. Sie geben daher auch den Gesetzestext mit der Interpolation des § 151 und all den sonstigen Interpolationen wieder, die wir in dieser Arbeit festzustellen versuchten, allerdings mit graphischen, sprachlichen und auch einigen sachlichen Varianten. Da nun Schorr in einigen dieser letzteren Varianten Spuren eines älteren Rechtszustandes zu erkennen glaubt, so schließt er daraus, daß die Redaktion des Louvretextes die jüngere sein müsse. Hierbei wird jedoch m. E. nicht genügend beachtet, daß die Stele ursprünglich im Marduktempel zu Babel aufgestellt war (vgl. Ed. Meyer, Gesch. d. Altertums[3] I 2 p. 639) und daher wohl den authentischen Gesetzestext enthielt. Da nun auch die Abschriften unmittelbar oder mittelbar auf den authentischen Text zurückgehen müssen, so müßte Schorr annehmen, daß der offizielle Gesetzestext selbst sachlichen Veränderungen ausgesetzt war. Solche Veränderungen könnten zurückgeführt werden auf Novellen Ḫammurapis oder auf die Schreiber, welche das Gesetz zum Zwecke amtlicher Publikation abschrieben. Für die erste Annahme fehlt es an jedem Anhaltspunkt, und was die zweite Möglichkeit betrifft, so ist sie bei dem authentischen Gesetzestext, bei dessen Kopierung zu amtlichen Zwecken man doch auf größte Genauigkeit gesehen haben wird, an sich unwahrscheinlich und wird nicht wahrscheinlicher, wenn man an die Segenswünsche denkt, die Ḫammurapi (Epilog col. XXVI r Z. 3f.) demjenigen mitgibt, der die Gesetzesworte beachtet und sie nicht ändert, sowie an die Flüche, die er dem anders Handelnden zuschleudert (Epilog col. XXVI r Z. 18f.).

Es liegt daher m. E. viel näher anzunehmen, daß die Varianten erst beim Abschreiben des Gesetzes in den Schreiberschulen der Tempel in den Text gekommen sind. Es ist sehr wohl möglich, daß hierbei den Schreibern auch die Vorlagen des K. Ḫ. zur Verfügung standen, mit denen sie den Gesetzestext verglichen. Bei dieser Gelegenheit mögen leicht vom Gesetzgeber veränderte Bestimmungen der Vorlage in den Text geraten sein. Insofern aber können derartige sachliche Abweichungen wertvolle Anhaltspunkte zur Ermittelung von Interpolationen geben. Sie bezeugen zugleich eine gewisse schulmäßige Bearbeitung des K. Ḫ., ebenso wie die der Systematik des Gesetzes dienenden Trennungsstriche, -zeilen und die Überschriften, die in BE XXXI 19 und Museum V 93 begegnen. Hingegen entfällt allerdings jede Schlußfolgerung auf das zeitliche Verhältnis des Louvretextes zu den Kopien, abgesehen von der selbstverständlichen Feststellung, daß die dem Louvretexte zugrunde liegende offizielle Fassung des Gesetzes älter ist als die Kopien.

Ich glaube, daß auf diese Weise auch die sonstigen von Schorr behandelten sachlichen Varianten unserer Kopien eine befriedigende Erklärung finden.

a) § 147 fehlt in BE XXXI 19 und, wie Schorr aus den Raumverhältnissen scharfsinnig erschließt, auch in Museum V 93. Beide Abschriften gehen daher wohl, wenigstens mittelbar, auf dieselbe Vorlage zurück. Nach § 146 darf die Ehefrau ihre Magd, die sie dem Mann in die Ehe gebracht und die ihm Kinder geboren hat, wenn sie sich ihrer Herrin gegenüber überhebt, unter das Gesinde stecken, ihr eine Sklavenmarke anlegen, nicht aber sie verkaufen. § 147 fügt dem die Bestimmung hinzu: 'wenn sie (die Magd) Kinder nicht geboren hat, wird ihre Herrin für Geld sie hergeben'. Es ist leicht einzusehen, daß die Bestimmung schon per argumentum a contrario aus § 146 folgt und sachlich überflüssig ist. Da sie in den beiden Kopien fehlt, so ist es sehr wahrscheinlich, daß sie in das Gesetz im Wege einer allerdings nur verdeutlichenden Interpolation kam. Allein auch hier glaube ich, daß sie im authentischen Text von Anfang stand und erst bei Herstellung der privaten Kopien vom Schreiber weggelassen wurde, eine Annahme, die hier auch Schorr in Erwägung zieht. Im Übrigen kann man an ein Versehen des Kopisten oder an ein absichtliches Weglassen denken, veranlaßt vielleicht durch eine Vergleichung mit der Vorlage, die den Paragraphen nicht enthielt.

b) § 108 verfügt bezüglich der Schenkwirtin, die beim Verkaufe von Getränken falsches Maß und Gewicht gebraucht, Z. 23f.: *u-ka-an-nu-ši-ma* (24) *a-na me-e* (25) *in-na-[ad-d]u-ši* 'man soll sie überführen und dann (24) ins Wasser (25) werfen'. Dafür bietet Museum V 93 col. IV 42f.: *i-ka-az-zu-ši-i-ma* (43) *a-na me-e i-na-ad-du-ši* 'man soll sie binden und dann (43) ins Wasser werfen'. Da nun das Binden des Täters bei der Strafe des Ersäufens vom Gesetze in zwei Fällen (§§ 129, 155) als sofortiger Strafvollzug bei auf handhafter Tat festgestelltem Delikt angeordnet wird, so glaubt Schorr, indem er denselben Tatbestand auch § 108 in der Fassung von Museum V 93 unterstellt, in dem abweichenden *u-ka-an-nu-ši* der Stele eine bewußte Milderung des Gesetzgebers zu erkennen. An Stelle der sofortigen Strafvollstreckung soll erst ein gerichtliches Verfahren durchgeführt werden, in dem das Delikt festgestellt wird.

Ich glaube, daß Schorr hier zuviel aus den Quellen herausliest. Daß man den Täter, bevor man ihn ins Wasser warf, band, versteht sich eigentlich von selbst, da man ihm doch nicht Gelegenheit geben wollte, sich durch Schwimmen zu retten, und wenn dies das Gesetz gerade in den Fällen des in flagranti festgestellten Deliktes erwähnt, so will es kaum mehr als den sofortigen Strafvollzug plastisch schildern. Andrerseits steht in § 108 nichts von einem in flagranti ertappten Täter, noch ist das Delikt ein solches, daß es nur auf handhafter Tat festgestellt werden könnte. Die Variante *i-ka-az-zu-ši-i-ma* in Museum V 93 dürfte sich vielmehr am einfachsten als Glosse eines Abschreibers erklären, die bei weiterem Kopieren in den Text geriet.

Zu p. 10 n. 10. Es ist möglich, daß BE VI_2 53/54 und LC 221 sich auf Arrhalverträge beziehen und *riksu* demnach die Verpflichtung aus dem Arrhalvertrag zur Vollziehung des Kaufes bedeutet, worin, da der babylonische Kauf Barkauf ist, auch die Verpflichtung des Käufers zur Vollzahlung des Kaufpreises enthalten ist.

Zu *rikištu* vgl. jetzt auch Luckenbill, AJSL 31 p. 79f.

Zu p. 11 n. 11. Zu LC 192 (UAR 39) vgl. jetzt auch Torczyner, WZKM (1914) p. 446f. und Landsberger, Zeitschr. d. deutschen morgenländischen Gesellschaft 69 p. 28 (des Sonderabdrucks).

Über den *Gir*-Beamten neuestens auch Walther, Altbabylonisches Gerichtswesen p. 128 (n. 1 ex p. 127).

Über *paqâdu* vgl. Ungnad, Babylonische Briefe aus der Zeit der Ḫammurapi-Dynastie (Vorderasiat. Bibl. VI), Glossar s. v. p. 361f. Der p. 12 (n. 11 ex p. 11) zitierte Brief King III p. 124 jetzt auch bei Ungnad, a. a. O. Nr. 61. Daß selbst die Verbindung *ana maṣṣarûtim paqâdu* nicht notwenig auf ein Depositum hinweist, lehrt VS XIII 100+a (vgl. dazu Schorr, Gött. gel. Anz. (1915) p. 426f.). Es wird einer Person ein Gartengrundstück 'zur Bewachung anvertraut' (Z. 10f. *a-na ma-az-za-ar-tim ip-qi-du*) mit der Berechtigung gewisse Früchte zu genießen und gegen Übernahme bestimmter Verpflichtungen, darunter namentlich ein Stück Ödland mit Getreide und Sesam zu bebauen.

Zu den p. 12 Abs. 2 (n. 11 ex p. 11) zitierten Urkunden ist auch VS XIII 18+a zu stellen. Dazu Schorr, Gött. gel. Anz. (1915) p. 417.

Zu p. 15 n. 16. Zu G. 6 (UAR 156) vgl. die fördernden Bemerkungen Walthers, Ztschr. d. deutschen morgenländ. Ges. 69 p. 422. Was LC 152 (UAR 59) betrifft, so beanstandet auch Walther, a. a. O. p. 419 das von Schorr in Z. 2 ergänzte *a-na*.

Zu p. 15 n. 17. Über die *ma*-Frage hat zuletzt Torczyner, WZKM (1914) p. 439f. gehandelt.

Zu p. 16 n. 20. Walther, Altbabylonisches Gerichtswesen p. 21 n. 1 möchte — allerdings unter Vorbehalt — in der Klausel *ina mitgurtišunu* einen Hinweis erblicken, daß der Vertrag an der Gerichtsstätte geschlossen worden sei. Das mag in vielen Fällen, z. B. bei Prozeßvergleichen, Erbteilungen und auch sonst zutreffen, zumal die Urkundenschreiber vor allem an den Gerichtsstätten (Tempeln) zu finden waren. Allein der Umstand, daß die Klausel in Tauschverträgen vorkommt, in Kaufverträgen fehlt, führt wohl eher dazu, sie aus der formularen Fassung der Urkunde zu erklären, als ihr eine technische Bedeutung zu unterlegen.

Zu p. 20 n. 24. Walther, a. a. O. p. 20f. macht darauf aufmerksam, daß als Urkundszeugen auch Richter auftreten und zwar manchmal in denselben Gruppen, in denen sie bei der Entscheidung von Rechtsstreitigkeiten begegnen. Inwieferne es sich in derartigen Fällen um Ausübung freiwilliger Gerichtsbarkeit handelt, bleibt zu untersuchen. Im Übrigen wird, wie Walther mit Recht bemerkt, die Urkunde nicht dadurch zu einer öffentlichen, daß Richter sie bezeugen.

Zu p. 23. Zu der Beobachtung des Textes, daß § 124 schon darum als Bestandteil der Vorlage gelten muß, weil er den Tatbestand mit derselben Ausführlichkeit beschreibt wie § 122/3, den erst die Redaktoren einfügten, wäre auch Folgendes anzumerken. Die Bearbeiter des Gesetzes, die in BE XXXI 19 und Museum V 93 durch Trennungsstriche oder -zeilen das Gesetz in Paragraphe gliedern, gehen hierbei von dem Gesichtspunkte aus, nur dort einen Abschnitt zu machen, wo das Gesetz mit einer vollständigen Exposition des betreffenden Tatbestandes beginnt. Vgl. z. B. §§ 117, 118; 151, 152; 171, 172 Scheilscher Zählung, die in den erwähnten Texten nur je einen Abschnitt bilden, und Poebel, OLZ 18 p. 257.

Zu p. 30f. und p. 30 n. 9. Auch nach altfranzösischem Recht haftet der Vertrauensmann schlechthin für Diebstahl der anvertrauten Sache, was Merk, Die Entwicklung der Fahrnisverfolgung im französischen Recht (Rheinische Ztschr. f. Zivil- und Prozeßrecht VII) p. 125 als Korrelat zu seiner ausschließlichen Legitimation zur Verfolgung der Sache erklärt. Indessen scheint man gerade für den Verwahrer eine Ausnahme gemacht zu haben. Bei Beaumanoir, Les coutumes des Beauvoisis (1283) §§ 951, 952 (zitiert nach Merk p. 125 n. 13) wird berichtet, daß der Verwahrer für Diebstahl nur dann hafte, wenn lediglich die verwahrte Fahrnis, nicht auch gleichzeitig eigene Sachen des Verwahrers gestohlen wurden.

Zu p. 31 n. 13. Eigentümlich gestaltet ist die Verwahrerhaftung im Corpus iuris des persischen Erzbischofs Jesubocht (2. Hälfte des 8. Jahrhunderts). Buch V Kap. 10 §§ 1, 6 (nach Sachau, Syrische Rechtsbücher III p. 169f.) statuieren die Verschuldenshaftung. § 2 aber behandelt folgenden Fall: Wenn der Verwahrer das Depositum zugleich mit eigenen Sachen bei einem Dritten hinterlegt und diesem das Depositum gestohlen wird, so ist der erste Verwahrer dem Hinterleger nicht verantwortlich, wohl aber dann, wenn er das Depositum 'ohne Erlaubnis des Hinterlegers von seinen eigenen Sachen abgesondert' dem Dritten übergeben hat. Dem liegt wohl der Gedanke zugrunde, daß der Verwahrer für culpa in concreto einsteht. Er ist frei, wenn er für die Sicherheit seiner Sache besorgt ist und aus diesem Grunde auch das Depositum bei einem Dritten hinterlegt. Er betreut so das verwahrte Gut mit derselben Sorgfalt wie sein eigenes. Wie der Redaktor zu diesem Falle kam, den er ohne Bedenken dem Prinzip der Verschuldenshaftung des Verwahrers anreiht, könnte vielleicht eine Untersuchung der Quellen dieses Werkes lehren. Man wird indessen kaum fehlgehen, wenn man annimmt, daß § 2 aus einem Milieu geschöpft wurde, dem die Haftung des Verwahrers für culpa in concreto bekannt war, und insofern dürfte auch das Corpus iuris des Jesubocht den oben p. 29f. genannten Quellen angereiht werden können.

Zu p. 37 n. 26. Dieselben und ähnlichen Bedeutungen für *bu'uru* wie die Rechtsurkunden ergeben auch die altbabylonischen Briefe. Vgl die Zusammenstellung bei Ungnad, Babylonische Briefe (Glossar) p. 277

Zu p. 38. Die Erwägungen des Textes machen auch die Deutung unhaltbar, die Walther, Altbabyl. Gerichtswesen p. 66 (n. 2 ex p. 65) § 126 gibt und die auch sonst juristisch Unmögliches enthält. Der Eigentümer soll fälschlich Verlust seines ganzen Eigentums behaupten, wird dessen überführt und soll nunmehr eidlich den Betrag seiner wirklichen Forderung angeben, um allerdings diese zur Strafe zu verlieren und außerdem die Differenz zwischen der ursprünglich geltend gemachten und wirklichen Forderung zweifach dem Beklagten zu zahlen.

Zu p. 38 n. 27. Zu *bâbtum* vgl. auch Walther, a. a. O. p. 65 n. 2, Zeitschr. d. deutschen morgenländ. Ges. 69 p. 426. Er betrachtet *bâbtum* als Femininform von *bâbu* 'Tor'. Insoferne das Tor als Handelsplatz und Börse diente, bezeichne *bâbtum* weiter das rechnerische, insbesondere in Forderungen bestehende Vermögen im Gegensatz zu dessen Barbeständen und körperlichen Sachen. Diese Bedeutung ist für Urkunden wie CT II 28, XXXIII 39 möglich. Was die weitere Bedeutung von *bâbtum* 'Fehler, Fehlbetrag, Verlust, Rest' betrifft, die als sicher gelten darf, so könnte sie aus der ersteren vielleicht in dem Sinne entwickelt werden, daß das rechnerische Vermögen von dem Barvermögen fehlt, abgeht. Doch möchte ich für diese Ableitung nicht einstehen.

Hingegen nehme ich meine Deutung von *mârû bâbtim* in VS VII 16 angesichts der Darlegungen Walthers, a. a. O. p. 64f. zurück. *Bâbtum* ist in dieser Verbindung wohl Femininform von *bâbu*, *mârû bâbtim* also 'Torleute', was auch durch die von Walther bewiesene Gleichung *Dumu-Meš Ká-Gi-A* (vgl. VS VII 56_{13}) = *mârû bâbtim* bestätigt wird. Sachlich waren die *mârû bâbtim* vielleicht Vorsteher der Stadtquartiere, die durch die entsprechenden Stadttore bezeichnet wurden. Vgl. als Analogon etwa den ἀμφοδάρχης der gräko-ägyptischen Papyri und dazu die Literaturangaben bei Preisigke, Fachwörter des öffentlichen Verwaltungsdienstes Ägyptens p. 11. Für diese Auffassung der *mârû bâbtim* spricht die Ausdrucksweise in VS VII 16 Z. 19: *mârû*^mes^ *ba-ab-ti-šu-nu* 'ihre (d. i. der streitenden Parteien) Torleute', d. h. wohl die Torleute ihres Quartiers. Als Quartiervorsteher besaßen die *mârû bâbtim* Lokalkenntnisse, vermöge welcher sie wohl auch über Grenzverhältnisse von Hausgrundstücken Auskunft geben konnten. Das würde gut zu der Rolle passen, die sie in VS VII 16 spielen.

In BE VI_1 51 (UAR 144) möchte Walther, Zeitschr. d. deutschen morgenländ. Ges. 69 p. 422 in Z. 12 doch *ba-ba-at* statt *ba-ab-at* lesen. Demnach läge doch *bâbtum* und zwar wohl in der Bedeutung 'Rest' vor. Man müßte also annehmen, daß der Mieter eine Anzahlung auf die Miete geleistet hat. Anders Walther l. c.

Zu p. 44 n. 37. Man könnte vielleicht den sachlich am meisten befriedigenden Schätzungseid des Deponenten auch sprachlich rechtfertigen, wenn man annimmt, daß *šu* in *u-ba-ar-šu-ma* ein Akkusativobjekt zum Verbum wieder aufnimmt, wie denn auch in BE VI_2 58 Z. 6 *ši* sich nicht auf die A bezieht, sondern wohl auf das Objekt *ma-gi-ir-tam*. Das bei einem Schätzungseide des Deponenten sachlich unmögliche *ba-ab-ta-šu* in Z. 17 wäre demnach auch grammatisch unzulässig, da das maskuline Suffix *šu* sich nur auf ein maskulines Objekt, und nicht auf das Femininum *bâbtum* beziehen kann. In Betracht kommt nur eine Bezeichnung für Depositum, sodaß Z. 17f. in der Vorlage — natürlich ohne Gewähr für den Wortlaut — etwa folgendermaßen gelautet hätten: *be-el namkurim mi-im-ma ša a-na ma-ṣa-ru-tim id-di-in i-na ma-ḫar ilim u-ba-ar-šu-ma* 'nachdem der Herr der Habe das, was er zur Verwahrung gegeben hatte, vor einem Gotte nachgewiesen hat'. Die Redaktoren, die § 126 seine Beziehung auf das Depositum nahmen und ihn anscheinend in eine Bestimmung über ungerechtfertigte Klageerhebung umwandeln wollten, mußten natürlich die Erwähnung des Deponenten und des Depositums streichen. Sie haben dafür das schon früher vorkommende *bâbtum* eingesetzt, dabei aber vergessen, das Suffix *šu* in *u-ba-ar-šu-ma* zu tilgen.

Zu p. 47 n. 4. Für die Publizitätstheorie neuestens auch Merk, Rheinische Zeitschr. f. Zivil- und Prozeßrecht VII p. 123f.

Zu p. 56 n. 4. Mittelbar wird der im syrisch-römischen Rechtsbuch R I § 55d bezeugte Satz 'Hand wahre Hand' durch das Corpus iuris des Jesubocht VI 1 § 9 (Sachau, Syrische Rechtsbücher III p. 187) bestätigt, das, allerdings vielfach verwischt, doch ein Verfahren kennt, welches die Züge des Anefangs deutlich an sich trägt.

Zu p. 57 n. 5. Gegen die Auffassung Meisters von der Unterschlagung auch H. Meyer, Deutsche Lit.-Zeitung (1915) p. 837.

Zu p. 63 n. 17. Gegen H. Meyers Kundbarkeitstheorie auch Merk, Rhein. Ztschr. f. Zivil- und Prozeßrecht VII p. 127f. im Anschlusse an A. Schultze.

Zu p. 67 n. 25. Unrichtig ist wohl die von Torczyner, WZKM (1914) p. 449 vermutungsweise vorgeschlagene Deutung der Klausel *ana našpak ilku utâr*, daß das Getreide in bestimmten Gefäßen verliehen wurde und in denselben Gefäßen zurückgegeben werden mußte. *Našpakum* heißt 'Speicher' und nicht 'Gefäß' *(Dub)*, wie schon das Ideogramm *Ê-Ni-Dub* lehrt.

Zu p. 68 n. 29. Vgl. nunmehr Ungnad, Babyl. Briefe Nr. 259, der *ibbûm* jetzt mit 'Entwendung' wiedergibt.

Zu p. 71 n. 33. Vgl. nunmehr Ungnad, Babyl. Briefe Nr. 10, der Z. 9f. liest *bît* *[našpakam] ip-t[e]-e-ma* (10) *še'a-am [ma-l]a a[š-p]u-[kam] i[t-b]a-al* 'er hat den [Speicher] geöffnet (10) und das [ganze] Getreide, das ich [aufgeschüttet] hatte, [fort]geholt'. Der Sinn bleibt derselbe.

Zu p. 82 n. 16. Zu LC 132 vgl. auch Walther, Altbabyl. Gerichtswesen p. 62 n. 3, der Z. 21f. übersetzt: 'der Verkäufer, der ihn (den Ochsen) an I. verkauft hat, und Pirḫum werden eine eidliche Erklärung abgeben, und wo es (eidlich) klar wird, wird er (der Ochse) hingegeben werden'. Zur Sache nimmt Walther ebenfalls an, daß der Verkäufer und der Verwahrer abwesend seien, hält aber die Annahme, daß Igmil-Sin Verklagter sei, für 'unvorstellbar'. Allein ein Verfahren gegen den abwesenden Pirḫum bedürfte wohl erst recht der Erklärung.

Zu p. 83 n. 18. Ein weiterer Viehkauf neuestens bei Schröder, ZA 30 p. 84.

Zu p. 88. Für den Fall, daß der erschienene Gewähre den Schub ablehnt, kennt auch das altfranzösische Recht ein Zwischenverfahren, indem es den Käufer zum Beweis der Gewährschaft zuläßt, und zwar bald durch Zweikampf, bald, wie das altbabylonische Recht, durch die Zeugen des Kaufvertrags. Vgl. Merk, Rhein. Ztschr. f. Zivil- und Prozeßrecht VII p. 110f. und die p. 111 n. 20 zitierten Belege.

Zu p. 90 n. 12. In der Begründung des Lösungsanspruches ebenso wie A. Schultze neuestens Merk, a. a. O. p. 129f.

Zu p. 92. Daß der Marktkauf in erster Linie doch als Argument für die Redlichkeit des Käufers in Frage kommt, ergibt auch das altfranzösische Recht, welches das Lösungsrecht des Marktkäufers in besonderem Umfange entwickelt hat. Vgl. die Belege bei Merk, a. a. O. p. 118f. Denn in einzelnen älteren coutumes hat der Marktkauf nur die Wirkung, den Käufer vom Diebstahlsverdachte zu befreien, die Sache muß er indessen ohne Lösung herausgeben. Vgl. die bei Merk, a. a. O. p. 114 n. 31 angeführten Stellen.

Zu p. 93f. Zu den Ausführungen über den Gewährenzug nach der Russkaja Pravda vgl. jetzt auch Kohler, Ztschr. f. vergl. Rechtswissenschaft 33 p. 300f., der die in den §§ 45, 48 begegnenden Zeugen für die Geschäftszeugen des Marktkaufes hält.

Zu p. 96 n. 27. Zu *rugummâm nasâḫu* vgl. auch Landsberger, Ztschr. d. deutschen morgenländ. Ges. 69 p. 17 (des Sonderabdrucks).

Zu p. 99. Eine Nachfrist zur Herbeischaffung des gehörig geladenen, aber im Termin nicht erschienen Gewähren kennen auch einzelne französische coutumes. Vgl. Beaumanoir, Les coutumes de Beauvoisis § 1070 (zitiert nach Merk, a. a. O. p. 110 n. 15).

Zu p. 114 n. 11. Zu *zâru* 'hassen' im Sinne der Verweigerung des ehelichen Verkehrs jetzt auch Haupt, ZA 30 p. 93f.

Zu p. 120 n. 34. Gegen Jensen auch Delitzsch, Zu Herodots babylonischen Nachrichten (Festschrift f. Sachau) p. 93f. und Walther, Altbabylonisches Gerichtswesen p. 2 n. 1. Für eine Prostituierte hält die *Sal-Me* A. Jeremias, Handbuch der altorientalischen Geisteskultur p. 340, anders jedoch unter dem Einflusse der Ausführungen Landsbergers in der 3. Auflage von 'Das Alte Testament im Lichte des alten Orients' p. 293 n. 3.

Die Lesung des Ideogramms *Sal-Me* hat neuestens Landsberger, Ztschr. d. deutschen morgenländ. Ges. 69 p. 16f. (des Sonderabdrucks) und ZA 30 p. 67f. mit *naṭîtum* festgestellt. In der Beurteilung der rechtlichen Stellung der *naṭîtum* stimmt Landsberger mit mir im Wesentlichen überein, nur daß er die Ehelosigkeit der *naṭîtum* nicht aus einer Keuschheitsverpflichtung, sondern daraus erklären will, daß die *naṭîtum* eine künstlich unfruchtbar gemachte Hierodule war.

Zu p. 128 n. 56. Die Briefe CT XXIX 12 und 19 nunmehr auch bei Ungnad, Babyl. Briefe Nr. 125, 153, der in CT XXIX 12 *kallâtum* mit 'Braut' wiedergibt. Es schreibt hier Šamaš-nâṣir an Irîb-Sin, seinen Bruder, Z. 6f. *aš-šum ka-la-ti-ni* (7) *šum-ma um-ma a-bu-*[*ša*]*-ma* (8) *i-na bi-ti-ni li-ši-ib* (9) *i-ga-bi-i-ma* (10) *u-še-ir-iš-i-ma* (11) *m*[*a-a*]*ḫ-ri-i-šu li-ši-ib* „was unsere *kallâtu* betrifft: (7) wenn [ihr] Vater (8) „in unserem Hause soll sie wohnen" (9) sagt, (10) dann schicke sie, (11) bei ihm möge sie wohnen'. Auch Landsberger, Ztschr. d. deutschen morgenländ. Ges. 69 p. 21 (des Sonderabdrucks) übersetzt *kallâtu* mit 'Braut', weil ihr Vater noch die Entscheidung darüber hat, in welchem Hause sie wohnen soll. Er betrachtet also die *kallâtu* anscheinend als Verlobte und bringt damit in Zusammenhang, daß am Schlusse des Briefes der Adressat beauftragt wird, *a-na ka-la-t[i-ni]* 'unserer *kallâtu*' durch die Überbringerin des Briefes einige Gegenstände schicken zu lassen, die demnach wohl Brautgeschenke wären. Allein solche Schlußfolgerungen aus Briefen, bei denen wir die zugrunde liegenden tatsächlichen Verhältnisse nicht kennen, sind höchst unsicher. Man könnte, was Ungnad wie Landsberger zugeben, *kallâtu* ebenso gut mit Schwiegertochter übersetzen.

Zu p. 128 n. 58. Für die Grundbedeutung 'Brautgemach' für *kallâtu (Ê-Ge-A)* auch Dennefeld, Babylonisch-assyrische Geburtsomina p. 174 (Assyriol. Bibl. XXII).

Zu p. 135 n. 18. Auch Zimmern, Akkadische Fremdwörter p. 46 (Leipziger Dekanatsprogramm 1914) hält einen Zusammenhang zwischen *êrišu* und hebr. *'êreś* für möglich.

Zu p. 138 n. 30. Ein hübsches Beispiel eines Pränumerationskaufs bietet jetzt VS XIII 11: der Verkäufer erhält eine Geldsumme zinslos (Z. 2: *Máš Nu-Tuk*) und verpflichtet sich zur Zeit der Schafschur nach dem Kurse Wolle zu liefern. Wenn am Schlusse die auf den Darlehensempfänger (Verkäufer) gestellte Verzichtsklausel steht, die bei Darlehen ebenso fehlt wie sie regelmäßig Bestandteil des Kaufvertrags ist, so erklärt sich diese hybride Form der Urkunde vielleicht aus einer Beeinflussung durch das Kaufformular. Vgl. auch Schorr, Gött. gel. Anz. (1915) p. 417 n. 4.

Zu p. 141 n. 35. Vgl. auch M. Streck, Assurbanipal III (Glossar) p. 637 (Vorderasiat. Bibl. VII_{1-3}), der für *tirḫâtum riḫû* in der Grundbedeutung 'begießen, ausgießen' als Wurzel annimmt.

Zu p. 157 (n. 20 ex p. 155). Landsberger, Ztschr. d. deutschen morgenländ. Ges. 69 p. 31 (des Sonderabdrucks) hält die *Sal-Uš-Meš* für weibliche Eunuchen und schlägt als Lesung *zikrêti* vor, sie mit der *sinnišat zikrum* des K. Ḫ. identifizierend.

Zu p. 174 n. 81. Vgl. auch Zimmern, Akkadische Fremdwörter p. 46.

Zu p. 175. Kundtzon, a. a. O. p. 1587 (Nachträge) liest nunmehr in Nr. 25 col. IV 65 *[u-n]u-te-e* [meš], wonach statt 'Gaben' 'Gegenstände' zu übersetzen wäre.

Zu p. 175 n. 85. Knudtzon, a. a. O. (Glossar) p. 1474 scheint allerdings — wenngleich unter Vorbehalt — einen Zusammenhang zwischen *muluku* und *mulûgu* für möglich zu halten.

Zu p. 176 n. 87. Vgl. jetzt Streck, Assurbanipal II p. 18, der statt *Sal-tuklu-u-ti* [sal]*Ši+Um* [u-ti] liest und dieses Ideogramm (p. 16 n. w) nach dem Vorschlage Jensens und Zimmerns mit *abarakkûtu* 'Amt der Salbenreiberin', die zugleich als Kebsweib dient, wiedergeben möchte. Der Sinn bleibt jedenfalls der gleiche.

Zu p. 178 n. 93. Vgl. den Text jetzt bei Streck, Assurbanipal II p. 19 und außerdem Cylinder B II 68f. (Streck, a. a. O. II p. 96).

Zu p. 181 n. 100. Gegen die Deutung Lyons der Wendung *ina pî mâtim* neuestens Torczyner, WZKM (1914) p. 461, der col. V 20f. übersetzt: 'Recht und Milde habe ich im Lande herrschen lassen'. Vgl. aber auch Walther, Altbabyl. Gerichtswesen p. 83.

Zu p. 189 (n. 8 ex p. 188). Zur *sinnišat zikrum* vgl. Landsberger, Ztschr. d. deutschen morgenländ. Ges. 69 p. 29f. (des Sonderabdrucks), ZA 30 p. 73, der diese Hierodule als weiblichen Eunuchen bestimmen möchte. Zur *Šu-Gi* vgl. den Nachtrag zu p. 194 n. 19.

Zu p. 189f. Gegen die Wiedergabe des Ideogramms *Sal-Me* mit *aššatu* in §§ 137, 144—146 mit denselben Gründen nunmehr auch Landsberger, ZA 30 p. 69. Dieselben Grundsätze wie der Text der Stele befolgt hinsichtlich der Schreibung von *aššatum* auch die Kopie in Museum V 93, nur daß sie das Ideogramm *Dam* außer in § 117 (col. VI 19) auch in § 153 (col. XI 49) verwendet. Hingegen bietet allerdings BE XXXI 19 col. I 14 in § 146 für *Sal-Me* der Stele *Dam*. Doch rechnet der Herausgeber Langdon p. 49 mit einem Fehler seiner Abschrift des Originals. Die Lesung würde allerdings Bedeutung gewinnen, wenn auch in Museum V 93 Col X 34f. in § 144 *Dam* statt *Sal-Me* stünde, wie Schorr in seiner Transskription (Rocznik Orientalisticzny I p. 165) angibt. Ich vermag indessen bei Nachprüfung der Stelle die Lesung Schorrs nicht zu verifizieren, glaube vielmehr in Z. 34 u. 35 nur die Zeilenenden *i-ḫu-uz-ma* und *ti-ša* zu sehen, sodaß also mit den Ergänzungen nach dem Louvretexte zu lesen wäre: *[šum-ma a-wi-lum Sal-Me] i-ḫu-uz-ma [Sal-Me ši-i amtam a-na mu-] ti-ša*. Hingegen steht m. E. *Sal-Me* deutlich in Z. 44 (§ 145), weniger sicher in Z. 53 (§ 146), wo auch Schorr *Sal-M]e* (?) liest.

Zu p. 191f. Zur Erzählung von der Austreibung Hagars vgl. jetzt A. Jeremias, Das alte Testament im Lichte des alten Orients[3] p. 293f., p. 293 n. 3, p. 278f., der unter Verwertung des Arguments, daß die parallele Bestimmung des § 146 K. Ḫ. Sonderrecht für Hierodulen enthielt, sowie unter Berücksichtigung der Ausführungen Landsbergers, ZA 30 p. 67f., daß diese Hierodulen künstlich unfruchtbar gemachte Frauen gewesen seien, der Unfruchtbarkeit Sarahs religiös-mystischen Charakter zuschreibt.

Die Urkunde CT II 44 bezieht auch Landsberger, ZA 30 p. 70f. aus denselben Gründen auf eine Hierodule.

Zu p. 194 n. 19. Meine Ausführungen erfahren nunmehr eine sehr erfreuliche Bestätigung durch die unabhängig von mir geführten Untersuchungen Landsbergers, über die er in der ZA 30 p. 67f. einen vorläufigen Bericht vorlegt. Auch er geht von der Eheunfähigkeit der Hierodulen aus und auch er ist der Meinung, daß dort, wo ausnahmsweise der Hierodule die Ehe gestattet war, die *Šu-Ge-tum* nicht nur Nebenfrau, sondern hinsichtlich der Erzeugung von Nachkommenschaft auch Ersatzfrau war. Nur geht Landsberger noch einen Schritt weiter und meint, daß die Hierodulen des K. Ḫ. nicht bloß rechtlich, sondern auch physisch eheunfähig gewesen seien. Sie seien künstlich unfruchtbar gemachte Frauen gewesen.

Es läßt sich nicht leugnen, daß durch diese Annahme, vieles vereinfacht würde. So vor allem das Verständnis der Stellung der *Šu-Ge-tum* und der Konkubine. Sie sollen dem Manne die Kinder verschaffen, die er nicht bloß, wie ich annahm, von der Frau nicht haben soll, sondern nicht haben kann. Auch die schon von Lyon angemerkte Terminologie des Gesetzes (*šuršû* 'dem Manne Kinder verschaffen', nämlich durch die Nebenfrau oder Konkubine, bei der Hierodule, hingegen *walâdu* 'gebären' bei der Nebenfrau), deren Beweiswert ich angesichts des Umstandes, daß *šuršû* in § 163 K. Ḫ. auch von der *aššatum* ausgesagt wird, bestreiten zu können glaubte (vgl. oben p. 194 n. 19), würde an Bedeutung gewinnen. Vgl. namentlich die Gegenüberstellung der *Šu-Ge-tum*, *ša mâri*[meš] *ul-du-šum* 'die ihm Kinder geboren hat' und der *Sal-Me (naṭîtum)*, *ša mâri*[meš] *u-šar-šu-šu* 'die ihm Kinder verschafft hat' in § 137 Z 76f. K. Ḫ. Wenn ferner in den Urkunden von Kindern einer verheirateten Hierodule die Rede ist, so hätte man an die Kinder der *Šu-Ge-tum* zu denken, die auch als Nachkommenschaft der Hauptfrau gelten. Vgl. M. 89 (UAR 5) Z. 11f.: *mârû*[meš] *ma-la-a wa-al-du* (12) *u i-wa-la-du mârû*[meš]*-ši-na-ma* 'die Kinder, welche geboren sind (12) und geboren werden, sind ihre (der Haupt- und Nebenfrau) Kinder'.

Gleichwohl halte ich die These Landsbergers in ihrer Allgemeinheit auf Grund seiner derzeitigen Ausführungen noch nicht für bewiesen. Ganz abgesehen von der Erwägung, ob es bei den damaligen medizinischen Kenntnissen überhaupt möglich war, Frauen künstlich unfruchtbar zu machen, scheint mir doch die Frage berechtigt, ob man nicht bezüglich der einzelnen Klassen der Hierodulen wird Unterschiede machen müssen. Zweifel habe ich namentlich bezüglich der *qadištum* (vgl. oben p 188 n. 8), aber auch bezüglich der *Sal-Me (naṭîtum)*. Der Einwand Landsbergers, es wäre ein Unding gewesen, wenn man in gewissen Fällen die Ehe mit Hierodulen, die Vestalinnen waren, gestattet hätte, scheint mir nicht zwingend. Vgl. auch M 94 = VS VIII 127 (UAR 8). Hier adoptieren A und seine Frau B, eine *naṭît Marduk* ein Kind, Z. 9f. wird der Fall ins Auge gefaßt, daß A und B *ma-ri li-ir-šu* 'Kinder bekommen'. Doch sei dem wie immer. Die Tatsache, daß die Ehe mit Hierodulen als Ehe minderen Rechts Sondernormen unterlag, dürfte heute als erwiesen gelten.

Wesentlich gefördert hat Landsberger unsere Kenntnisse über die *Šu-Ge(i)-tum*. Ungnad, OLZ 18 p. 73f. schlug jüngst vor, das Wort *šanîtum* zu lesen im Hinblick auf die zu § 145 Z. 31f. parallele Ausdrucksweise des § 148 Z. 70f.: *a-na ša-ni-tim a-ḫa-zi-im pa-ni-šu iš-ta-ka-an*. Das wird jedoch widerlegt durch das von Landsberger herangezogene Berliner Vokabular VAT 9558, das in der ausschließlich von Priesterinnen handelnden col. I *šu-gi-tu* mit *Sal-Me*, [. . . . .]. *kas*, [. . . . .]. *Sal-Me* erklärt. Daraus scheint mit Landsberger zweierlei sich zu ergeben. Einmal, daß *Šu-Ge(i)-tum* (die letztere Lesung in Museum V 93 col. X Z. 46) doch phonetisch *šugîtum* zu lesen ist, ferner aber, daß das Wort an sich nicht Nebenfrau, sondern eine bestimmte Klasse von Hierodulen bezeichnet. Die dem Manne nach § 148 zustehende Befugnis, bei *laḫbum*-Krankheit seiner Frau eine *šanītu* zu heiraten, wird sich demnach kaum auf eine Nebenfrau beziehen. Vielmehr dürfte *šanîtum*, wozu wohl *aššatum* zu ergänzen ist, 'eine zweite Frau' bedeuten. *Šugîtum* hingegen bezeichnet eine bestimmte, und zwar physisch und rechtlich ehefähige Hierodule und ist daher nicht, wie dies bisher geschah, mit 'Nebenfrau' zu übersetzen. Dazu stimmt, worauf Landsberger aufmerksam macht, daß es nach § 184 K. Ḫ. auch eine unverheiratete *šugîtum* gibt, daß andrerseits mit einer *šugîtum* auch als Hauptfrau eine Ehe möglich ist. Vgl. BE VI_1 95, 101 (UAR 203, 209). Allerdings bezeichnen die letzteren Urkunden die Ehefrau als *Šú-Gi*. Allein die Gleichung *Šú-Gi* = *šugîtum* ergibt sich aus BE XXXI 19 col. I Z. 4, 8, 10, wo in § 145 an Stelle des *Šu-Ge-tum* der Stele *Šú-Gi* zu lesen ist. *Šugîtum* dürfte demnach ein sumerisches Lehnwort sein.

In der Regel begegnet jedoch die *šugîtum* als Ersatzfrau bei der Ehe einer *naṭîtum* (§§ 144, 145 K. Ḫ. und die oben p. 191f. zitierten Urkunden) und hier ist ihre Stellung allerdings eine untergeordnete. Insoferne kann man *šugîtum* allerdings auch mit 'Nebenfrau' übersetzen. Auch sozial scheint ihre Stellung keineswegs immer eine günstige gewesen zu sein. So ist die in CT VIII 2a Z. 12 unter den Mitgiftsgegenständen als Schwester der Braut erwähnte *šugîtum* wohl eine freigelassene Sklavin und dasselbe dürfte auch bei der Šalurtum anzunehmen sein, die in BE VI_1 84 unter den Mitgiftsgegenständen als Schwester der Braut erscheint. Vgl. Ungnad, OLZ 18 p. 73f. Ein Ehevertrag mit einer *šugîtum* ist vielleicht CT IV 39a (H. G. III 6), wo die Braut die Tochter einer *naṭît Šamaš*, also wohl eine freigelassene Sklavin ist (vgl. oben p. 120 n. 34). Dafür spräche die Klausel Z. 16f. *e-ri-bi-ša i-ru-ub* (17) *wa-zi-ša i-zi* 'wo sie (die Hauptfrau?) hineingeht, geht auch sie (die Nebenfrau?) hinein, (17) wo sie hinausgeht, geht auch sie hinaus', die sich in ganz ähnlicher Fassung in CT II 44 (UAR 4), einem Ehevertrage mit der Nebenfrau findet. Vgl. Torczyner, WZKM (1914) p. 443f. Die Hauptfrau wird allerdings in CT IV 39a nicht erwähnt, könnte jedoch in der Lücke in Z. 10f. genannt gewesen sein.

Daß in den Fällen, wo die *šugîtum* die Stellung einer Nebenfrau einnimmt, die Ehe eine solche minderen Rechts war, daß die Stellung ihrer Kinder, die rechtlich übrigens auch als Kinder der Hauptfrau gegolten zu haben scheinen, eine weniger gesicherte war, ist begreiflich. Dasselbe muß aber auch dann der Fall gewesen sein, wenn die *šugîtum* die einzige Frau war. Das folgt aus der Gleichstellung der *šugîtum* mit der *naṭîtum* in § 137 K. Ḫ., sowie aus der völlig gleichen Stilisierung der oben p. 185f. besprochenen Urkunden, von denen sich BE VI_1 84, CT VIII 2a auf die *naṭîtum*, BE VI_1 101 aber auf die *šugîtum* beziehen. Allerdings könnte man einwenden, daß die Ehe minderen Rechts bei der Ehe mit der *naṭîtum* aus dem Grunde begreiflich sei, weil diese dem Manne Nachkommenschaft nicht verschaffen soll oder kann, und die Ersatzfrau (*šugîtum*) diesen Mangel nur unvollkommen ersetze. Diese Erwägung treffe jedoch nicht zu, wenn die physisch und rechtlich ehefähige *šugîtum* die einzige Frau sei. Allein der Grundgedanke scheint doch der gewesen zu sein, daß die Ehe mit einer Hierodule — und eine solche ist wohl auch die *šugîtum* — nicht bestimmt sei, dem Manne vollwertige Nachkommenschaft zu verschaffen. In dieser Hinsicht ist CT VIII 37d (UAR 12) beachtenswert. A, der die B und die C geheiratet hat (Z. 3: *i-ḫu-*[*uz*]), adoptiert in dieser Urkunde von den 5 Kindern, die ihm die C geboren hat, den ältesten Sohn. Ich habe oben (p. 192 n. 15) mit anderen die Urkunde auf § 170 K. Ḫ. bezogen, der dem Manne die Befugnis einräumt, die Kinder einer unfreien Beischläferin zu adoptieren und sie dadurch zu legitimen Nachkommen zu erheben, und habe demgemäß auch die C als unfreie Konkubine angesehen. Landsberger, a. a. O. p. 70 hält sie aber für eine *šugîtum*. Das scheint mir sehr erwägenswert. Zwar stimmen die Zeichen hinter dem Namen der Hauptfrau B in Z. 2 nicht zu *Nu-Bar (zêrmašîtum)*, wie Ungnad, H. G. III 18 wohl versehentlich annahm, sondern eher zu *ù* (so Schorr) oder zu *aššatum*, allein es wäre möglich, daß die B eine Hierodule war. Wichtiger ist, daß man von der C, wenn sie eine unfreie Kebse war, kaum gesagt hätte, daß A sie geheiratet habe *(îḫuz)*. Außerdem verzichten sie und ihre Brüder in Z. 11f. auf jeden Einspruch wegen der Adoption. War demnach die C wahrscheinlich eine freie Nebenfrau, so scheint aus der Urkunde zu folgen, daß die Kinder einer *šugîtum* zur Erlangung der Stellung legitimer Nachkommen noch einer Anerkennung (Adoption) durch den Vater bedurften, ähnlich wie die Kinder der unfreien Kebse, vor denen sie allerdings das eine voraus hatten, daß sie von Haus aus frei waren. Der Einspruchsverzicht der *šugîtum* weist ferner darauf hin, daß das Verhältnis ihrer Kinder zu ihr und ihren Verwandten ein engeres war, daß, wenn ich so sagen darf, eine mutterrechtliche Auffassung überwog, und dazu wäre § 137 K. Ḫ. zu vergleichen, nach dem im Falle der Verstoßung der *šugîtum* die Kinder der Mutter folgen.

Das alles ist natürlich höchst unsicher und ich möchte mit diesen Ausführungen nicht eine Hypothese begründen, sondern mehr auf die Schwierigkeiten hinweisen, die es noch zu überwinden gilt und deren letzter Grund wohl darin liegt, daß wir den ethischen Zweck der Hierodulenehe noch nicht zu erkennen vermögen. Hier wird die religionsgeschichtliche Forschung weiterhelfen müssen.

Zu p. 194f. Gegen die Verfügung des Mannes über die Mitgift bei der Hierodulenehe scheint allerdings § 137 K. Ḫ. zu sprechen, der im Falle der Verstoßung der Frau den Mann zur Herausgabe der Mitgift verpflichtet. Allein daraus folgt nicht, daß die Mitgift den Kindern kraft Gesetzes verfangen ist. Dies ist allerdings bei der Ehe des Regelrechts in den §§ 172 bis 174 für den Fall bestimmt, daß die Frau nach dem Tode des Mannes wieder heiratet. § 137 bestimmt zwar ebenfalls, daß die verstoßene Hierodule wieder heiraten dürfe, und sie wird dann wohl ebenso wie die sich wieder verheiratende Witwe die Mitgift in die neue Ehe mitgenommen haben. Von einem Verfangenschaftsrecht der Kinder erster Ehe ist indessen hier nicht die Rede. Es wird nur bestimmt, daß die Hierodule das Vermögen, welches ihr der Mann für ihre Kinder mitgegeben hat, mit diesen nachdem sie sie großgezogen, teilen solle. Es hat den Anschein, als ob sie damit ihren vermögensrechtlichen Verpflichtungen gegenüber ihren Kindern genügt hätte.

Wer mit Landsberger (siehe den vorigen Nachtrag) der Meinung ist, daß die *naṭîtum* eine künstlich unfruchtbar gemachte Frau gewesen sei, könnte die Schwierigkeiten, die dem Verfangenschaftsrecht der Kinder bezüglich der Mitgift entgegenzustehen scheinen, daraus ableiten, daß es sich nicht um leibliche Kinder der Hierodule handelt. Allein diese Erwägung wird wiederlegt dadurch, daß BE VI_1 101, die auf die *šugîtum*, also eine unbestritten auch physisch ehefähige Hierodule, bezügliche Urkunde dieselben Klauseln enthält.

Zu p. 202 n. 3. Für *gullubu* ='abschneiden' auch Frank, ZA 24 p. 367, Streck, Assurbanipal III (Glossar) p. 467, Landsberger, Der kultische Kalender der Babylonier und Assyrer (Leipziger semitistische Studien VI 1/2) p. 115 n. 8 und auch Ed. Meyer, Gesch. d. Altertums 3. Aufl. I 2 p. 574.

Zu p. 202f. Zu *muttatum* ='Stirnhaar, Stirnlocke' vgl. auch Holma, Namen der Körperteile im Assyrisch-Babylonischen p. 35.

Zur Phrase *abbuttam gullubu* im Sinne von 'freilassen' vgl. auch die bei Landsberger, Kultischer Kalender p. 115 n. 8 zitierten Stellen. Für *abbuttum* nimmt Landsberger l. c. u. Gött. gel. Anz. (1915) p. 364 als ursprüngliche Bedeutung 'Fessel' an, daneben aber mit Rücksicht auf das in §§ 226f. K. Ḫ. als Tätigkeit des *gallâbu* 'Scherers' erscheinende *abbuttam gullubu* eine zweite übertragene Bedeutung 'Hinterkopf', beziehungsweise 'Haar des Hinterkopfes'. Das letztere habe den Sklaven gegenüber dem die Stirnlocke tragenden Freien charakterisiert und sei bei der Freilassung geschoren worden *(abbuttam gullubu)*. Nun gibt es allerdings in den inhaltlich noch aus altbabylonischer Zeit stammenden Geburtsomina einige Stellen, in denen *abbuttum* einen Körperteil bedeuten könnte. Es sind dies folgende [vgl. zum Folgenden Dennefeld, Babyl. assyr. Geburtsomina (Assyriol. Bibl. XXII)]:

CT XXVIII 2 Z. 20 = Dennefeld p. 64 = Fossey, Présages Assyriens tirés des naissances p. 38 (unter abnormen Erscheinungen an der Körperoberfläche wie Hautfarben, Ausschläge): [*šumma sinništu*] *tûlid-ma Min-ma ab-bu-ut-ta šaknat amêlu šûatu ana gabrî-*[*šu* . . . . '[wenn eine Frau] gebiert und ditto und ein *abbuttu* vorhanden ist, wird selbiger Mensch gegen [seinen] Rivalen [. . . . . '.

CT XXVIII 42 Z. 5 = Boissier, Documents Assyriens relatifs aux présages p. 154b = Dennefeld p. 109b = Fossey p. 78 (unter Tieromina, und zwar Mißgeburten, die durch Hörner in anomaler Weise ausgezeichnet sind): *šumma iz-bu ab-bu-ut tu* [. . . .] *mâtu a-si-ru-tu* [. . . . 'wenn eine Mißgeburt: ein *abbuttu* [. . . .], wird das Land Einschließung [. . . . .'.

CT XXVIII 10a Z. 1f. = Dennefeld p. 194f. (Abnormitäten erwachsener Menschen): *šumma qaqqad ḫu-la-mi-šu šakin* [. . . .] (2) *ṣalam kišâdi (êni) karât-ma* [. . . .] (3) *šumma qaqqad tar-pa-ši šakin* [. . . . .] (4) *ša kišâd-šu u ab-bu-ut* [. . . .] 'wenn der Kopf eines *ḫulamišu* vorhanden ist [. . . .],

(2) die Form des Halses, (des Auges) kurz ist und [. . .], (3) wenn ein Kopf der 'Ausdehnung' vorhanden ist [. . . .], (4) seines Nackens und ein *abbuttu* [. . . .'.

Dazu kommen noch einige Stellen (Myrhman, Labartu-Texte, ZA 16 p. 174 Z 11, Virolleaud, Babyloniaca III p. 299 Z. 22), in denen *ap-pu-ut-tu* einen Körperteil zu bezeichnen scheint. Doch ist es fraglich, ob dasselbe Wort vorliegt. Vgl. Holma, Namen der Körperteile p. 18.

Ich habe diese Stellen ausführlich wiedergegeben, um auch dem Nichtassyriologen ein Urteil zu ermöglichen, wie unsicher Schlußfolgerungen hinsichtlich der Bedeutung eines bestimnten Wortes aus diesen isolierten und nur lückenhaft überlieferten Fragmenten sind. Es wäre übrigens nicht unmöglich, auch mit *abbuttum* = 'Sklavenmarke' ihnen gerecht zu werden. Man könnte z. B. an ein Mal in Gestalt einer Sklavenmarke oder für CT XXVIII 10a Z. 4, wo *abbuttu* in Verbindung mit *kišâdu* 'Hals' genannt wird, an eine Sklavenmarke in Gestalt eines Halsringes denken. Doch möchte ich mich auf solch unsichere Erwägungen lieber nicht einlassen. Mir scheint es vielmehr angesichts der Beschaffenheit dieser Belege methodisch richtiger, aus den ein zusammenhängendes Verständnis gestattenden juristischen Texten die Bedeutung von *abbuttum* zu erschließen. Von dieser Basis aus vermag ich allerdings die Deutung Landsbergers nicht zu akzeptieren. Sie scheitert m. E. an der die Verknechtung bezeichnenden Phrase *abbuttam šakânu.* Im Sinne Landsbergers müßte sie übersetzt werden: 'die Haartracht des *abbuttum* machen', d. h. wohl das Haupthaar bis auf das Haar des Hinterkopfes scheren. Damit ist aber unvereinbar, daß neben dem *abbuttam šakânu* die Verknechtung noch durch *gullubu* 'scheren' vollzogen wird und das letztere, wie oben p 207f. dargelegt wurde, wahrscheinlich das Abschneiden des ganzen Haupthaares bedeutet.

Zu p. 205 n. 22. In der 3. Aufl. seiner Geschichte d. Altertums I 2 p. 574 kehrt Ed. Meyer zu seiner ursprünglichen Auffassung zurück.

Zu p. 212 n. 45. Unbewiesen ist die Behauptung Walthers, Altbabyl. Gerichtswesen p. 103, daß die Begnadigung nach § 129 von den Gerichten kraft genereller, auf § 129 beruhender Delegation des Begnadigungsrechtes ausgesprochen worden sei.

Zu p. 213 n. 47. Den genannten Belegen ist hinzuzufügen LC 134 Z. 18 (Kiš).

Zu p. 213. *Nin-Dingir-(Ra)* ist, worauf mich Zimmern aufmerksam macht, besser mit 'Gottesherrin' oder 'Priesterin' wiederzugeben als mit 'Gottesschwester' (*Nin* = Schwester, vgl. Delitzsch, Sum. Glossar s. v. *nin* I C p. 204; so noch im Texte nach Ungnad, H. G. II (Glossar) p. 120). Vgl. auch Jensen, KB VI_1 p. 439, Landsberger, ZA 30 p. 71. Dafür spricht schon das semitische Äquivalent *entu*, das mit angehängter semitischer Femininendung *tu* von dem sumerischen *En* 'Herr, Priester' gebildet ist (vgl. Delitzsch, Sum. Glossar s. v. *en* I B p. 34); ferner die bei Delitzsch s. v. *entu* p. 96, sum. Glossar s. v. *nin* I A, B angeführten Stellen, wonach sowohl *Nin* 'Herrin, Priesterin' wie *Nin-Dingir* = *entu*.

Die *Nin-Dingir* wird ferner in den Urkunden der Kassitenzeit erwähnt, und zwar in zwei Klassen als 'große' *(Gal)* und 'kleine' *(Tur) Nin-Dingir*. Vgl. die Belege bei Clay, YOS I p. 67. Wertvolle Aufschlüsse über die *Nin-Dingir* des Sin (Nannar) erhalten wir jetzt aus YOS I 45, einer Zylinderinschrift Nabonids (555—539), angeblich aus Muqajjar, der Stätte des alten Ur. Das Verständnis dieser Inschrift, die vom Herausgeber Clay vielfach unrichtig übersetzt und interpretiert wurde, hat mir erst Zimmern erschlossen, dessen Lesung und Übersetzung der Inschrift ich zugrunde lege, wie ich ihm auch die Hinweise auf die anderen im Folgenden zitierten Stellen verdanke.

Es handelt sich um die Weihung einer Tochter Nabonids als '*entu (Nin-Dingir)* des Sin' (so wird sie col. II 9 bezeichnet) an Sin und seine Gemahlin Ningal. Um sie handelt es sich wahrscheinlich auch in einer Inschrift, die Dhorme in RA (1914) veröffentlicht hat. Der Artikel ist mir nicht zugänglich. Nach der Inhaltsangabe in OLZ 19 p. 126 'nennt die Inschrift eine Tochter Nabonids, die dem Tempeldienst des Sin von Ur geweiht gewesen zu sein scheint'. Die Weihung erfolgt durch kultische Reinigung unter Beschwörungszeremonien [col. II 10 f.: *mârtu ul-li-il-ma a-na* *iluSin u* *iluNin-gal . . . aš-ru-uq* (11) *i-na ši-bi-ir âšipu-u-tim i-ši-ip-pu-ut-su e-pu-uš* 'die Tochter reinigte ich (Nabonid) und schenkte sie dem Sin und der Ningal . . ., (11) durch das Werk des Beschwörungspriestertums versetzte ich sie in den Zustand des Beschworenseins'], außerdem erhält die Geweihte einen Kultnamen [col. I 24 f.: *mârtu ṣi-it lib-bi-ia a-na e-nu-ti aš-ši-ma* (25) *Bêl-ša-al-ṭi-iluNannar šu-um-ša am-bi* 'meine eigene Tochter brachte ich zur Entu-schaft, (25) Bêl-šalṭi-Nannar nannte ich sie'].

Der Anlaß zu dieser Weihung war ein Omen des Mondgottes, col. I 8f.: *i-na* *arḫu* *Ulul ûmu 13kan* . . . . . (9) *ilu in-bi in-na-di-ir-ma i-na na-'-du-ri-šu ir-bi* (10) *iluSin entu i-ri-iš* 'wenn am 13. Ulul . . . . (9) der Gott der Frucht (d. i. der Mond) sich verfinstert und bei seiner Verfinsterung verschwindet, (10) dann wird Sin eine Entu verlangen (*îriš* von ארשׁ$_1$ 'bitten, verlangen', Delitzsch s. v. *erêšu* I p. 139). Ein ganz ähnliches Omen begegnet unter den Omina des Mondgottes: Virolleaud, L'astrologie Chaldéenne I, Sin 24, 52 = 25, 72: *ina* *arḫu* *Ulul (attalû iškun) Sin Nin-Dingir-Ra erreše̊s* 'wenn im Ulul (eine Mondesfinsternis eintritt), wird Sin eine Entu . . . .'. Nur ist hier *erêšu* mit dem Ideogramm für ארשׁ$_5$ 'säen, pflanzen, bewässern' (vgl. Delitzsch s. v. *erêšu* V p. 140) geschrieben, so daß man wohl nur übersetzen kann: 'dann wird Sin eine Entu befruchten'. Vgl. auch Landsberger, ZA 30 p. 72 n. 2. Es liegt daher nahe *erêšu* auch in YOS I 45 von ארשׁ$_5$ abzuleiten, was sprachlich möglich wäre. Sachlich scheint indessen *erêšu* I 'bitten, verlangen' besser zu passen, so vor allem col. I 1 f.: *ni-nu* *ilu* *Nannar-ri i-ri-šu entu* (2) *mâr ru-bi-e kettu is-ki-im-ma-šu u-kal-li-im ad-na-a-tim* 'als Nannar eine Entu verlangte, (2) da zeigte der Fürstensohn (d. i. Nannar) die Richtigkeit seines Orakels den Bewohnern der Länder'; ferner col. I 13: *aš-šum e-ri-eš enti ra-š[a]-[k]u? ni-ki-it-tim* 'wegen des Begehrens einer Entu würde ich (Nabonid) von Sorge erfaßt'; weniger sicher col. I 14 f.: der König stellt, um den Wunsch des Gottes zu erfüllen, zunächst Orakelfragen an die Orakelgötter Šamaš und Adad und erhält ein günstiges Orakel Z. 17: *e-ri-iš-ti na-da-a-ti e-ri-iš-ti ilânimeš a-na amêlûti* 'wegen des Verlangens (?) nach Naṭ(d)îtu's, des Verlangens (?) der Götter nach Menschen'. Demnach wäre für Virolleaud, Sin 24, 52 wohl eine Ideogrammverwechslung anzunehmen. Ob sie allerdings eine unabsichtliche war und nicht vielmehr angesichts des Gleichklangs der beiden *erêšu* (*erêšu* I im Sinne von 'sinnlich verlangen'?) eine graphische Spielerei vorliegt, ist eine andere Frage.

Die *enâti* des Sin standen im engsten Zusammenhang mit Ê-gišširgal, dem Tempel des Mondgottes in Ur, dessen Priesterschaft der König am Schlusse der Inschrift (col. II 18 f.) mit Privilegien ausstattet. Sie bildeten hier eine Kongregation, deren Oberin vielleicht die Königstochter war ebenso wie vor Jahrhunderten die in der Inschrift erwähnte Schwester König Rim-Sins, die kurzweg als 'Entu von Ur' bezeichnet wird (col. II 1). Die Kongregation hatte ihre eigene Ordensregel (Kultus: *parṣu*, col. I 26), die in einem besonderen, vielleicht in räumlichem Zusammenhang mit dem Tempel stehenden Kultlokal, Ê-gipar ausgeführt wurde (col. I 39 f.: *Ê-gi-par . . . a-šar pa-ra-aṣ e-nu-tim uš-tak-la-lu ki-ri-ib-šu* 'Ê-gipar, worinnen der Kultus der Entu-schaft ausgeführt wird'). 'Zur Seite' *(a-na i-te-e)* des Ê-gipar, also wohl in unmittelbar räumlicher Verbindung mit ihm, errichtet der König das Haus seiner Tochter (col. II 8 f.), die als Oberin wohl eine besondere Wohnung hatte, zur Seite von Ê-gipar befinden sich auch die Schlafräume *(maialu)* der *enâti*. Sie sind mit einer Mauer umgeben (col. II 4 f.), die aber, wie der ganze Ê-gipar, zu Nabonids Zeiten verfallen war. Der König läßt sie neu errichten und 'macht so das Haus zu einer starken Festung' (col. II 17: *bîti šu-a-ti a-na ma-aṣ-ṣa-ar-tim dan-na-tim aš-ku-un-šu*). Das alles scheint auf Klausur zu deuten (vgl. auch col. II 12: Der König läßt seine Tochter 'in den Ê-gipar eintreten' *a-na Ê-gi-par u-še-ri-ib*), und wenn in diesem Zusammenhange neben dem Kultraum gerade die Schlafräume der *enâti* genannt werden, so kann ich mich des Eindrucks kaum erwehren, daß *maialu* vielleicht als der Harem des Mondgottes und die *enâti* als seine Haremsfrauen gedacht waren. Bei dieser Annahme würde auch Licht fallen auf den Wechsel von ארחש$_1$ und ארחשׁ$_5$ in den oben angeführten Stellen.

Wie der Gott seine Haremsrechte ausübte, ob durch den Oberpriester, als welcher beim Sintempel gerade der *enu*-Priester genannt wird (col. II 26), wissen wir nicht. Interessant ist in dieser Beziehung eine Stelle aus den Leberschauomina. CT XXXI 44 Z. 10, 11, 18, Boissier, Documents Assyriens relatifs aux présages p. 220: *Nin-Dingir-Ra aššum la e-ri-ša* (11) *ki-na-as-sa uš-nak* wenn bei einer Leberschau das und das der Fall ist, 'wird die Entu, damit sie nicht schwanger werde, ihren Hinterteil beschlafen lassen' (so nach Zimmern; zu *kinnatu* 'Hinterteil, After' vgl. Holma, Namen der Körperteile p. 65, 172). Die Stelle widerlegt zugleich auch Landsbergers Annahme (ZA 30 p. 71 f.), daß die *Nin-Dingir* eine künstlich unfruchtbar gemachte Hierodule war, und ist ferner geeignet, einiges Licht auf den Charakter der Hierondulenehe zu werfen.

Im Übrigen muß man sich hüten, die Vermutungen, die aus YOS I 45 abgeleitet werden können, zu generalisieren. Sie würden schon auf die in BE VI_2 8, wenngleich nicht ganz sicher bezeugte *Nin-Dingir ilu Šuzianna* (also einer Göttin) nicht passen; ferner kennt § 110 K. Ḫ. eine *entum ša i-na gâ.,îm la wa-aš-ba-at* 'die im Kloster nicht wohnt', also keiner Klausur unterliegt. Im allgemeinen — und insofern bestätigt YOS I 45 das oben p. 213 Angeführte — wird man nur behaupten können, daß die Entu eine eheunfähige Hierodule, keinesfalls aber eine Prostituierte war. Denn die *enâti* des Sin waren, auch wenn man sie als Haremsfrauen betrachtet, doch dem Gotte reserviert und hätten als Tempeldirnen auch kaum königliche Prinzessinnen zu ihren Mitgliedern gezählt.

Berichtigungen.

Zu p. 14, Text Z. 7 von unten lies statt *ᶠSa-mu-uḫ-tum* ***ᶠŠa-mu-uḫ-tum.***

Zu p. 22 n. 27. Statt Kohler-Ziebarth, Das Stadtrecht von Gortyn p. 285 lies p. 28.

Zu p. 30, Überschrift der Seite: statt 'Rechtsvergleichende Paralellen' lies 'Parallelen'.

Zu p. 34, Z. 7 von oben: statt *a-na ba-ab-ti-u* lies ***a-na ba-ab-ti-šu.***

Zu p. 54, Text Z. 4 von unten: statt 'ausfogen' lies 'ausfolgen'.

Zu p. 58, Text Z. 12 von oben: statt 'gegen den Depositar auf sondern' lies 'gegen den Depositar auf, sondern'.

Zu p. 66 n. 23, Z. 7 von unten: statt *u-ka-an-nu-su-ma* lies ***u-ka-an--nu-šu-ma.***

Zu p. 67 n. 25, Z. 3 von unten: statt *kail tamqarê* lies ***akil tamqarê.***

Zu p. 105, Text Z. 8 von unten: statt 'antizipierte Antithese' lies 'antezipierte Antithese'.

Zu p. 106 n. 12, Z. 3 von oben: statt 'Verkauf ius Ausland' lies 'Verkauf ins Ausland'.

Zu p. 132, Text Z. 3 von unten: statt רבל lies ובל.

Zu p. 140, Text Z. 18 von oben: statt 'auch bei, der Ehe' lies 'auch bei der Ehe'.

Zu p. 144 n 45: lies אִשָּׁה.

Zu p. 145 n. 48: statt p. 1051 f. lies p. 1049.

Zu p. 147, Text Z. 16 von unten: statt wisse. lies wisse?

Zu p. 174 (n. 78 ex p. 173), Z. 8 von oben: statt ch lies 'ich'.

Zu p. 174 f.: Lies überall ***mulûgu*** statt *mulugu.*

Zu p. 210, Text Z. 7 von unten lies altbabylonischem.

Zu p. 222, Z. 19 von unten: statt Agyptens lies Ägyptens.

Zu p. 224, letzte Zeile: statt *u-še-ir-iš-i-ma* lies ***u-še-ir-ši-i-ma.***

Verzeichnis der besprochenen Rechtsausdrücke.

(Die hochgestellten Ziffern bezeichnen die Anmerkungen.)

abbuttum 'Sklavenmarke' 202f., 230f.; *abbuttam šakânu* 'die Sklavenmarke anlegen' als Zeichen der Verknechtung 204, 206f.; ***abbuttam gullubu*** 'die Sklavenmarke abschneiden' als Zeichen der Freilassung 108f., 202, 230f.

aḫâzu siehe unter *aššatum*.

aḫiziânum 'Bräutigam' 114[11].

ana bît mutim erêbu 'in das Haus des Mannes eintreten' = heiraten, von der Frau ausgesagt, insbesondere von der gewaltfreien Frau 117f.

ana bît mutim šurubu 'in das Haus des Mannes eintreten lassen' = verheiraten, vom Muntwalt der Braut ausgesagt 116f.

andurarum iššakkan 'der Zustand der Freiheit wird hergestellt' = Freilassung kraft Gesetzes 101f.

arnum eine Prozeßstrafe, bestehend in der Regel im Abschneiden des Stirnhaares; in demselben Sinne auch *šertum* 209f.

aššatum 'Ehefrau', aber auch die Verlobte 143f.; ***aššatam aḫâzu*** 'die Ehefrau ergreifen' = heiraten, vom Manne ausgesagt 114f.; ***ana mâri aššatam aḫâzu*** 'für den Sohn eine Frau nehmen' = ihn verheiraten, vom Gewalthaber des Bräutigams ausgesagt 126.

bâbtum 'Tor' (?), übertragen 'Schade, Verlust, Fehlbetrag, Rest' 38[27], 222.

biblum 'Brautwerbungsgeschenk' 132f.

bu'uru siehe unter ***ina***.

gullubu 'abschneiden', technisch das Scheren des Haupthaares bei der Verknechtung 202, 207f., 230f.; ***muttatam gullubu*** 'das Stirnhaar schneiden' als infamierende Ehrenstrafe 207f. Siehe auch unter ***abbuttum, arnum***.

ḫawirum 'Ehemann' 129[59].

ḫîrtum 'Ehefrau' 129[59].

'ibbûm 'Abgang, Verlust' 68f.

ina maḫar ilim bu'uru 'vor einem Gotte genau angeben' = einen Schätzungseid leisten 37[26].

irḫitum 'Verlöbnis', bestehend in der Übergabe des Brautpreises 134f.

kallâtum 'Braut', aber auch 'Schwiegertochter' 126f., 224f.; ***ana mâri kallâtam ḫâru, ana mâri ana kallûtim ḫâru*** 'für den Sohn eine Braut erwählen', (ein Mädchen) 'für den Sohn zur Brautschaft auserwählen' = den Sohn verheiraten, vom Gewalthaber des Bräutigams ausgesagt 126f.

Quellenregister.

(Die hochgestellten Ziffern bezeichnen die Anmerkungen, Fettdruck zeigt an, daß die Quelle an der betreffenden Stelle ex professo behandelt wird. Bei den Zitaten aus dem K. Ḫ. sind diejenigen Paragraphen, bei denen der Nachweis unternommen wurde, daß sie erst von den Redaktoren des Gesetzes herrühren oder doch von ihnen gegenüber der Vorlage verändert wurden, durch ein Sternchen hervorgehoben.)

I. Babylonisch-assyrisch-sumerische Quellen.

II. Andere Quellen.

1) Armenisches Recht.

2) Biblisch-talmudisches Recht.

3) Germanische Rechte.

4) Griechisch-byzantinisches Recht.

5) Grusinisches Recht.

6) Indisches Recht.

7) Römisches Recht.

8) Russisches Recht.

9) Syrisches Recht.

Druck von Paul Dünnhaupt, Cöthen i. A.

Druck von Paul Dünnhaupt, Cöthen in Anhalt.

www.ingramcontent.com/pod-product-compliance
Lightning Source LLC
LaVergne TN
LVHW042236300926
849161LV00003B/372
9783112687550